국민이
주인이라는
착각

국민이 주인이라는 착각

무너지는 민주주의, 그리고 시민의회

정정화 지음

파람북

우리는 정말 주인인가?

> 영국 국민은 자신이 자유롭다고 생각하지만 크게 착각하고 있다. 그들이 자유로운 것은 의회 의원을 선출하는 순간뿐이며, 일단 선출이 끝나면 그들은 노예가 되고, 아무것도 아닌 존재가 된다.
>
> The English people think they are free; they are grossly mistaken; they are free only during the election of Members of Parliament. As soon as they are elected, the people are enslaved; they are nothing.[1]

장 자크 루소Jean-Jacques Rousseau가 『사회계약론』 제3권 15장에 남긴 이 말은 300년 가까이 흐른 오늘날에도 대의민주주의의 태생적 한계를 간파한 명언이다. 주권은 국민에게 있다고 말하지만, 투표일을 제외한 나머지 기간에 국민은 의원들을 통제할 실질적인 권한을 상실한 채 끌려다니는 실상을 통찰했다.

루소는 민주주의의 핵심은 개인의 이익이 아니라 공동체 전체의 이익을 지향하는 '일반의지general will'가 주권의 원천이라고 강조했다.[2] 일반의지는 타인에게 양도하거나 대표될 수 없는데, 선거를 통해 대표를 선출하는 순간, 국민은 주권자의 지위를 상실하고 노예로 전락하게 된다는 것이다. 이 지점에서 루소의 비판은, 오늘날 대의제 민주주의의 정당성 문제를 근본적으로 제기한다.

우리나라 헌법도 제1조에 "대한민국의 주권은 국민에게 있고, 모든 권력은 국민으로부터 나온다"라고 천명하고 있다. 하지만 현실은 이와는 한참 다르다. 주권자인 국민은 헌법을 고칠 수도 없고, 법을 제정할 아무런 권한도 없다. 입법권은 오직 국회에만 있다(헌법 제40조). 국민주권의 핵심인 헌법개정도 대통령이나 국회가 발의하면 투표로 찬반 의사만 표시할 수 있을 뿐이다. 입법의 필요성을 절감하더라도 대의기관의 결단을 촉구하며 호소하는 것 외에 실질적인 관철 수단이 없는 상황이다. 이러한 구조적 한계는 우리로 하여금 "이것이 진정한 주권자의 모습인가?"라는 근본적인 질문을 던지게 한다.

이제 시대가 바뀌었다. 촛불혁명과 '빛의 혁명'을 거치면서 형식적인 국민참여가 아니라 국민주권 시대가 도래했다. 국정 운영방식도 민관협치governance를 넘어 시민권력civil power으로 패러다임이 전환되었고, 세계 곳곳에서 민주적 혁신democratic innovations의 이름으로 다양한 유형의 '미니 공중mini-publics'이 제도화되고 있다. 그중에서도 가장 최근의 실험이 시민의회citizens' assembly이다. 인구통계학적 대표성과 사회경제적 배경을 고려해 추첨으로 선발된 시민들이 선거 대의제와 별도로 의회를 구성해 숙의하는 의사결정 방식이다. 고대 그리스 아테네의 500인 평의회boule를 모델로, 기득권이나 정치적 이해관계로부터 자유스러운 시민들이 '새로운 의회'를 구성해 입법권을 부분적으로 공유하는 민주주의 혁신 방안의 하나이다. 기존의 대의제에 도전하는 혁명적인 시도로 보일 수도 있지만 캐나다, 프랑스, 벨기에, 아일랜드 등 유럽에서는 이미 20년 전부터 도입해 운영하고 있다.

우리 사회에는 시민의회를 통해서만 풀어갈 수 있는 난제들이 산적해 있다. 거대 양당의 대결 정치와 승자독식의 선거제도 개혁은 번번이 국회의 문턱을 넘지 못했고, 1987년 개정된 헌법은 강산이 네 번이나 변하는 동안에도 요지부동이다. 12·3 내란을 초래한 제왕적 대통령제의 폐해를 바로잡고 실질적인 정치개혁을 단행하기 위해서는, '제 머리조차 깍지 못하는' 국회만 바라보고 있을 수는 없는 노릇이다. 더구나 사회적 다양성이 확대되면서 공적 의제에 대한 국민적 합의의 중요성은 갈수록 커지고 있다. 점점 심화하는 세대 · 계층 간 갈등과 기후위기, 저출생 · 고령화 대응과 이민문제 등 기존 정치권이 해결하지 못하고 있는 국가적 과제를 시민들의 집단지성collective intelligence으로 풀어내며, 새로운 민주주의의 지평을 열어가야 할 시점이다.

이 책은 시민의회의 기원과 시대적 당위성, 대의민주주의의 위기와 대안,

그리고 구체적인 제도화 방안을 3부에 걸쳐 파트 별로 다루고 있다. 제1부에서는 '오래된 미래ancient futures'로 불리는 시민의회의 기원을 고대 그리스 아테네의 원형민주주의와 로마 시대의 추첨제로 거슬러 올라간다. 중세를 거쳐 17세까지도 명맥을 유지해 오던 추첨제가 프랑스 대혁명과 미국 독립전쟁을 계기로 선거제로 전환하게 된 역사적 · 정치적 배경을 추적했다. 이 과정에서 미국 건국의 아버지들이 왜 선거제를 고집했는지 진짜 이유를 알게 되면 대의민주주의의 태생적 한계를 이해할 수 있다.

2004년 캐나다 브리티시컬럼비아(BC)주에서 서막을 올린 시민의회의 부활은 각국의 대표적인 사례를 통해 등장 배경을 조명한다. 1960년대 후반부터 이미 대의민주제를 대체할 새로운 정치 시스템을 고민해 오던 일군의 정치학자들은 21세기의 첨단민주주의로 '미니 공중mini-publics'을 구상하게 된다. 2000년대에는 전 세계적으로 숙의민주주의가 붐을 이루면서 우리나라에도 공론화의 이름으로 시민의회를 경험하게 된다. 왜 지금, 우리에게 시민의회가 절실한지 최근 국내 정치 상황을 예시로 설명하고 있다.

제2부에서는 유통기한을 다한 대의민주주의의 민낯을 파헤치고, 대안으로 제시된 참여 · 직접 · 숙의민주주의의 한계도 함께 고찰한다. 명목상 선거는 존재하지만, 권위주의 체제로 전락한 각국의 '선거 독재electoral autocracy' 실태와 극우 정당이 득세하게 된 배경도 분석했다. 유럽과 미국뿐만 아니라 전 세계적으로 민주주의가 무너지는 굉음이 요란하다. 하버

드대학의 저명한 두 정치학 교수 레비츠키와 지블랫Levitsky and Ziblatt이 미국의 민주주의를 '표준 이하'라고 평가하게 된 현실을 되짚었다.

선거 대의제를 바로잡을 대안으로 남미에서 불어온 참여민주주의 바람은 참여의 형평성과 대표성 문제로 주춤거리고 있고, 직접민주주의는 포퓰리즘의 굴레를 벗어나지 못하고 있다. OECD가 '숙의의 물결deliberative wave'이라며 전 세계에 도입을 촉구한 숙의민주주의도 '공론화의 함정'에 빠질 수 있다. 2017년 신고리 5·6호기 공론화 이후 우후죽순처럼 전국으로 퍼졌던 공론화위원회가 소강상태에 빠진 이유다. 제2부 말미에서는 대안으로 제시한 시민의회의 쟁점과 극복해야 할 과제도 조목조목 분석하였다.

제3부는 시민의회를 도입할 때 고려해야 할 요소와 구체적인 적용 분야를 예시하고 있다. 실무자들을 위한 매뉴얼로 보아도 좋다. 시민의회의 구성원리, 모집과 진행, 다양한 운영방식, 온라인 시민의회 등 구체적인 제도설계 방안을 제시했다. 시민의회를 도입해 적용할 수 있는 영역으로 국회와 지방의회, 중앙 및 지방정부 외에도 사법부, 다층제 시민의회, 청소년 시민의회 등 다양한 분야에 적용 가능성을 언급했다.

구체적인 적용 예시로 헌법개정 시민의회에 대해 상당한 지면을 할애한 이유는, 제7공화국을 여는 개헌은 기득권 정치인들이나 전문가 위주가 아닌, 일반 시민의 참여와 숙의를 통해 국민적 여망을 담아내는 것이 반드시 필요한 시대적 과제라고 보았기 때문이다. 제22대 국회에서도 이와 같은 맥락에서 3개의 개헌절차법안이 발의되어 있다. 우리나라에서 개헌 시민의회를 운영할 경우 염두에 두어야 할 사항으로 국민참여 유형별 해외 사례를 분석해 시사점을 도출했다. 아일랜드와 아이슬란드의 개헌 시민의회뿐 아니라 스위스의 국민발안형과 칠레의 제헌의회형의 문제점도 타산지석으로 삼았다. 또한, 시민의회는 국가 수준의 전국적 의제 못지않게 풀뿌리 단위에서 더 활발하게 운영될 수 있기 때문에, 지역 시민의회 구성과 읍면동 주민의회 제도화 방안에 대해서도 지면을 할애했다.

이 책은 시민의회의 역사적 기원에서부터 국내외 주요 사례, 그리고 제도의 적용 및 운영방식에 이르기까지 폭넓게 조망한 종합적 개론서라고 할 수 있다. 시민의회의 개요를 파악하는 데 목적이 있는 독자라면, 책의 1장만 읽어도 충분할 것이다. 특히 제1장 제1절에서 다룬 '시민의회의 기본요소: 추첨, 숙의, 교대'는 이 책의 핵심 내용을 압축적으로 요약한 부분이라고 할 수 있다. 아울러 그동안 일반 시민과 학생들을 대상으로 시민의회를 강의하면서 수강생들로부터 가장 자주 들은 세 가지 질문도 정리해 함께 소개했다. 정책 입안과 법률 제정 과정에서 국민참여의 제도화를 고민하는 국회와 정부 당국자라면, 제3부에서 실질적인 시사점과 아이디어를 얻을 수 있을 것이다.

병오년丙午年 새해는 12·3 내란의 혼란을 딛고, 주권자의 목소리가 일상의 제도로 안착하는 희망찬 대한민국이 재건되기를 소망한다. 이 지적에서 시민의회는 국민주권이 실질적으로 구현되는 '국민이 주인인 나라'를 건설하는 강력한 견인차가 될 수 있을 것이다. 독자 여러분의 성원과 비판적인 동참을 기대한다.

2026년 1월

정정화

1부 | '오래된 미래', 시민의회

1장 | 아고라 광장에 피어오른 민주주의

1. 시민의회의 기본요소: 추첨, 숙의, 교대

1. 추첨으로 뽑힌 500명의 의원들

기원전 4세기 아득히 먼 옛날, 고대 그리스 아테네의 아고라Agora 광장에 수천 명의 시민들이 몰려들었다. 이날은 각 부족별로 아테네 의회라고 할 수 있는 불레boule 의원을 추첨하는 중요한 행사가 열렸다. 불레는 10개 부족별로 50명씩 뽑아 500명으로 구성되었다. 아테네 시민이면 누구나 이날 추첨에 참여해 의원으로 뽑힐 수 있었다. 물론 당시의 시민은 20세 이상 남성으로 제한되어 여성과 노예, 외국인은 참여할 수 없었다.[3]

처음에는 검은 콩과 흰 콩을 넣은 가죽가방에서 흰 콩을 뽑은 사

> 람이 선출되었다. 그러다 기원전 4세기에는 돌로 만든 추첨 장치인 클레로테리온kleroterion을 사용했다. 수많은 세로 홈(슬롯)이 파여 있는 대리석 판에 자신의 이름표를 꽂아 넣고, 검은 돌과 흰 돌을 왼편 수직관에 떨어뜨려 흰 돌이 멈춰 선 줄에 이름표를 넣은 시민들이 뽑히는 방식이었다.[4]

아테네 시민들은 모든 사람은 제우스신으로부터 같은 몫의 정의감과 양심을 부여받았다고 믿었다. 제비뽑기lottery는 아테네뿐만 아니라 당시 고대 근동 지역에서는 신의 계시로 여겨져 널리 활용되었다. 구약성서에도 여호수아가 제비를 뽑아 가나안 땅을 12지파에 분배했다고 한다. 또 죄악으로 물든 니느웨로 가서 하나님의 말씀을 전하라는 명령을 거부하고, 배를 타고 도피하던 예언자 요나는 거센 풍랑을 잠재우기 위해 제비뽑기로 선택되어 바다에 던져졌다는 기록도 있다. 하지만 추첨을 종교적 의미나 단순한 선택의 수단이 아니라 공직자를 선출하는 정치제도로 발전시킨 것은 아테네였다.

오늘날 정부나 의회가 시민들의 의견을 수렴하기 위해 구성하는 '500인회의'의 유래도 고대 아테네의 평의회boule가 500명으로 구성된 것에서 비롯되었다. 물론, 당시 아테네에서도 모든 공직을 추첨으로 충원하지는 않았다. 정책과 법률 집행을 담당하는 행정관archai 700명 가운데 600명(임기 1년)은 추첨으로 선발했지만, 군사와 재정을 맡은 100명은 주민총회라고 할 수 있는 민회ekklesia에서 선거로 뽑았다. 전문적인 지식과 경험이 요구되는 분야는 추첨이 아니라 선거를 통해 적합한 인물을 선택한 것이다. 이들에게는 연임 제한도 없었다. 전쟁이 일상적이었던 당시에 아무나 장군으로 내세울 수는 없었을 것이다.

아테네에서 처음부터 민주주의가 뿌리를 내린 것은 아니었다. 기원전 12세기로 추정되는 초기에는 소수의 가문이 통치하는 귀족정 사회였으나, 기원전 7세기부터 평민 세력이 부상하면서 민주주의를 향한 대장정이 시작되었다. 영토 확장을 위한 전쟁이 지속되면서 세력을 키운 평민들과 귀족 간의 갈등이 최고조에 달했다. 기원전 594년 솔론Solon의 개혁으로 갈등은 일시적으로 봉합되었지만, 솔론이 물러난 이후 극심한 사회적 혼란이 지속되었다. 기원전 508년 클레이스테네스Cleisthenes가 혈연중심의 부족제를 데모스demos라 불리는 10개 거주지를 기반으로 개편해 500인 평의회를 창설하고, 도편추방제ostracism를 도입한 것도 귀족들의 파벌정치와 참주tyrant의 출현을 막기 위해서였다.[5]

그러나 2차례의 페르시아 전쟁과 펠레폰네소스 전쟁을 거치면서 아테네 민주정도 서서히 무너져갔다. 기원전 411년에는 전쟁 장기화에 불만을 품은 귀족 세력이 과두정을 수립하는 등 내분과 정치적 불안이 지속되었다. 특히 아테네에 엄청난 인명과 재산 손실을 입힌 펠레폰네소스 전쟁의 여파로 기원전 338년 마케도니아에 정복되면서 아테네 민주정도 막을 내리게 된다. 아테네의 추첨제는 기원전 594년 솔론Solon이 도입한 이래 기원전 338년 마케도니아에 정복당할 때까지 거의 300년 동안 유지되었다.[6]

아테네 민주정의 핵심은 다스리는 자와 복종하는 자가 동일한, 즉 치자와 피치자의 동일성이었다. 시민들이 자유롭게 번갈아 지배하고 지배받는 정치적 평등을 누리는 고전적 민주주의였다.[7] 최근 전 세계적으로 대의민주주의가 위기에 직면하면서 새로운 대안으로 선거 대신 추첨으로 대표를 선출하는 시민의회citizens' assembly는 아테네의 추첨제에서 비롯되었다. 그래서 시민의회를 '오래된 미래ancient futures'라고 한다.

왜 '오래된 미래'인가?

스웨덴 출신의 문화생태학자이자 지역화 운동의 선구자인 헬레나 노르베리-호지Helena Norberg-Hodge는 1975년 인도 북부 히말라야의 고지대 라다크Ladakh 마을로 들어갔다.[8] 현지 주민들과 함께 거주하면서 그들의 생활방식과 전통문화를 연구하기 위해서였다. 산업화 이전의 옛 모습 그대로 살아가는 라다크 마을은 자연과 어우러진 공동체 중심의 자급자족 사회였다. 헬레나는 라다크에서 지속 가능한 삶의 방식을 발견하게 된다.

그러나 인도 정부가 라다크를 외국인 관광객에게 개방하면서 10년도 채 되지 않아 공동체가 붕괴되고 환경 파괴와 불평등 심화로 전통사회가 해체되기 시작했다. 외부 자본과 관광으로 급속히 변모하는 과정을 지켜보면서 그녀는 "라다크의 전통문화는 근대화 과정에서 우리가 잃어버린 것, 그리고 다시 되찾을 수 있는 것이 무엇인지를 보여준다"고 깨달았다. 14년간 라다크에서의 체험을 담은 책이 『오래된 미래*Ancient*

Futures: Learning From Ladakh』(1992)이다. 헬레나는 라다크의 전통 공동체와 자급·자립 경제를 지속 가능한 미래 사회의 모델로 보고 이후 지역화localisation 운동에 전념하게 된다.

시민의회를 종종 '오래된 미래'에 비유하는 것은 아테네의 원형민주주의에서 새로운 대안을 모색하고 있기 때문이다. 아테네와 달리 현대의 추첨제는 전체 시민을 대상으로 인구통계학적 대표성은 물론, 정치적 성향이나 사회경제적 배경까지 고려한 '층위 무작위 표집stratified random sampling' 방식으로 '미니 공중mini-publics'[9]을 구성하는 것으로 발전했다. 이 방식은 1단계로 모집단의 인구통계학적 분포와 동일하게 성별, 연령, 지역별로 할당해 표본을 추출하고, 2단계로 교육, 소득, 정치 성향 등 사회경제적 배경에 따라 다시 할당해 모집단과 유사한 미니 공중을 구성한다. 3단계에서는 최종적으로 본인의 참여 의사를 확인한 뒤 표본을 완성하게 된다.

이렇게 구성된 '미니 공중'은 단순 무작위 추첨과 달리 모집단의 속성을 그대로 빼닮았다는 의미에서 '소우주microcosm'라고 불린다. 전체 국민을 본뜬 축소판이라는 의미이며, 모든 시민에게 동등한 참여기회가 주어진다는 점에서 정치적 평등성과 민주적 대표성을 확보하는 논거가 된다. 숙의형 여론조사로 불리는 공론조사deliberative polling도 이 같은 층화 표본추출 방식으로 시민참여단을 모집하고 있다.

따라서 시민의회citizens' assembly 구성의 첫 번째 기본요소는 추첨으로 대표를 선출하는 것이다. 대표자를 선거나 추대 방식이 아닌 전체 구성원 가운데 무작위 추첨을 통해 선발해 의회를 구성하는 방식을 말한다. 국회나 지방의회, 주민자치회 등 각급 대표기구를 투표로 구성하지 않고 추첨으로 구성하는 것이다. 그러나 추첨제는 개인의 선택의 자유를 보장하고 있다. 추첨으로 선발되어도 거부할 자유가 있기 때문에 추첨제는 의무나 강제가 아니라 권리로 보아야 한다. 투표를 법적 의무로 강제하지 않는 것과 같은 이치이다.

언제부터 선거로 대표를 뽑았나?

국가든 소규모 단체든, 어느 조직에서나 대표를 선발하는 방식은 다양하다. 세습, 시험, 선거, 지명(추천) 등 다양한 방법의 대의제 중에서 추첨제는 고대 아테네에서 그치지 않고 중세 도시국가로 이어졌다. 13~14세기 이탈리아 피렌체와 베네치아 등 도시공화국에서는 공직을 추첨으로 선발하는 전통이 유지되었다. 관직 배분을 둘러싼 부족들 간의 유혈사태로 공동체가 파괴되는 최악의 상황을 막기 위해서였다. 추첨을 정치적 균형을 유지하는 장치로 활용한 것이다. 17~18세기에는 영국과 미국 일부 지역에서도 추첨제가 유지되었고, 스위스 일부 지역에서는 1640년부터 1837년까지 200년 동안 추첨으로 시장을 선출한 기록이 남아있다.

그러나 고대 아테네와 중세 이탈리아 도시공화국이 쇠퇴한 이후 추첨제는 사법배심제 외에는 더 이상 광범위하게 활용되지 않았다. 추첨제가 선거제로 전환된 것은 18세기 프랑스 혁명과 미국 독립전쟁이 도화선이었다. 프랑스 혁명의 주도자들은 구체제를 허물고 엘리트인 자신들이 새로운 세상을 구현해야 한다고 믿었다. 마라Marat, 당통Danton, 로베스피에르Robespierre 등 프랑스 혁명 초기와 급진기(1789~1794)를 이끈 주요 지도자들은 봉건왕조의 질서를 무너뜨리고, 인민주권과 새로운 질서를 건설한다는 사명을 품었지만 자신들을 새 세상의 설계자로 여겼다.

미국 독립과 연방헌법 제정 과정에서 조지 워싱턴G.Washington과 제임스 매디슨J.Madison 등 건국의 아버지들은 인민people 주권을 인정하면서도 다수의 지배가 초래할 혼란과 무질서를 우려했다. 영국의 식민통치를 경험한 이들은 로마공화국과 몽테스키외Montesquieu의 삼권분립론에 영향을 받아 직접민주주의 대신 대표제를 통한 공화국republic을 구상했다. 무지한 인민에게 공직을 맡기는 것보다는 학식과 덕망이 있는 사람에게 봉사할 기회를 주는 것이 당연하다고 여겼다. 이후 세계 각국이 미국식 민주주의를 도입하면서 선거로 대표를 뽑은 대의제가 보편화되었다. 선거가 곧 민주주의라는 고정관념이 작동하기 시작하면서 국가를 경영할 탁월한 능력을 가진 엘리트를 선발하는 투표제는 민주주의의 상징이 되었다.

그러나 엘리트를 뽑는 대의민주주의의 문제점이 속출하면서 21세기에 들어오면서 추첨민주주의가 다시 고개를 들기 시작했다. 2004년 캐나다 브리티시콜롬비아(BC)주에서 승자독식 선거제도를 개혁하기 위해 시민의회를 소집한 것이 최초 사례로 기록되고 있다. OECD가 2025년 6월에 발표한 'Government at a Glance 2025'에 따르면, 1979년부터 2023년까지 시민의회를 포함해 총 716건의 숙의적 시민참여 사례가 보고되었다.[10] OECD는 이러한 현상을 '숙의의 물결deliberative wave'이라고 표현했다. 시민의회는 이제 세계 각국에서 새로운 민주주의 제도로 정착되고 있음을 확인할 수 있다. 이 중에서도 아일랜드의 헌법개정 시민의회는 2018년 5월 국민투표를 통해 낙태를 금지한 수정헌법 제8조를 개정한 대표적인 성공 사례로 꼽힌다.

그러나 '민주주의의 꽃은 선거'라는 홍보에 익숙한 현대인들에게 추첨제는 여전히 낯설고 생소하다. 복권 당첨처럼 요행으로 아무나 국회의원에 뽑히거나 지방의원이 된다는 것은 상상하기 어렵다. 특히 직선제 개헌을 통해 대통령을 투표로 직접 뽑게 된 것을 민주화의 추억으로 간직하고 있는 대한민국에서 선거가 아닌 추첨제는 민주주의가 아닌 것처럼 들린다. 공적 의제에 아무런 관심도 없고, 전문성도 없는 일반 대중이 대표로 뽑혀 국가 중대사를 논의하는 것을 우려하는 목소리는 충분히 일리가 있다. 그래서 시민의회는 반드시 집단학습과 충분한 토론을 거치는 '숙의deliberation'가 전제되어야 한다. 추첨에 이어 숙의는 시민의회의 두 번째 기본요소이다.

'숙의' 없는 아고라 광장의 몰락

그리스 파르테논 신전이 있는 아크로폴리스Akropolis의 북서쪽 넓은 프닉스Pnyx 언덕에 자리한 아고라Agora 광장. 직접민주주의의 원형으로 불리는 아테네의 민회ekklesia가 소집되자 이른 아침부터 수천

명의 시민들이 몰려들었다.[11] 민회 시작에 앞서 제물 봉헌과 신들의 가호와 질서를 기원하는 기도를 올렸다. 진행자가 개회를 선언하자 구레나룻에 건장한 남성이 손을 들고 연단에 올라섰다. 이날 상정된 법안이 아테네에 꼭 필요하다며 열을 올렸다. 건너편 바위에 걸터앉다 가만히 듣고 있던 한 남성이 반론을 제기하면서 술렁이기 시작했다. 이른 아침에 시작된 이 날 안건은 오후 늦게까지 격론을 벌이다 거수투표 끝에 부결되었다.[12]

축구장 6~7개보다 넓은 아고라 광장에 수천 명이 모여 차분하게 안건을 논의할 분위기는 애당초 어려웠다. 아고라는 아테네 정치의 중심 무대였지만 동방에서 건너온 물건을 파는 시장이기도 했다. 아크로폴리스가 종교 활동의 중심지였다면, 아고라는 정치와 경제활동의 주무대였다. 소크라테스가 시장 골목 곳곳에서 격론을 벌이던 곳이었고, 호객하는 상인들과 흥정하는 시민들로 아고라 광장은 늘 시끌벅적했다.

민회에서는 목청 좋은 소피스트sophist의 궤변으로 토론이 순식간에 뒤바뀌는 경우가 잦았다. 당시 민회는 귀족이 아닌 평민 출신 야심가들이 민중의 지지로 권력을 잡을 수 있는 정치적 등용문이었다. 펠레폰네소스 전쟁(기원전 431~404)의 영웅 페리클레스가 화려한 주목을 받고 정치적 입지를 굳힌 곳도 민회였고, 최악의 선동가 demagogue로 꼽히는 클레온Cleon이 등장한 곳도 민회였다. 당시 아테네에서 수사학과 웅변술은 출세의 지름길이어서 젊은이들은 고액

과외를 받을 정도였다.

아테네의 멸망 원인으로 펠레폰네소스 전쟁에서 스파르타에 패배한 것이 결정적인 계기로 분석되고 있지만, 이면에는 전쟁의 장기화에 따른 내분과 정치적 불안정이 붕괴 요인으로 작용했다. 민회는 물론 평의회에서도 선동가들이 인기를 끌기 위해 강경노선으로 치달았다. 군사 전략이나 외교정책이 민회의 여론 변화에 따라 요동치면서 시칠리아 원정(기원전 415~413)과 같은 무모한 결정이 내려지기도 했다.

추첨으로 500명을 선출한 평의회나 수백 명에서 많게는 2,500명이 배심원으로 참석한 시민법정에서도 정책 결정이나 재판을 좌우한 것은 웅변술이었다. 당대 최고의 소피스트였던 프로타고라스와 제자가 재판정에서 벌인 논쟁을 기록한 '법원의 역설paradox of the court'은 대표적인 일화로 전해져온다. 시민법정과 달리 민회의 결정은 비밀투표가 아니라 손을 들어 의사를 표시했기 때문에 참석자들은 서로 눈치를 볼 수밖에 없었다. 플라톤이 아테네의 민주정을 '중우衆愚정치'라고 비판한 것도 '숙의' 없는 아고라 광장의 모습을 지적한 것으로 볼 수 있다. 스승 소크라테스가 시민법정에서 소피스트의 변론으로 독배를 마시게 된 과정을 지켜본 플라톤은 민주정을 최악의 정치체제로 보고 '철인哲人 정치'를 주창하게 된다.

오늘날 대의민주제의 광장인 국회에서도 '숙의'가 사라진 지 오래다. 당파적 이해와 반대편을 몰아세우는 고성과 삿대질이 난무하는 욕설과 육탄전의 현장을 매일 TV로 생생하게 목도하는 현실이 현대 민주주의의 민낯이다. 국회에도 상임위원회, 전문위원회, 입법조사처, 국회 포럼, 공청회, 토론회 등 다양한 숙의 제도가 있지만, 정치적 이해관계의 벽을 넘지 못하고 있다. 정치적으로 민감한 의제는 정당 간의 합의를 거쳐 통과되는 경우는 거의 없을 정도다.

고대 아테네에서처럼 숙의가 배제된 직접민주주의는 중우정치로 전락할 소지가 농후하다. 다듬어지지 않은 일방적인 주장과 포퓰리즘으로 합의정치는 기대하기 어려워진다. 추첨으로 뽑힌 시민의원들도 공적 문제에 머리를 맞대고 숙의하는 과정이 없으면 제멋대로의 공허한 외침에 불과해진다. 모두를 위한 공공선을 기대하기도 어렵다. 더구나 일반 시민들이 이해하기 어려운 복잡하고 전문적인 이슈를 다루기 위해서는 균형 있는 정보와 충분한 토론은 필수조건이다. 플라톤과 미국 건국의 아버지들이 일반 시민의 참여를 중우衆愚정치로 폄훼했던 연유도 숙의가 사라진 다수결의 횡포를 우려했기 때문이었다.

시민의회의 두 번째 기본요소인 숙의는 개인의 선호를 단순히 취합하는 데 그치는 것이 아니라, 공적 이슈에 대해 이성적 토론과 논쟁을 통해 형성된 집단지성collective intelligence의 산물이라고 할 수 있다. 소수의 전문가나 엘리트의 판단이 아니라 대중의 지혜wisdom of crowds를 모으는 과정이 바로 숙의라고 할 수 있다. 피상적인 여론이 아닌 시민들의 정제된 의견refined opinion을 수렴하기 위해서는 토론 과정에 전체 국민의 축소판이라고 할 수 있는 '미니 공중'을 구성해 운영하는 것이 현실적인 숙의 방법이라고 할 수 있다.

숙의가 없는 추첨제는 국가의 중대사를 운에 맡긴다는 비판을 받을 수밖에 없다. 그래서 숙의가 빠진 시민의회는 시민의회라고 할 수 없다. 그러나 추첨으로 선출된 대표들이 토론과 숙의를 통해 집단지성을 발휘하기 위해서는 넘어야 할 과제가 적지 않다. 무작위로 선발된 시민도 정치적 이해관계가 다르고, 전문 지식과 사회적 배경도 상이하기 때문에 숙의 과정에는 정치적 이해관계나 당파성이 개입될 수 있다. 균형 잡힌 정보와 전문가들과의 질의응답을 통해 사회적 합의에 도달할 수 있도록 정교하게 숙의 모델이 설계되어야 한다. 아테네 민주정과 현대 시민의회의 가장 큰 차이점은 바로 '숙의'에 있다.

장기집권 없는 교대제 민주주의

\# 스위스 국민들은 대통령이 누군지 잘 모른다. 1년마다 대통령이 바뀌기 때문이다. 행정부인 연방평의회 Swiss Federal Council 위원 7인이 1년 임기로 번갈아 대통령직을 수행한다. 대통령의 역할은 의전적인 활동으로 국한되고 권한도 행정부의 다른 각료들과 대등하다. 그래서 대통령을 '동등한 사람들 중 첫째 primus inter pares'라고 부른다. 각료 7명은 연방의회가 선출하며 임기는 4년이다. 국민은 직접 대통령을 뽑지 않고 의회가 7명의 집단지도부를 선출하면 그 안에서 1년

임기의 대통령을 순번제로 지정한다. 1848년 연방헌법 제정 당시부터 지금까지 177년째 이어져 내려오고 있다.[13]

스위스가 이런 대통령 선출방식을 선택하게 된 배경은 '마지막 내전'으로 불리는 1847년 11월의 존더분트sonderbund 전철을 밟지 않기 위해서였다. 당시 가톨릭교 7개 주(반연방파)와 개신교 19개 주(연방파)는 종교 문제와 중앙집권을 둘러싸고 한 달간 치열한 내전에 돌입했다. 전쟁 직후 새로운 연방헌법을 제정하면서 대통령 1인에게 권한이 집중되는 미국식 강력한 단일행정부보다는 모든 주의 동등한 참여를 보장하는 집단지도체제를 선택한 것이다.

1848년 헌법제정 당시부터 '대통령은 연방평의회 구성원 중 첫째일 뿐'이라는 원칙이 명문화되었다. 대통령은 각료 회의를 주재하는 명목상 대표자일 뿐이다. 개인이 아닌 집단이 국가를 대표함으로써 권력 집중을 막고 내전의 원인이었던 지역·종교·언어적 불균형을 방지하기 위해서였다. 스위스는 4개 공용어에 가톨릭과 개신교로 나눠진 매우 이질적이고 다양한 국가여서 권력의 집중은 곧 분열을 의미했기 때문이다. 그래서 행정부 각료 7명도 26개 주와 언어, 정당에 고르게 안배하는 '마법의 공식magic formula'[14]이 작동하고 있다.

아테네에서도 추첨으로 선출된 공직자의 임기는 1년이었다. 평의원은 물론이고 행정관, 시민재판관 모두 1년이면 물러나야 한다. 단기·단임이라는 고대의 원칙이 추첨과 결합되어 아테네에서는 30세 이상 시민이면 평생 동안 적어도 한 번 이상은 관직을 맡을 수 있었다.[15] 아테네 민주주의의 핵심은 추첨과 함께 교대를 통해 공직을 맡을 동등한 기회가 주어졌다는 점에서 정치적 평등을 보장한 정치체제라고 할 수 있다.[16] 한마디로 교대로 복무하는 단기 공직 임용제였던 셈이다. 다만, 전쟁을 수행하는 장군은 추첨이 아니라 민회에서 선거로 뽑았으며 이들에게는 연임 제한도 없었다.

아리스토텔레스가 민주정의 기본원칙으로 "다스리고, 다스림을 받는 것을 번갈아 하는 것"이라고 규정한 것도 아테네 정치제도의 골간인 추첨과 교대의 원칙에서 비롯된 것이다.[17] 아리스토텔레스는 시민들이 통치와 복종을 번갈아 경험하는 역할 교대를 통해 민주주의를 몸소 배우게 된다고 보았다.

이러한 아테네의 교대 원칙에 따라 현대의 시민의회도 의원의 임기는 대개 1년 또는 2년의 단기·단임을 원칙으로 한다. 다만, 특정 의제를 논의하기 위해 일시적으로 구성되는 비상설 시민의회의 경우는 교대의 원칙을 적용하는 것이 현실적으로 어려울 수 있고 필요성도 크지 않아 보인다. 국가나 광역 또는 기초지자체 단위에서 각각 구성되는 시민의회에도 교대의 원칙을 굳이 적용하지 않아도 될 것이다. 아테네에서도 동일한 관직에 연임이나 중임을 금지할 뿐 다른 관직은 맡을 수 있도록 했다. 따라서 교대의 원칙은 동일 단위의 상설 시민의회에만 적용되는 부수적인 원칙이라고 할 수 있다.

2. 성공조건: 권한과 책임, 사회적 수용성

권한도 책임도 없는 공론화위원회의 실상

2023년 5월 6일, 여의도 KBS 본사와 전국 4개 지역총국(대전, 대구, 광주, 부산) 스튜디오에 시민 469명이 모였다. '제 머리 깍지 못하는' 국회의원들을 대신해 승자독식의 고질적인 선거제도를 개혁하기 위해서였다. 권역별, 성별, 연령별 비례에 따라 전국에서 모집된 시민참여단[18]은 5월 6일에 이어 13일에도 다시 모여 선거제도를 고민했다. 이틀 동안 전문가발표와 패널토론, 전문가 질의응답, 분임토의 등을 거쳐 선거제도 개편안이 도출되었다. 시민참여단의 논의과정은 KBS를 통해서 전국에 생중계되어 관심을 모았다.

논의 결과, 시민참여단의 84%가 국회의원 선거제도를 바꿀 필요가 있으며, 대안으로 70%가 비례대표를 더 늘려야 한다고 응답했다. 비례대표를 확대해야 한다는 응답은 숙의 전 1차 조사의 27%에 비해 세배 가까이 늘어난 수치였다. 다만, 선거구는 현행 소선거구제를 선호하는 응답이 56%로 중선거구제(40%)에 비해 높게 나타났다. 국회의원 숫자를 더 줄여야 한다는 응답은 37%로 확대(33%)나 현행 유지(29%)에 비해 높았지만, 1차 조사(65%)에 비해서는 크게 줄어들었다. 시민참여단의 결론은 비례대표를 확대하고 국회의원 정수는 현재보다 늘리는 것으로 의견이 모아졌다.

하지만 아무런 권한도 없는 '선거제도 500인 회의'가 제시한 대안은 단순한 권고에 불과했다. 비례대표 의석을 더 늘려야 한다는 응답이 압도적으로 높았지만, 22대 국회의 비례 의석은 46석으로 21대에 비해 오히려 1석이 줄어들었다. 의원정수 확대에 대해서도 국민의힘에서 '공론조사 설계의 편향성' 등을 이유로 수용하지 않았다. 문제는 여기서 그치지 않았다. 캐나다에서는 1년이 걸린 선거제도 시민의회를 1개월이라는 단기간에 난제 해결을 국민에게 떠넘겨 '요식행위'라는 비판을 받았다. 논의과정을 KBS를 통해 생중계하는 '보여주기식' 행사에 치중했고, 지역공청회나 온라인 플랫폼 등을 통해 국민적 공감대를 형성하려는 노력도 없었다. 결국, 한국의 선거제도 시민의회는 아무런 성과도 없이 흐지부지되고 말았다.

선거제도 '500인 회의'에 이어 2024년 국회 연금개혁 특위가 주관한 '500인 회의'도 시민대표단의 권고안을 정부와 여당(국민의힘)이 거부하면서 무산되었다. 시민대표단의 숙의 결과는 소득보장안이 56.0%로 재정안정안 42.6%에 비해 높게 나타났다. 그러나 정부와 국민의힘은 연금개혁 논의를 시작한 이유가 재정안정에 대한 우려 때문이었는데 권고안은 오히려 연금 재정을 더 악화시킨다며 즉각 반대하고 나섰다. 이후 국회 연금개혁 특위에서는 타협안을 마련하지 못한 채 개혁안은 22대 국회로 넘겨졌다.[19]

이에 비해 공론화의 대표적인 성공 사례로 꼽히는 신고리 5·6호기는 시민참여단의 숙의 결과를 단지 정부에 권고만 하는 여느 공론화위원회의 역할과 결정적인 차이점이 있었다. 당시 문재인 대통령이 시민참여단의 권고를 그대로 수용하겠다고 공개적으로 밝혔다는 점이다. 단순한 권고가 아니라 사실상 신고리 5·6호기의 운영을 결정할 권한을 부여한 것이다. 이로 인해 시민참여단의 만족도가 매우 높았고, 책임의식이 제고된 것도 시민참여단이 숙의 결과에 대한 효능감을 인지했기 때문이었다.

하지만 신고리 5·6호기 사례는 예외적인 경우에 속한다. 공론조사, 합의회의, 시민배심원제 등 대부분의 숙의민주주의 기법은 공론화 결과(권고안)에 구속력을 부여하지 않고, 권고 또는 자문 역할로 제한하고 있다. 숙의 결과에 구속력을 부여할 경우, 숙의 과정이 왜곡될 수 있다는 우려 때문이다. 공론화 과정에 참여한 시민들이 외부 이해관계자들의 영향력에 노출되어 편향될 수 있고, 공론화위원회 자체가 결정기구가 되면 책임성 문제도 제기될 수 있다. 이런 연유로 공론화 제도는 시민참여단의 권고에 대한 수용 여부는 전적으로 정책당국이 판단하도록 설계되었다.[20] 여기에다 권고안에 대한 이행 여부를 점검할 사후 관리기능도 없다는 것이 공론화의 한계라고 할 수 있다.[21]

공론화위원회와 달리 시민의회의 권고안은 국회 의결과정이나 국민투표 등을 거치는 절차를 통해 일정 부분 구속력을 부여하고 있다는 점이 다르다. 시민의회가 제시한 최종권고안에 어떤 절차를 거쳐 어느 정도의 권한을 부여할 것인지는 각국의 입법례에 따라 달라질 수 있다. 권고안에 대해 국회 또는 지방의회가 표결로 의결하도록 규정하거나, 국민투표에 회부하는 경우도 있다. 해외 사례에서는 수용 여부에 대해 의회나 정부당국이 명시적인 의사표명 또는 대안을 제시하도록 규정하고 있다.

다양한 시민참여 제도의 성패를 좌우하는 첫 번째 관문은 참여가 형식적 절차나 구색 맞추기가 아니라 실질적인 효과를 가져올 수 있다는 신뢰가 형성되어야 한다. 단순히 '참여기회'만 부여되는 것이 아니라, 투자할 시간이 아깝지 않다고 참여자들이 느껴야 한다. 또 사안이 충분히 중요하다고 생각해 자신의 지식과 역량으로 기여할 수 있다는 자신감도 있어야 한다. 무엇보다 내 의견이 실제 정책 결정에 영향을 미칠 것이라는 기대감이 있어야 참여에 의미를 두고 적극적으로 활동하게 된다는 점을 고려해야 한다.[22]

'찻잔 속 태풍', '그들만의 잔치'에서 벗어나야

시민의회의 가장 큰 약점은 국가적 주요 의제가 논의되는 공론장에 참여할 수 있는 시민이 많아야 수백 명에 불과하고 대부분 국민은 참여 기회를 갖지 못한다는 점이다. 해외 사례에서도 시민의회의 논의 결과가 국민투표에서 부결되는 것은 시민의회에 대한 국민적 인지도가 낮기 때문으로 분석되고 있다. 캐나다 BC주의 선거제도 개편안에 대한 여론조사에서 선거권자의 절반가량이 주민투표의 내용과 실시 과정에 대해 알지 못했다고 응답했다. 주민투표 직전에 실시된 여론조사에서는 39%만 아주 조금 알고 있는 정도였고, 25%는 전혀 모른다고 응답했다.[23]

캐나다 온타리오주에서도 주민투표 직전에 실시한 여론조사에서 응답자의 47%가 시민의회의 개혁안에 대해 전혀 모른다고 대답했다. 응답자의 41%가 조금 알고 있는 정도에 그치는 등 전반적으로 주민들의 관심과 이해도가 현저히 낮은 것으로 나타났다. 주민투표 결과, BC주에서는 79개 선거구 가운데 77개가 찬성했지만, 전체 투표에서 60%를 넘지 못해 부결되었다(57.69%). 온타리오주도 찬성률이 유권자의 60%에 훨씬 밑도는 36.8%에 그쳐 개혁안이 좌절되었다.

이 같은 결과는 주요 언론들이 시민의회의 활동과 개혁안에 대해 부정적인 반응을 보인 것도 원인으로 꼽혔다. 일반 시민들에게 적절한 정보가 제공되지 않았고, 시민들의 이해 부족으로 인해 선거제도 개혁안에 대한 주민투표가 부결될 수밖에 없었다는 것이다. 따라서 시민의회의 논의 결과에 대한 실행력을 확보하기 위해서는 법과 제도적 측면뿐만 아니라 사회적 차원의 폭넓은 접근이 필요하다.[24]

이를 위해서는 디지털 플랫폼 등을 통해 숙의 과정이 모든 국민에게 개방되고 수시로 의견을 개진할 수 있도록 설계되어야 한다. 숙의 과정이 전국민으로 확대되어야 '사회적 공론화'를 통해 국민적 공감대를 형성할 수 있다. 레거시 미디어legacy media를 통한 오프라인 홍보뿐만 아니라, 인터넷, SNS, 유튜브 등 전자 공간을 통한 온라인 공론장도 적극적으로 활용해야 시민의회가 성공할 수 있다.

3. 세 가지 질문

국회나 지방의회를 대체하는가?

앞서 살펴본 시민의회의 3가지 기본요소와 2가지 성공조건 외에도 제기되는 의문이 몇 가지 있다. 시민의회에 대한 가장 큰 오해는 국회나 지방의회와 같은 기존의 대의제를 대체하려는 비현실적이고 혁명적인 발상이라는 우려이다. 해외 사례에서도 시민의회 도입에 가장 반대하는 세력은 기존 정치권이었다. 자신들의 의회 권력이 박탈당할지도 모른다는 위기감은 시민의회에 대한 강한 거부감으로 작용해 제도 개혁이 번번이 실패하는 경우가 적지 않았다.

하지만 시민의회의 기본적인 문제의식은 대의제 정치를 대체하는 것이 아니라, 시민참여의 확대와 심화를 통해 한계에 도달한 대의제를 쇄신해 본래의 기능과 역할을 재정립하자는 것이다. 시민의회가 독자적인 결정 권한을 갖는 것이 아니라 기존 대의제와 연계를 통해 전통적인 정치과정과 시너지를 도모하는 데 목적을 두고 있다. 따라서 시민의회는 의회와 정부의 경쟁자가 아니라 동반자요 협력자라고 할 수 있다. 의회주의와 민주주의가 가장 발전한 유럽에서 시민의회가 활발하다는 사실이 입증하고 있다.[25]

또한, 추첨으로 대표를 선발하는 방식이 항상 바람직하다고 볼 수도 없다. 선거를 실시하는 모든 영역을 추첨제로 대체하는 것도 비현실적이며, 적용 영역도 숙의 시스템이 작동할 수 있는 분야로 한정되고 있다. 대통령이나 장관을 추첨으로 뽑을 수는 없는 노릇이다. 시민의회는 제 기능을 잃고 신뢰를 상실한 국회나 지방의회가 본연의 역할을 다할 수 있도록 보완하는 활동에 초점을 두고 있다. 인구통계학적 대표성을 지닌 시민의회가 선거로 뽑힌 대의민주제의 책임성과 반응성을 제고하는 역할을 수행할 수 있다고 보기 때문이다.

시민의회가 대의민주주의의 병폐와 한계를 모두 치유할 수 있는 만병통치약도 아니다. 추첨제로 선거제를 대체하자는 주장도 있지만,[26] 현행 헌법 체계나 국민정서상 현실성이 떨어지는 대안이라고 할 수 있다. 선거제 또한 나름대로의 장점이 있다. 정당을 통해 여론이 반영될 수 있고 숙의로 합의도출이 어려운 이슈에 선출직 의원이 중재 역할을 할 수 있다. 선거를 통해 정치 지도자를 양성할 수 있고 선거를 치르면서 정치적 전문성을 축적하는 순기능도 적지 않다.[27] 따라서 시민의회는 선출의회가 합의점을 도출하지 못하는 예외적인 경우에 적용하는 것이 바람직하다. 일상적인 입법과 정책 사안은 선거제 의회가 처리하는 것이 효율적이다.

공론화위원회와 옥상옥 아닌가?

선거 대의제의 장점이 있음에도 불구하고 굳이 번거롭게 시민의회를 구성해 시간과 비용을 낭비할 필요가 없다는 지적도 있다. 신고리 5·6호기 공론화 이후 중앙과 지방정부는 물론, 국회에서도 공론화위원회를 구성해 활동하고 있는데 시민의회를 옥상옥으로 설치할 이유가 없다는 것이다. 그러나 공론화위원회와 시민의회는 무작위 추첨이라는 선발 방식은 유사하지만 목적과 운영 주체, 의제선정과 권한 부여 등에서 근본적인 차이가 있다.

첫째, 우리나라의 공론화위원회는 주로 정부정책이나 공공사업 추진 과정에서 발생하는 갈등을 해소하기 위한 방편으로 활용되고 있다. 공론화를 국가정책을 둘러싼 갈등을 국민 여론 수렴과 사회적 합의를 통해 조정하는 협소한 절차로 이해하는 경향이 있다.[28] 공론화위원회를 갈등 해소와 사회통합의 관점에서 도구적으로 접근하고 있다면, 시민의회는 참여적·비판적인 시민성의 관점에서 대의민주제의 혁신 방안으로 활용되고 있다는 점에서 본질적인 차이가 있다. 시민의회는 정치과정 전반을 숙의민주주의와 연계된 '체계적 접근systemic approach'으로 민주적 혁신democratic innovation을 도모한다.[29]

둘째, 의제설정권에도 차이가 있다. 기존의 공론화 의제는 주로 정부나 국회가 제시한 주제를 시민참여단이 논의하는 수동적 역할이 대부분이었다. 공공 당국의 관심사 위주로 의제가 설정되고 공론화에 참여한 시민들이 의제를 결정한 경우는 거의 없었다.[30] 공론조사에 참여한 미니 공중은 선택지가 좁혀진 상태에서 찬반 의견이나 선호 순위를 제시하는 데 그치는 경우가 대부분이었다.

이에 비해 시민의회는 특정 사안에 대한 찬반이 아니라 개방적이고 종합적인 진단과 처방을 권고하고 있다. 의제의 범위는 주로 선거제도나 헌법개정과 같이 기존의 정치과정이 당파적 이해대립으로 해결하기 어려운 사안이나 정당정치로 합의에 도달하기 어려운 입법 사안에 초점을 두고 있다. 공론화위원회도 사회적·윤리적 이슈를 다루기도 하지만, 입법보다는 정부 정책에 대한 의견수렴이나 공론 형성에 관심을 두고 있다는 점이 시민의회와 다르다.

셋째, 권한에서도 공론화위원회는 단순히 자문이나 권고 역할에 그치지만, 시민의회의 권고는 국회 의결이나 국민투표에 부쳐 최종결정하도록 제도화되고 있다는 점에서 차이가 크다. 시민의회의 권고안에 대한 실행력 확보 방안은 각 국가별로, 그리고 의제별로 편차가 있지만 단지 권고에만 그치는 공론화 방식과는 효능감이 다르다고 볼 수 있다. 유럽의 동벨기에(2019)와 파리시(2021) 시민의회는 상설기구로 제도화되어 의제설정권은 물론, 권고안에 대한 지속적인 이행점검과 평가보고서 등을 통해 시민통제권을 부여하고 있다는 점에서 진일보한 사례로 주목을 받고 있다.

넷째, 운영 기간도 공론화위원회는 통상 3개월 안팎의 비상설 조직이지만, 시민의회는 수개월에서 1년 이상 긴 시간 동안 다양한 국민 의견을 수렴하는 '사회적 공론화' 과정을 거친다. 공론화위원회의 숙의 기간은 대개 2~3일 프로그램으로 짧게 운영되지만, 시민의회는 주말을 이용해 4~6회 1박 2일 일정의 연속적인 집중 프로그램을 운영하고 있다. 숙의 방법도 공론화는 주로 피시킨Fishkin 교수가 개발한 공론조사를 활용하고 있지만, 시민의회는 플래닝 셀planning cells, 시나리오 워크숍 등 다양한 숙의 기법을 혼용해 폭넓게 활용하고 있다.

국민투표가 훨씬 효과적이다?

대의민주제의 한계를 극복하기 위해서는 국민투표, 국민발안, 국민소환과 같은 직접민주제를 강화해야 한다는 주장도 설득력이 있다. 직접민주주의는 국민의 참여를 통한 자기 지배의 원칙을 관철할 수 있다는 측면에서 원형민주주의에 가깝기 때문이다.

직접민주주의의 대표적인 방식인 국민투표는 찬반 여론이 엇갈리는 특정 사안에 대해 일반 국민의 의사를 가장 직접적이고 공식적으로 확인할 수 있다는 점에서 유리하다. 투표권을 가진 모든 국민이 참여할 수 있고, 주권자인 국민의 최종 판단으로 법적 구속력을 갖는다는 점에서 시민의회와 비교할 수 없을 정도로 정치적 효능감이 크다는 장점이 있다. 그러나 국민투표는 엄청난 비용과 시간이 소요되고, 특정 의제에 대한 찬반 의견만 묻기 때문에 상반된 진영 간의 갈등과 후유증이 심각한 것이 가장 큰 걸림돌이다.

더구나 공공정책의 복잡성과 정보의 편향성, 숙의에 필요한 시간 제약, 여기에 낮은 투표율 등으로 국민투표도 대표성에 의문이 제기되고 있다. 투표율이 저조하면 동원된 소수가 국민 다수의 이익과 선호를 왜곡할 수 있다. 이러한 연유 등으로 직접민주주의는 숙의민주주의와 어떤 형태로든 결합되지 않으면 포퓰리즘과 중우정치로 전락할 수 있다.

이에 비해 시민의회는 보다 광범위한 주제와 쟁점에 대해 종합적인 처방과 대안을 도출할 수 있다는 점에서 직접민주제와 본질적인 차이가 있다. 현대 사회에서 국민 모두가 한자리에 모이기 어렵기 때문에 전체 국민의 복제품이라고 할 수 있는 시민의회를 구성해 시민의 목소리를 반영하자는 것이다. 100~500명의 미니 공중이 국민투표에 비해 훨씬 적은 비용으로 국민의 의사를 확인할 수 있다는 것이 가장 큰 장점이다. 그러나 시긴의회가 성공하려면 설계와 운영과정에서 대표성, 숙의성, 투명성이 확보되어야 한다. 제도화를 통해 시민의회의 권고안에 대한 일정한 정도의 권한과 구속력도 필요하다. 이러한 조건을 겸비하면 시민의회는 국민투표에 못지않은 민주적 권위와 정당성을 인정받을 수 있다는 점에서 '21세기의 첨단민주주의'로 불린다.

2. 고대와 중세의 추첨제

1. 추첨으로 구성한 아테네의 정치제도

직접민주주의의 산실, 민회ekklesia

고대 그리스 아테네의 정치제도는 4개 기관으로 구성되었다. 직접민주주의의 원형으로 불리는 에클레시아ekklesia는 오늘날 민회(주민총회)라고 할 수 있다. 아테네에서는 민회가 모든 정치권력을 행사한 것으로 이해하고 있으나 실제로는 입법부 역할을 맡은 불레boule(평의회), 시민법정인

디카스테리아dikasteria, 그리고 행정 업무를 담당한 아카이archai가 중요한 정치적 기능을 분담했다.[31]

민회는 아테네의 최고 의사결정기관으로 전체 시민으로 구성되었다. 기원전 4세기 아테네의 총인구는 30만명으로 추산되며 20세 이상 남성 3만명에게만 시민권이 주어졌다. 여성과 어린아이, 외국인과 노예는 시민에 포함되지 않았다. 남성은 18세가 되면 시민 명부에 등록하고 2년 간 군사훈련 등을 거쳐 20세에 정식으로 민회에 참여할 자격이 주어진다. 1년에 40회 정도 민회가 열리는 프닉스pnyx 언덕의 수용 규모는 6,000~8,000명이어서 아침에 먼저 도착한 시민들이 선착순으로 입장했다.[32]

민회에서는 전쟁 선포, 조약과 동맹 체결, 법률 제정 및 폐지, 공직자(군사·재정) 선출과 감사, 도편추방, 세금 부과 등 중요 사항을 직접 결정했다. 의장도 회의 당일 추첨으로 선정하였고 참석한 시민에게는 동등한 발언권이 보장되었다. 자유롭고 제한 없는 토론으로 만장일치를 추구했으나 의견 차이가 좁혀지지 않으면 다수결로 결정하기도 했다. 민회에서 법안이 의결되면 누구나 살펴볼 수 있도록 법안을 돌판에 새겨 아테네 한가운데 전시했다.

민회에서 논의할 의제를 결정하는 프리타네이prytaneis가 일정과 안건을 공지했다. 안건은 평의회boule의 사전 준비를 거쳐 상정되거나 민회에서 자체적으로 결정하기도 했다. 민회에는 참석자 누구나 평등하게 발언할 수 있었고 연단bema에 올라 찬반 의견을 개진했다. 제안에 대한 반론과 수정안 제출도 가능했지만 청중의 환호나 야유 등 반응이 토론 분위기에 작용했다. 표결은 보통은 거수로 결정했지만 도편추방과 같은 중요한 안건은 석편이나 청동 조각을 사용해 비밀투표로 진행했다.

기원전 4세기에는 민회의 무제한 입법권을 제한하고 입법과 시행령을 분리하기 위해 노모데타이nomothetai 제도가 도입되었다.[33] 노모데타이는 매년 6,000명의 시민배심원dikastai 가운데 수백 명을 무작위 추첨으로 선발해 사안별로 입법심의회nomothesia 역할을 수행했다. 입법 절차는 민회에서 새로운 법률을 제안하면 노모데타이들이 무기명 투표로 가부를 결정했다. 여기서 승인된 법률은 아크로폴리스 벽면에 새겨 보존했다.

입법부, 500인 평의회boule

전체 시민으로 구성되는 민회는 논의할 안건을 준비하고 법안을 마련하거나, 시민들의 제안을 접수하는 실무 역할을 하기에는 너무 큰 기구였다. 그래서 시민 대표들로 구성된 평의회boule가 민회의 집행위원회 겸 운영위원회 역할을 담당했다. 평의회는 민회에서 토론할 의제를 준비하고 결정된 사안을 실행했기 때문에 실질적인 통치기구였다. 민회가 의결한 법안의 절반 정도는 평의회가 제출한 법안을 비준하는 것이었다. 반면 절반 정도는 민회에서 직접 만들어진 안건이었다.[34]

평의회는 아테네의 대표기구로 대외 업무도 맡았다. 외국 사절을 접견하고 이들과의 협상 결과를 민회에 제출했다. 해군과 해상무역을 관장하는 군사 기능과 재정을 포함한 주요 공공 업무를 감시하는 역할도 수행했다. 이러한 측면에서 평의회는 집행 업무를 맡았던 다른 행정관archai(아카이)에 대한 통제권을 행사했다.[35]

평의회는 30세 이상 시민 500명으로 구성되며 1년 임기로 추첨으로 선발했다. 평의원은 데모스demos라 불리는 10개 거주지별로 50명씩 할당되었다. 평생 한번만 평의원으로 뽑힐 수 있기 때문에 30세 이상이면 두 명 중 한 명은 평의원이 될 수 있었다. 당시 남성의 평균 수명이 25세였던 것을 감안하면 경험이 많은 고령자에게 공직을 맡겼다는 것을 알 수 있다. 시민재판관heliastai과 행정관archai의 연령을 30세 이상으로 제한한 것도 같은 이유였던 것으로 보인다.

500명의 평의회 의원들은 1년 내내 활동한 것은 아니었다. 부족별로 편성된 10개의 50인 위원회prytany(프리타니)가 1년의 1/10에 해당하는 약 한달간(36일) 교대로 공직을 수행했다. 50인 위원회는 활동 기간 중 매일 한 사람을 의장epistates(에피스타테스)로 추첨해 아테네의 수장 역할을 맡게 했다. 권력의 집중을 막기 위해 하루 국가 원수였던 의장epistates 역할도 평생 한번만 맡을 수 있었다.[36]

평의회에 출석한 시민들에게는 수당이 지급되었다. 회의 참석으로 일할 수 없게 된 시민들에게 경제적 보상으로 적극적인 참여를 유도하기 위해서였다. 수당은 기원전 5세기 일용직 노동자의 하루 평균 품삯(1드라크마)의 절반 정도였다. 평의회뿐만 아니라 민회와 시민법정에 참여한 시민들도 수당을 지급받았다. 아리스토텔레스는 평의회 참여와 같은 정치적 활동에 돈을 지불하는 것을 민주정의 핵심 원칙 가운데 하나로 보았다.[37]

실무를 집행한 행정관archai

아테네에서 최고위 관직은 '집정관'으로 불리는 아르콘archons이었다. 초기에는 단일 집정관이 통치했으나 기원전 7세기 이후 9인의 집정관이 역할을 분담했다. 집정관은 초기에는 귀족층에서 선출했으나 기원전 5세기 후반부터 추첨제로 바뀌었다. 10개 부족에서 각 10명씩 추첨을 통해 후보를 내면 이들 중에서 다시 추첨해 9명을 선출하는 방식이었다. 사법, 행정, 종교 등 핵심 업무를 관장하는 집정관archons과 구별해 일반 공직자는 아카이archai라 불렀다. 솔론Solon과 클레이스테네스Cleisthenes의 개혁으로, 추첨으로 충원된 행정부의 공직자는 700명 가운데 600명 정도였다.

추첨을 통해 선임된 행정직은 대부분 협의체였으며 임기는 1년이었다. 일생동안 다른 행정직에 임명될 수는 있지만 동일한 직책을 두 번 맡을 수는 없었다. 30세 이상이면 '아티미아atimia'라는 시민권 박탈 처벌을 받지 않은 사람은 누구나 공직에 취임할 수 있었다. 행정관은 민회에서 논의할 의제를 준비하고 소송에 앞서 예비심사를 맡았다. 시민법정을 소집하고 주관하는 것도 행정관의 업무였다. 이들은 민회와 시민법정에서 내려진 결정을 집행하는 역할에 그쳤기 때문에 주요한 정치권력을 행사할 수 없었다.

행정관 가운데서도 군사와 재정을 맡을 100명은 민회에서 선거로 뽑았다. 전문적인 지식과 경험이 요구되는 분야는 무작위 추첨이 아니라 선거를 통해 탁월한 인물을 선택했다. 선거직 중에서도 핵심 행정관은 군사령관 역할을 담당하는 10명의 장군strategos으로 10개 부족 별로 한 명씩 선출했다. 전쟁이 일상적이었던 당시에 아무나 장군으로 내세울 수는 없었을 것이다. 이들의 임기는 다른 직책과 마찬가지로 1년이었지만, 동일한 직책에 연속해서 여러 번 재선될 수 있었기 때문에 사실상 임기 제한도 받지 않았다.[38]

여기서 우리가 유의할 점은 아테네 시민 모두가 의무적으로 공직을 번갈아 맡아야 했던 것은 아니었다. 추첨은 무작위가 아니라 공직 후보로 자원한 사람에 한해서만 이루어졌다. 행정관을 비롯해 공직자들은 직무를 수행하기 전에 '도키마시아dokimasia'라는 공직 심사절차를 거쳐야 했다. 납세 실적이나 군복무 여부, 부모 공경 등을 조사했다. 오늘날로 보면 공무수행에 필요한 기본 지식과 소양을 갖추고 있는지를 심사하는 공직적격성테스트(PSAT)와 유사한 제도였던 셈이다.

공직 심사는 무능력한 사람들을 배제하려는 평가가 아니라, 대개 형식적인 절차에 불과했다. 그럼에도 불구하고 공직 수행에 미숙하다거나 무능력한 시민을 사전에 걸러내는 제도적 장치로 작동했다. 이와 함께 임기가 끝나면 '유티나이euthynai'라는 결산보고서를 제출해야 했다. 임기 중에도 시민들은 공직자에게 책임을 물을 수 있고, 탄핵당하면 시민법정에 회부되어 판결을 받았다. 행정관에 대한 신임을 묻는 것도 민회의 필수안건이었다.[39]

시민법정, 디카스테리아dikasteria

아테네에서는 판사가 따로 없었다. 시민배심원으로 불리는 디카스타이dikastai가 재판 전 과정을 주도했다.[40] 시민배심원은 매년 30세 이상의 지원자 중에서 6,000명을 추첨해 법정dikasteria을 구성했다. 자신의 이름이 뽑힌 시민들은 배심원 선서를 하고 1년 동안 재판관으로 활동했다. 민회는 20세가 되면 참석할 수 있었지만, 시민배심원은 30세 이상으로 제한한 것은 경험이 많고 지혜로운 사람이 재판을 맡아야 한다고 보았기 때문이었다.

재판은 배심원 6,000명 가운데 재판이 열리는 날 아침에 법정으로 나온 배심원 중에서 그날 필요한 판사를 추첨으로 뽑았다. 여러 법정이 매일 동시에 열렸기 때문에 또 다른 추첨을 통해 시민배심원이 어느 법정에 들어갈지를 결정했다. 배심원 규모는 민사 소송의 경우 201인 또는 401인으로 구성되었으나 대부분의 형사 사건은 501인으로 짜여졌다. 중요한 정치적 사건에는 1,001인에서 최고 2,501인의 배심원들이 배당되었다.[41]

판결은 민회의 거수투표와 달리 재판관에 대한 매수나 부패를 방지하기 위해 비밀투표가 원칙이었다. 재판 당일 아침 현장에서 수백 명을 추첨으로 선출하는 것도 부당한 로비를 방지하기 위해서였다. 재판과정에서 원고와 피고는 스스로 변론했으며, 변론 시간은 물시계로 제한되었다. 모든 시민은 민회에 제출된 법안도 위법성을 이유로 제안자를 법정에 고발할 수 있었다. 민회에서 만장일치로 통과된 법안이라도 위법한 내용이 있으면 그 법안을 제안한 시민을 기소할 수 있었다. 시민법정은 민회의 결정도 뒤집을 수 있는 권한이 있었기 때문에 실질적으로 아테네의 최고 권력기관의 역할을 했다는 평가도 있다.[42]

시민배심원의 판결 결과, 민회의 결정이 폐기되면 당초 법안을 발의했던 민회원은 벌금형을 받게 된다. 반대로 고발인이 자신의 고발을 철회하면 1,000드라크마drachmas의 벌금형과 함께 향후 위법성을 문제로 기소할 수 없게 제한했다. 배심원으로부터 1/5 이하의 표를 얻게 되어도 1,000드라크마의 벌금과 함께 기소권이 일부 박탈되었다.[43]

시민법정에서는 탄핵에 대해서도 심사했다. 정치적 이유나 실정 등으로 장군이나 행정관에 대한 탄핵안이 민회에 제출되면 이들에 대한 예비심사와 결산보고서를 시민법정에서 검토했다. 고대 아테네에서는 오늘날과 같은 삼권분립이라는 관념이 없었기 때문에 시민법정 외에 민회, 평의회, 행정관도 어느 정도는 사법권을 행사했다.[44]

아테네는 직접민주제인가? 대의민주제인가?

흔히 고대 아테네의 정치체제를 직접민주제의 원형이라고 여긴다. 모든 시민이 참여한 민회ekklesia가 최고 의사결정기구로 주요 법안과 정책을 결정했다는 점에서는 그렇다고 볼 수 있다. 그러나 평의회boule, 행정관archai, 시민법정dikasteria은 추첨으로 대표를 뽑아 업무를 맡겼다는 점에서는 대의민주제라고 봐야 한다. 오늘날과 비교하면 선거가 아니라 추첨으로 대표를 선출했다는 정도의 차이라고 볼 수 있다.

그런데도 아테네를 직접민주제로 보는 것은 민회가 중요한 정치적 권력을 행사해서가 아니라, 추첨으로 구성된 시민법정이 민회의 결정을 뒤집을 수 있는 권한을 보유하고 있었고, 평의회는 민회의 집행위원회 또는 운영위원회의 역할을 담당했다는 점에서 그렇다. 무엇보다도 시민법정이나 평의회도 추첨으로 구성해 시민 누구나 공직을 맡을 수 있는 동등한 기회가 부여되어 있었기 때문이다.[45] 따라서 아테네는 직접민주제와 대의민주제가 혼합된 형태로 보아야 한다. 민회ekklesia라는 직접민주제와 평의회boule라는 대의민주제(추첨)를 통해 시민의 통치를 구현한 정치체제로 볼 수 있다.

아테네 민주정을 직접민주주의로 보는 것은 추첨을 통한 교대의 원칙을 통해 관직을 맡을 수 있는 가능성의 평등이 실현되었다는 점을 중시하는 입장이다. 모든 시민들이 동시에 통치할 수는 없지만, 자신을 통치할 사람을 선출할 수 있는 자격이 평등하게 주어지고, 모두가 공직에 진출할 수 있었기 때문에 정치적으로 자유롭고 평등했다.[46] 이러한 점에서 아테네의 추첨제는 직접민주주의라는 이상과 대의민주주의라는 현실을 통합한 정치체제로 규정할 수 있다.

21세기의 시민의회도 시민의 직접 참여라는 요소가 들어 있지만, 모든 시민이 참여하지 않기 때문에 대표를 통한 의사결정 방식이다. 다만, 아테네와 달리 추첨을 통해 공직 참여의 평등성을 추구하는 정치시스템이 아니라, 의사결정 과정의 숙의성을 강조하고 있다는 차이가 있다. 직접민주주의에서는 시민들의 폭넓은 참여를 통한 직접적 의사표현이 중요한 반면, 시민의회는 전체 시민의 축소판인 미니 공중을 구성해 숙의민주주의를 추구하고 있다.

2. 로마 시대 민회comitia의 추첨제

로마 시대의 추첨은 아테네처럼 보편적으로 사용되지 않고 대표 선출에도 적용되지 않았다. 아테네와 달리 대부분의 공직은 추첨이 아닌 민회comitia에서 선거로 결정했다. 귀족과 부유층이 재산 정도에 따라 권력을 장악했던 로마 공화정에서 시민들이 정치에 참여할 수 있는 통로는 켄투리아회centuriata와 트리부타회tributa라는 민회comitia였다. 아테네의 에클레시아ekklesia와 마찬가지로 로마의 민회comitia도 중요한 정치적 기구였지만, 구성과 역할에 상당한 차이가 있었다.[47]

로마시대의 시민은 재산과 군복무(기병, 보병, 보조병력 등) 유형에 따라 5개 계급과 193개 켄투리아centuria로 구성되었다. 켄투리아는 전쟁에 동원할 수 있는 군사 단위로 100명의 병사로 편성되어 '백인대century'라고도 불렸다. 193개의 켄투리아가 모인 켄투리아회comitia centuriata에서 고위 공직자 선출(집정관, 호민관, 감찰관 등), 법률 제정, 전쟁 선포, 평화협정 체결 등 중요한 정치적 문제를 결정했다. 켄투리아회의 투표는 자신이 속한 켄투리아에서 투표를 하면 투표 결과는 개개인이 아니라 켄투리아별로 1표로 산정해 집계하는 방식이었다. 물론 당시에도 로마 시민권을 가

진 남성만 소속된 켄투리아에서 투표에 참여할 수 있었다.[48]

최종 집계 방식은 모든 켄투리아에서 투표를 마치면 합산하는 것이 아니라 최상위층 계급의 순서로 투표해서 과반수(97표)가 확보되면 투표가 종료되어 하위층 켄투리아에는 투표 기회도 주어지지 않았다. 귀족과 부유층으로 구성된 1계급에는 18개 기병 켄투리아와 80개 보병 켄투리아로 편성되어 1계급의 투표만으로 과반을 확보할 수 있었다. 2~5계급에는 각각 20~30개의 켄투리아가 배정되었지만 재산이 없는 빈민층은 인구는 많았지만 1개 켄투리아만 할당되었다.

트리부타회comitia tributa는 부족을 기반으로 한 거주지별 35개 트리부스Tribus로 구성된 민회였다. 구성상 켄투리아회에 비해 평민들의 영향력이 강했지만 상대적으로 낮은 직급의 행정관을 선출하고 일부 법률을 제정하는 역할을 맡았다. 투표 결과는 켄투리아회와 마찬가지로 개개인이 아니라 트리부스별로 한 표로 산정되는 집단투표 방식이었다. 켄투리아회가 군사·정치적 중대 사안을 결정하는 귀족적 기구였다면, 트리부스회는 평민 중심의 일상 정치와 행정 및 입법을 담당한 기구로 평민의 권익 확대에 기여했다. 따라서 두종류의 민회는 로마 공화정이 귀족과 평민의 권한을 조정하고 평민의 불만을 완화하는 정치 시스템으로 활용했음을 알 수 있다.

고대 로마에서 공직자는 모두 선거를 통해 선출했지만 추첨은 민회에서 누가 가장 먼저 투표할지(켄투리아회), 어떤 투표를 처음으로 개표할지(트리부타회)를 결정하는데 사용되었다. 켄투리아회의 경우 최상위층(1계급)에 속한 98개 켄투리아 가운데 누가 가장 먼저 투표할 것인가를 정할 때 활용되었다. 첫 투표 결과는 신의 계시로 여겨져 다음 투표에 지대한 영향을 미쳤기 때문에 최종 결과를 미리 알 수 있을 정도로 중요했다. 이러한 선출 방식은 부유층의 지배를 강화하는 동시에 공직을 둘러싼 경쟁이나 갈등을 완화하는 장치로 활용되었다. 과반수에 도달해 투표조차 하지 못하게 된 하위층에게도 투표 결과는 중립적이고 공평하다고 여기도록 작동했다.[49]

트리부타회에서는 법률 제정이나 재판에서 각 부족들은 순차적으로 투표했기 때문에 어느 부족이 먼저 투표할지를 추첨으로 정했다. 각 부족의 투표 결과는 즉시 발표해 과반수가 넘으면 개표는 중단되었다. 행정관을 선출할 때는 모든 부족이 동시에 투표했기 때문에 가장 먼저 개표할 부족을 추첨으로 뽑았다. 35개 부족 가운데 과반수인 18표를 얻으면 당선이 확정되고 개표는 중단되었다. 만일 모든 부족의 투표를 동시에 개표하면 가장 많은 표를 얻은 후보가 바뀔 수도 있기 때문에 개표 순서는 매우 중요했다. 켄투리아회와 마찬가지로 트리부타회에서도 추첨의 종교적 성격과 중립성으로 첫 투표 결과로 표가 결집되는 효과가 나타났다. 결과적으로 투표나 개표를 하지 못한 부족들도 결과를 수용하도록 유도해 정치적 통합을 도모하는 기능이 내재되어 있었다.[50]

3. 중세 도시공화국은 왜 추첨으로 공직자를 뽑았나?

베네치아와 피렌체의 공직 선출제도

13세기부터 르네상스 시대까지 중세 이탈리아반도의 도시공화국commune들은 공직자를 선출하기 위해 추첨과 선거가 결합된 브레비아brevia와 스크루티니scrutiny라는 독특한 제도를 활용했다. 베네치아와 피렌체에서 주로 활용된 이 제도는 고대 아테네에서처럼 민주정을 구현하기 위해서가 아니라 유력 가문들간의 공직 쟁탈전을 완화하고 도시공동체를 유지하기 위해서였다.

베네치아에서는 수 세기에 걸쳐서 수장인 도제doge(총독)를 결정할 때 추첨이 사용되었다. 베네치아공화국은 몇몇 강력한 귀족 가문들이 통치하는 과두체제였다. 도제는 죽을 때까지 영구직이었지만 왕정과 같이 세습은 불가능했다. 세력 있는 가문들끼리 권력을 향한 다툼과 갈등을 막기 위한 방법으로 추첨제가 도입되었다.[51] 귀족 가문들이 도시국가를 지배했던 베네치아와 달리, 피렌체공화국의 경우 상층 부르주아들과 강력한 동업자 조합이 지배하는 연합정부의 특성으로 인해 공직자 선출에 추첨이 자주 활용되었다. 피렌체에서는 국가의 최고 지도자뿐만 아니라 정부와 입법평의회, 정부 위원들도 추첨으로 선출했다.[52]

추첨 방식으로 13세기 베네치아에서 주로 사용되었던 브레비아brevia는 공직자를 선출하기 위한 후보자 명단으로 그릇이나 항아리에 넣고 추첨으로 선정하는 방식이다. 추첨으로 뽑힌 시민들은 공직 후보자나 선거인단 또는 공직 심사관으로 활동했다. 이러한 무작위 추첨 방식은 특정 가문이나 계파의 공직 독점을 막고 정치적 균형을 유지하기 위해서였다. 브레비아에 이어 14세기에 도입된 스크루티니scrutiny는 '정밀 조사'라는 의미로 선출 대상자에 대해 시민대표나 선정위원회가 심층 평가하는 방식이다. 스크루티니는 주로 비밀투표로 결정했으며 일부 도시에서는 종교적인 맹세도 함께 거행되었다.[53]

두 제도 모두 귀족들간의 공직 거래와 선거 부정을 막기 위해 고안되었지만 브레비아brevia는 일반 시민들이 후보자 풀pool에서 공직자를 추첨으로 선출했다는 점에서 기득권 정치세력에 대한 시민의 견제와 참여라는 의미를 지니고 있었다. 이에 비해 스크루티니scrutiny는 공직을 장악한 기존의 정치세력들이 자리가 빈 공직을 배분하기 위해 추첨으로 순서를 정했다는 점에서 지배 엘리트의 통치 유지 수단으로 활용되었다.

피렌체에서는 베네치아보다 더 광범위하게 추첨으로 공직자를 선발했다. 1291년 추첨이 도입된 이후 심사와 추첨을 결합한 선출제도는 1328년 칙령으로 제도화되었다. 피렌체 제1공화정(1328-1434) 기간에는 시뇨리아signoria(정무위원회)로 불리는 최고 집행기관과 16개 행정구역별 수반gonfalonieri, 일반 행정관들은 2단계에 걸쳐 선발되었다. 1단계는 노미나또리nominatori라고 알려진 예비 선정위원회에서 투표로 후보군을 선출하면 이들을 대상으로 2단계에서 추첨으로 뽑았다. 추첨으로 선발되어도 세금을 체납하거나 범죄 경력이 있으면 제외되었다. 부모가 유사한 지위에 있었거나 현재 다른 관직에 있는 경우에도 배제되었다. 당시의 시민권은 21개 길드에서 세금을 납부한 남성에게만 부여되었으며, 여성과 어린이를 포함한 약 9만명 가운데 시민권자는 7,000~8,000명 정도였다.[54]

아테네와 마찬가지로 공직은 단기·단임으로 교체의 원칙이 적용되었다. 최고위직인 9명의 정무위원회signoria는 두 달마다 교체되었고, 동일인은 물론 동일가문의 사람들이 같은 관직을 여러 번 맡는 것도 금지했다. 피렌체공화국의 이러한 선발시스템은 관직을 놓고 벌이는 귀족들간의 경쟁으로 인한 분열을 막기 위해서였다. 특히 시뇨리아의 임기를 2개월로 정한 것은 권력의 집중을 막고 부패를 방지하기 위한 장치였지만, 짧은 교체 주기는 정치적 불안정을 초래해 결국 메디치 가문이 집권하면서 폐지되었다.

1차 메디치 시대(1434-1494년)에 이어 재등장한 피렌체 제2공화정 시기에는 베네치아를 모델로 3,000명 규모의 대평의회Great Council가 설립되었다. 대평의원들은 행정관 선발에도 참여했고 스스로 관직에 나갈 수 있었다. 제2공화정 초기에는 제1공화정과 마찬가지로 예비 선정위원회nominatori에서 투표로 선출한 후보들의 이름을 가죽주머니에 넣고 추첨하는 방법을 사용했다. 그러나 이러한 방식이 귀족들에게 유리하다고 판단한 평민들의 반발로 대평의회에서 선거로 정무위원signoria을 선출하는 제도로 변경되었다. 하지만 제2공화정 후기에는 다시 추첨으로 전환되었다. 당시 피렌체 공화주의자들은 귀족들 간의 파벌을 타파하기 위해 추첨을 도입하면서, 추첨이 선거보다 더 민주적이고 평등하게 공직을 분배할 수 있다고 판단한 것이다.

공직을 둘러싼 귀족들간의 쟁탈전과 선거 부패가 만연했던 베네치아도 추첨을 사용했지만 피렌체처럼 행정관을 뽑기 위한 것은 아니었다. 추첨은 대평의회에서 노미나또리nominatori(예비 선정위원회) 위원을 선출할 때 도입되었다. 공직 후보를 1단계에서 심사하는 노미나또리 위원들은 추첨과 선거가 조합된 여러 단계의 절차를 통해 임명되었다. 행정관 선출은 노미나또리에서 충원이 필요한 관직에 여러 사람을 추천하면 대평의회에서 투표로 결정했다. 대평의회에서는 가장 많은 표를 얻은 후보를 행정관에 임명했기 때문에 공식 선발시스템은 기본적으로 선거제에 기반을 두었다. 그러나 노미나또리에서 추첨을 통해 후보자 명단을 결정했기 때문에 추천 과정에서 귀족 파벌들의 영향력을 배제할 수 있었다. 추첨과 선거를 조합한 베네치아의 공직 선출제도는 1268년에 확립되어 1797년 나폴레옹에게 멸망할 때가지 500년 이상 유지되었다.[55]

17~18세기에도 명맥을 유지한 추첨제

고대 아테네와 중세 이탈리아 도시공화국이 쇠퇴한 이후 선거를 핵심으로 하는 대의민주제가 확산되면서 추첨제는 사법배심제 이외에는 더 이상 광범위하게 활용되지 않았다. 스페인 바르셀로나, 스위스 바젤 등 유럽 일부 지방에서 명맥이 이어졌을 뿐이다. 스위스 일부 란츠게마인데landsgemeinen에서는 추첨제 시장 선출이 1640년부터 1837년까지 200년 동안 실시되기도 했다. 중세 이래 현존하는 유럽의 가장 오래된 미니 국가인 산마리노San Merino에서는 1945년까지 추첨제를 실시한 기록이 남아있다.[56]

18세기 말 프랑스 혁명기에도 몽테스키외Montesquieu와 루소Rousseau의 영향으로 추첨을 옹호하는 주장이 없지 않았다. 다만, 이 시기의 추첨제 논의는 고대 아테네나 중세 이탈리아와 달리 제3신분(서민, 평민, 상공인 등)이 정치적·사회적 대표성을 요구하는 혁명적 평등주의와 연결되어 있었고, 공직자 선발은 능력을 중시하는 경향이 일반적이었다.

프랑스 혁명기인 1792년 9월 르쉬외르Lesueur는 국민공회National Convention에 베네치아처럼 투표와 추첨을 결합한 공직자 선출방식을 제안했다. 1793년 제안된 지롱드 헌법 초안에도 추첨으로 입법부를 구성하는 방안이 논의되었다.[57] 보통선거와 정치적 평등을 기치로 내건 콩도르세Condorcet와 삼부회에서 제3신분 대표로 국민공회 선포를 주장해 혁명을 촉발한 시에예스Sieyès 등이 제안한 지롱드 헌법 초안은 자코뱅당의 집권으로 무산되었지만, 공포정치 이후에 등장한 총재정부는 교대를 통해 권력의 집중을 막기 위해 추첨제를 도입했다.

1795년 10월 집권한 총재정부는 1799년 11월 나폴레옹 보나파르트의 쿠데타로 인해 4년 단명으로 끝날 때까지 5명의 총재(임기 5년)를 1년 단위로 교체하기 위해 추첨을 사용했다. 혁명재판소의 배심원들도 추첨으로 선출해 3개월마다 교체되었고, 두 개의 법정도 매달 추첨으로 판사들을 할당했다. 그러나 나폴레옹 등장 이후 프랑스에서도 추첨제는 역사의 뒤안길로 사라져갔다.

추첨제의 가장 오랜 역사, 사법배심제

오늘날에도 무작위 추첨을 활용하고 있는 가장 오래되고 대표적인 제도는 법원의 사법배심제jury trial system라고 할 수 있다. 배심제의 기원은 1066년 노르만족의 영국 정복 이후 도입되어 헨리 2세(1154–1189) 때 관습법으로 확립된 제도이다.[58] 초기의 배심은 단순히 범죄자를 고발하는 기능이었으나 12인으로 구성된 기소 배심grand jury(대배심)과 사실을 판단하는 재판 배심petit jury(소배심)으로 발전했다. 영국에서는 1215년에 제정된 마그나 카르타Magna Carta 제39조에 "자유민은 합법적인 재판 또는 동등한 사람들의 판단 없이 체포되거나 처벌되지 않는다"고 규정해 배심제를 법적 절차due process를 보장했다. 영국의 배심제는 미국 식민지에도 전파되어 18세기 말부터 헌법상 권리로 보장되고 있다.

앞서 살펴본 고대 아테네의 시민법정dikasteria을 사법배심제의 기원으로 보지 않은 이유는 아테네에서는 시민 전체가 판사 역할을 수행했기 때문이다. 당시의 시민재판관들은 판사(법률해석)와 배심원(사실판단)의 역할을 동시에 수행했다. 또한 아테네의 시민법정은 재판에서 절차적 정의due process 구현이나 피의자의 권리 보장보다는 정치참여의 수단으로 시민들이 직접 재판했다는 점에서 차이가 있다. 오늘날의 시민의회와 배심제는 역할은 물론 구성방식도 다르다. 시민의회는 성별, 연령, 지역, 사회경제적 배경 등 층화표본 추출 방식으로 구성되지만, 사법배심제는 이러한 구분이 없이 모집단에서 단순하게 무작위 추출하는 방식이다.

현재 전 세계에서 사법배심제를 가장 널리 운영하고 있는 국가는 미국이다. 미국은 연방헌법에 형사 사건뿐만 아니라 일정한 민사 사건에도 배심재판을 요구할 권리가 명시되어 있고, 50개 주 모두 배심제 조항을 두고 있다.[59] 배심원 후보군은 유권자 등록 명부나 운전면허 명부 등에서 무작위 추출해 법원에서 소환장을 발송하면 정당한 사유가 없는 한 의무적으로 출석해야 한다. 보통 12명으로 구성되는 배심원들에게는 하루 50달러 정도의 수당과 교통비가 지급된다. 연방법과 주법에 배심원 출석으로 인한 불이익을 금지할 정도로 폭넓게 활용되고 있다.

우리나라에서는 2008년부터 국민참여재판제도가 시행되고 있다. 국민이 직접 사법절차에 참여함으로써 사법의 민주적 정당성을 강화하고, 국민의 건전한 의견을 재판에 반영해 합리적인 결론을 모색하기 위해서였다. 무작위로 선발된 5~9명의 시민이 배심원으로 형사재판에 참여해 유무죄에 관한 평결을 내리고, 피고인의 형량도 토의하는 방식이다. 미국과 달리 배심원 평결은 법적 구속력이 없는 권고에 불과하고 실제 활용도는 낮지만 배심원의 만족도는 96%를 상회할 정도로 높은 편이다.[60]

법원행정처에 따르면 2008년부터 2023년까지 진행된 국민참여재판 2,989건을 분석한 결과, 1심 재판부 판결의 93.7%가 배심원 평결과 동일한 선고를 내린 것으로 나타났다. 양형에 대해서도 배심원의 의견은 재판부의 양형과 89.9%가 일치했다. 특히 국민참여재판 결과에 불복한 항소심 파기율은 30%로 일반재판의 파기율 41.8%보다 낮았다. 이에 대해 법원행정처는 "국민참여재판으로 진행된 1심 판결을 항소심이 존중하는

경향을 보이고 있다"고 설명했다.[61]

3. 미국 건국의 아버지들이 선거제를 택한 이유

국가는 덕망있는 엘리트들이 다스려야 한다.

뜨거운 햇볕이 쏟아지는 1787년 여름, 미국 헌법을 제정하기 위해 13개 주 가운데 12개 주의 대표들이 필라델피아 인디펜던스 홀에 모였다.[62] 그해 5월 25일부터 9월 17일까지 약 4개월간 지속된 미국 제헌회의Constitutional Convention에서는 연방정부의 권한을 둘러싸고 연방파와 반연방파간에 연일 치열한 공방이 벌어졌다. 대통령 선출 방식도 핵심 쟁점 가운데 하나였다.

독립전쟁 와중에 토머스 페인T. Paine은 1776년 발표한 『Common Sense』에서 군주제를 비판하며, 의회가 선출하는 단일 행정부 수장(대통령)을 포함한 공화국 헌정 구상을 제시했다. 13개 식민지 대표들로 구성된 의회에서 추첨으로 1년 임기의 대통령을 선출하는 정치 구상에 대해 다울렌Dowlen은 추첨과 선거가 결합된 혼합형 공직자 선출 방식으로 중세 베네치아공화국의 제도와 유사한 측면이 있다고 평가했다.[63]

제헌회의에서도 그해 6월 초부터 행정부 수반의 선출 방식을 둘러싼 논의가 본격화되었다. 대통령을 의회가 선출할 것인지, 국민이 직접 선출할 것인지가 핵심 쟁점이었다. 독립선언문의 서명자였던 펜실베이니아 대표 제임스 윌슨J.Wilson은 "대통령은 국민이 직접 선출해야 합니다. 의회에서 선출한다면 그는 의회에 예속될 것이고 권력 분립은 무너질 것입니다." 일순 회의장이 술렁였다. 미국과 같은 광대한 대륙에서 국민이 직접 투표한다는 발상은 당시로서는 파격적이었다.[64]

이에 대해 즉각 반대 목소리가 터져 나왔다. 매사추세츠 대표 엘브리지 게리E.Gerry가 얼굴을 붉히며 자리에서 일어섰다. "대중은 선동에 흔들리기 쉽습니다. 그들의 손에 대통령 선출권을 맡긴다면 국가는 언제든 위험에 빠질 수 있습니다!" 곧이어 같은 주의 젊은 대표 루퍼스 킹R.King이 맞장구쳤다. "우리는 이성reason에 따라 통치받아야 합니다. 추첨이나 직접 투표는 감정과 우연에 모든 것을 맡기는 꼴입니다." 회의장은 마치 재판정처럼 긴장된 공방전으로 달아올랐다.

그때, 조용히 메모를 하고 있던 버지니아 대표 제임스 매디슨J.Madison이 발언권을 얻어 천천히 일어섰다. 36세의 젊은 정치가로 훗날 '미국 헌법의 아버지'라 불리게 된 인물이다. "우리의 목표는 단순한 민주정democracy이 아닙니다. 공화정republic입니다. 국민은 때때로 충동적이며 순간적인 열정에 휘둘릴 수 있습니다. 그러나 선거로 뽑힌 덕성과 지혜를 갖춘 대표자는 애국심과 헌신으로 공익을 추구할 수 있습니다."

회의장 안은 고요해졌다. 매디슨의 목소리는 강변이 아니라 차분한 논리의 울림으로 13개 주 대표들의 귓가에 파고들었다. 그는 고대 아테네의 직접 민주정을 거론하며 "(엘리트로 구성된) 대의 정부는 아테네 민주정과는 비교할 수 없을 정도로 우수한 정치체제"라고 역설했다. 매디슨의 연설로 회의장 분위기는 연방주의자 쪽으로 흘러갔다.[65]

이후 수개월간의 격론과 타협 끝에 13개 주 대표들은 의회도, 대중도 아닌 '선거인단electoral college'을 통해 대통령을 뽑는 방식을 합의하게 된다. 선거인단 제도는 대중의 충동적 판단을 완화하려는 엘리트의 우려와 대통령이 의회에 예속될 가능성을 동시에 차단하려는 제도적 고려의 산물이었다.[66]

제헌회의에서는 1777년 10월 대륙회의Continental Congress에서 합의한 연합규약Articles of Confederation을 폐기하고, 연방제와 대통령제를 골자로 하는 새 헌법을 마련했다. 권력구조는 삼권분립을 원칙으로 인구 비례로 선출하는 하원과 함께 모든 주가 동등하게 2명씩 선출하는 상원제가 도입되었다. 대통령은 선거인단에서 선출하는 간접선거 방식이 확정되었다. 하원 구성을 두고 노예를 보유하고 있었던 남부지역의 강력한 반대로 노예 5명을 주민 3명으로 간주해 하원 의석을 배정하고 세금을 부과하기로 결정되었다.

미국 건국의 아버지들은 새로 출범하는 나라는 민주국가가 아니라 공화국Republic이라고 규정했다. 그들은 민주주의를 신봉하는 사람들이 아니라 공화주의자였다. 민주정보다는 아리스토텔레스가 주장한 혼합정이나 로마 공화정을 이상적인 정치체제로 보았다.[67] 이들은 주권이 모든 국민에게 있다고 보았지만, 주권의 행사는 덕망과 학식과 재산을 가진 엘리트들이 인민을 위해 봉사하는 방식으로 이루어져야 한다고 믿었다. 제퍼슨T.Jefferson은 "인간들 사이에는 재능과 덕망이 뛰어난 '자연적 귀족natural aristocracy'이 존재하며, 가장 좋은 정부 형태는 이러한 자연적 귀족들이 정부의 직책을 수행하게 하는 것"이라고 주장했다.[68]

아리스토텔레스도 민주정demokratia을 '중우정衆愚政'으로 전락할 우려가 있다고 지적하고, 민주정과 귀족정aristokratia의 장점을 절충한 혼합정politeia을 가장 바람직한 정치체제로 평가했다. 아리스토텔레스는 귀족정은 덕망 있는 소수가 공익을 위해 통치하는 체제인 반면, 민주정은 빈민 다수가 자기 이익을 위해 지배하는 부정적인 의미로 사용했다.[69] 당시 아테네에서는 여성, 노예, 외국인을 제외한 자유민 가운데 교육을 받지 못한 빈민이 다수였기 때문에 민주정은 빈민의 지배를 의미했다.[70] 따라서 그는 윤리학에서 '중용'을 중시한 것과 같이 정치적으로 폴리스 내 중산층의 역할을 중시했다.

아리스토텔레스가 민주정을 "자유민, 특히 빈민 다수가 권력을 장악하는 체제"로 규정했다는 점에서 오늘날의 민주정과는 차이가 있다. 하지만 '덕망 있는 엘리트가 통치하는 세상'을 꿈꾸었던 미국 건국의 아버지들은 민주정이 아니라, 선거를 통해 '덕망 있는 소수'가 지배하는 혼합정을 염두에 두었다. 선거는 바로 이런 인재를 찾아내는 길이라고 보았던 것이다. 그들은 덕성과 지혜를 갖춘 이상적인 엘리트의 존재를 전제하면서 대의제가 민주정보다 훌륭한 통치체제로 인식했다.

매디슨이 민주주의에 대해 "동요와 논쟁으로 가득 찬 구경거리이며, 짧은 생을 살고 대체로 죽음을 맞는다"고 평가한 것도 같은 맥락에서 이해할 수 있다.[71] 그는 대의제 민주주의의 본질이 선출된 대표를 통해 국민의 열정을 정제refine하는 것이라고 보았다. 미국 2대 대통령 존 애덤스John Adams도 "민주주의는 결코 오래 지속되지 못한다. 민주주의는 스스로 기진해서 파멸에 이른다. 지금까지 자살에 이르지 않은 민주주의는 한 번도 없었다"며 톤을 높였다.[72]

매디슨Madison이 강조한 '간접적인 여과 장치indirect filtration'를 갖춘 민주주의는 피시킨Fishkin의 표현으로는 엘리트 숙의민주주의를 의미한다.[73] 선택된 소수의 엘리트 집단이 공적 쟁점들에 대한 경쟁적 주장들을 숙의해 처리하는 민주주의이다. 이러한 방식에 의한 공적 결정이나 견해는 일반 시민들이 직접 결정하는 것보다 정의와 공익에 부합된다는 것이 매디슨의 주장이었다. 따라서 매디슨을 비롯한 미국 헌법의 초기 설계자들은 정치적 평등이나 대중의 참여에는 관심이 없었고, 다수의 독재를 방지하는 정치제도와 숙의에 초점을 두었다고 할 수 있다.[74]

프랑스 혁명의 주도자들도 구시대를 대체할 새로운 정치체제로 대의제를 염두에 두었다. 새로운 엘리트 지배층들은 대의제가 민주주의보다 본질적으로 우수한 체제로 간주했다. 『제3계급이란 무엇인가』(1789)라는 팸플릿으로 프랑스 혁명에 불을 지른 가톨릭 신부(제1계급) 시에스Sieyes는 "국민이 직접적으로 행동하는 것은 불가능하다. 국민은 오직 대표를 통해서만 말하고 행동할 수 있다"며 대의제를 옹호했다.[75] 1791년 프랑스 헌법도 "모든 권력은 국민에게 속하며 국민에 의해 또는 국민의 대표자를 통해서만 행사될 수 있다"고 규정하고 있다. 투표권은 '활동 시민active citizens'으로 규정된 남성 중 일정 세금을 내는 자 등으로 제한되었다. 이에 따라 당시 성인 남성의 절반 정도, 전체 인구의 15~20% 정도만 선거권이 주어졌다.[76]

결국 대의제는 미국 건국과 프랑스 혁명을 거치면서 과거의 구체제를 대체하는 새로운 제도로 채택될 당시부터 민주주의에 반대되는 개념이었다. 대의제는 탁월성의 원리를 전제로 엘리트를 선발하는 장치여서 평등의 원칙에 따라 시민의 통치를 강조하는 민주주의와 대립할 수밖에 없었다.[77] 그런 연유로 대의제 탄생 초기에는 대의제와 민주주의를 서로 적대적인 제도로 여겼던 것이다.[78] 하지만 민주주의의 본질이 '시민의 통치'[79]에서 '시민의 선거'로 바뀌고 동의의 원칙이 이를 이론적으로 정당화하면서 선거제가 '민주주의의 꽃'으로 부상하게 된다. 대의제는 이제 선거제를 매개로 예전에는 적대적이었던 민주주의와 결합할 수 있는 기반이 마련된 것이다. 대의제와 민주주의와의 관련성이 논의되기 시작하면서 18세기 후반에는 대의제와 민주주의를 결합한 '대의민주주의'라는 표현이 등장하게 되었다.[80]

대의제 출현의 역사적 배경

중세와 르네상스를 거치면서 그나마 명맥을 유지하던 추첨제는 점차 세력을 잃고 선거제가 대신 자리를 잡게 되었다. 17~18세기의 시민혁명으로 유럽에서 절대 왕정이 붕괴하고 근대 자본주의가 형성되면서 선거제가 역사의 전면으로 등장하게 되었다. 중세의 소규모 도시국가 대신 방대한 영토와 상당한 규모의 인구를 지닌 근대국가가 도래하면서 새로운 정치체제로 대의민주주의가 부상했다. '인민의 지배 rule of the people'라는 민주주의 이념이 인민에 의해 선출된 대표를 통해 통치하는 선거제 민주주의로 전환되었다.

한편, 18세기 말부터 프랑스에서 군 복무자를 결정하기 위한 징집 방식으로 추첨제가 이용되면서 원성의 대상이 되었다.[81] 많은 사람이 원하는 공직에 대한 추첨이 아니라 기피하고 싶은 군 복무를 추첨으로 결정했기 때문이었다. 당시 부유층 아들들은 돈을 주고 대체복무자를 구하는 일이 허다했다. 이로 인해 추첨제에 대한 반감과 더불어 선거를 통한 '동의의 원칙'이 보편화되면서 추첨은 선출 제도에서 사라져 갔다. 이제 대의제하에서 시민은 스스로 공직에 참여하는 사람들이 아니라, 투표에 참여하는 관객으로 전락했다.[82]

추첨제는 다양한 이유로 서서히 역사의 무대에서 사라지기 시작했다.[83] 첫째, 종교개혁과 17~18세기 계몽주의의 영향으로 이성을 중시하는 경향이 강해졌다는 점이다. 신의 뜻이 아니라 세속적 관점에서 중요한 결정을 하기 위해 추첨을 사용하는 것은 공적 이슈를 운에 의지해 사소한 것으로 보이게 할 수 있다는 반성이 대두했다. 중세 암흑기를 지나 이성적 판단을 중시하면서 추첨은 이제 배제의 대상이 되었다. 이러한 경향은 프랑스 혁명과 미국 건국으로 근대 대의 정부가 출범하면서 국가 운영에 추첨은 자취를 감추게 된다. 직접민주정은 중우정치라는 우려도 대의제의 등장 배경으로 작용했다.

둘째, 인구가 늘어나고 통치 구역이 확대되면서 공동체 내의 동질성이 줄어들고 정치적 의무감도 희박해지면서 추첨을 사용하는 것이 어렵게 되었다는 것이다. 고대 아테네와 같은 작은 규모의 공동체에서는 구성원들이 서로 잘 알고, 정치적 기능도 단순해 특별한 능력이 없어도 공직을 수행할 수 있었다. 그러나 국가의 규모가 확대되면서 구성원들 간의 이질성이 높아지고 정치적 기능도 복잡해져 추첨제가 불가능하게 되었다는 주장이다.

전체 시민이 정치적 의사결정과정에 참여하기 어렵다는 '규모의 문제'는 선호집약적 대의제의 정당성 논거로 자리 잡았다. 고대보다 규모가 커진 현대사회에서 자치정부self-government로서의 민주주의가 실현되려면 일반시민보다 탁월한 대표를 선출해 정치적 의사결정을 맡기는 것이 현실적인 대안이라고 보게 되었다.

셋째, 정치적 기능이 복잡해지고 전문성이 요구되면서 아무나 선발해 국정을 맡기기 어렵게 되었다는 주장이다. 고대 아테네에서도 군사와 재정 담당 행정관은 추첨이 아니라 선거로 뽑았다는 사실을 근거로 들고 있다. 사회구조와 문제가 비교적 단순했던 시대에 비해 점차 복잡해지고 해결이 어려운 국정과제를 1~2년이라는 짧은 임기로 교체되는 비전문가들에게 맡기는 것이 불합리하다는 지적이다. 밀Mill도 『대의정부론』(1861)에서 지적 전문성을 갖춘 유능한 사람들이 정부 업무를 맡아야 최대한 효율을 얻을 수 있다고 주장했다. 고도의 능력을 요구되는 업무는 그에 적합한 기술을 갖춘 전문가들이 담당해야 한다는 것이다.

『민주주의에 반대한다*Against Democracy*』(2016)는 저서에서 브레넌J. Brennan이 지식과 능력을 갖춘 사람들에게 더 큰 정치적 권한을 부여하는 '에피스토크라시epistocracy'가 유용하다고 주장하는 것과 같은 맥락이다.[84] '지식의 지배'를 의미하는 에피스토크라시는 정치적 의사결정 권한을 모든 시민에게 평등하게 분배하는 것이 아니라, 정치·사회적 지식을 보유한 사람들에게 더 많은 권한을 부여하는 정치체제를 의미한다. 그는 민주주의가 최선의 제도라는 '민주주의 신앙'을 비판하면서 민주주의가 실제로는 무지·편견·비합리성에 지배되는 제도라고 주장한다. 따라서 모든 시민에게 동일하게 1인 1표를 부여할 것이 아니라 유권자의 지식수준이나 역량에 따라 투표권을 제한하거나 가중치를 두는 에피스토크라시로 대체해야 한다며 보통선거권의 맹점을 지적하고 있다.

넷째, 통치에 대한 동의의 문제이다. 17~18세기 시민혁명을 거치면서 "정당한 권력은 피지배자의 동의로부터 나온다"는 원칙은 누구도 침범할 수 없는 인권선언이었다. 그로티우스로H.Grotius, 루소J.J.Rousseau, 홉스T.Hobbes, 로크J.Locke 등 자연법 이론가들은 동의가 합법적인 권위의 유일한 근원이고 정치적 복종의 근거라는 신념을 공유하고 있었다.[85] 로크가 『사회계약론』(1690)에서 "인간은 이 세상에 태어날 때부터 자유롭고 평등하며 독립된 존재이기 때문에 누구도 자신이 동의하지 않으면 이러한 상태에서 추방될 수 없다"는 언급이 대표적이다. 절대 왕정을 타파한 권력의 원천과 정치적 구속의 근원을 피지배자의 동의나 의지에 두게 되면서, 추첨은 더 이상 동의의 표현으로 받아들일 수 없게 되었다. 설령 추첨을 사용하기로 합의해도 운좋게 뽑힌 사람은 피지배자의 의지가 확인된 대표가 아니기 때문에 복종할 이유가 없어진다.

이에 비해 선거는 투표를 통해 동의가 지속적으로 확인되기 때문에 권력 행사가 정당화되고 복종과 헌신이라는 의무가 부여된다는 것이다. 피지배자의 동의와 의지가 정치적 정당성과 구속력의 유일한 근거가 되면서 선거는 권력을 위임하는 방법으로 자리잡게 되었다. 밀Mill이 대의정부[86]가 가장 이상적인 정치체제라고 주장할 당시에는, 관직이 시민들 사이에 평등하게 배분되는지는 더 이상 문제가 되지 않았다. 반면 사람들의 동의를 통해 관직에 올랐는지가 중요해졌다. 따라서 당시의 정치적 평등은 고대 아테네 민주정에서처럼 관직을 가질 평등한 기회가 아니라 권력 행사에 동의할 수 있는 평등한 권리였다. 마넹Manin도 근대혁명으로 지배에 대한 동의의 개념이 바뀌었기 때문에 선거제를 선택하게 되었다고 보았다.[87]

추첨제가 나쁜 진짜 이유

대의제가 보편적인 민주주의 방식으로 정착되면서 추첨제는 거의 사라지게 되었다. 최근에 다시 추첨제가 '오래된 미래'의 민주주의로 부활하게 된 배경에는 추첨제에 대한 기존의 비판과 사회적 배경이 크게 바뀌었기 때문이다.

첫째, 현대의 시민의회는 추첨으로 선발된 시민들이 자율적으로 판단하며, 감정적으로 공적 의제를 결정하지 않는다는 점이다. 아테네 민주정의 문제점으로 지목되어 온, 소피스트의 변론에 따라 결정이 좌우되는 중우정치나 포퓰리즘은 현대 숙의민주주의의 제도설계를 통해 해소할 수 있게 되었다는 반박이다. 밀에서 롤스에 이르기까지 자유주의자들은 세계에 관한 주장의 참/거짓을 판단하는 수단으로 이성이 작동하는 논증적 사고, 즉 숙의의 역할을 강조해왔다. 오늘날 숙의민주주의는 17~18세기에 대의제가 도입될 당시의 정치사회적 상황과는 크게 다르다는 점도 고려해야 한다.

운좋게 추첨으로 뽑힌 시민들이 전횡하는 구조가 아니라, 수개월간의 학습과 토론 과정을 거쳐 집단지성을 발휘하도록 설계되었다. 숙의민주주의는 개개인의 선호가 다수결로 결정되는 대의민주제 방식이 아니라 숙의를 통해 개인의 선호가 바뀔 수 있다는 가정하에서 출발한다. 17~18세기에 비해 일반 시민의 교육수준과 학습능력도 비교되지 않을 정도로 향상되었다. 추첨으로 구성되는 시민의회는 숙의과정을 거치면서 대의민주제가 간과하기 쉬운 이성이 작동되는 논의구조로 운영되고 있다.

둘째, 대의제의 현실적 이유였던 규모의 문제는 컴퓨터와 인터넷이 발달한 현대에서는 더 이상 제약요인이 아니다. 정보통신기술의 발달로 국민들의 정치 참여가 용이해지고 정책결정 과정에도 정부와 이해관계자, 일반시민간 의견교환을 효율적으로 실현할 수 있는 수단이 개발되었다. 인터넷 공간에서의 소통과 전자공청회, 전자투표 등 다양한 방식으로 참여할 수 있는 디지털 민주주의digital democracy 시대로 전환된 것이다. 디지털 플랫폼을 통해 논의 과정이 모든 국민에게 개방되고, 언제 어디서나 의견을 개진할 수 있게 됨으로써 전자 공간을 통한 온라인 공론장도 형성되고 있다. 특히 소우주로서 미니 공중mini-publics의 의사결정이 일반시민의 선호와도 어긋나지 않는다면 민주적 정당성을 확보할 수 있을 것이다.

셋째, 입법부에서 요구되는 전문성은 도구적 · 기술적 능력만이 아니라 공공선을 추구하는 도덕적 능력도 포함된다. 설사 전문적 · 기술적 지식이 중요하다고 해도 심사숙고할 시간과 충분한 정보를 통해 보완할 수 있기 때문에 특별한 능력을 가진 사람들만 의원으로 선발되어야 한다는 논리는 성립되기 어렵게 되었다. 입법과정에 전문성이 필요하다고 해도 공공정책 전반에 걸쳐 방대한 지식을 갖춘 전문가는 존재하지 않기 때문에 전문성을 기준으로 탁월한 사람을 선택하는 선거제는 타당성을 잃고 있다. 특히 인공지능(AI)이 보편화된 시대에는 누구나 전문지식을 쉽게 습득할 수 있기 때문에 지식의 격차 문제가 더 이상 논쟁이 되지않는다. 따라서 의회 자체가 대중의 지혜를 구할 수 있는 조건을 갖추는 것이 더 현실적인 해답이 될 수 있을 것이다.

넷째, 현실 정치에서 선거는 통치자가 정치적 승인을 받기 위한 도구적 수단으로 전락하고 있다는 사실이다. 선거를 통한 동의의 원리는 정치엘리트의 공직 진출을 보장하고 정당성을 부여하는 형식적 절차에 불과해졌다. 주기적으로 진행되는 선거는 단순히 통치자에 대한 피치자의 승인 또는 동의일 뿐이다. 선거로 정당성을 획득한 통치자는 피치자의 정치적 의사와는 별개로 자신의 계급적 이익을 위해 법률을 입안하고 정책을 개발할 수 있게 된다. 이와 대조적으로, 피치자의 지위는 공직 배분의 평등이 아니라 투표할 권리의 평등으로 축소되면서 통치자를 통제하기 어려워졌다. 대의제에서 피치자는 더 이상 주권자가 아니며, 동의의 원리는 '탁월자의 지배'에 대한 동의로 변형되었다.[88]

이보다도 추첨제가 나쁜 진짜 이유는 따로 있다. 선거제 도입의 근거로 제시된 이성의 중시, 규모의 문제, 정치의 복잡성과 전문성, 권력에 대한 동의의 문제 등은 핵심적인 원인이 아니라는 것이다. 프랑스 혁명과 미국 건국을 통해 구체제old regime를 뒤엎고 권력을 쟁취한 엘리트들이 자신들의 지배체제를 공고히 하기 위해 선거제를 선택했다는 반박이다. 추첨제로 인해 평민들 사이에서 급진적 평등주의가 확산될 것을 우려한 엘리트들이 기득권 지배를 재생산하기 위해 정치체제를 개편했다는 주장이다. 마넹Manin은 근대 시민혁명 초기에 영국, 프랑스, 미국 등지에서 선거제를 도입한 대의정부 창시자들이 선거권과 피선거권의 제한을 통해 엘리트 집단의 통치를 강화했던 사례를 근거로 들고 있다.[89]

앙시앵 레짐ancien régime 시기의 왕과 귀족의 지배로부터 자유롭게 된 미국과 프랑스의 부르주아 계층은 군주정을 타파하고 공화정을 갈망했다. 구시대 절대 군주와 귀족의 지배로부터 해방되는 확실한 방법은 왕이 없는 통치 체제를 만들고 유지하는 것이었다. 공화정은 그들이 새로운 지배계층으로서 혁명 정신을 유지하면서 자신들의 계급적 이익을 확보할 수 있는 선택이었다. 하지만 어떤 유형의 공화정인가에 대해서는 전체 인민에게 주권이 부여되는 민주정보다는 계급적 이익에 매몰될 수밖에 없었다.[90]

그들은 혁명 전 왕정 치하에서 행정직이나 정치 관련 직무를 맡으면서 축적한 사회·경제적 자산을 바탕으로 이미 단단한 사회적 네트워크를 형성하고 있었다.[91] 새로운 정당성을 바탕으로 자신들이 권력의 전면에 나서고 싶었던 혁명 주체들은 인민people이 권력의 주인임을 강조하면서도 인민 스스로 통치할 수 있는 개인적 역량이 부족하다고 판단했다. 이에 비해 덕성과 애국심을 갖춘 자신들이 전체 인민의 이익을 대표할 수 있다고 주장했다. 결국 부르주아 엘리트들은 일반 국민이 지배하는 민주정보다는 몽테스키외가 우려한 귀족정(소수 특권제)를 옹호했던 것이다.

18세기의 대의제는 구체제를 대체하는 새로운 지배계급의 통치모델이었다. 신흥 엘리트들이 대의제를 통해 바꾸어야 할 구체제의 특징 중 하나는 권력의 세습이었다. 어느 가문에서 태어났다는 이유만으로 권력의 정당성이 인정되는 통치체제는 새로운 시대에 맞지 않았다. 매디슨Madison이 구상한 새로운 시대, 곧 공화정republic은 모든 권력이 전체 인민으로

부터 나오는 정치체제였다. 그래서 선거로 구성된 근대 대의제는 권력 세습을 몰아낸 새로운 시대의 상징으로 부각되었다.[92] 그러나 흑인과 노예, 여성에게는 오랫동안 선거권이 주어지지 않았다. 미국의 초대 대통령들은 그들 스스로 '인민이 뽑은 왕'이라고 생각할 정도로 귀족정치에 대한 과거의 전통을 잊지 못했다. 세월이 흘러, 2025년 6월에 이어 10월에도 미국 전역에서 트럼프 대통령의 반민주적 행태에 분노한 시민들이 "왕이 없다No Kings"고 외치며 시위를 벌였다.[93] 민주주의의 선진국으로 불리는 미국에서 대의제의 민낯이 적나라하게 드러나고 있는 모습이 바로 '민주주의의 역설'이다.

선거는 귀족정이고, 추첨이 민주정이다.

민주주의의 원형으로 불리는 고대 아테네 사람들은 자신들의 정치체제를 데모크라티아demokratia라고 불렀다. 인민(대중)을 의미하는 데모스demos와 권력 또는 지배를 뜻하는 크라토스kratos가 합성어된 이 말은 '인민의 지배rule of the people'로 해석된다.[94] 민주주의democracy의 어원이 데모크라티아demokratia에서 유래되었다는 점에 비춰보면 아테네 민주주의의 본질은 오늘날의 표현으로는 '시민의 자기 통치'였던 셈이다.

아테네의 황금시기를 이끈 페리클레스는 투키디데스Thucydides의 『펠로폰네소스 전쟁사』에서 "우리의 정치체제는 민주정이라 불린다. 그것은 소수의 이익이 아니라 다수의 이익을 지향하기 때문이다"고 설명했다.[95]

페리클레스가 말하는 민주정demokratia은 아테네 시민공동체 전체가 평등하게 참여하는 정치체제를 의미했다. 기원전 431년 겨울, 펠로폰네소스 전쟁에서 숨진 전몰자 장례식에서 아테네 민주정의 우월성과 자긍심을 강조하기 위해서였다.

당시 아테네 시민들은 민회의 구성원이며, 추첨을 통해 번갈아 공직을 담당했기 때문에 대다수 시민들이 통치자의 역할을 맡을 수 있었다. 이러한 추첨 방식과 공직 순환제를 민주정으로 규정한 것은 아리스토텔레스였다. 그는 "공직을 추첨을 통해 임명하는 것은 민주적이고, 선거에 의한 것은 과두적이다. 재산 자격에 기초하지 않은 것이 민주적이며, 그에 대한 제한이 있는 것은 과두적이다. 더불어 군사 지도자와 같이 경험이나 기술을 요하지 않는 공직은 추첨으로 채워지는 것이 민주적이다"고 설명했다.[96] 아리스토텔레스는 이어 "자유의 원리는 모든 사람이 번갈아 통치하고 통치됨을 받는 것이다. 민주정에서는 가능한 한 아무에게도 통치됨을 받지 않아야 하고, 만약 그것이 불가능하다면 통치하고 통치됨을 번갈아 해야 한다"고 강조했다.[97]

아테네 민주주의를 비난했음에도 불구하고 아리스토텔레스가 추첨에 의한 행정관 임명은 민주적인 것이고 선거로 뽑는 것은 과두정치적이라고 지칭한 것으로 미루어 볼 때 당시에도 이미 선거가 민주정이 아니라고 인지하고 있었다.[98] 아테네에서 민주주의는 지배자와 피지배자가 동일한 자기 통치self-rule였지만, 선거제가 도입되면서 자기 통치의 원칙은 대표자를 선출하는 자유로 급격히 축소되기 시작했다. 선출된 대표에게 모든 권력을 위임함으로써 시민의 지위는 피지배자로 전락해 단지 구경꾼에 불과해졌다. 선거를 통한 대의제는 탁월성의 원칙을 바탕으로 하기 때문에 귀족정일 수밖에 없다.[99] 선거와 귀족정의 밀접한 관련성은 선거election와 엘리트elite의 어원이 모두 '뽑다'라는 의미의 라틴어 'eligere'에 기원한다는 점에서도 확인할 수 있다.[100]

추첨이 민주정이고 선거가 과두정이나 귀족정이라는 주장은 2000년 뒤 몽테스키외와 루소로 이어진다. 몽테스키외Montesquieu는 『법의 정신』(1748)에서 통치 형태를 군주정, 공화정, 독재정으로 나누고 공화정을 다시 민주정과 귀족정으로 구분했다. 통치자의 선출과 관련하여 "추첨에 의한 선출은 민주적인 반면, 선거에 의한 선출은 귀족적이다"며 아리스토텔레스의 주장을 옹호했다.[101] 추첨은 누구도 괴롭히지 않는 공평한 선발 방법으로 모든 시민에게 국가에 봉사할 수 있는 기회를 제공한다는 것이다. 그래서 선거 대의제는 진정한 민주주의가 아니라 엘리트 귀족주의라는 비판을 받게 된다.

그러나 추첨으로 무능력한 사람들이 선택될 수 있기 때문에 이러한 결점을 바로잡을 수 있는 입법조치가 필요하다고 보았다. 고대 아테네에서도 추첨으로 인한 폐단을 막기 위해 공직에 자원한 사람들을 대상으로 추첨을 실시했다는 점을 근거로 제시했다. 지원자는 '아티미아atimia'라는 시민권 박탈 처벌을 받지 않아야 하고, '도키마시아dokimasia'라는 공직 심사절차도 거쳐야 했다. 임기가 끝나면 '유티나이euthynai'라는 결산보고서를 제출해야 했다. 추첨으로 뽑혀도 자격 미달자는 언제든지 고발되어 법정에서 재판을 받아야 했다. 이러한 사전규제로 인해 아테네에서도 능력없는 사람이 공직을 맡겠다고 선뜻 나설 수 없었다는 것이다.

프랑스 혁명에 지대한 영향을 미친 루소Rousseau도 『사회계약론』(1762)에서 추첨에 의한 선발이 민주정의 본질이라고 규정하고 있다. 특히 양식과 정의감, 결백성만 있으면 누구나 할 수 있는 재판관 같은 지위는 추첨에 의해 결정하는 것이 더 적합하다고 보았다. 다만, 그 논거는 몽테스키외와는 좀 다르다. 진정한 민주정치에서 행정관이 된다는 것은 이익이 아니라 의무이자 부담이기 때문에, 특정 개인에게 떠맡길 것이 아니라 추첨을 통해 공평하게 분담해야 한다는 것이다.[102] 공직을 배분할 때 편파성의 위험을 방지하기 위해서도 추첨은 민주주의에 적합한 선발 방식으로 보았다.

특히 루소는 입법권을 주권의 핵심으로 강조하기 때문에 추첨은 입법자의 선택이 아니라 공직자 선발에만 사용해야 한다고 주장했다. 18세기 당시 프랑스에서 루소는 "주권은 양도될 수 없다"며 직접민주제를 옹호한 반면, 다르장송 후작Marquis d'Argenson은 "주권은 국민에게 있으나 현실적으로는 대표자를 통해 행사되어야 한다"며 대의제를 주장했다. 루소는 대의제를 강력하게 비판하며 "주권은 대표될 수 없다. 주권은 본질적으로 일반의지의 행사이며 결코 양도될 수 없다."며 직접민주주의를 강조했다. 대의제는 노예제와 다를 바 없다고 비판했다.

그러나 루소에 따르면 공직 배분에 추첨을 적용하기 위해서는 몇가지 전제조건이 필요하다. 첫째, 모두가 한 곳에 모여 서로 잘 알 수 있을 정도로 작은 규모일 것. 둘째, 사무가 복잡하지 않고 풍습이 단순해 귀찮은 문제가 발생하지 않을 것. 셋째, 누가 뽑혀도 큰 차이가 없을 정도로 재산이나 재능이 평등할 것. 넷째, 사치가 아주 적거나 전혀 없을 것 등이다.[103] 하지만 루소는 "이러한 진정한 민주정은 이제까지 한 번도 존재한 적이 없었을 뿐만 아니라 앞으로도 결코 존재하지 않을 것"이라고 전망했다.

한마디로 추첨은 민주정에 부합되는 이상적인 제도이지만 현실적으로 적용하기 어렵다는 것이다. 이에 비해 선거는 지식과 경험을 갖춘 성실한 사람을 발탁하기 때문에 귀족정이지만 선정善政을 보증할 수 있는 최선의 정부형태라고 보았다.[104]

그렇다고 선거는 아무나 출마할 수도 없다. 선거에는 막대한 돈과 시간을 들여야 하고, 인지도가 높은 엘리트만 당선될 수 있는 구조이기 때문이다. 우리나라만 보아도 국회의원의 20%가 판검사나 변호사 출신이고 50~60대 남성이 장악하고 있다. 일반 국민의 인구분포나 사회경제적 배경과는 멀어도 한참 멀어졌다. 여기에 정당민주주의가 고착되면서 일반 시민이 국회의원선거에 출마하는 것은 엄두도 못 낼 일이 되고 말았다. 국회에서 의결된 법안도 서민들의 삶이나 정서와는 동떨어진 기득권 엘리트를 대변하는 내용이 주를 이루게 되었다.

마틴 길렌스M.Gilens와 벤저민 페이지B.Page가 1981년부터 2002년까지 20년 동안 미국에서 논의된 1,779개 정책 제안을 분석한 결과에 의하면, 경제적 엘리트economic elites와 조직화된 이익집단interest groups의 선호가 일치할 때 정책이나 법안이 채택 가능성이 가장 높은 것으로 나타났다.[105] 대중의 선호가 반영되는 경우는 대부분 엘리트와 겹칠 때뿐이었다. 특히 소득 상위 10%의 선호가 반영될수록 정책 채택 확률이 증가한 것으로 조사되었다. 이러한 분석을 토대로 저자는 미국 정치를 '민주주의'라기보다는 '엘리트 지배oligarchy'라고 평가했다.

도널드 트럼프 대통령의 1기 집권 시기인 2017년 의회가 통과시킨 세법 개혁안Tax Cuts and Jobs Act은 법인세 감세(35%→21%), 상위 소득자 개인소득세 공제 확대, 중산층 감세도 있으나 장기적으로 혜택은 상위 소득층에 집중된 것으로 나타났다. 미국 세금정책센터(TPC)가 2017년 말 분석한 자료에 따르면, 소득 상위 1~5%는 평균 세금이 1만 3,480달러 감소하였지만 하위층과 중산층의 평균 감세액은 수백~수천 달러 수준인 것으로 나타났다.[106]

아리스토텔레스의 표현대로 선거는 이제 '현대판 귀족'을 뽑는 절차가 되고 말았다. 그래서 원형민주주의를 복원하기 위해 부활한 것이 21세기의 '시민의회'다. 대의제임에도 불구하고 직접민주제의 효과를 기대할 수 있는 것이 추첨형 대의제이고, 그 중 입법기구로 고안된 것이 시민의회이다.

1 Rousseau, Jean-Jacques (1762), The Social Contract. (trans.) G. D. H. Cole (1913). London: J. M. Dent & Sons.

2 Rousseau(1762)가 언급한 일반의지La volonté générale는 국가의 정치적 의사결정에 모든 구성원이 공유하는 공공의 이익이 반영된 의지를 말하며, 개인의 이익이나 특정 집단의 이익과 구별되는 주권의 원천을 의미한다.

3 아테네 민회인 에클레시아ekklesia에 참석할 수 있는 성인의 나이는 20세였지만, 평의회 의원과 시민법정인 디카스테리아dikasteria 추첨 대상은 30세 이상이었다. 당시 아테네 남성의 평균수명이 25세였다는 점을 감안하면 30세 이상은 경험이 많은 고령층이라고 할 수 있다(Dowlen, 2008a).

4 클레로테리온kleroterion은 1937년 다우S. Dow가 아테네 아고라에서 발굴했다(Dowlen, 2008a).

5 기원전 5세기 클레이스테네스Cleisthenes의 개혁에 대해서는 Mulgan(1984), Duxbury(1999), Dowlen(2008a) 참조.

6 Dowlen(2008a), p. 31.

7 Held(2006)는 아리스토텔레스가 도출한 민주주의의 원리를 바탕으로 아테네 민주주의의 특징을 일곱가지로 정리했다. ①입법 및 사법에 시민들이 직접 참여하고, ②시민들로 구성된 민회가 최고 권력을 가졌으며, ③직접선거·추첨·윤번제 등 다양한 방법으로 공직 후보자를 선출했다. ④일반 시민과 공직자를 구별 짓는 권한의 차이도 없었고, ⑤전쟁과 관련된 직위를 제외하고 동일인이 같은 직위를 연임할 수 없었다. ⑥모든 공직의 임기는 단기간(1년)이었으며, ⑦공무 수행에 따른 보수를 지급했다.

8 헬레나는 처음에는 티베트 난민을 위한 영국 정부의 지역개발 프로젝트 통역관으로 라다크를 방문했다. 당초 6주간 머물 예정이었으나 이후 14년간 현지에서 살았다. 책 출간 이후에도 라다크를 방문하며 50년간 인연을 맺고 있다. '오래된 미래'는 1993년 동명의 다큐멘터리 영화로도 제작되었다. 그녀는 현재 국제 비영리단체 로컬퓨처스Local Futures 설립자 겸 대표로 활동하고 있다.

9 mini-publics를 '작은 공중'으로 번역하는 경우도 있지만, 이 책에서는 어감을 살리기 위해 '미니 공중'이라고 표현한다.

10 OECD의 숙의적 시민참여 사례는 시민의회citizens' assembly뿐만 아니라 합의회의consensus conference, 플래닝 셀planning cell 등 다양한 유형의 '미니 공중mini-publics'이 포함되어 있다.

11 민회의 성원은 보통 1,000~2,000명이었지만 시민권 박탈과 같은 특별 표결이 필요할 때는 6,000명이 성원이었고 선착순으로 입장할 수 있었다(Hansen, 1991).

12 아테네 민회ekklesia의 당시 모습은 Hansen(1991)을 토대로 필자가 재구성했음.

13 Linder & Müller(2021) 참조.

14 '마법의 공식magic formula'은 스위스가 합의제 민주주의를 유지하기 위해 주요 정당들이 연방 각

료(7인)를 비례적으로 나눠 갖는 불문율을 말한다. 선거에서 이겨도 한 정당이 모두 차지하는 독식이 없다는 의미이다.

15 기원전 4세기 아테네의 총인구는 30만 명 정도였으며 이 중 시민권을 가진 20세 이상 남성은 3만 명으로 추산되고 있다(Hansen, 1991).

16 Held(2010), p. 43.

17 Aristotle(1981); 김재홍(2017)에서 재인용.

18 시민참여단의 공식 명칭은 '국민참여형 국회의원 선거제도 공론화'이며 '선거제도 개혁 500인 회의'는 별칭으로 불렸다. 시민참여단은 500명으로 구성되어 '500인 회의'라고 불렸으나 현장 토론과 설문조사에는 469명만 참여했다.

19 연금개혁은 22대 국회인 2025년 3월 20일 국회 본회의에서 개정안이 확정되었다. 주요 내용은 보험료율을 기존 9%에서 13%로 단계적으로 인상하고, 소득대체율은 종전 40%에서 43%로 상향 조정되었다. 국가의 연금급여 지급 보장을 법률에 명문화하고, 출산 및 군 복무 크레딧을 확대하는 방안도 포함되었다.

20 프랑스의 국가공공토론위원회(CNDP)도 공론화 결과에 대해 권고 기능만 부여하고 있다. 실제로 권고안의 20~30%는 정부 당국에 의해 거부되는 것으로 나타났다. 그러나 이 경우에도 정치적 책임으로부터 자유로울 수는 없다.

21 제주영리병원 공론화의 경우 시민참여단에서는 영리병원에 반대했으나 제주도는 조건부 허용을 제시해 사실상 수용하지 않았다.

22 Kathlene & Martin(1991), pp. 47-48.

23 Ward(2008); 문은영(2023) 참조.

24 Bastedo & Baquero(2008); 윤왕희(2025) 참조.

25 김상준(2024) 참조.

26 실제로 미국 하원을 추첨방식으로 새로 구성하거나, 제3의 입법부를 설치하자는 제안도 있다. 스위스 프리부르Fribourg 지역에서는 2015년에 이어 2017년에도 시민단체(GeNomi)가 하원의원을 추첨으로 뽑자는 캠페인을 벌였지만, 국민발안으로 추진되지는 않았다. 미국 하원을 추첨으로 구성하자는 제안과 제4부 구성에 대해서는 Callebach & Phillips(20011), 오현철(2015) 참조.

27 Gastil & Wright(2018), pp. 639-655.

28 신고리 5·6호기 공론화위원회(2017), pp. 119-120; 은재호(2022), pp. 3-31.

29 민주적 혁신democratic innovation은 "시민참여의 확대와 심화를 통해 전통적 대의제 정치를 쇄신하고 재구성하려는 제도, 과정, 운동"을 의미한다. 시민의회를 이러한 시각으로 접근하는 견해로는 김주형·서현수(2021/2023), 김주형·이시형(2023) 참조.

30 예외적으로 신고리 5·6호기 공론화위원회는 중앙정부가 요청한 신고리 5·6호기 공사 재개 여부뿐만 아니라 원전에 대한 국민 의견도 추가해 조사했다.

31 고대 아테네의 정치제도에 대해서는 Hansen(1991), Manin(1997), Held(2006), Dowlen(2008) 참조.

32 Hansen(1991), p. 137.

33 Hansen(1991), pp. 167 – 174.

34 Hansen(1991), pp. 138–140.

35 Held(2006), p. 44 ; Manin(1997), pp. 34–35.

36 Dowlen(2008a), p. 38 ; Mulgan(1984), pp. 540–541.

37 Hansen(1991), pp. 240–242.

38 Manin(1997), p. 76.

39 Staveley(1972), p. 45 ; Hansen(1991).

40 기원전 5세기까지는 항소심 법정으로 헬리아스타이heliastai가 상급심 역할을 했으나 기원전 4세기부터는 디카스타이dikastai로 일반화되었다. 오늘날 사법배심제가 아테네의 헬리아스타이heliastai에서 비롯되었다는 입장도 있지만 당시에는 시민이 재판관과 배심원의 역할을 동시에 수행했다는 점에서 차이가 있다.

41 Hansen(1991), pp. 181–187.

42 Long(1996) ; Hansen(1991), pp. 147–212.

43 Hansen(1991), pp. 147–212.

44 Manin(1997), pp. 35–39.

45 Manin(1997), p. 41–49.

46 Manin(1997), p. 42.

47 Reybrouck(2013), pp. 71–75.

48 고대 로마의 투표 방식은 '집단투표제'로 불린다(강성길, 2004b). 미국의 대통령 선거에서 50개 주별로 한 표라도 이긴 후보가 할당된 선거인단 전부를 가져가는 방식과 유사하다.

49 켄투리아회에서 추첨의 의미에 대해서는 Meier(1980), p. 584 ; Staveley(1972), p. 155.

50 트리부타회에서 추첨의 의미에 대해서는 Nicolet(1979), pp. 383–384 ; Manin(1997), pp. 68–75.

51 Reybrouck(2013), p. 100.

52 Reybrouck(2013), pp. 105–106.

53 중세 이탈리아 도시공화국의 추첨제에 대해서는 Duxbury(1999), Dowlen(2008a) 참조.

54 피렌체의 추첨제도에 대해서는 Sintomer(2010), Manin(1997), 이지문(2012) 참조.

55 Manin(1997), pp. 88-89.

56 산마리노San Merino는 세계에서 5번째로 작은 소국이며, 중세 이탈리아 도시국가에서 실시했던 방식으로 60명의 의원 가운데 임기 1년의 통치자 2명을 추첨으로 뽑았다. 중세 이후 추첨제의 지역적 사용에 대해서는 Aubert(1959), Duxbury(1999), Callenbach & Phillips(2008), 이지문(2012) 참조.

57 Dowlen(2008a), pp. 198-206.

58 배심제의 기원에 대해서는 Dowlen(2008a: 176-183) 참조.

59 미국 법률문화에서 배심제는 '국민의 권리'이자 민주주의의 상징이지만 연방법원의 경우 전체 형사사건 중 배심재판 비율은 2~3%로 매년 감소하는 추세이다.

60 강원일보(2023.3.29.), "배심원이 되어 주십시오".

61 이데일리(2025.5.20.), "전문성 우려 깬 국민참여재판… 일반재판보다 항소심 파기율 낮아".

62 1787년 열린 제헌회의에 로드아일랜드Rhode Island 주는 연방정부의 권한 강화에 반대하며 대표를 보내지 않았다.

63 Dowlen(2008a), pp. 165-166.

64 1787년 미국 제헌회의 현장 상황은 Dowlen(2008a)과 Madison(1787)을 토대로 ChatGPT의 도움으로 재현했음.

65 미국 헌법 제정 과정에서 연방주의자federalist와 반연방주의자anti-federalist간의 논쟁에 대해서는 Hamilton et al.(1788), Dahl(1989/2002), Manin(1997) 참조.

66 Hamilton et al.(1788); Madison (1787).

67 아리스토텔레스는 현실적으로 한 가지 정체가 순수하게 유지되기 어렵다고 보고 "중산층이 주도하는 혼합정체가 가장 안정적이고 오래 지속되는 정체"라고 평가했다(Politics, Ⅳ권 11장). 여기서 아리스토텔레스가 말하는 혼합정politeia은 공화정republic과는 개념적 차이가 있다. 권력이 특정 개인(군주)에게 집중되지 않고 시민공동체에 분산된다는 점에서 비슷하지만, 공화정은 로마시대 이후에 군주 없는 정치체제 일반을 지칭한다는 점에서 차이가 있다.

68 제퍼슨Jefferson이 1813년 애덤스Adams에게 보낸 편지에서 언급되었다. 자연적 귀족natural aristocracy은 재능도, 덕도 없이 단지 부와 출생에 기반한 인위적 귀족artificial aristocracy과 대비해서 사용했다(Reybrouck, 2013: 120).

69 아리스토텔레스는 정체polity의 유형을 공익을 지향하는 왕정, 귀족정, 혼합정 세가지로 설정하고 여기에서 일탈된 형태로 참주정, 과두정, 민주정을 세분해 모두 6가지로 분류했다(Politics, III편 7장).

70 고대 아테네에서는 가난한 빈민thetes도 생업을 포기하지 않고 민회ekklesia, 시민법정dikasteria, 행정관archai 등 공직 수행에 참여할 수 있도록 수당misthos을 지급했다(Hansen, 1991).

71 Madison(1787), The Federalist Papers, No. 10.

72 애덤스Adams가 1814년 12월 17일 반연방주의자인 상원의원 존 테일러Taylor에게 보낸 편지에서 언급되었다.

73 매디슨에 비해 피시킨Fishkin의 숙의민주주의는 엘리트 숙의 대신 일반 시민의 숙의에 의한 공론 도출 및 갈등 해결을 지향하는 민주주의 유형이라고 할 수 있다(Fishkin, 2018: 23-28).

74 김원동(2022) 참조.

75 Sieyès(1789), p. 137.

76 Reybrouck(2013), pp. 123-126.

77 Manin(1997), pp. 125-126.

78 Keane(2009), p. 386.

79 시민citizen, 인민people, 국민nation/nationals이라는 용어는 개념적으로 차이가 크다. 인민은 주권의 원천이고, 시민은 권리의 주체이며, 국민은 국가의 구성원을 칭할 때 사용된다. 그러나 본서에서는 문맥에 따라 시민과 인민을 동일한 의미로 혼용하고 있다.

80 Keane(2009), p. 248.

81 추첨에 의한 징병 방식은 프랑스 외에도 벨기에 등 유럽 여러 국가에서 1세기 동안 지속되었다(Reybrouck, 2013: 137).

82 김석태 · 이시철(2022), p. 153.

83 추첨제 쇠퇴 이유에 대해서는 Manin(1997), Duxbury(1999), Dowlen(2008) 참조.

84 Brennan(2016), pp. 330-332.

85 Manin(1997), pp. 111-112.

86 밀Mill이 강조한 대의정부는 "전체 인민whole people 또는 다수가 주기적인 선거로 선출한 대표를 통해 최고 통치 권력을 행사하는 정부형태"를 의미한다. 그러나 밀이 가장 이상적인 정치체제로 주창한 대의정부가 제대로 작동하기 위해서는 시민들이 '일정 수준의 양심과 사심 없는 공공 정신'이라는 전제조건이 충족되어야 한다. 특히 전체 인민 중 다수파의 이익만 편드는 '특권 정부'는 소수파를 배제하고 특정 집단만 대표하기 때문에 '거짓 민주주의'라고 비판한다(Mill, 1861).

87 Manin(1997), pp. 111-113.

88 이상환(2022), pp. 205-231.

89 Manin(1997), pp. 125-166.

90 추첨제 대신 선거제를 도입하게 된 정치적 배경이 엘리트들의 급진적 평등주의에 대한 우려라는 주장에 대해서는 Mackenzie & MacLeod(2008) 참조.

91 Reybrouck(2013), p. 116.

92 Dahl(2001), pp. 251-254; 임정관(2018).

93 한겨레(2025.10.20.), "트럼프 반민주적, 700만명 노 킹스".

94 데모스demos를 시민citizens으로 번역하는 경우도 있으나 고대 아테네에서는 여성과 노예, 외국인 등을 제외하고 정치적 권리를 가진 시민공동체를 의미했다는 점에서 '인민' 또는 '대중'이라는 표현이 적절하다.

95 투키디데스Thucydides, 『펠로폰네소스 전쟁사』, II권 34 - 46장.

96 아리스토텔레스가 구분한 정치체제 가운데 과두정oligarchia은 소수(부유층)가 권력을 행사하는 부정적인 의미인데 비해 귀족정aristokratia은 덕성과 능력을 갖춘 '가장 뛰어난 자들'이 통치하는 체제였다(Aristotle, 2009: 263).

97 Aristotle(2009), p.362.

98 Miller(2022), p. 78; 서경석(2024) 재인용.

99 Manin(1997), pp. 125-126.

100 선거의 성격에 대해 아리스토텔레스는 부유층과 소수의 지배로 이어진다는 측면에서 과두정이라고 표현한 반면, 마넹은 선거제도 자체가 '최선자'를 선택하는 장치라는 점에서 귀족정이라고 불렀다(Manin, 1997: 133-134).

101 Montesquieu(1748), p. 35.

102 Rousseau(1762), p. 121; Manin(1997), p. 100.

103 Rousseau(1762), pp. 76-77.

104 Rousseau(1762), pp. 78-80.

105 Gilens, M., & Page, B. I. (2014), "Testing Theories of American Politics: Elites, Interest Groups, and Average Citizens." Perspectives on Politics, 12(3), pp. 564 - 581.

106 Tax Policy Center(2017.12.18.), "Distributional Analysis of the Conference Agreement for the Tax Cuts and Jobs Act".

2장 | 시민의회의 부활

1. 21세기의 민주주의의, 혁신과 진화

프라이팬을 들고 거리로 나선 바이킹의 후예들

\# 2009년 1월 어느 겨울날, 북유럽의 작은 섬 아이슬란드의 수도 레이캬비크 국회의사당 앞 광장. 대서양에서 불어온 영하의 찬바람이 귓전을 때리는 혹한에도 수천 명의 시민들이 저마다 손에 냄비와 프라이팬, 국자와 숟가락을 들고 나섰다.[107]

불과 몇 달 전까지만 해도 유럽의 '금융 기적'으로 불렸던 아이슬란드는 2008년 10월 미국발 금융위기로 백척간두에 서게 되었다. 민간은행의 연쇄 부도로 GDP의 10배에 달하는 외채는 고스란히 국민들에게 전가되었다. 화폐가치는 반토막이 났고 실업자는 하루가 다르게 급증했다. 집을 잃은 사람들은 "우리가 이 위기를 만든 게 아니다"며 분노를 토하기 시작했다.

저녁 무렵, 국회의 창문이 흔들릴 정도로 금속 소리가 폭풍처럼 울렸다. 시민들은 양손에 든 부엌 도구를 연신 두드렸고 아이들은 냄비를 헬멧처럼 쓰고 있었다. 어떤 이는 이렇게 증언했다. "그날 레이캬비크의 공기는 쇠와 분노의 냄새로 가득했다"고.

시위대에 맞서 경찰은 최루탄을 발사했고 몇몇은 알루미늄 깃발을 흔들며 국회 정문 앞으로 밀고 들어갔다. 며칠이 지나도 거리의 소요는 진정되지 않았다. 연일 이어진 가두시위에 연립정부가 손을 들었다. 2009년 1월 26일, 게이르 하르데Geir Haarde 총리는 TV 앞에 나와 "국민의 뜻을 존중해 사퇴하겠다"고 발표했다.

새로 수립된 과도정부는 금융위기를 초래한 정치경제 시스템을 개혁하기 위한 개헌에 착수했다. 2011년 발족된 헌법심의회constitutional council는 온라인 공개 토론과 국민 의견수렴을 거쳐 개헌안을 마련했다. 비록 개헌안이 의회에서 최종적으로 채택되지는 못했지만, 아이슬란드는 '숙의와 시민참여의 정치 실험국'으로 전 세계의 관심을 모았다. '프라이팬 혁명pots and pans revolution'으로 불리는 아이슬란드의 가두시위는 2008년 금융위기 이후 정부와 금융권에 대한 국민의 불신이 극에 달하면서 촉발되었지만, 유럽에서 시민의회의 부활을 알리는 서곡이었다.

낙태를 금지한 철옹성 헌법을 바꾼 아일랜드 시민들

\# 2012년 11월, 차가운 비가 내리는 아일랜드 서부 골웨이Galway 대학병원 정문 앞. 검은 외투를 입은 시민들이 초 하나씩을 손에 들고 서 있었다. 누군가가 작은 종이에 적힌 이름을 높이 들었다 '사비타 할라파나바르Savita Halappanavar'. 인도에서 건너와 아일랜드에서 치과의사로 일하던 서른한 살 여성. 그녀의 죽음이 나라 전체를 뒤흔들었다.[108]

당시 임신 17주였던 사비타는 복통으로 병원을 찾았다. 담당 의사는 유산이 임박한 징후를 발견했지만, 태아의 심장박동이 있다는 이유로 임신중절수술을 거부했다. 국민 80%가 가톨릭 신자인 아일랜드에서 낙태는 헌법에서 금지하고 있었다.

이틀 뒤 그녀는 패혈증이 전신으로 번져 끝내 숨졌다. 태아도 이미 사망한 상태였다. 비통한 소식이 전해진 다음 날, 골웨이 중심가에어 스퀘어Eyre Square에 1,000여 명이 모였다. 촛불과 함께 "다시는 이런 일이 없게 하라Never Again"는 피켓이 밤하늘을 밝혔다. 시민들은 "법이 그녀를 죽였다The law killed her"고 외쳤다.

가톨릭 국가인 아일랜드는 1983년 8차 개헌으로 태아의 생명권을 헌법상 권리로 규정했다. 산모의 생명이 '확실히 위험할 경우'는 예외로 했지만, 정치인들은 종교적 논란이 두려워 낙태 문제를 '금기 이슈'로 회피했다. 1992년 'X 사건'(강간 피해자 낙태 요청 사건) 이후에도 국회는 단 한 차례도 낙태 허용 법안을 처리하지 못했다. 정당 간 이해관계도 복잡해 의회가 결단을 내리지 못하는 정체 상태political deadlock가 30년 가까이 지속되었다.[109]

사비타 사건 이후 50여 개 시민사회단체가 정부에 독립적인 조사와 법 개정을 요구했지만, 정부는 '정치적 합의 부재'를 이유로 입법을 회피했다. 2016년 총선 이후에도 정당들이 개헌을 머뭇거리자 시민단체와 학자들이 나서 "정치가 결단하지 못한다면 시민들이 결정하자"며 시민의회 구성을 제안했다.

2016년 11월 출범한 시민의회는 5개월간의 논의과정을 거쳐 2017년 4월 시민의원 64%의 찬성으로 낙태를 금지한 헌법 제8조의 삭제를 권고했다. 2018년 5월 실시된 국민투표에서도 시민의회와 비슷한 비율인 66.4%가 찬성해 개헌안이 확정되었다. 후속 조치로 낙태 합법화 법안도 그해 12월에 통과되었다. 아일랜드 사례는 정치인들이 수십 년간 회피하던 헌법개정을 시민의회로 돌파한 대표적인 성공 사례로 꼽힌다.

샹젤리제 거리를 가득 메운 노란 조끼의 함성

\# 연말이면 형형색색 네온사인으로 전 세계인이 몰려드는 프랑스 파리의 샹젤리제 거리. 2018년 12월에는 최루탄이 난무하는 험악한 시위 현장으로 변했다. 토요일 아침마다 노란 형광 조끼를 입은 시위

대가 개선문에서 콩코르드까지, "마크롱 사임!"을 외치며 플래카드를 들었다. 경찰은 대로 초입마다 철책을 치고 대통령궁 방면 진입을 닥기 위해 차량으로 차벽을 세웠다.[110]

시위대를 저지하기 위해 경찰이 최루탄을 발사하자 보도블록을 들어 던지고 불붙은 스쿠터가 인도 가장자리에서 나뒹굴었다. 방어선 뒤의 경찰은 물대포와 섬광탄으로 응수했다. 쇼윈도 몇 장이 깨지자 상점 셔터가 일제히 내려가고, 카페 유리창 안쪽에서 바라보던 시민들이 허겁지겁 계산을 마치고 빠져나갔다. 그날 파리를 덮은 시위대의 규모는 '10년 만의 최악'으로 기록되었다.

해가 저물자 샹젤리제의 공기는 연기와 분노, 그리고 불신의 냄새로 무거워졌다. 시민들은 유류세 철회뿐만 아니라 생활비 폭등과 세금 부담의 불평등, 그리고 정부가 '위에서 정한' 개혁 방식에 항의했다. 밤늦게까지 이어진 충돌로 수백 명이 연행되었고, 정부는 며칠 뒤 유류세 인상을 유예하겠다고 발표했다.

2019년 1월 13일, 노란 조끼 시위 이후 마크롱 대통령은 국민 여론 청취를 위해 전국에서 타운홀미팅 town-hall meeting[111]을 열겠다고 공표했다. 생활비 상승과 서민층의 부담 증가, 정치권과 관료에 대한 불신 등 "금지된 질문은 없다"고 강조했다. 첫 타운홀미팅은 그해 1월 15일 노르망디의 작은 도시 그랑-부르테루드에서 600명이 참여해 7시간 넘게 진행되었다.

타운홀미팅은 그로부터 2개월에 걸쳐 전국에서 1만 회가 열려 연

인원 150만 명이 참가할 정도로 성황을 이루었다. 마크롱 대통령이 직접 참여해 전국에 중계된 토론회도 11회에 달했다. 정부는 대토론회 결과를 근거로 그해 4월 25일 중산층과 저소득층을 위한 약 50억 유로 규모의 소득세 인하 등 후속 조치와 함께 온실가스 감축을 위한 시민의회를 구성하겠다고 발표했다.[112]

노란 조끼 시위로 촉발된 프랑스의 기후시민의회(CCC)는 2019년 10월 파리의 경제사회환경위원회(CESE)에서 첫 회의를 갖고 9개월간의 논의에 착수했다. 무작위 추첨으로 선발된 150명의 시민의원은 1990년 대비 2030년까지 온실가스 40% 감축을 목표로 5개 분과별로 주말에 7차례의 회의를 거듭했다. 2020년 6월 149개의 제안을 확정해 정부에 제출했고, 마크롱 대통령은 이 중 146개를 수용해 추진 중이다. 노란 조끼 시위는 기후시민의회뿐만 아니라 이후 파리시 상설시민의회(2021)와 존엄사 시민의회(2023)가 발족하는 단초가 되었다.

'숙의의 물결'이 밀려온다.

고대 아테네를 기점으로 17세기까지도 일부 지역에서 활용된 추첨민주주의는 프랑스 혁명과 미국 건국을 거치면서 역사의 뒤안길로 사라지는 것처럼 브였지만, 21세기가 시작되면서 다시 등장했다. 2004년 캐나다 BC주에서 선거제도 개혁을 위한 시민의회가 소집된 이래, 전 세계적으로 시민의회 붐이 일고 있다. 사회 곳곳에서 정치·경제적 위기로 시민들의 불만이 폭발 직전인데도 기득권 정치인들이 꼼짝달싹 움직이지도 않는 모습에 시민들이 분노의 깃발을 들고 일어선 것이다.

경제적 양극화는 갈수록 심각해져 부익부 빈익빈 현상이 고착되고 있는데도 정부와 의회는 해법을 내놓지 못하고 있고, 인류의 생존 자체가 불투명해지는 기후위기 앞에서도 기성 정치권의 대의 기구는 무기력하게 손을 놓고 있다. 이러한 사이 포용과 협의를 중시해온 유럽에서도 네오 파시즘과 포퓰리즘 정당이 기승을 부리면서 전 세계적으로 대의민주주의가 전환기적 도전과 위기에 직면해 있다. 주기적인 선거를 통해 권력을 위임하고 책임을 묻는다는 대의민주주의의 원리가 작동하지 않으면서 민주주의의 겉모습은 유지되지만, 내용이 비어 있는 '포스트 민주주의post-democracy'가 고착되고 있다.[113]

기후위기부터 SOC 투자 결정까지 복잡한 정책 문제를 해결하기 위해 시민의회, 시민배심원제, 시민 패널 등 다양한 형태의 숙의 제도가 각국으로 확산되고 있다. 1980년대부터 일기 시작한 '숙의의 물결deliberative wave'은 2010년대부터 거세 파도로 넘실대고 있다.[114] OECD 보고서에 따르면, 1979년부터 2023년까지 시민의회를 포함해 총 716건의 숙의적 시민참여 사례가 보고되었다. 2021년에는 가장 많은 62건이 실시되었고 2021년부터 2023년까지 148건이 개최된 것으로 나타났다.[115]

시민의회의 대표성과 민주적 정당성

선거로 대표성이 부여되는 대의제에 비해 추첨으로 선발된 시민의회의 민주적 정당성에 대한 우려와 비판은 현실적인 제약을 넘어 이론적으로도 풀어야 할 쟁점이다. '대표의 실패', '숙의의 실패', '정당의 실패'라는 선거민주주의의 3종 실패를 치유할 대안으로 추첨민주주의가 부상하고 있지만, 논쟁은 여전하다. 이에 대해 피시킨Fishkin은 민주주의 '트릴레마trilemma'로 시민의회의 민주적 정당성을 설명하고 있다.[116]

피시킨은 민주주의가 추구해야 할 세 가지 핵심 원칙으로 정치적 평등political equality, 참여participation, 숙의deliberation를 제시하고 있다. 그런데 현실적으로 이 세 가지를 동시에 실현하는 것은 불가능하다는 것이 트릴레마trilemma이다. 참여와 정치적 평등을 강조하면 많은 시민이 직접 참여를 통해 동등한 영향력을 행사할 수 있으나 숙의가 약화되고, 참여와 숙의를 중시하면 정치적 평등이 훼손된다.

숙의와 정치적 평등을 강조하면 좋은 논의와 대표성은 유지될 수 있지만, 전체 시민의 참여는 제한될 수밖에 없다. 그래서 차선책으로 무작위로 선정된 시민이 숙의할 수 있는 미니 공중mini-publics을 통해 정치적 평등과 숙의를 중심으로 정당성을 확보하자는 것이 그의 제안이다. 좋은 토론이 이르어질 수 있는 조건이 보장된 상태에서 미니 공중이 내린 결론은, 어떤 시민이 참여하더라도 같은 정보를 바탕으로 동일한 결론에 도달할 수 있다고 보기 때문에 대규모 참여 원칙을 배제하더라도 정당성을 보장받을 수 있다는 것이다.

따라서 시민의회는 다음과 같은 측면에서 선거 대의제의 '3종 실패'를 보완해 민주적 정당성을 확보할 수 있다. 첫째, 특정 사회계층의 과다 또는 과소 대표가 아니라 각계각층의 국민을 있는 그대로 반영해 대표성을 확보할 수 있다. 선거로 구성된 대의제가 '탁월성의 원리'을 반영한 제도라면, 추첨으로 선발하는 시민의회는 '유사성의 원리'에 따라 모집단의 특성을 그대로 반영한 '소우주macrocosm'라고 할 수 있다. 물론 '민주적 의사 형성'과 결정의 '민주적' 정당성이 시민참여단의 인구통계학적 대표성에 의해서 담보될 수 있는 성질의 것은 아니다. 이에 대해서는 이 책 2부에서 후술한다.

둘째, 선거로 인한 당파정치와 정치적 이해관계에서 벗어나 공공선을 추구할 수 있다는 점이다. 시민의원은 재선을 염두에 두지 않아도 되므로 선거로 인한 갈등과 부패를 방지할 수 있고 사회통합에도 유리하다. 시민의회는 무작위 추첨으로 구성되기 때문에 이익집단이나 특정 계급에 치우치지 않는 비당파적이고 공적인 관점을 견지할 수 있게 된다. 따라서 시민의회는 숙의를 통한 집단지성의 발현으로 공공선을 도출하기에 적합한 논의 구조라고 할 수 있다. 기존의 대의제가 권력 관계와 정략적 타협, 이해관계 거래에 취약한 반면, 시민의회는 공공선에 기반한 합의를 이끌어낼 수 있기 때문에 도덕적 정당성과 결과의 수용성도 우월하다고 볼 수 있다.[117]

셋째, 시민의회는 정치적 의사결정에 엘리트나 일부 계층이 아닌 모든 시민이 동등한 영향력을 행사할 수 있으므로 '정치적 평등'을 구현할 수 있다. 1인 1표라는 형식적 평등이 아니라, 결정과정에 참여하는 실질적 평등을 누리게 되면 민주주의의 기본원칙인 자기 지배를 실현할 수 있게 된다. 추첨제를 도입하면 투표를 통해 지배에 동의했다는 사실만으로 대표의 의사결정을 무비판적으로 따라야 할 이유가 없어진다. 정치적 의사결정에 영향을 받는 모든 주체가 참여하는 숙의 과정을 거쳐 얻은 동의는, 선거를 통해 선출된 대표들에 의한 정치적 의사결정에 비해 민주적 정당성을 강화할 수 있다.[118]

그러나 시민의회가 정치적 의사결정의 권한을 부여받기 위해서는 내적 정당성과 외적 정당성이 충족되어야 한다.[119] 내적 정당성은 시민의회 구성 및 운영과정의 절차적 공정성과 높은 수준의 숙의에 달려있다. 시민의회 구성과정에 참여자의 대표성과 포괄성을 확보하고, 운영과정의 공정성과 중립성, 균형 있는 정보와 숙의를 통한 합의도출 등이 전제되어야 한다.

외적 정당성은 시민의회의 미시적 숙의가 거시적 숙의로 전환되는 '사회적 공론화'를 통해 일반 시민의 공감대를 얻을 수 있어야 한다. 시민의회의 의사결정 과정이 내적 정당성을 충족했다고 하더라도 일반 시민에게 확산되어 공공의지가 형성되어야 민주적 정당성을 얻을 수 있다.[120] 시민의회가 거시적 숙의를 배제하고 미시적 숙의에만 집중하는 것은 엘리트주의, 다수결주의와 마찬가지로 일반 시민의 참여를 배제한 '지름길 전략'이라는 비판을 피할 수 없게 된다.[121] 시민의회가 참여자들만의 제한된 논의 구조에서 벗어나 외적 정당성을 확보해 국민적 공감대를 형성해야 하는 이유이다. 이러한 노력을 통해 페이트먼Pateman과 라퐁Lafont이 비판한 민주적 정당성의 문제를 해결할 수 있을 것이다.[122]

2. 시민의회의 현대적 기원

로버트 달의 무작위 추첨 '소인구 집단'

대의민주주의의 균열이 서서히 감지될 무렵인 1970년대에 현대 정치학의 거장으로 통하는 로버트 달R.Dahl이 획기적인 제안을 내놓았다. 권력은 소수의 엘리트가 장악하는 것이 아니라 다양한 집단에 분산되어야 한다는 다원주의pluralism 이론을 창시한 달Dahl은 민주주의의 핵심 가치를 '정치적 평등'이라고 강조했다. 모든 시민은 정치적 결정에 동등한 영향력을 가져야 하며, 이를 보장하기 위한 제도적 장치가 필요하다는 것이다. 이를 위해 무작위로 선발한 1천 명의 시민들로 '소인구 집단small-scale society'을 구성하자고 제안했다.[123]

소인구 집단은 1년 임기로 중앙정부는 물론, 주정부나 지방정부에도 설치해 주요 쟁점에 대해 심사숙고해 결론을 도출하는 자문기구로 운영된다. 이들은 해당 의제에 대해 전문가들로 구성된 자문위원회와 행정 참모들의 도움을 받을 수 있으며 원거리 통신으로 소통하는 방식도 제시했다. 특권화된 정치 엘리트들에 의한 통치에서 벗어나 '인민에 의한 지배'

로 정치적 평등을 구현하자는 취지였다. 오늘날 시민의회와 유사한 형태의 숙의기구로 볼 수 있다.

달은 민주주의의 이상적인 형태로 고대 아테네의 직접민주주의를 언급하면서 1천 명 정도의 작은 집단일수록 대의제 없이 의사결정이 가능해 정치적 평등을 실현할 수 있다고 보았다. 그러나 현대국가처럼 규모가 큰 사회에서는 직접민주주의 이상이 실현되기 어렵기 때문에 '폴리아키polyarchy', 즉 다수가 지배하는 대의민주주의가 현실적 대안이라고 주장했다.[124] 그가 민주주의의 첫 번째 기준으로 '자유롭고 공정한 선거'를 꼽고 있다는 점에서 선거제를 유지하는 정치체제를 선호하고 있음을 알 수 있다. 다만, 후기작인 『On Democracy』(1998)에서는 민주주의의 이상과 현실 사이의 괴리를 지적하며 민주주의의 미래에 대한 우려를 제기했다.

달의 자문 수준 추첨제는 1970년대 후반부터 숙의민주주의deliberative democracy와 결합되면서 보다 구체적인 형태로 모습을 드러낸다. 디넬Dienel의 플래닝 셀planning cell은 1970년대 독일에서 개발된 숙의 모델로 무작위로 선발된 20~25명의 시민이 복잡한 공공정책에 대해 집단적으로 숙의해 권고안을 제시하는 제도이다.[125] 기획배심이라고도 하는 플래닝 셀은 소규모의 여러 셀에서 동시다발적으로 논의한 결과를 모아 전체 의견으로 취합하는 방식으로 운영된다. 1973년 독일 라인란트팔츠주의 에너지 정책에 처음으로 도입된 플래닝 셀은 오늘날의 시민배심과 시민의회에 이론적·실천적 토대를 제공한 선구적 모델로 꼽힌다.

미국에서는 크로스비Crosby가 사법제도의 배심원단에 착안한 시민배심citizen's jury을 개발해 1974년부터 공공정책 분야에 적용해 왔다. 성별, 인종, 연령, 소득, 지역 등 인구통계적·사회경제적 대표성을 고려한 층화 무작위추출 방식으로 일반 시민 12~24명을 무작위로 선발해 구성한 배심원단이 특정 공공정책 이슈에 대해 전문가들로부터 정보를 제공받고 집단토론을 거쳐 권고안을 도출한다. 1980년에 설립된 제퍼슨 센터Jefferson Center는 시민배심제를 활용해 의료개혁, 교육 정책, 에너지 정책 등 다양한 프로젝트를 수행해 오고 있다.

디널의 플래닝 셀과 크로스비의 시민배심이 소규모의 시민들로 구성된 미니 공중이라면 피시킨이 개발한 공론조사deliberative polling는 100~500명 규모로 오늘날 시민의회와 가장 유사한 숙의 모델이라고 볼 수 있다.[126] 공론조사는 전통적인 여론조사의 한계를 극복하고 균형 잡힌 정보와 숙의에 기반한 공론 형성을 목표로 한다. 이 모델은 무작위로 선발된 시민들이 정보를 충분히 얻고 숙의한 후 의견을 제시하도록 설계되었다는 점에서 숙의민주주의의 대표적 사례로 평가되고 있다. 우리나라에서 2017년에 실시된 신고리 5·6호기 공론화 이후 중앙정부와 지방정부에서 우후죽순격으로 도입된 대부분의 공론화위원회는 피시킨의 공론조사를 원용하고 있다.

스나이더Snider가 제안한 시민선거배심은 미국의 대표적인 시민의회 모델이다. 스나이더는 기존 정치제도가 대변하지 못하는 다양한 이해관계자와 소수 의견을 반영할 수 있도록 사법배심제처럼 시민선거배심을 고안했다.[127] 의원들이 직접적인 이해가 상충하는 선거제도 개편, 선거구

조정, 정치자금 투명성 등을 다루기 위해 국가 수준에는 500명을 무작위 선발해 배심원을 구성하자는 것이다. 시민배심단은 단순한 자문기구가 아니라 의회 내 상임위원회 형태로 제도화해 정기적인 활동과 정책권고를 수행함으로써 실질적인 영향력을 갖도록 했다. 스나이더의 제안은 캐나다 BC주(2004)와 온타리오주(2006)에서 실시한 선거제도 개혁을 위한 시민의회에 도입되었다.

숙의민주주의와 민주적 혁신

2000년대에 들어서면서 본격적인 형태를 드러낸 시민의회는 1980~1990년대의 숙의민주주의에 뿌리를 두고 있다. 북유럽과 미국을 중심으로 확산된 합의회의, 시민배심원, 공론조사, 플래닝 셀, 규제 협상, 대안적 갈등 해결(ADR), 21세기 타운홀미팅, 공동체 대화community dialogue 등 다양한 형태의 숙의 모델이 등장했다. 주로 중앙이나 지방정부의 정책 결정 과정에 시민참여와 숙의를 확대하려는 제도적·실천적 접근들이었다.

이러한 시도들 가운데 시민의회와 가장 유사한 형태는 1986년 덴마크 의회에 설립된 기술위원회(DBT)라고 할 수 있다. DBT는 기술이 사회에 미치는 영향과 결과를 평가하여 정책 결정을 지원하는 비영리 조직으로 시민참여 방식의 의사결정 도구로 중요한 역할을 수행하고 있다. DBT는 2020년 8월부터 덴마크 기후부와 함께 무작위 선발한 99명으로 기후 시민의회를 구성해 운영하고 있다.[128]

DBT가 1990년대에 개발한 시나리오 워크숍scenario workshop은 플래닝 셀과 유사한 방식이지만 무작위 추출한 시민뿐만 아니라 전문가, 공무원, 시민단체 등 다양한 이해관계자들이 참여해 불확실한 미래에 대비하는 전략적 기획 도구라는 점에서 차이가 있다. 기후변화, 에너지전환, 도시 비전 등의 이슈에 대해 다양한 이해관계자가 참여한 그룹별 토론을 거쳐 공통의 비전을 도출하는 방식이다. 지역사회의 발전방안을 놓고 여러 시나리오를 설정한 뒤 그에 따른 바람직한 대안과 정책을 논의해 장기적 비전과 전략을 마련할 때 활용된다.

우리나라에서 널리 활용되고 있는 공론화는 피시킨의 공론조사를 기반으로 무작위 층화추출한 시민참여단을 구성해 운영하는 방식이다. 2017년 신고리 5·6호기 공론화 이후 중앙정부와 지방정부, 국회 등에서 2024년까지 총 70여 건이 진행되었다. 특히 국회 정치제도개혁특위와 연금개혁특위가 2023년과 2024년 각각 주관한 '500인 회의'는 대표적인 한국형 시민의회라고 할 수 있다.

그간 공론화위원회를 중심으로 국내에서 시도된 미니 공중은 성공적인 사례도 없지 않지만, 상당수가 기존 정부 정책을 정당화하거나 책임을 회피하는 수단으로 남용되었다는 지적을 받았다.[129] 공론화의 목적이 주로 갈등 해소를 위해 추진되거나 사회적 합의를 통해 이미 결정된 정책의 수용성을 제고하기 위해 설계되었기 때문이다. 공론화 방식도 대부분 공론조사에 치중해 다양한 숙의 모델의 활용이 빈약했다는 점도 한계로 꼽힌다. 무엇보다도 시민들의 역할이 주권자로서 적극적인 '참여자'보다는 정부나 전문가들이 사전에 정한 의제와 절차를 수동적으로 따라가는 '동원자'에 가까웠다. 시민참여단의 권고가 별다른 영향력 없이 무시되거나 심지어 거부되는 경우도 나타났다.

최근에는 대의민주주의가 봉착한 위기를 시민참여의 확장을 통해 재구성하자는 '민주적 혁신democratic innovation' 방안으로 시민의회가 유럽을 중심으로 급부상하고 있다.[130] 민주적 혁신은 '시민참여의 확대와 심화를 통해 전통적인 대의제 정치를 쇄신하고 재구성하려는 제도, 과정, 운동'을 포괄하는 개념이다.[131] 지금까지 독립적으로 기능해 오던 참여·숙의·직접민주주의 방식을 대의제 정치과정과 공론장 및 시민사회와의 연계를 통해 통합적으로 접근하자는 입장이다. 투표나 협상을 통한 이해관계 조정이나 시민참여의 양적 확대를 넘어, 시민들 간의 대화와 소통을 통해 공론장을 복원하고 숙의 정치과정을 구현하려는 새로운 실험과 실천 사례를 포괄하는 접근방식이다.

민주적 혁신의 유형으로는 첫째, 주민참여예산제, 타운홀미팅 등과 같은 민회popular assembly는 시민들의 폭넓고 자유로운 참여를 중시한다는 점에서 참여민주주의 방식이라고 할 수 있다. 둘째, 시민의회, 공론조사, 합의회의 등을 포괄하는 미니 공중은 시민참여단 내부의 집단학습과 토론을 강조한다는 점에서 숙의민주주의에 기반하고 있다. 셋째, 국민투표, 국민발의 등 직접입법은 시민들에게 실질적인 영향력 내지는 결정권을 부여한다는 점에서 직접민주주의 방식이다. 이렇게 다양한 시민참여 방식은 실제 제도화 과정에서는 서로 연계되거나 결합되어 민주적 혁신으로 이어진다. 이 중에서도 시민의회는 민주적 혁신의 생태계에서 최근 가장 주목할 만한 성과를 거두며 확산되고 있다.

2004년 캐나다 BC주의 선거제도 개혁을 위한 시민의회를 시작으로 캐나다 온타리오주와 네덜란드 등에서 유사한 실험이 전개되었다. 2011년에는 아이슬란드의 헌법회의가 시민의회 방식으로 새로운 헌법안을 도출해 국민적 지지를 받았다. 아일랜드에서는 2011년부터 2024년까지 여섯 차례 시민의회가 소집되어 낙태 폐지 등 가시적인 성과를 거두었다. 최근에는 동벨기에, 파리시, 유럽연합 등에서 상설 시민의회가 출범해 기존 대의제 정치과정과 융합하는 새로운 흐름이 일고 있다. 시민의회 주제도 선거제도나 정치개혁을 넘어 기후위기, 존엄사 등 일상생활 이슈로 확산되고 있는 추세이다.[132]

3. 시민의회 운영 사례와 성과

선거제도 시민의회: 캐나다, 네덜란드

2004년 캐나다 BC주에서 선거제도 개혁을 위한 시민의회를 운영한 것이 21세기의 첫 사례이다. 당시 BC주의 선거제도는 단순다수대표제로 한 선거구에서 1명을 선출하는 순수 소선거구제였다. 이로 인한 승자독식과 대표성 왜곡 문제를 고쳐야 한다는 국민적 요구가 강력했지만, 번번이 좌절되었다. 1990년대 선거에서 집권당이 야당보다 적은 득표를 하고도 다수 의석을 차지하는 정당 득표율과 의석수 간 불비례 현상이 지속되었다. 1996년 총선에서 야당인 자유당(LP)은 42%를 득표했으나 75석 가운데 33석을 차지한 반면, 여당인 신민주당(NDP)은 39%를 얻고도 과반이 넘는 39석을 차지해 다수당이 되었다.[133]

승자독식의 소선거구제 문제점을 해결하기 위해 2001년 선거에서 자유당 대표였던 고든 캠벨G.Campbell은 집권하면 시민의회를 창설해 선거제도를 개편하겠다고 공약하게 된다. 2001년 총선에서는 역전이 일어나 자유당이 57.62%를 득표해 79석 가운데 2석을 제외한 77석을 석권했다. 기존 소선거구제의 혜택을 톡톡히 본 것이다. 이 정도면 선거제도를 바꿀 이유가 없지만, 자유당 정부의 수상이 된 캠벨은 주변의 우려와 만류에도 불구하고 약속을 지켰다.

시민의회는 11개월간의 논의 끝에 단기이양식(STV) 비례대표제로 전환하기로 결정했다.[134] 시민의회가 최종보고서를 제출한 이후 2005년 5월 주의회 선거와 동시에 주민투표가 실시되었다. 선거제도 개혁안이 통과하기 위해서는 79개 선거구와 주민투표에서 각각 60%의 찬성을 얻어야 한다. 투표 결과 79개 선거구 가운데 77곳에서 찬성했지만, 주민투표에서 57.7%를 얻어 부결되었다. 1차 주민투표 이후 재논의가 필요하다는 공감대가 형성되어 2009년에 주의회 선거와 함께 2차 주민투표가 실시되었지만 1차 선거에 훨씬 못 미치는 38.8%만 찬성해 또 부결되었다.[135]

BC주 사례는 결과적으로 제도 변화를 이끌어내지 못했다는 점에서 미완의 시도로 평가받지만, 추첨에 기반한 세계 최초의 체계적인 시민의회 실험이었다는 점에서 의미가 크다. 선거제도 개혁처럼 정치권에서 쉽게 합의하지 못하는 복잡한 난제를 시민들이 장기간의 학습과 숙의를 통해 전문가들도 예상하지 못한 단기이양식 비례대표제[136]를 대안으로 제시했다는 사실은 추첨제의 유용성을 입증한 성공 사례로 평가된다.[137] 2006년에는 인근 온타리오주에서도 선거제도 개혁을 주제로 한 시민의회가 소집되었고 네덜란드, 호주, 벨기에 등에서도 다양한 시도가 이어졌다.

BC주와 동일하게 단순다수대표 소선거구제를 운영하던 온타리오주에서도 승자독식 선거제도에 대한 비판이 끊임없이 제기되고 있었다. 1990년부터 2003년까지 실시된 네 차례의 선거에서 정당 득표율과 의석 간 불비례성이 심화되었다. 선거에서 승리한 정당은 과대 대표되고 2, 3위를 차지한 정당은 과소 대표되는 현상이 지속되었다. 이에 2001년 당시 야당이었던 자유당 대표 달튼 맥귄티D.McGuinty는 선거제도 개편을 공약했다. 2003년 선거에서 압승한 이후 새로운 선거제도 개혁안을 마련하기 위한 시민의회가 2006년 발족되었다.

온타리오주 시민의회는 9개월간의 논의 끝에 BC주와 달리 연동형 비례대표제(MMP)를 채택해 2007년 10월 주민투표를 실시했다. 투표 결과, 107개 선거구 가운데 60% 이상인 68개 선거구(63.2%)에서 찬성했으나 전체 유권자의 60%에 훨씬 밑도는 36.8%에 그쳐 부결되었다.[138]

네덜란드는 1960년대부터 지역구에 기반한 선거제도 개편에 대한 논의가 제기되었다. 전국 단일선거구에서 150명을 선출하는 개방형 정당 명부식 비례대표제는 정당 중심의 선거제도여서 후보자들은 공천권자만 바라보는 행태가 반복되었다. 2003년 총선에서 3개 정당(CDA, VVD, D66)이 연정을 통해 내각을 구성하면서 선거 개혁을 위한 시민의회 구성을 추진했다. 캐나다의 두 사례와 동일한 방식으로 2006년 시민의원 140명을 선발해 1년간 논의한 결과, 유권자들이 한 번의 투표로 정당을 선택하거나 후보자를 선택할 수 있도록 하는 개혁안을 마련했다.[139]

시민의회는 2006년 12월 정부에 최종보고서를 제출했으나 2007년 1월 새로 구성된 의회와 내각은 개혁안을 거부했다. 시민의회는 제3당인 D66의 제안으로 출범했으나 초기부터 거대 정당인 CDA당과 VVD당의 지지를 받지 못했고, 2006년 6월 내각이 해산되고 그해 11월 조기 총선을 앞두게 되면서 선거제도 개혁에 대한 관심은 저하되었다. 선거 결과 D66당과 VVD당이 참패하면서 시민의회의 제안은 수용하기 어려워졌다.[140]

2007년 1월 정권교체로 출범한 새 정부는 후보자명부에 대한 유권자의 영향력이 확대되면 정당의 영향력이 줄어들고, 정당 내 경쟁 심화로 정당의 안정성을 해칠 것으로 우려했다. 결국, 의회는 2008년 4월 개혁안을 폐기하면서 네덜란드의 선거제도 개혁도 정치권의 이해관계를 넘지 못하고 무산되었다.

헌법개정 시민의회: 아이슬란드, 아일랜드

헌법개정을 위해 소집된 대표적인 시민의회는 아이슬란드와 아일랜드를 들 수 있다. 아이슬란드는 2008년 금융위기를 거치면서 기성 정당들이 퇴조하고 새로 구성된 의회와 정부가 시민사회의 강력한 헌법개정 요구를 직면하게 된다. 초기의 개헌 운동은 앤트힐anthill[141]이라는 풀뿌리 시민운동조직이 주도해 2009년 11월 1차 국민포럼national forum을 구성하게 된다.

시민단체가 연대해 추진한 1차 국민포럼에 이어 정부와 의회는 2차 국민포럼을 개최하고, 헌법개정안을 마련할 헌법회의constitutional assembly 설치했다. 그러나 보수적인 성향의 대법원이 2011년 1월 헌법회의 선거에서 절차적 하자를 이유로 선거 무효를 판결해 파장이 일었다. 이에 의회는 2011년 2월 헌법회의를 헌법심의회constitutional council로 명칭을 변경해 논의를 강행하는 등 순탄치 않은 일정이 이어졌다.

헌법심의회는 2011년 4월부터 초안 작성에 착수해 2차 국민포럼이 논의하고 헌법위원회constitutional committee가 작성한 700페이지 분량의 보고서를 검토하고, 인터넷과 SNS를 활용한 크라우드소싱crowd-sourcing 방식으로 광범위한 시민 의견을 수렴해 2011년 7월 국민발안제 등을 포함한 헌법개정안을 의회에 제출했다.

아이슬란드 사례는 개헌 논의과정의 투명성, 개방성, 참여성 측면에서 긍정적인 평가를 받았고 헌법심의회 위원 25명도 전원 일치로 개헌안을 도출했다. 개헌안은 2012년 10월 실시된 자문적 성격의 국민투표에서 66.3%의 지지를 얻었지만, 기득권 정치세력과 이익집단의 집요한 반대로 의회의 문턱을 넘지 못하고 무산되었다. 이후에도 간헐적으로 아이슬란드 정부와 의회, 시민사회를 중심으로 헌법 개혁 논의가 재개되었지만, 결실을 보지 못한 채 미완의 실험으로 남게 되었다.[142]

아일랜드도 2008년의 세계적인 금융위기로 전례 없는 사회·경제적 위기에 직면하게 된다. 1990년대 '켈트의 호랑이celtic tiger'[143]로 불릴 정도로 급격한 경제성장 이후 부동산 버블과 과잉 대출로 글로벌 금융위기의 직격탄을 맞았다. 은행 시스템이 붕괴되고 실업률이 15%로 급등해 EU·ECB·IMF와 약 850억 유로 규모의 구제금융 협정을 체결하면서 기존 정치제도에 대한 불신과 불만이 폭발했다. 분노한 시민들은 국회 정문에서 시위를 벌였고 위기를 타개하기 위해서는 정치개혁과 헌법개정이 필요하다는 목소리가 터져 나왔다.

헌법개정이 핵심적인 선거 이슈였던 2011년 총선에서 승리한 연립내각은 시민의회 운영을 추진하게 된다. 이후 아일랜드는 2012년부터 2024년까지 6회에 걸쳐 지속적으로 시민의회를 소집해 낙태 금지 폐지 등 가시적인 성과를 거둔 대표적인 성공 사례로 꼽힌다.

1차 헌법회의는 추첨으로 선발된 시민 66명과 국회의원 33명으로 구성된 혼종hybrid 시민의회였다. 헌법회의는 2012년 12월부터 2014년 3월까지 15개월 동안 10개 의제를 집중적으로 논의했다.[144] 2015년 실시된 국민투표에서 62% 찬성으로 동성 결혼을 합법화한 세계 최초의 국가가 되었다. 이어 2018년 5월에 시행된 국민투표에서도 66.4%가 낙태죄 폐지에 찬성해 헌법 제8조가 개정되었다.

아일랜드 시민의회는 학계와 시민사회 차원의 파일럿 프로젝트로 출발한 이후 2012년부터 정부와 의회가 공식적으로 도입한 준상설 혁신 기구로 자리 잡았다. 아일랜드 사례는 시민의회의 권고안을 국민투표에 회부해 최종적으로 확정했다는 점에서 직접민주주의 제도의 한계로 언급되는 '숙의 없는 국민투표'의 문제점을 극복하는 한편, 미니 공중의 취약점으로 거론되는 '찻잔 속의 태풍'이나 '그들만의 잔치'라는 한계도 보완했다는 평가를 받고 있다. 하지만 정부가 주도하는 '위로부터의 혁신'이라는 제약과 함께 2024년 3월 실시된 국민투표에서 성평등과 관련한 시민의회 권고안이 70%에 달하는 반대로 부결되면서 난관에 봉착해 있다.[145] 아이슬란드와 아일랜드 사례는 이 책 3부 헌법개정 시민의회에서 부연 설명하고 있다.

기후시민의회: 프랑스, 영국, 덴마크, 독일

최근 급격한 기후변화로 전 세계에서 기상이변이 속출하고 있다. 지구온난화는 인간의 활동으로 인한 온실가스 배출 증가로 인류의 삶과 생태계에 심각한 변화를 초래하고 있다. 이에 대응하기 위해 세계기상기구(WMO)와 유엔환경계획(UNEP)은 1988년 '기후변화에 관한 정부 간 협의체'(IPCC)를 설립했다. IPCC는 2018년 10월 발표한 '지구온난화 1.5°C 특별

보고서'에서 1850~1900년 대비 2017년 지구 평균기온이 약 1.0℃ 상승했다고 밝혔다. 산업화 이전 대비 1.5℃ 이내 억제를 위해 2050년까지 탄소중립 net-zero 달성이 필요하다고 권고했다.

이에 따라 각국 정부는 2050년을 목표로 탄소배출 감축 및 탈탄소 전략을 수립해 추진하고 있으나, 각국의 상반된 이해관계와 기업체의 반발 등으로 실효를 거두지 못하고 있다. 이러한 문제를 해결하기 위해 2010년대 후반부터 프랑스, 영국, 독일, 덴마크 등 유럽 각국에서는 시민들이 참여해 기후위기 대응 방안을 토론하고 권고하는 시민의회가 활발하게 운영되고 있다.

프랑스는 유럽연합에서도 시민들의 적극적인 참여로 기후위기에 대응하고 있는 대표적인 국가다. 프랑스의 기후시민의회(CCC)는 2018년 가을 프랑스 전역으로 확산된 노란 조끼 시위에 대한 대응으로 출범했다. 당시 시위대는 유류세 인상에 반대하며 "정부의 의사결정에 직접 참여하게 해달라"고 요구했고, 마크롱 대통령이 이를 수용하면서 이루어졌다.

2019년 10월 출범한 시민의회의 의제는 2030년까지 온실가스 배출량을 1990년 대비 40% 이상 감축하기 위한 방안을 마련하는 것이었다. 추첨으로 선발된 150명의 시민의회는 2020년 6월 149개의 권고안을 정부에 제출하였고,[146] 정부는 이 가운데 146개를 정부 입법안으로 확정했다. 이를 토대로 2021년 8월 '기후변화에 대한 투쟁과 그 영향에 대한 회복력 강화에 관한 법률'이 제정되었다. 기후 시민의회는 헌법 기구인 경제사회환경위원회(CESE)가 주관했다.[147] 정부로부터 독립적인 경제사회환경위원회는 기후 시민의회에 이어 2022년에는 존엄사 시민의회도 소집했다.

영국에서도 2020년 1월 하원 소속 6개 특별위원회 형태로 기후위기 해법을 논의하는 시민의회(CAUK)가 출범했다. 시민의회는 성별, 교육, 인종, 지역, 거주 유형(도시/농촌), 기후변화에 대한 태도 등 7가지를 기준으로 108명을 추첨으로 선발했다. 이들은 2020년 9월 '2050년 순 탄소 배출 제로' 달성을 위한 50개 제안을 정부에 제출했다. 프랑스 기후시민의회는 정부가 소집한 반면, 영국은 하원이 소집해 운영했다는 점에서 양국의 차이가 있다.

이밖에 독일, 덴마크, 스코틀랜드, 스페인, 아일랜드 등에서도 기후시민의회를 운영하는 등 유럽에서는 기후위기에 대응하기 위한 방편으로 시민의회 운영이 보편화되고 있다. 정부나 의회가 기후변화 대응을 위해 마련한 기존 정책에 대한 국민의 신뢰가 부족하고, 실제 효과도 미미하기 때문에 시민들이 직접 대안을 마련하는 기후시민의회에 대한 관심이 전 세계적으로 고조되고 있다. 지금까지의 운영 성과는 시민들이 장시간 학습하고 토론해 도출한 권고안이 정부가 기존에 마련한 대안에 비해 훨씬 의욕적이고 생활 체감형이라는 평가를 받고 있다.

시민의회의 권고안에 대한 구속력은 각국마다 상이하다. 프랑스 기후시민의회는 최종보고서를 대통령에게 제출하는 것으로 역할이 완료되었고, 영국 기후시민의회는 단순한 자문 역할에 불과하다. 프랑스에서는 당초 시민의회의 권고안에 대해 국민투표에 회부하거나 의회에 제출해 의결할지 검토했으나 대통령에게 최종보고서를 제출하는 것으로 종료되었다.

각국의 기후시민의회는 일회성 정치행사로 끝나지 않고 정책 결정과 제도 개선에 지속적으로 영향을 미치고 있다. 프랑스에서는 권고안 제출 후 CESE가 추가 회의를 소집해 정부와 의회의 대응을 평가하였고, 스코틀랜드는 정부가 시민대표와 함께 권고안 이행상황을 공개적으로 검토하는 후속 회의를 정례화했다. 덴마크의 기후시민의회는 일회적 프로젝트를 지양하고 2단계 숙의 프로그램과 시민의 지속적인 참여를 보장하는 상설 의회를 추진하고 있다. 이러한 움직임은 유럽의 기후정책 거버넌스가 '일회성 숙의'에서 '지속적 참여와 책임의 순환 구조'로 진화하고 있음을 보여준다.

시민의회 운영에는 연간 약 20억~80억 원의 예산이 소요된 것으로 나타났다. 프랑스 기후시민의회의 경우 약 1년간 운영에 550만 유로(약 81억 원), 독일은 190만 유로(약 30억 원), 아일랜드는 150만 유로(약 22억 원)가 지출되었다. 회의 기간과 개최 횟수에 따라 비용이 증가하는 경향을 보였으며 제도화된 상설 시민의회일수록 인건비와 운영비 비중이 상대적으로 높았다.

대의제 융합모델: 동벨기에, 파리, 브뤼셀

시민의회에 대한 가장 큰 우려와 비판은 대의민주제 정치 시스템을 흔들어 혼란과 무책임을 조장할 수 있다는 지적이다. 특히 의회 권력을 장악한 기득권 정치인과 전문가들이 추첨제 도입에 강한 거부감을 보이고 있는 것이 현실이다. '권력의 평준화'에 대한 엘리트들의 반발과 의회 진출을 노리는 정치 지망생들에게 추첨제는 방해물이 될 수 있기 때문이다. 이러한 우려를 불식시키고 기존의 선거 대의제와 협업 시스템을 구축한 융합모델이 주목을 받고 있다. 동벨기에, 파리시, 브뤼셀 시민의회가 대표적이다.

벨기에 동부 독일어권 지역 동벨기에Ostbelgien에서는 2019년 2월 상설 시민대화permanent citizens'dialogue 설치에 관한 법률dekret(공동체법)을 제정해 운영하고 있다.[148] 벨기에는 연방정부와 지방정부 외에 특수하게 네덜란드어공동체, 프랑스어공동체, 독일어공동체인 '언어 공동체 정부'가 존재한다. 삼중 권력 구조로 이루어진 연방·지방·언어공동체 정부는 법적으로 동등한 지위를 누리고 있다. 동벨기에는 독일어공동체 지역으로 854km²에 약 8만 명이 거주하는 소도시이지만 교육, 보건, 고용, 주택, 에너지 정책 등에 대한 광범위한 입법 권한을 갖춘 공동체 의회와 공동체 정부로 구성되어 있다.[149]

동벨기에 시민의회는 상설조직인 시민평의회citizens'council[150]와 의제별로 소집되는 임시기구인 시민의회citizens'assembly로 이원화되어 있다. 비상설 시민의회는 성별, 연령, 교육수준, 거주지 등을 고려해 16세 이상 주민을 대상으로 무작위 추첨으로 25~50명을 선발한다. 선출직은 추첨 대상에서 제외되지만, 외국인은 참여가 가능하다. 시민의회는 3~4개월 동안 주말에 집중적으로 논의해 정책 권고안을 개발하는 것이 핵심 역할이다. 시민의회 참석 수당은 4시간 미만일 경우 64유로이며, 4시간 이상일 때는 2배인 128유로를 지급해 참여 동기를 부여하고 있다. 교통비, 식비, 숙박비는 따로 실비를 보전해 준다.

시민의회와 별도로 24명으로 구성되는 시민평의회는 상설조직으로 비상설 시민의회에서 논의할 의제를 선정하고 특정 주제에 관한 개별 시민의회를 조직하는 업무를 수행한다. 위원의 임기는 18개월이며 6개월마다 1/3씩 교체한다. 시민평의회 위원은 비상설 시민의회에서 활동한 시민 중에서 추첨으로 선발하며, 임기 중 위원이 사퇴하면 시민의원 중에서 다시 추첨으로 충원하고 있다.

시민의회의 권고안은 시민의원과 지방의원, 지방정부 공무원이 참여하는 합동위원회joint committee에서 검토해 최종적으로 채택 여부를 결정한다. 시민의회의 권고안이 단순한 자문 역할이 아니라 합동위원회의 검토를 거쳐 확정된다는 점에서 대의제 융합모델로 불린다. 시민의회는 2019년 출범 이후 2025년 말까지 돌봄, 포용 교육, 주거 문제, 디지털 역량, 이민자 통합, 학생 역량, 시니어 사회참여 등을 주제로 7차례 개최되었다.

브뤼셀 수도권 지역에서는 동벨기에 모델과 유사한 상설 기후시민의회와 함께 혼합형 시민의회가 운영되고 있다. 브뤼셀 수도권 의회(PRB)와 연합 공동체 위원회(COCOM)는 2019년 12월 국회의원과 시민의원으로 구성된 시민숙의위원회deliberative commissions를 설치하기로 공동 규칙을 개정했다. 혼합형 시민의회는 브뤼셀의회 의원 15명과 추첨으로 선발된 시민 45명으로 구성해 환경·주거·교통·사회복지 등에 대해 숙의하고 정책 권고안을 의회에 제출하는 역할을 맡고 있다. 의회는 시민숙의위원회의 권고에 대한 공식 답변을 의무적으로 회신해야 한다. 혼합형 시민의회는 코로나-19 여파로 2023년 3월 기후정의 및 주거를 주제로 첫 회기를 시작했다.

브뤼셀의회의 위원회 형태로 제도화된 혼합형 시민숙의위원회와 별도로 브뤼셀 수도권 정부가 운영하는 상설 기후시민의회도 2023년부터 운영되고 있다. 임기 1년의 상설 기후시민의회는 매년 100명의 시민을 무작위로 선발하되 이전 사이클 참여자 가운데 25명을 재추첨해 차기 사이클에 연속 참여시키는 구조이다. 시민의원의 전원 교체로 인한 제도적 단절을 방지하고 시민 간 학습과 주제의 연속성을 유지하기 위한 설계로 볼 수 있다. 시민의회가 권고안을 제출하면 정부는 3개월 내에 답변을 하고 1년 내에 최종 평가 및 로드맵을 공개해야 한다.

브뤼셀 프랑스어권 의회(PFB)와 프랑스어권 공동체위원회(COCOF)도 2019년 12월 혼합형 시민숙의위원회를 구성하기로 의결했다.[151] 운영방식은 수도권 의회(PRB)와 유사하게 추첨 시민 36명과 국회의원 12명으로 구성해 운영한다. 시민숙의위원회에 참여하는 국회의원은 논의 중인 안건을 담당하는 국회 상임위원회 소속 의원들이다. 왈로니아Wallonie 지역에서도 2020년 10월 브뤼셀 모델과 유사한 시민숙의위원회를 도입했다.

여기서 동벨기에 모델과 브뤼셀 모델의 차이는 시민의회 구성에 정치인이 직접 참여하는지 여부와 지위 및 역할이 다르다는 점이다. 첫째, 동벨기에 상설 시민대화의 시민평의회와 의제별로 소집되는 시민의회는 모두 시민으로 구성된다. 다만 합동위원회에 선출직 의원들이 참여해 시민의회의 권고안에 대해 검토해 의회에 넘긴다. 이에 비해 브뤼셀 모델의 시민숙의위원회는 추첨 시민과 선출의원으로 혼합해 구성한다는 것이 가장 큰 차이점이다.

둘째, 시민의회의 권한에 있어서도 동벨기에 모델은 시민의회가 의제 설정과 후속 조치 모니터링이라는 권한을 가지고 있지만, 브뤼셀 모델은 그러한 권한이 부여되지 않았다. 다만, 의제를 논의하는 초기 단계부터 국회의원이 참여함으로써 시민숙의위원회의 영향력이 강화될 수 있다. 실제로 위원회에 참여한 국회의원들이 권고사항 이행에도 적극적인 것으로 나타났다.

프랑스 파리시도 2021년 10월 상설 시민의회 제도를 도입했다. 파리 모델은 상설기구인 시민의회와 임시기구인 시민배심원단으로 이원화되어 있다. 시민의회는 추첨으로 선발된 100명으로 구성되며 임기 1년에 6개월 연장할 수 있다. 시민의회는 자율적으로 의제의 우선순위를 정하고 워킹 그룹을 형성해 6개월간 그룹별 논의를 진행한 뒤 세부 과제가 확정되면 다시 6개월간 숙의를 거쳐 정책 권고안을 도출한다. 이 과정에서 시민의원들은 워킹 그룹별 회의 외에 연 2회 이상 전체회의와 공무원 및 관련 전문가 워크숍 등을 진행한다.

시민배심원단은 시민의회와 별도로 추첨으로 선정된 17명으로 구성되며 최대 3개월간 활동한다. 시민의회의 숙의 결과나 제안의 형식적·내용적 타당성을 검토해 시민의회의 논의가 충분히 숙의적이고 포괄적인지를 점검하는 역할을 수행하고 있다. 시민의회에 대한 검증 및 평가 역할을 담당하는 이중 숙의 구조라고 볼 수 있다. 시민배심원단이 시민의회의 토론 결과를 정리해 권고 초안을 마련하면 시민의회 전체회의에서 승인 절차를 거쳐 공식적인 권고안으로 채택된다. 시민의회의 제안이 파리시의회에서 통과되면 조례로 제정된다. 파리시의회는 시민 제안을 공식적으로 논의해 이행하고 1년 뒤 평가보고서를 발표해야 한다.[152]

시민의회는 대의제와의 연계뿐만 아니라 직접민주제와도 결합한 하이브리드 민주주의hybrid democracy[153]로 발전하고 있다. 시민의회의 권고안을 국민투표나 주민투표로 확정한 캐나다와 아일랜드 사례가 대표적이다. 미국 오리건주의 '시민발의 리뷰(CIR)'도 대의제와 숙의제가 혼합된 모델이다. 추첨으로 선발된 20~25명의 시민배심원단이 주민투표 사안의 쟁점에 대해 전문가들의 발표와 질의응답을 통해 학습하고 숙의한 결과를 토대로 작성한 '시민검토서citizens' statement'는 시민들에게 신뢰할 만한 판단 자료로 활용되고 있다.[154]

시민의회 사례에서도 보듯이, 민주주의는 최종상태가 아니라 끊임없이 진화하며 발전해 나간다. 민주주의는 고정된 특정 제도가 아니라 자유롭고 평등한 개인들 간의 집단적 숙의 과정을 통해 새로운 정책과 법률을 형성해 가는 역동적인 과정이기 때문이다.[155] 시민의회도 기존의 민주주의 시스템과 동떨어진 제도가 아니라 다양한 민주주의 유형과 결합해 발전하고 있다.

4. 시민의회, 무슨 일을 하는가?

국정은 엘리트만 논하는가?

우리나라의 국회는 50~60대 남성이 지배하며, 적어도 SKY 출신 판검사나 교수쯤 되어야 명함을 내밀 수 있다. 22대 총선 당선인 분포를 보면 명확하게 드러난다. 연령대별로는 50대가 절반을 차지하고 60대도 33.3%에 달한다. 이에 비해 30대(4.7%)와 40대(10.0%)는 15%에도 못 미친다. 물론 20대는 한 명도 없다. 남성이 압도적이며(80%), 여성은 20%에 불과하다. 전체 인구분포와는 달라도 한참 다르다. 직업으로 보면 사회적으로 성공한 사람들만 국회의원이 된다는 것을 금방 알 수 있다. 현역 국회의원(143명)이거나 정당인·대변인 등 기성 정치인(80명)이 아니면 국회 입성이 어렵다. 그나마 변호사(23명)이거나 교수(16명)쯤 되어야 신규 진입이 가능하다. 대학도 명문대를 나와야 한다. SKY 출신(119명)이거나 적어도 서울권 주요 대학(169명)은 졸업해야 한다. 특히 판·검사와 변호사 등 법조인 출

신이 61명으로 전체의 20.3%를 차지해 국회는 '법조인 전당'으로 불린다.

선거가 귀족정이라는 아리스토텔레스의 혜안은 대한민국 국회에 정확히 들어맞는 말이다. 경쟁이 치열한 선거에서는 남들보다 탁월한 엘리트가 당선될 수밖에 없는 구조이기 때문이다. 그런데 대표를 선발하는 방식은 선거 외에도 추대, 지명, 교대 등으로 다양하다. 선거에 의한 대표선발은 탁월성에 기반하지만, 추첨에 의한 시민의원 선발은 유권자 전체와의 유사성에 정당성을 두고 있다. 시민의회는 인구통계학적 특성과 사회경제적 배경에서 모집단과 거의 닮은 꼴이고, 단임과 교대의 원칙이 적용되기 때문에 기득권을 유지하려는 '과두제의 철칙iron law of oligarchy'으로부터 벗어날 수 있다.[156]

선거대의제의 대표기구인 국회의원이 제정한 법률과 정책이 일반 시민의 선호와 멀어지는 현상은 경험적 연구에서도 밝혀지고 있다. 1981년부터 2002년까지 20년 동안 미국에서 집행된 정책은 경제적 엘리트와 조직화된 이익집단의 선호와 일치하는 반면, 일반 시민의 선호는 정책에 거의 영향력을 미치지 못한 것으로 나타났다.[157] 미국뿐만 아니라 선거제 민주주의 국가에서 채택된 정책이 부유한 엘리트 집단의 선호에 부응하는 현상은 곳곳에서 목도되고 있다. 미국에서 트럼프 대통령이 재선된 정치적 배경도 일반 국민들과 단절된 워싱턴 엘리트에 대한 항의 투표였다는 분석도 제기되고 있다.[158]

이에 비해 추첨 시민의원은 특정 정당 소속이 아니기 때문에 정파적 이해관계에서 자유롭고 재선을 위한 정치적 계산에서 벗어나 국민의 입장에서 정책을 결정할 수 있다는 장점이 있다. 물론 시민의원이라고 해도 개인적인 정치적 편향성이 있고 기존 정치 세력과의 연대 또는 이해관계가 있을 수 있지만, 집단학습과 토론이라는 숙의 과정을 거치면 선거로 뽑힌 국회의원에 비해 공공선common good을 구현하는 데 유리하다고 볼 수 있다.

정치개혁, 누가 할 것인가?

기원전 508년, 그리스 아테네에서 클레이스테네스Cleisthenes가 정치개혁을 단행할 당시의 아테네는 귀족들 간의 당파싸움과 파벌정치로 파탄지경이었다. 유일한 생산수단이었던 토지는 귀족들이 장악하고 있었고 평민들은 빚을 지거나 노예로 전락하는 경우가 허다했다. 귀족 중심의 과두정 체제로 유력 가문이 권력을 독점하고 있었다. 그중에서도 클레이스테네스가 속한 알크마이온 가문과 페이시스트라토스 가문이 아테네를 지배하고 있었다. 기원전 546년, 페이시스트라토스가 권력을 장악해 참주tyrant로 등극하면서 귀족들의 폭정에 더 이상 견디지 못한 평민들의 반란으로 클레이스테네스가 집권하게 된다.

당시 클레이스테네스가 빼든 개혁의 칼은 추첨제였다. 귀족들 간

> 으' 권력 다툼과 계급 간 갈등을 해소하고 공동체 통합과 정치적 평등을 구현하기 위해 공직자를 추첨으로 선발했다. 기존의 혈연 중심 4개 부족 체계를 폐지하고, 거주지 기반의 10개 행정 구역으로 재편해 각 50인씩 총 500인으로 평의회boule를 창설하게 된 배경이었다. 특정 가문이 관직을 독점하지 못하도록 혈연보다 지역과 공동체 중심으로 정치구조를 바꾼 것이다. 도편추방제ostracism를 도입한 것도 귀족들의 파벌정치와 독재자의 출현을 막기 위해서였다. 추첨으로 공직자들이 매년 교체되고 시민 누구나 공직을 맡을 수 있었기 때문에 귀족들 간의 당파싸움은 당분간 피할 수 있었다.

아일랜드와 아이슬랜드에서 시민의회가 발족하게 된 배경도 기득권 정치인들이 개혁을 거부하거나 소극적으로 대처했기 때문이었다. 자신들의 정치적 이해관계가 걸린 사안에 선뜻 나서기를 꺼리는 것은 이들 나라뿐만 아니라 대부분 국가에서도 대동소이하다. 캐나다 BC주에서도 정치권이 손을 놓고 있던 선거제도 개혁을 시민의회로 돌파했다. 우리나라에서도 촛불혁명에 이어 '빛의 혁명'을 거치면서 제도권 정치에 대한 국민적 불신과 저항이 확산되고 있지만, 국민의 목소리를 반영하는 시스템은 여전히 빈약하다.

우리나라의 선거제도 개혁은 번번이 국회의 문턱을 넘지 못했다. 최근의 국내 정치 상황은 정치개혁과 개헌의 지렛대로 시민의회의 중요성이 더욱 부각되고 있다. 거대 양당 중심의 대결 정치와 대통령의 거부권 행사, 선거제도 개혁 실패로 인한 정치불신을 해결할 방안을 시민의회를 통해 찾아야 한다. 더구나 사회적 다양성이 확산되면서 공적 의제에 대한 국민적 합의의 중요성도 갈수록 증대하고 있다. 점점 더 심각해지는 세대와 계층 간의 갈등, 저출생·고령화 대책과 이와 맞물린 이민문제 등 현재의 정치권이 해결하지 못하는 국가적 이슈를 시민들의 지혜로 새로운 민주주의의 지평을 열어야 한다.

국가 운영의 패러다임도 이제는 협치governance의 수준에서 시민권력civil power 시대로 전환되고 있다. 국민발안, 국민소환, 국민투표 등 직접민주제를 요구하는 목소리는 시민사회와 풀뿌리 단위에서도 강하게 일고 있다. 주민자치와 마을공동체 형성을 통해 풀뿌리민주주의를 구현하자는 움직임도 활발하다. 이러한 현상은 기존 정치에 대한 불신과 새로운 민주주의를 요구하는 시민주권, 주민주권 시대의 개막을 알리고 있다. 미국 퓨리서치센터의 조사(2023)에서도 한국인의 54%는 "어느 정당도 내 의견을 대변하지 않는다"고 응답했다. 이 같은 수치는 미국·영국(49%)이나 일본(42%)에 비해서도 높은 수준이다.

국회의원이나 소속 정당이 이해당사자가 될 수밖에 없는 선거제도나 정치개혁 입법을 국회에 맡기는 것은 '고양이 목에 방울 달기'와 마찬가지다. 국민적 요구나 제도의 합목적성보다는 국회의원 개개인의 유불리나 소속 정당의 당리당략에 치우칠 수밖에 없기 때문이다.[159] 유럽을 중심으로 전 세계의 학계, 시민사회에서는 대의민주주의의 체질을 근본적으로 개선하기 위해 참여, 숙의, 직접민주주의 이론에 기반한 다양한 '민

주적 혁신democratic innovations' 담론과 실천이 빠르게 확산되고 있다.[160]

그러나 시민의회가 대의민주주의의 병폐와 한계를 모두 치유하는 만병통치약이 될 수는 없다. 선거의회를 대체하거나 더 큰 역할을 수행하는 데는 한계가 있다는 의미이다. 시민의회의 의제로는 선거법 개정, 헌법개정, 기후위기 대응, 과학기술 정책, 교육 정책, 의료보건 정책, 주요 외교정책 등 광범위한 영역에 적용할 수 있다. 그러나 시민의회는 선거제 의회가 합의도출에 실패하는 사안에 초점을 두고 일상적인 입법과 정책 사안은 선출의회가 처리하는 것이 바람직하다.

선거제 의회에 비해 추첨제 시민의회에 맡기는 것이 적절한 의제는 다음과 같다.[161] 첫째, 기득권 정치인들의 이해관계가 충돌하는 헌법개정이나 선거제도 개편, 정치관계법 등 정치개혁 의제는 시민의회에서 논의하는 것이 합리적이다. 둘째, 사회적 논란이 분분해 합의점을 도출하기 어려운 윤리적, 도덕적 의제도 시민의회에서 다루는 것이 바람직하다. 셋째, 여야의 의견 대립으로 교착상태에 빠진 중대 정책 사안도 시민의회에 넘기는 것이 효율적이다. 넷째, 기후위기 대응과 에너지전환 정책, 북핵시대의 외교안보통일 정책과 같이 장기적인 관점에서 초당파적 대응이 필요한 중대 사안도 시민의회가 다루는 것이 바람직하다. 다섯째, 대통령이 거부권을 행사한 법안에 대한 재의결권이나 정치적 중립성이 강조되는 기관장 임명동의권 같은 권한은 시민의회에 부여하는 것이 대안이 될 수 있다.

혐오와 극한 갈등, 어떻게 극복할 것인가?

덕수궁 돌담길에 낙엽이 쌓여가던 2014년 11월 어느 가을날, 서울시 서소문별관 후생동 강당에서 열릴 예정이던 서울시민 인권헌장 공청회는 아수라장으로 변했다. 성소수자에 대한 차별을 금지하는 인권헌장 조항에 대해 일부 보수 개신교와 반동성애 단체 회원 200여 명이 "동성애 반대", "에이즈 싫어!" 등을 외치며 단상을 점거하는 바람에 공청회는 개회조차 못 하고 무산되었다. 이후 박원순 시장은 보수 개신교 목사와의 간담회에서 "동성애를 지지하지 않는다"고 밝혔고, 결국 그해 12월에 공포될 예정이던 서울시민인권헌장은 폐기되었다.[162]

2017년 11월에는 여성가족부가 성평등 정책의 청사진을 제시하기 위해 개최한 '제2차 양성평등정책 기본계획' 공청회도 동성애 반대 단체의 기습적인 시위로 파행을 겪었다. 서울 은평구 한국여성정책연구원 국제회의장에서 공청회가 열리자 "양성평등 YES, 성평등 NO'라는 구호를 내건 보수 기독교 단체들의 단상 점거로 종합토론회 진행이 중단되었다. 이에 앞서 그해 8월 서울 여의도 국회 인근에서 동성애·동성혼 반대 국민연합 회원들은 "국회 개헌특위에서 현행헌법에 명시된 '양성평등'을 '성평등'으로 바꾸려는 것은 동성애와 동성혼을 합법화하는 것"이라며 개헌에 반대하는 시위를 벌였다.[163]

> 17대 국회에서 처음 발의된 차별금지법이 21대 국회에서는 평등법으로 명칭이 변경된 이후에도 반동성애 시위는 격화되었다. 2022년 5월 국회 법사위 회의실에서 차별금지법(평등법) 제정을 위한 공청회가 열렸지만, 당시 여당인 국민의힘 의원들의 불참으로 파행이 거듭되었다. 이날 공청회는 2007년 노무현 정부 입법으로 차별금지법이 처음 발의된 지 15년 만에 소관 상임위 주관으로 열린 첫 번째 토론장이었다. 진술인으로 참석한 대한성공회 정의구현전국사제단 소속의 K 신부는 "특정 종교의 압력과 '사회적 합의'라는 모호한 수사 뒤에 숨지 말아야 한다"며 법 제정을 촉구했지만 '반쪽짜리' 공청회로 전락하고 말았다. 공청회에 불참한 국민의힘 의원과 보수 개신교 단체들은 국회 기자회견장에서 "차별금지법이 동성애자와 이슬람 등을 특권층으로 격상시킨다"며 원색적으로 비난했다.[164]

우리나라에서 차별금지를 위한 법률 제정이 처음으로 논의된 것은 2006년 12월 법무부가 「포괄적 차별금지를 위한 법률안」을 입법 예고하면서였다.[165] 이후 20대 국회를 제외하고 회기별로 입법을 위한 법률안이 제안되었다. 17~19대 국회에서는 「차별금지법안」, 「차별금지기본법안」이라는 이름으로 법안 제정이 추진되었으나,[166] 21대 국회에서는 「평등에 관한 법률안」, 「평등 및 차별금지에 관한 법률안」으로 명칭이 변경되었다. 기존의 '차별금지'라는 표현이 개인의 자유를 과도하게 제한할 수 있다는 부정적 여론을 감안해 평등법이라는 용어로 순화한 것이다. 22대 국회에서는 2026년 1월에 다시 「차별금지법안」이라는 명칭으로 발의되었다.

이재명 대통령도 취임 30일 기자회견에서 "차별금지법은 중요한 우리 사회의 과제 중 하나지만, 민생과 경제가 더 시급하다"며 우선순위가 아니라고 밝혔다. 이 대통령은 2025년 5월 대선 후보 TV토론에서 "차별금지법 제정에 동의하느냐?"는 질문에 "방향은 맞다고 보지만 현안이 너무 복잡하게 얽혀 있어서 이걸로 새로운 논쟁과 갈등이 심화되면 지금 당장 해야 할 일을 하기 어렵다"며 유보적인 입장을 밝혔다. 이에 대해 차별금지법 제정을 약속한 권영국 민주노동당 후보는 "이게 사회적 합의의 문제인가? 결단의 문제"라며 "영원히 (입법을) 못할 것 같다"고 전망했다.[167]

지금까지 차별금지법 제정을 둘러싼 핵심 쟁점은 "사회적 합의가 부족하다"는 주장이다. 국가인권위원회에서 2020년 실시한 '차별에 대한 국민인식조사'에서는 응답자의 88.5%가 차별금지법 제정에 긍정적인 것으로 나타났다. 그러나 찬성 비율이 조금씩 내려가는 추세를 보이고 있다. 2021년 한겨레 · 케이스탯 조사에서는 찬성이 71.2%였지만, 2022년 인권위가 리얼미터에 의뢰한 조사에서는 찬성 67.2%였고, 같은 해 한국갤럽 조사에서는 찬성 57%로 떨어졌다. 한국사회여론연구소(KSOI)의 2025년 8월 말 조사에서는 찬성 45.8%, 반대 31.4%로 나타났다.[168] 전반적으로 포괄적 차별금지법 제정에 찬성하는 응답이 반대보다는 높은 편이지만 찬성 비율은 점점 낮아지고 있다.

이 같은 현상은 차별금지법 제정이 논의될 초기에는 '상식적으로 필요한 법'이라는 인식에서 차츰 보수·진보 진영 간 대립 이슈로 전환되면서 정치적 쟁점으로 부각되었기 때문이다. 차별에 반대해 온 응답자들도 법 제정을 둘러싼 '피로감'이 누적되면서 찬성 대열에서 이탈한 것으로 분석되고 있다. 특히 보수 개신교와 극우 진영의 조직적인 캠페인이 주효했던 것으로도 볼 수 있다. 이들은 대규모 집회와 국회의원 대상 문자 발송 등으로 압박하는 한편, 차별금지법이 성소수자 보호만을 위한 법이라는 프레임을 확산한 것이 찬성률 하락의 핵심 요인으로 꼽히고 있다.

보수 기독교가 차별금지법 제정에 반대하는 논거는 겉으로는 '하나님의 창조 질서 위배'라는 종교적 신념을 내세우고 있지만, 근저에는 남성 중심의 가부장적 권위주의와 정치적 보수주의가 짙게 깔려 있다. 신앙보다 반공反共과 신자유주의를 앞세우는 보수 개신교는 전통적 가족주의를 고수하는 고령층의 정치적 신념과 맞물리면서 차별금지법 반대의 핵심 세력으로 부상했다. 하지만 성소수자에 대한 극단적인 혐오와 배제는, 이웃사랑을 설파해 온 종교의 사회적 책무성과도 상치되면서 개신교의 신뢰 저하를 넘어 '갈등의 뇌관'으로 작동하고 있다.

특히 우리 사회는 두 차례의 탄핵을 거치면서 혐오를 배태하는 극우와 반지성주의가 SNS를 통해 급속히 확산되면서 사회적 갈등이 증폭되고 있다. 반지성주의는 특정 가치에 대한 맹목적인 믿음과 신념, 그리고 준거 집단의 정체성과 결합되어 앞서 언급한 사례처럼 공론장의 이성적 숙의를 가로막는 최대 장애물이 되고 있다. 차별금지법에 관한 숙의가 어려워진 이면에는 공론장이 정치와 담론의 영역이 아니라 믿음과 가치의 공

간으로 전이되었기 때문이다.[169]

차별금지법 제정은 우리 사회에서 국가보안법 개정과 함께 정치권의 가장 '뜨거운 감자'로 꼽힌다. 정치적으로 민감한 이슈를 굳이 의제로 삼을 필요가 없다는 회피전략과 이에 맞서 지지기반 확대를 위한 경쟁전략으로 활용하려는 정략적 판단만 작용한 탓이다. 아일랜드에서 정치인들이 헌법에 위배되는 낙태 문제에 소극적으로 대응하자 시민들이 나서 헌법을 개정한 사례에서 보듯이 사회적 합의 부족을 이유로 정치인들이 논의하기 꺼리는 민감한 이슈는 시민의회에 맡기는 것이 타당하다.

민주시민은 어디서 길러지는가?

개인의 자유와 권리를 보장하는 것은 민주주의 국가의 기본요소이다. 그러나 자유주의적 시민권 이론은 개인의 권리와 자격 보장에 집중하는 바람에 협력과 자기절제, 공공선과 같은 민주주의에 필수적인 시민 덕성civic virtue을 간과하게 만들었다는 지적을 받고 있다.[170] 지속 가능한 민주주의를 위한 시민권 이론은 공공선과 사회적 책임의식을 고양하고 정부 신뢰를 증진시킬 수 있는 방안을 모색해야 한다. 상호 신뢰와 호혜, 참여와 관용 등 시민 덕성을 키우기 위해서는 '민주주의 학교schools of democracy'로서 시민의회의 역할이 부각되고 있다.

평범한 시민들이 선거라는 제한적 수준의 참여에 그치지 않고 추첨을 통해 시민의회의 대표자로서 공적 이성을 발휘할 수 있는 기회가 주어질 때 시민성의 고양을 체득할 수 있게 된다. 바버Barber가 『강한 민주주의』(1984)에서 "실천을 통해서만 민주주의를 교육할 수 있다"고 강조한 것도 같은 맥락이다. 시민의회는 평범한 시민들이 정치 소비자나 관람객이 아니라, 정치 주체로 참여할 수 있는 기회를 제공함으로써 국민주권을 실현하는 통로가 될 수 있다.

시민의회를 포함한 숙의민주주의 사례에 대한 그간의 연구 결과는 참여와 숙의의 경험이 상대방에 대한 관용과 존중, 공공의 문제에 대한 비판적 관심, 그리고 참여에 대한 의지와 열정을 고취하는 것으로 나타났다. 밀Mill은 『대의정부론』(1861)에서 "모든 인민whole people이 정부의 일에 최대한 참여할 수 있어야 이상적인 정치체제"라고 강조했다. 사람들이 공공영역에 참여하게 되면 다양한 이해관계를 객관적으로 바라볼 수 있고, 자신이 사회의 한 구성원이라는 소속감을 가지게 된다는 것이다. 따라서 일반 국민이 정치 영역에 능동적으로 참여할 기회를 갖게 되면 시민성을 육성할 수 있게 된다. 바버도 강한 민주주의strong democracy를 구현하기 위해서는 소도시나 카운티의 대표자를 추첨으로 선발해 교대 근무하는 방안을 제안했다.[171]

중앙이나 지역 단위에서 시민의회를 통한 참여의 제도화는 주권자로서 민주주의를 실천해 보는 교육과정이 될 수 있다는 점에서 중요하다. 의사결정 과정에 직접 참여해 다양한 견해와 시각에 접함으로써 다른 사람을 이해할 수 있는 기회를 갖는 것 자체가 민주시민으로서 덕성을 함양할 수 있기 때문이다. 일반 시민이 대표자로서 시민의회에서 활동하게 되면 정치적 무관심을 극복하고 공동체의 문제에 관심을 가질 수 있는 기회를 갖게 된다. 따라서 민주시민 교육의 장으로서 시민의회는 일상생활 영역에서는 극복하기 어려운 이념적, 정치적 편향을 완화할 수 있는 안전한 공적 공간의 역할을 할 수 있다. 정치적 이슈를 선악 개념으로 대치하는 문화전쟁을 완화하고, 서로 이해하고 존중하는 인격훈련의 장이 될 수 있기 때문에 시민의회의 역할은 매우 중요하다.

107 당시 시위 상황은 BBC(2009.1.21.), The Guardian(2009.1.27.), The Reykjavik Grapevine (2009.1.22.) 보도 등을 토대로 ChatGPT의 도움으로 재연했음.

108 아일랜드 시위 상황은 The Irish Times(2012.11.14.), The Guardian(2012.11.14.), RTÉ News (2012.11.17.), 한겨레(2016.12.31.) 보도 등을 토대로 ChatGPT의 도움으로 재연했음.

109 The Guardian(2018.5.25.); Farrell & Suiter(2019).

110 파리 시위 현장은 Reuters(2018.11.25.), AP(2018.12.2.), The New Yoker(2018.12.10.) 보도 기사를 토대로 ChatGPT의 도움으로 재연했음.

111 공식 명칭은 국민대토론회Great National Debate이다.

112 Guardian(2019.4.26.) 참조.

113 '포스트 민주주의post-democracy'는 Crouch(2004)가 제시한 개념으로 형식적으로는 선거나 의회 같은 민주주의 제도가 유지되고 있지만, 실제 정치과정에서 시민들의 참여나 영향력은 약화되고 엘리트, 로비스트, 대기업이 정치 권력을 장악하는 상태를 의미한다.

114 OECD(2020), "Innovative Citizen Participation and New Democratic Institutions: Catching the Deliberative Wave".

115 OECD(2025)가 분류한 숙의적 시민참여 사례는 시민의회citizens' assembly뿐만 아니라 합의회의 consensus conference, 플래닝 셀planning cell 등 다양한 유형의 '미니 공중mini-publics'이 포함되어 있다.

116 Fishkin(2009)이 제시한 '정치적 평등political equality'은 모든 시민이 동등한 영향력을 가져야 한다는 원칙이며, '참여participation'는 가능한 많은 시민이 직접 정치에 참여해야 한다는 것이다. '숙의deliberation'는 참여자들이 충분한 정보에 기반해 성찰적이고 합리적인 논의를 해야 한다는 원칙을 말한다. 피시킨은 2018년 출간한 『Democracy When the People Are Thinking』에서는 여기에 '비독재성non-tyranny'을 추가해 민주주의 원리를 4가지로 설명하고 있다.

117 김주형(2018), pp. 98-100.

118 Dryzek(2010), p. 23.

119 이와 유사한 관점에서 Mansbridge(2019)는 공론조사의 정당성을 규범적 정당성normative legitimacy과 인지적 정당성cognitive legitimacy으로 설명하고 있다.

120 Olesn & Trenz(2014), pp. 118-120.

121 Lafont(2020), pp. 161-162.

122 Pateman(2012), pp. 7-19; Lafont(2015), pp. 40-63.

123 Dahl(1989)은 이에 앞서 1970년에 출간한 『After the Revolution?: Authority in a Good Society』에서는 대도시의 시장, 장관, 상하원, 그리고 대통령에 이르기까지 다두체제polyarchy의 선출직 공

직자들을 보조할 수백 명 규모의 자문위원회advisory council를 추첨으로 선발하자고 제안했다.

124 다두체제polyarchy에 대해서는 Dahl(1971) 참조.

125 Dienel(1978)이 개발한 플래닝 셀planning cell을 기획배심이라고도 한다. 단순히 찬반을 결정하는 것이 아니라 정책 대안을 설계하고 기획한다는 적극적 역할을 의미한다. 사법배심원제와 대비되는 정책·사회적 의사결정 배심원제라는 점을 강조한 표현이다.

126 공론조사에 대해서는 Fishkin(1991/2009) 참조.

127 스나이더Snider는 2005년부터 여러 편의 논문을 통해 민주적 개혁을 위한 시민배심모델을 구상했다. 2009년 캐나다 토론토에서 열린 미국정치학회(APSA)에서 발표한 "If Men Were Angels…. Should the Checks & Balances System Include Electoral Reform Juries?"라는 working paper에서 'electoral reform juries'라는 개념을 제시했다.

128 DBT는 2023년 Deltager Danmark라는 시민단체와 통합해 2024년부터 Democracy X라는 이름으로 확대 개편되었다.

129 우리나라 공론화의 문제점에 대해서는 정정화(2022), 김주형·이시형(2023) 참조.

130 민주적 혁신에 대해서는 김주형·서현수(2021/2023), 서현수·김주형(2025) 참조.

131 김주형·서현수(2021) 참조.

132 서현수·김주형(2025c) 참조.

133 2024년 4월 실시된 우리나라 22대 총선에서도 민주당은 전국 투표에서 50.5%를 얻었지만 지역구 161석을 차지했고, 국민의 힘은 45.1%를 얻고도 90석을 차지하는 데 그쳤다. 두 당의 득표율 차이는 5.4%에 불과하지만, 지역구 의석수는 71석의 편차를 보였다.

134 시민의회는 5가지 선거제도 가운데 단기이양식(STV)과 독일식 연동형(MMP) 비례대표제를 놓고 투표를 실시해 단기이양식 146표, 연동형 7표로 단기이양식 비례대표제가 채택되었다(Ratner, 2005; Lang, 2007; 오현철, 2010).

135 BC주는 2018년 12월 선거제도 개혁을 위한 세 번째 주민투표를 실시했다. 당시 주민투표는 2005년 시민의회가 제안한 내용이 아니라, 현행 단순다수대표제(FPTP)와 비례대표제(PR)에 대한 선호도 조사였다. 투표 결과 현행 유지 61.3%, 비례대표제 도입 38.7%로 나타나 현행 유지로 결정되었다(Warren & Pearse, 2008; 문은영, 2023).

136 단기이양식(STV) 비례대표제는 후보군의 우선순위를 정당이 결정하는 폐쇄형 정당명부 비례대표제와 달리, 유권자 개개인이 정당별 후보들의 우선순위를 결정하기 때문에 유권자에게 더 많은 권한이 부여되고 지역대표성도 강화할 수 있다. 이에 비해 독일식 혼합형으로 불리는 연동형(MMP) 비례대표제는 정당이 비례대표 후보의 순위를 정하기 때문에 정당의 영향력이 절대적이라고 할 수 있다.

137 서현수·김주형(2025) 참조.

138 Ontario Citizens' Assembly Final Report(2007), pp. 1-2; Fournier et el.(2011), pp. 87-89.

139 기존 선거제도는 후보자가 개인별 득표수로 의석을 차지하기 위해서는 기준수(유효투표 총수)의 25% 이상을 획득해야 가능했기 때문에 정당이 작성한 후보자명부 순위가 결정적이었다. 시민의회는 기준수를 폐지해 개별후보자의 득표수에 따라 명부 순위를 바꿀 수 있도록 변경해 후보자들에게 유권자들이 즉각적인 영향을 미칠 수 있도록 했다. 정당에 대한 투표보다 후보자에 대한 투표를 유도함으로써 후보자들이 소속 정당보다 유권자들에게 더 관심을 갖게 하자는 취지였다(문은영, 2023).

140 Fournier et al.(2011), pp. 114-139.

141 anthill은 '개미집'이라는 뜻으로 한 마리의 개미는 미미한 존재이지만, 전체 개미집은 각각의 개체를 뛰어넘는 집단적 지혜를 가진다는 의미를 내포하고 있다. 시민들의 집단지성과 협업을 중시한 앤트힐은 풀뿌리 시민운동조직과 싱크탱크 등이 참여한 연합단체이다.

142 서현수·김주형(2024/2025) 참조.

143 '켈트의 호랑이celtic tiger'는 '아시아의 네 마리 호랑이asian tiger'에 빗대어 켈트족의 나라인 아일랜드판 경제 기적을 뜻한다.

144 아일랜드 총리실 보고서는 1차 헌법회의 운영 기간을 의회가 시민의회 설치를 의결해 모집을 시작한 2012년 7월을 시점으로 최종보고서가 제출된 2014년 5월까지 총 21개월로 산정하고 있다. Department of the Taoiseach(2014), Final Report of the Convention on the Constitution. 참조.

145 서현수·김주형(2025) 참조.

146 기후시민의회는 권고안 제출 이후 활동이 종료되었지만, 주관 기구인 경제사회환경위원회(CESE)가 최종보고서를 발표한 2021년 2월까지 활동 기간으로 보는 경우도 있다.

147 경제사회환경위원회(CESE)는 프랑스 헌법 제69조~제71조에 규정된 독립위원회로 민간단체 대표들로 구성된 자문기구이다. 위원회는 경제·사회·환경과 관련된 정부제출법안, 법률명령안, 의원발의법안 등에 대한 의견을 정부나 의회에 제출하는 역할을 수행하고 있다.

148 「독일어권 공동체의 상설 시민대화 도입에 관한 법률」(2019)은 조례가 아니라 법률law에 해당하는 공동체 입법으로 연방법과 동등한 법적 지위가 부여된다.

149 OECD(2017), The Multi-Level Governance Framework of Belgium, p. 9-13.

150 'citizens' council'을 시민위원회로 번역하기도 하지만, council과 committee의 차이를 고려해 이 책에서는 시민평의회로 한다.

151 프랑스어권 공동체위원회(COCOF)는 브뤼셀 수도권의 프랑스어권 공동체를 지원하고 규제하는 행정기관인 반면, 연합 공동체위원회(COCOM)는 브뤼셀의 프랑스어권과 네덜란드어권의 공동 문제를 담당하는 기구이다.

152 1차 파리 시민의회는 2022년 1월부터 2023년 3월까지 교육, 환경, 공공시설 등 세 가지 주제로 운

영되었다. 2차 시민의회(2023.7-2024.6)에 이어 3차 시민의회는 2024년 9월부터 2025년 6월까지 진행되었다.

153 하이브리드 민주주의hybrid democracy는 대의제는 물론 참여 · 직접 · 숙의민주주의와 새로운 유형의 민주적 제도들을 연계·결합한 혼종의 민주적 거버넌스 방식을 의미한다. 가렛Garret이 미국 캘리포니아주의 대의민주제와 직접민주제(주민발안 · 주민투표)의 결합을 분석하면서 사용한 개념으로 기존의 대의정치에 시민정치를 접목한 새로운 민주주의 유형을 말한다(Garrett, 2005).

154 Gastil et al.(2018); Warren and Gastil(2015); 김주형 · 서현수(2021) 참조.

155 이 같은 견해에 대해서는 Fishkin(2011), Gutmann & Thompson(2004), Bohman(1996), Cohen(1989), 이상환(2022) 참조.

156 '과두제의 철칙iron law of oligarchy'은 정당, 노동조합, 시민단체 등과 같은 대규모 조직은 시간이 지날수록 소수의 지도층(엘리트)에 권력이 집중되어 결국 과두제oligarchy로 변한다는 법칙으로 독일 사회학자 로베르트 미헬스R. Michels가 1911년 제시한 개념이다.

157 Gilens & Page(2014), pp. 564-581.

158 Landemore(2024) 참조.

159 곽노현, "선거법 개정, 시행 시기 늦추든가 시민의회에 맡겨라". 민들레(2023.3.21.)

160 서현수 · 김주형(2025c) 참조.

161 곽노현, "시민의회, 시민 눈높이 해법 찾는 데 최적의 틀". 민들레(2023.3.29.)

162 경향신문(2014.11.20.), "보수 개신교 단체 회원들이 2시간가량 강당 점거, 공청회 무산"; 네이트뉴스(2014.11.20.), "공청회 방해자들 에이즈 싫어! 인권헌장 폐지!".

163 네이트 뉴스(2017.11.16.), "여가부 양성평등정책 공청회, 기습시위로 파행".

164 한겨레신문(2022.5.25.), "차별금지법 국회 공청회 15년 만에 열렸지만… 반쪽짜리".

165 차별금지법 제정의 정치과정에 대해서는 김종우 · 서현수(2022) 참조.

166 20대 국회에서는 차별금지 관련 법안이 발의되지 않았다.

167 한겨레신문(2025.5.18.), "이재명 '차별금지법 지금은 어렵다'… 권영국 '영원히 못할 것'".

168 여성신문(2028.8.31.), "국민 45.8% 차별금지법 제정 '찬성'한다… 반대보다 14.4%p 높아".

169 김종우(2021), pp. 84-117.

170 Kymlicka(2002), p. 293; 곽현근(2020), p. 58.

171 Barber(1984)는 입법부나 중앙정부 단위에서는 추첨제 사용을 고려하지 않았다. 소도시나 작은 규모의 카운티에서는 특별한 지식이나 전문성이 요구되지 않기 때문에 추첨제가 가능하다고 보았다.

3장 | 우리나라의 시민의회

1. 뿌리 깊은 전통과 민초들의 목소리

양반 중심 향회에 맞선 조선 후기의 민회

조선시대의 지방 행정조직(향촌)은 군·현과 면·리로 이루어졌다.[172] 군·현의 수령(군수, 현감)은 중앙에서 파견되었지만, 면·리에 구성된 향회는 재지사족(양반) 중심의 자치기구였다. 주로 토착 양반이나 유생들이 참여해 유회儒會라고도 불렸다. 향회는 향안鄕案에 오른 향원 중심으로 운영되었고 향임(좌수·별감)도 향원 내부에서 선출되었다. 같은 면민이라도 향안에 속하려면 신분적·도덕적 조건이 까다로워 평민은 가입할 수도 없었다. 향회에서는 풍속 교화, 세금 징수 등의 사무를 관장하면서 수령의 잘못을 감시하는 견제 기능도 수행했지만, 기본적으로는 양반층의 특권 유지 수단으로 작동되었다.

하지만 19세기 후반에 접어들면서 재산을 축적한 중인과 부농 등 요호부민要戶富民을 중심으로 민회民會를 구성해 향회와 대립하게 된다. 향회에 참여하기 어려웠던 신흥 계층이 민회를 통해 목소리를 내기 시작하면서 경상도와 전라도 일부 지역에서는 "향회와 민회가 대립하여 다툼이 있었다"는 기록이 남아 있다.[173] 양반 중심의 폐쇄적인 향회와 달리 평민이 주도한 민회는 보다 개방적인 공론장으로 주민 의견을 수렴하는 창구로 기능했다. 주로 세금, 환곡, 군포 등 생계와 관련된 문제를 해결해 달라고 관청에 요구하거나 지방 수령의 횡포에 집단적으로 항의하기도 했다. 민회는 조선 후기에는 민란의 거점이 되기도 했다.

오늘날 읍면동장에 해당하는 풍헌風憲과 집강執綱은 고을 수령이 지역 원로나 유지의 추천을 받아 임명하거나 향회의 의결로 선출되는 경우도 있었다. 특이한 사례이지만 경상도 선산부 향회에서는 풍헌風憲을 백성들이 투표로 추천해 임명했다는 기록도 있다.[174] 법적으로 제도화된 근대적 선거는 아니지만, 투표라는 방식으로 공직자를 선출했다는 점에서 양반 중심 사회에서 평민의 집단적 정치참여 사례라고 할 수 있다. 이 같은 사실은 1949년 지방자치법을 제정하면서 자치 계층을 도道는 광역으로, 기초는 군郡을 제외하고 시와 읍면으로 정하고 읍면장을 주민들이 직접 선출하게 된 배경이 되었다.

조선시대의 향회는 법령으로 제도화된 조직이 아니라 관습상의 자치조직이었지만 구한말 갑오개혁(1894)과 을미개혁(1895)을 추진하면서 향회조규鄕會條規와 향약판무규정鄕約辦務規定을 제정하게 된다. 법령에 따라 지방행정 조직으로 공식 인정된 향회에는 계층별로 대향회(군회), 중향회(면회), 소향회(리회)를 두었다. 대향회는 군수와 각 면의 집강(면장) 및 군 주민대표 2인으로, 중향회는 집강과 각 리의 존위(이장) 및 면 주민대표 2인으로, 소향회는 존위와 리里 주민 1인으로 구성되었다. 지방행정관인 군수는 중앙에서 파견했지만, 집강과 존위는 각 향회에서 선출하도록 했다. 향회의 역할은 교육, 호적, 지적, 위생, 사창社倉, 도로, 교량, 식산흥업, 공공산림, 납세, 환난 구휼 등으로 오늘날 읍면동의 기능보다 훨씬 광범위했다.

시민의회의 맹아, 동학의 민회

조선 후기의 향회와 민회는 동학농민혁명을 거치면서 새로운 모습으로 변모하게 된다. 동학농민혁명 당시의 민회에는 평민뿐만 아니라 양반, 백정, 여성 등 귀천을 가리지 않고 두루 참여하는 주민총회로 발전했다.[175] 모든 주민들이 참여해(주로 농민이었지만) 세금 부과, 토지 문제, 마을 질서 유지 등 일상생활에 직결되는 문제를 의논하는 직접민주주의 기구였다. 동학의 자치 행정조직인 집강소 운영을 견제하고 책임자인 집강執綱을 추천하기도 했다. 조정에서는 동학교도들의 모임을 '민회'라고 불렀다. 1893년 어윤중 선무사가 동학군을 방문했을 때 "이 집회는 민회"라고 규정했다.

이에 비해 도회都會는 군·현 단위의 지역대표자 회의로 민회에서 뽑힌 각 마을 대표들이 지역 운영 방침을 결정하는 일종의 대의제 의결기구였다. 집강은 원칙적으로 도회에서 선출되었고, 민회는 집강 후보를 추천하거나 마을 대표를 선출하는 이원적 구조로 운영되었다.[176] 도회는 이와 함께 동학 내부의 조직 강화를 위해 접주接主, 포두捕頭 등이 중심이 된 종교적·군사적 성격의 지도부 회의체로 기능했다.

동학교도들이 군·현 단위에서 결집한 집회의 명칭을 도회라고도 했다. 1894년의 보은도회가 대표적이다. 동학농민군의 주축이 된 도회가 모이는 장소를 도소都所 또는 도회지라 불렀으며 오늘날 도시都市라는 명칭도 여기서 유래되었다. 초기의 양반 중심 향회에서 평민 중심의 민회를 거쳐 도회로 진화한 것이다.[177]

동학의 민회는 지역 주민들이 모여 구성된 자치적인 회의체로 동학교도뿐만 아니라 중인, 부농, 평민 등 다양한 계층이 참여했다. 임원은 추천이나 합의를 통해 선출했으며 지역 문제, 교리 실행, 주민 간 갈등 중재, 교육 등의 역할을 수행했다. 이처럼 민회에서는 공동체의 현안을 주민 의견을 반영해 자율적으로 결정했다는 점에서 초기 시민의회의 성격으로 지닌 것으로 볼 수 있다.[178]

동학의 민회는 농민 다수가 직접 참여해 대표를 선출하고 지방행정을 견제하는 역할을 수행했다는 점에서 시민의회의 한국적 원형으로 평가되고 있다.[179] 그러나 동학의 민회는 조선 후기 민란의 거점이 되었다는 점에서 일제의 집중적인 탄압을 받고 해체되었다. 민회는 조선시대 대표적인 주민자치 조직이었으나 일제강점기 때 통치에 방해가 된다는 이유로 폐지되면서 주민자치의 전통도 단절되었다.

백성들이 나서 의회 설립을 요구한 만민공동회

19세기 말 조선은 일본, 청나라, 러시아 등 제국주의 열강들이 호시탐탐 노리는 풍전등화였다. 동학농민군을 총칼로 무자비하게 짓밟은 일본은 청일전쟁(1894)에서 승리한 여파를 몰아 기세등등하게 조선을 유린했다. 급기야 고종이 1897년 대한제국을 선포하고 몸부림을 쳐보았지만, 조선은 이미 침몰 직전이었다. 여기에 아관파천(1896년) 이후 러시아가 절영도(현재 부산 영도)를 군함의 석탄 보급기지로 사용하기 위해 25년간 조차租借를 요구하며 야욕을 드러내자 무능한 황실을 대신해 백성들이 일어섰다.

1898년 독립협회가 자주독립을 외치며 만민공동회를 개최하자 서울 종로 보신각 앞에 1만 명이 몰려들었다. 당시 한성부(서울)의 인구가 17만 명이었다는 점을 감안하면 오늘날 광화문에 100만 명이 몰린 정도의 인파였다. 러시아의 내정 간섭과 고문관 파견 요구가 알려지면서 백성들 사이에 반러·자주독립 여론이 급등했다. 그해 3월부터 12월까지 열린 만민공동회는 초기에는 독립협회 회원과 개화파 지식인들이 중심이었지만 점차 상인, 중인, 평민은 물론 하층민까지 합류해 열띤 토론을 벌였다. 도도한 개화기의 물결을 타고 칩거하던 여성들도 광장으로 모습을 드러냈다.

당시 만민공동회가 채택한 결의문 가운데 눈길을 끄는 대목은 의회의 설립이었다. 황제의 자문기구인 중추원을 민선 의회로 개편해 대한제국을 전제군주제에서 입헌군주제로 전환하자는 혁명적인 요구였다. 그해 10월에는 황실의 일부 관료가 합세한 관민공동회로 발전해 '헌의 6조'[180]를 발표하는 등 입헌정치의 구상을 제시했다. 그러나 고종과 수구 세력은 만민공동회를 군주권을 위협하는 불순단체로 규정하고 반격에 나서 그해 12월 관변 보수단체인 황국협회와 도심 한복판에서 물리적으로 충돌하게 된다. 급기야 고종의 폐위를 주장하는 '익명서 사건'[181]이 터지면서 독립협회는 결국 강제 해산하게 된다.

열강의 이권 침탈에 맞서 민권 신장과 자주독립을 기치로 내건 만민공동회의 의회 설립 요구는 21세기에 도입된 서구의 시민의회에 버금가는 역사적인 사건이라고 할 수 있다. 이전까지 백성들의 정치적 의사표시는 기껏해야 상소나 청원에 머물렀고, 조선 후기의 민란도 생존권 차원의 무력 저항이었다. 동학농민혁명도 반봉건·반외세 기치를 내걸고 신분 차별 철폐와 토지제도 개혁 등 급진적인 개혁안을 제시했지만, 농민군이 주도한 무장봉기의 성격이 강했다.

이에 비해 만민공동회는 일반 대중이 공개 집회 형식으로 공론장을 열어 국가 제도개혁을 요구했다는 점에서 한국사 최초의 시민참여 정치운동이라는 평가를 받고 있다. 특히 입헌주의와 의회제 요구는 근대적인 민권 의식의 확산으로 정치참여가 특정 신분이나 계층의 전유물이 아님을 보여주었다. 만민공동회는 수구파와 외세의 견제로 민권 보장이나 근대적인 개혁으로 이어지지 못했지만, 일제강점기에 독립운동의 원동력이 되었다. 2016년 '촛불혁명'과 2024년 '빛의 혁명'의 근원도 여기서 여명을 찾을 수 있다.

추첨으로 뽑는 주민자치회

\# 2024년 2월 7일 오후, 서울시 광진구 ○○○동 주민센터 5층 대강당에 동네 주민 30여 명이 옹기종기 모였다. 이날 열리는 ○○○동 제3기 주민자치회 위원 공개 추첨을 참관하기 위해서였다. 필자도 며칠 전 주민자치 위원 공개모집에 신청한 터여서 어떤 방식으로 추첨하는지 궁금했다.

추첨을 시작하기 전부터 강당이 술렁거렸다. 지역단체 추천 대상이 ○○향우회를 제외한 것을 따지기 위해 한 주민이 목소리를 높였다. 추첨관리위원회에서는 향우회, 친목회, 동창회 등을 '사적 모임'이라고 규정한 정치자금법 등 관련 법령까지 근거로 제시했지만 항의하던 주민은 수긍하지 않았다. 1기와 2기에서 단체 추천 몫으로 ○○향우회가 포함되었는데 3기에 와서 제외한 결정을 받아들일 수 없다며 물러서지 않았다. 한참의 실랑이 끝에 추첨이 시작되었지만, 주민자치에 대한 동네 주민의 관심은 생각보다 뜨거워 보였다.

2024년부터 000동 주민자치회 위원 수는 당초 50명에서 30명으로 줄었고, 연임을 신청한 위원 6명을 제외하고 이날 24명을 추첨으로 충원할 예정이었다. 이 가운데 직능단체에 할당된 10명은 이미 확정된 상태여서 실제로는 개인 신청자 20여 명 가운데 14명을 뽑을 예정이었다. 동장도 포함된 추첨관리위원 5명이 번갈아 유리병에 담긴 이름표를 뽑았다. 필자도 아슬아슬하게 거의 막바지에 당첨되었다.

이날 추첨은 공정해 보였다. 신청자의 이름을 적은 종이에 날인을 해서 두 번 접어 유리병에 넣은 뒤 1명씩 추첨하는 방식이었다. 성비는 6:4를 초과하지 않도록 규정되어 있었다. 이날 여성 10명, 남성 4명이 선발되었다. 직능단체에 배당된 10명이 거의 남성이어서 개인 추첨에서는 여성에게 많이 할당된 것 같았다.

공개 추첨에서 자신의 이름이 호명되자 마치 복권에 당첨이라도 된 듯 환호성이 터져 나왔다. 예비 후보자도 순번에 따라 남녀 각 3명이 선출되었다. 위원들은 60대가 대부분이었다. 평일 낮에 추첨에 참관할 정도면 시간적으로 여유 있는 주민들이었다. 그러나 개인의 경우 20여 명만 신청할 정도로 경쟁은 저조했다. 주민자치 위원의 33%를 차지하는 기관·단체는 바르게살기운동협의회, 새마을운동협의회, 부녀회 등 주로 관변단체들로 구성되어 있었다.

조선 후기 민회에서 동학을 거쳐 구한말 만민공동회로 이어지는 우리나라 시민의회의 계보는 2018년부터 읍면동 주민자치회에 도입되어 전국적으로 실시되고 있다.[182] 우리나라의 주민자치는 역설적으로 1997년의 외환위기 여파로 불어닥친 공공부문 구조조정의 일환으로 추진되었다. 그해 12월 실시된 대선에서 당선된 김대중 대통령은 일선 공무원 감축을 위해 읍면동 기능전환을 100대 국정과제로 추진하게 된다. 읍면동의 주요 기능을 본청(시군구)으로 이관하고, 대신 읍면동에 설치한 주민자치센터의 운영을 보조할 기구로 주민자치위원회를 도입했다. 그러나 읍면동장이 위촉한 주민자치위원회는 대표성은 물론, 아무런 권한과 자율성도 없는 관변단체로 유명무실하게 되자 박근혜 정부는 2013년부터 이를 보완한 주민자치회를 시범사업으로 추진하게 된다.

하지만 주민자치회도 위촉권자만 읍면동장에서 자치단체장으로 바뀌었을 뿐, 기존의 주민자치위원회와 크게 다르지 않았다. 동네 현안을 자율적으로 논의해 결정하는 자치기구로서의 역할보다는 일회성 행사 위주의 문화센터 기능에서 벗어나지 못했다. 주민참여도, 자치도 없는 허울뿐인 주민자치를 개선하기 위해 문재인 정부가 꺼낸 보완책이 추첨제였다. 행정안전부는 2018년 개정한 '주민자치회 시범실시 및 설치·운영에 관한 표준조례안'을 통해 주민자치회 위원을 공개 모집해 무작위 추첨으로 선발하는 방식을 도입했다.[183]

주민자치회 위원은 읍면동별로 20~50명 범위에서 구성하되 특정 성별이 60%를 초과하지 않도록 제한했다. 지원 자격은 해당 지역 거주자 또는 해당 지역에 주소를 둔 사업장 종사자, 각급 학교·기관·단체의 임직원으로 6시간 이상 주민자치 교육을 이수한 주민을 대상으로 했다. 이에 따라 2024년 말 기준 전국 3,551개 읍면동 가운데 1,641개 읍면동(46.2%)에서 기관·단체의 추천과 병행한 무작위 추첨제를 도입해 주민자치를 실시하고 있다.

윤석열 정부에서는 2023년 표준조례안을 개정해 주민자치회에 대한 지자체의 지원을 대폭 삭감되는 등 대표성과 자율성이 다시 후진했다. 이어 2025년 국민주권 정부가 출범하면서 지방자치법 개정을 통해 시범사업으로 추진해 온 주민자치회의 제도화·전국화를 모색하면서 새로운 국면으로 접어들고 있다. 추첨을 통해 주민대표를 선출하는 방식이 정부 차원에서 공식적인 제도로 도입되었다는 사실은 시민의회의 토착 가능성을 보여주는 대목이라고 할 수 있다.

2. 다양한 시민의회 경험

시민의회와 유사한 추첨제

우리나라의 시민의회는 풀뿌리 단위의 주민자치회에 앞서 법원, 정당, 시민단체 등에서 다양한 방식의 추첨제를 도입해 운영해 왔다. 대표적으로 2008년부터 시행하고 있는 국민참여재판 제도이다. 이 제도는 무작위로 선발된 5~9명의 시민이 배심원으로 형사재판에 참여해 유무죄에 관한 평결을 내리고 피고인의 형량도 토론으로 결정하는 방식이다. 미국과 달리 배심원 평결은 법적 구속력이 없는 권고에 불과하고 실제 활용도는 낮지만, 배심원의 만족도는 96%를 상회할 정도로 높은 편이다.[184]

법원행정처에 따르면 2008년부터 2023년까지 진행된 국민참여재판

2,989건을 분석한 결과, 1심 재판부 판결의 93.7%가 배심원 평결과 동일한 선고를 내린 것으로 나타났다. 양형에 대해서도 배심원의 의견은 재판부의 양형과 89.9% 일치했다. 특히 국민참여재판 결과에 불복한 항소심 파기율은 30%로 일반재판의 파기율 41.8%보다 낮았다. 이에 대해 법원행정처는 "국민참여재판으로 진행된 1심 판결을 항소심이 존중하는 경향을 보이는 것"이라고 설명했다.[185]

법원에서 활용하고 있는 사법배심원제와 유사한 방식으로 지방정부가 공공갈등을 해결하기 위해 도입한 시민배심원제(정책배심)는 2004년 울산 북구가 첫 사례로 꼽힌다. 울산 북구청이 중산동 일대에 음식물쓰레기 자원화 시설 건립을 추진하자 주민들이 비상대책위원회를 구성해 대규모 집회와 시위를 벌이면서 갈등이 격화되었다. 이에 북구청은 공사를 중단하고 13개 지역 시민단체와 종교계의 추천을 받은 43명으로 배심원단을 구성해 5일간의 숙의와 현장 견학 등을 거쳐 시설 건립을 결정했다.[186]

정당 차원에서는 새천년민주당이 2002년 제16대 대통령 후보 선출을 위해 정당사상 처음으로 채택한 국민참여경선제를 들 수 있다. 당시 민주당은 대통령 후보 선출방식을 변경해 대의원 수를 확대하는 한편, 일반 국민에게 선거인단의 50%를 배정했다. 선거인단 공모에 신청한 일반 국민 약 160만 명(유효신청자)을 대상으로 시도별, 성별, 연령별 인구분포를 감안해 35만 명을 무작위 추첨으로 선정했다.[187]

2006년 지방선거에서는 민주당 광주시당이 정당 최초로 무작위 추출한 시민배심원단을 구성해 기초단체장과 광역의원 후보를 확정했다. 광주지역 8개 국회의원선거구별로 구성된 50~100명의 시민배심원단의 심사로 예비 후보자를 3배수로 압축한 뒤 시민과 당원이 각각 50% 할당된 여론조사를 실시해 최종 후보를 선출했다.[188]

정당의 대의원을 추첨으로 선발한 사례도 있다. 진보신당은 2009년부터 2012년까지 지역 대의원의 10%를 무작위 추첨으로 뽑았다.〔주석 189〕 특정 세력이나 계파가 독점하는 당내 권력 구조를 완화하기 위해 일반 당원들이 대의원으로 직접 참여할 수 있는 통로를 확대한 것이다. 한국 정당사에서 당헌·당규에 기초해 추첨제를 도입한 첫 사례라고 할 수 있다. 2014년에는 새정치민주연합(더불어민주당의 전신)의 새정치비전위원회가 무작위로 추첨한 시민 100명으로 '선거제도 개혁 시민회의'를 당대표 직속기구로 구성할 것을 요구했으나 무산된 적이 있다.

시민의회와 가장 유사한 형태인 공론조사는 노무현 정부 시기인 2004년 신행정수도 이전을 둘러싼 갈등을 해결하기 위해 무작위 추출한 500명을 대상으로 실시한 것이 최초 사례로 기록되고 있다. 당시 행정수도 이전이 극심한 사회적 갈등으로 비화되자 국무조정실이 한국개발연구원(KDI)에 의뢰해 실시한 공론조사는 이후 한국 사회의 대표적인 공론화 방식으로 확산되었다. 문재인 대통령의 탈핵 공약이 거센 반발에 직면하자 2017년 실시한 신고리 5·6호기 공론화는 대표적인 성공 사례로 회자되고 있다. 그러나 정부에서 그동안 실시해 온 공론화는 주로 공공갈등 해결방안을 권고하는 수준에 머물고, 정부정책의 정당화나 책임회피의 수단으로 남용되었다는 점에서 시민의회와는 본질적인 차이가 있다.

헌법개정 시민회의(2017)

국회에서 시민의회 방식으로 개헌을 하자는 법안이 발의된 것은 앞선 사례에 비해 진일보했다. 2016년 겨울, 박근혜 대통령 탄핵으로 불거진 촛불시위 와중에 아일랜드에서 시민의회를 통해 두 차례나 헌법을 개정한 사실이 알려지면서 우리도 시민의회로 헌법을 바꾸자는 논의가 터져 나왔다. 이에 국회에서 화답한 것이 2017년 2월 김종민 의원이 대표 발의한 「국민참여에 의한 헌법개정 절차에 관한 법률안」이다.

개헌절차법으로 불리는 이 법안은 국회 개헌특위 산하에 전문가들로 구성된 자문위원회와 별도로 '헌법개정 시민회의'를 구성하는 내용을 담고 있었다. 시민회의는 무작위 추출한 시민 200~300명으로 구성해 개헌특위가 마련한 헌법개정 초안에 대한 공론조사를 실시하고 국민 의견을 수렴해 국회에 제출하는 역할이었다. 자체적인 개헌안 작성 권한은 부여되지 않았고, 국회 개헌특위에서 마련한 초안에 대한 자문이라는 한계가 있었지만 이후 2025년에 '버전 2'로 발전하게 된다. 용어도 시민의회가 아닌 '시민회의'[190]라고 명시했지만, 국회에서 시민의회 도입을 정식으로 시도했다는 사실 자체에 의미가 있다.

2017년 4월 대통령 선거 당시에는 정의당 심상정 후보가 헌법을 시민의회 방식으로 개정하겠다고 공약함으로써 '개헌 시민의회'는 공감대를 형성하기 시작했다. 촛불혁명의 정신을 헌법개정 과정에 반영하기 위해 국민이 직접 참여하는 '시민의회'를 구성하겠다고 밝힌 것이다. 심 후보의 공약 발표 이틀 뒤 열린 국회 헌법개정특위가 주최한 토론회에서 문재인 후보도 국민참여 개헌 논의기구를 설치하겠다고 화답했다. 문 후보는 대통령 당선 이후 2018년 2월 학계 · 시민단체 · 전문가 등이 참여한 국민헌법자문특별위원회의 권고안을 토대로 그해 3월 22일 대통령 개헌안을 발의했다.[51] 그러나 동년 5월 24일 실시된 국회 본회의 표결에서 재적의원 2/3에 미치지 못해(114명) 투표 불성립으로 폐기되었다.

21대 국회에서는 김진표 국회의장이 직접 개헌안을 발의하기도 했다. 누구보다도 개헌에 적극적이었던 김 의장은 임기종료를 한 달 앞둔 2024년 4월 헌법개정국민참여회의 설치를 골자로 하는 「헌법개정 절차에 관한 법률안」을 대표 발의했다. 헌법개정특별위원회를 상설기구로 설치해 개헌 내용을 사전에 체계적으로 논의하고, 전문가 중심의 헌법개정자문위원회와 일반 시민들로 구성된 헌법개정국민참여회의를 구성해 다양한 국민 의견을 수렴하는 방안을 담았다. 국민참여위원은 성별, 연령, 지역별 분포에 따라 무작위로 500명을 추첨하는 방식으로 2017년의 '버전 1'과 유사한 형태이며 자문 역할에 그친 점도 흡사했다. 하지만 국회의장이 대표 발의한 개헌안도 충분한 논의도 없이 폐기되었다.

두 번째 대통령 탄핵을 경험한 2025년에는 국회의 자세도 달라졌다. 2017년 개헌절차법 '버전 1'을 발의했던 김종민 의원이 이번에는 제대로 된 '버전 2'를 들고 나왔다. 2025년 5월 김종민 의원이 대표 발의한 「국민참여 헌법개정 절차에 관한 법률안」은 2017년의 '헌법개정 시민회의'가 '헌법개정시민위원회'로 발전했다. 인구통계학적 대표성(성별, 연령, 지역)과 사회경제적 배경을 고려해 500명 규모의 시민위원을 2단계 층화표본추출로 선발하는 전형적인 시민의회 방식이다. '버전 2'는 헌법개정시민위원회가 자체적으로 기초안을 마련하면 전문가들로 구성된 자문위원회의 검토를 거쳐 개헌특위에서 2/3 찬성으로 의결하게 된다. 이어 국회 본회의에서 재적의원 2/3 찬성(200표)으로 가결되면 국민투표에 부쳐 최종 확정된다. 드디어 우리나라에서도 개헌 시민의회의 길이 열리고 있지만 '버전 2'가 국회의 문턱을 넘을 가능성은 여전히 낮아 보인다.

KBS가 주관한 '시민의회'(2018-2019)

공론화위원회가 아니라 '시민의회'라는 명칭이 정식 타이틀로 등장한 것은 2018년 KBS가 자체적으로 시행한 '토론 쇼 시민의회'였다. 2018년 9월 9일부터 2019년 6월까지 4개 의제별로 진행된 '토론 쇼 시민의회'는 성별, 연령, 지역, 직업 등을 고려해 무작위 추첨으로 선발된 200명의 시민 패널이 참여했다. 의제는 소년범죄 처벌강화, 낙태죄 폐지, 국회의원 수 증가, 체육계 병역특례제도 등 4가지였다. 시민 패널들은 의제별로 전문가 설명과 자료집, 이러닝e-learning 등을 활용해 사전학습과 그룹 토론을 진행했다.

'토론 쇼 시민의회'는 공영방송에서 시민의회 방식을 도입해 토론회를 개최했다는 점에서 의미가 컸지만, 의제에 대해 찬반 의견만 묻는 공론조사 방식의 문제점이 불거졌다. 숙의 기간도 10일 정도로 짧아 2019년 3

월 실시된 제3회 '세비 증액 없는 국회의원 수 증가'의 경우 1차 투표(찬성 31%, 반대 60%)와 3차 투표(찬성 33%, 반대 66%) 결과에 거의 차이가 없었다. 국회의원 수 증가에 대한 찬반 토론에만 집중해 선거제도 전반에 대한 논의가 없었다는 한계도 드러났다.

2020년에 접어들면서 다양한 의제와 방식으로 시민의회가 자리 잡기 시작했다. 탄소중립위원회는 2021년 9월 유럽에서 유행처럼 번진 기후시민의회를 본 따 기존의 국민정책참여단을 '탄소중립 시민회의'로 재편성했다. 시민회의는 전국의 15세 이상 남녀 500명을 무작위로 선정해 출범했지만 1개월이라는 짧은 숙의 기간과 실질적 권한이 부여되지 않은 자문 역할에 그쳐 탄소중립위원회의 부수 기구에 불과하다는 지적을 받았다.[192]

같은 시점인 2021년 9월에는 정부가 주도한 탄소중립 시민회의가 "기후위기의 진짜 당사자들의 목소리가 반영되지 않는다"며 청소년기후행동이 주관한 기후시민의회가 열렸다. 2021년 9월 24일 '글로벌 기후파업'[193]을 맞아 국내 청소년 기후활동가들이 제안해 이루어진 청소년기후시민의회는 유튜브 생중계를 통해 "시스템을 전복하라#UprootTheSystem", "대안을 넘어 권력으로" 등의 구호를 내걸었다. 기존의 논의 구조에 참여할 수 없었던 청소년들이 자신들의 목소리를 내는 온라인 공론장으로 그해 12월까지 운영되었다.

기후시민의회는 일회성 행사나 캠페인 연합이 아니라 시민 스스로가 자발적으로 만들고 운영하는 공론장을 형성하기 위해 참가자 누구나 자유롭게 발언할 수 있고, 대표자를 따로 두지 않는 개방형 구조로 운영되었다. 행사를 주관한 청소년기후행동은 "사회적 불평등으로 인해 기후위기 피해를 더 많이, 더 오래 감내해야 하는 당사자들이 전문성이 없다는 이유 등으로 논의 구조에서 배제되고 있다"며 "우리는 단지 대안을 마련하라고 요구하는 게 아니다. 사회의 주도권을 시민들이 다시 가져오는 새로운 판을 짜기 위해서는 우리의 목소리가 권력으로 이어져야 한다"고 주장했다.[194]

국회가 소집한 선거제도 '500인 회의'(2023)

본격적인 의미의 시민의회는 2023년 5월 국회 정치개혁 특위가 소집한 '선거제도개혁 500인 회의'라고 할 수 있다.[195] 이어 2024년 국회 연금개혁 특위가 주관한 '500인 회의'도 전형적인 시민의회였다. 고대 그리스 아테네의 평의회boule 의원 수와 동일한 두 개의 '500인 회의'는 국회가 해결하지 못한 핵심 이슈를 여야가 합의해 시민의회를 구성했다는 점에서 이전의 시민의회와는 판이한 양상이었다.

2023년 5월 발족한 선거제도 500인 회의는 국민의 표심과 동떨어지는 승자독식 소선거구제의 문제점을 해소하기 위해 소집되었다. 여야 정치권의 이해관계가 첨예하게 대립하는 현안을 시민의회를 통해 해법을 모색하겠다고 나선 것이다. 현행 선거제도는 지역구에서 1명을 선출하는 소선거구제여서 단 1표만 이겨도 당선되고 나머지는 사표死票가 되는 구조이다. 이 같은 불비례성 문제를 보완하기 위해 21대 총선에서 준연동형 비례대표제를 도입했지만, 거대 양당의 '위성정당' 꼼수로 인해 도루묵이 되고 말았다.

21대 총선 이후 위성정당 설립에 대한 비판 여론이 비등하자 국회는 여야 합의로 주권자인 국민의 의사가 반영된 선거제도를 마련하기 위해 '500인 회의'를 열었지만 이마저도 국민의힘의 반대로 제도 개선으로 이어지지 못했다. 파행을 거듭하던 여야는 2023년 말 선거법을 다시 개정해 22대 총선에서는 준연동형제를 폐지하고 종전대로 단순 정당 득표율에 따라 비례의석을 배분하기로 합의했다.[196] 총선 결과, 비례대표 의석을 합해 총 300석 가운데 더불어민주당 175석(58.3%), 국민의힘 108석(36%)으로 양당이 전체 의석의 94.3%를 휩쓸었다. 제3당인 조국혁신당은 비례대표 12석으로 4%에 불과했다.

국회의 '500인 회의' 소집으로 우리나라에도 시민의회의 시대가 도래하는 듯싶었지만 결국 '부실 설계와 외화내빈'이라는 비판만 받고 문을 닫고 말았다.[197] 가장 큰 문제점은 선거제도라는 복잡한 의제를 10일이라는 짧은 기간 동안 숙의가 진행되었다는 사실이다.[198] 시민참여단에 제시된 의제는 ①선거제도 개편의 원칙과 목표, ②지역구 국회의원 선거구의 크기, ③비례대표 국회의원 선출방식, ④지역구·비례대표 의석 비율과 의원 정수 등 4가지였다. 그런데 숙의 기간은 5월 6일과 13일 이틀 동안 전문가발표, 패널토론, 전문가 질의응답, 분임토의 등 총 16시간에 불과했다. 캐나다 BC주가 2004년 실시한 선거제도 시민의회가 1년간 운영된 것에 비교하면 형식적인 수준이라고 할 수밖에 없다.

짧은 숙의 기간에도 불구하고 선거제도 개혁에 대한 의미 있는 의견 변화가 보고되었다. 시민참여단은 선거제도 개편 대안으로 비례대표를 더 늘려야 한다는 응답이 70%로 1차 조사(27%)에 비해 3배 가까이 늘어났다. 국회의원 정수를 확대해야 한다는 의견은 1차 조사(13%)에 비해 3차 조사에서 33%로 20%p 증가했다. 국회의원 수를 줄여야 한다는 응답(37%)도 1차 조사(65%)에 비해서는 크게 줄어들었다. 이 같은 결과는 시민참여단이 숙의를 통해 비례대표를 확대하고 국회의원 정수는 현재보다 늘리는 것으로 상당한 폭의 의견 변화가 관찰되었다.

하지만 가장 큰 문제는 시민의회를 소집한 국회의 진정성과 공론조사를 주관한 용역기관의 공정성과 중립성 시비가 불거졌다는 점이다. 해외 사례에서는 1년 남짓 걸린 선거제도 시민의회를 국회는 1개월이라는 단기간에 난제 해결을 국민에게 떠넘겨 '요식행위'였다는 비판을 받았다. 논의과정을 KBS를 통해 생중계하면서 '보여주기식' 행사에만 치중했고, 지역공청회나 온라인 플랫폼 등을 통해 국민적 공감대를 형성하려는 노력이 부족했다. 여기에 숙의자료집 제작도 공정성 문제가 불거졌다. 다양한 선거제도 중에서도 국회의장과 여야가 선호하는 도농복합안을 특별히 부각시키는 등 자료집 제작의 기본원칙을 위배했다는 지적을 받았다.[199]

여기에다 '선거제도 500인 회의'가 비록 여야 합의로 국회가 소집했지만, 권고안에 대해서는 아무런 권한이 없는 단지 자문 역할에 불과해 제도개혁으로 이어지지 못했다. 시민참여단의 짧은 숙의 기간에도 불구하고 두드러진 대목은 비례대표 의석을 더 늘려야 한다는 응답이 1차 조사(27%)에 비해 3배 가까운 70%로 증가했다는 점이다. 그러나 실제로 22대 국회의 비례의석은 46석으로 21대의 47석에 비해 오히려 1석이 줄어들었다.[200] 의원정수 확대에 대해서도 국민의힘에서 '공론조사 설계의 편향성' 등을 이유로 수용하지 않았다.[201]

속전속결 연금개혁 '500인 회의'(2024)

가장 최근의 시민의회는 국회 연금개혁 특위 주관으로 2024년 실시된 '500인 회의'다. 그해 3월 22일부터 1개월간 4회에 걸쳐 실시한 숙의 토론회는 KBS를 통해 전국에 생중계되었다. 2023년의 선거제도 500인 회의와 함께 숙의 과정을 방송으로 생중계한 것은 그간의 대부분 공론화 과정에 일반 시민의 참여가 배제된 것에 비하면 '사회적 공론화'라는 측면에서 진일보한 방식이라고 할 수 있다.

연금개혁 특위 산하 공론화위원회는 시민대표단 선정을 위해 1단계로 성별, 연령, 권역별 구성비율에 따라 전국에서 1만 명을 표집하고, 2단계에서 이들에게 무작위 전화번호 추출 방식(RDD)으로 연금개혁에 대한 입장을 묻는 기초조사를 진행했다. 3단계는 시민대표단 참여 의사를 확인한 뒤 4가지 변수(성·연령·권역·연금개혁 입장)를 기준으로 500명을 선발했다. 이 같은 절차는 공론조사에서 통상적으로 진행하는 방식이다.[202]

이에 앞서 공론화 준비작업으로 2024년 2월 두 차례에 걸쳐 노동자,

사용자, 지역가입자, 청년 등 이해관계자를 대상으로 공청회를 개최했다. 3월 초에는 이해관계자 36명으로 구성된 의제숙의단에서 연금개혁과 관련된 세부 의제 7가지를 확정했다.[203] 2주간 숙의자료집을 학습한 시민대표단은 그해 4월 13일 KBS 본사(여의도)와 전국 4개 지역총국(부산, 대구, 광주, 대전)에 마련된 토론장에 모여 1차 숙의토론과 분임토의를 진행했다. 4월 21일까지 실시된 4차례의 숙의토론은 생중계로 방송되었다.

숙의 토론에서 핵심 쟁점은 '보험료율과 소득대체율 조합'이었다. 이에 대해 시민대표단은 소득보장안 56.0%, 재정안정안 42.6%로 소득보장안을 선호했다. 소득보장안은 보험료율을 현행 9%에서 13%로 올리고, 소득대체율은 현행 40%에서 50%로 인상하는 방안이다. 이에 비해 재정안정안은 보험료율은 9%에서 12%로 인상하지만, 소득대체율은 현행 40%를 유지하는 방안이었다.

시민대표단의 논의 결과에 대해 정부와 여당(국민의힘)은 연금개혁 논의가 시작된 것은 재정안정에 대한 우려 때문이었는데 권고안은 오히려 연금 재정을 더 악화시킨다며 반대하고 나섰다.[204]

이에 따라 국회 연금개혁 특위에서는 절충안으로 보험료율은 13% 인상하기로 합의했으나 소득대체율에 대해서는 민주당(45%)과 국민의힘(43%)이 2%p 차이를 좁히지 못해 합의도출에 실패했다. 해를 넘겨 22대 국회에서는 보험료율은 2026년부터 매년 0.5%p 인상해 2033년 13%로 상향하고, 소득대체율은 2026년부터 43%로 고정하는 국민연금법 개정안이 통과되었다.

연금개혁 500인 회의의 가장 큰 한계는 21대 국회가 종료되는 2024년 6월 이전에 논의를 마무리해야 한다는 촉박함에 쫓겨 보여주기식 시민의회를 운영했다는 점이다. 복잡한 연금 이슈를 1개월이라는 짧은 기간에 진행해 충분한 학습과 숙의가 미흡했다는 지적을 받았다. 숙의 과정에서 제대로 된 정보가 충분히 제공되지 않았고, 정보 왜곡과 누락으로 인한 논란도 불거졌다.[205] '더 내고 덜 받는' 구조적 불평등으로 인해 장기 납부자인 청년층의 의견이 충분히 반영되지 않았다는 불만도 터져 나왔다. 시민대표단을 대상으로 한 설문조사에서는 전문가들이 미리 정한 개혁 방안 가운데 선택하는 방식이 아니라, 시민들이 의제를 제안하는 개방형 구성 등 추가적인 공론화의 필요성도 제기되었다.[206]

'시민의회 전국포럼'의 출범(2025)

현대적 의미의 시민의회 발상은 박근혜 대통령의 국정농단으로 불거진 2016년 말 촛불혁명을 계기로 시민단체를 중심으로 제도화 움직임이 확산되었다. 탄핵을 저지하려는 수구 세력이 '개헌론'을 띄우자 광장에서는 이에 맞서 '탄핵은 국회에서, 개헌은 시민의회에서'라는 제안이 공감대를 형성하기 시작했다.[207] 당시 아일랜드에서 개헌 시민의회가 소집되어 활동한다는 소식이 전해지면서 '시민의회론'이 SNS와 진보적 매체를 통해 급속히 확산되어 갔다.

차가운 겨울 아스팔트의 냉기가 여전하던 2017년 2월, 구체적인 논의가 가시화되었다. 추첨민회네트워크는 정의당 윤소하 의원을 통해 「헌법 개정안 마련을 위한 시민의회의 설치와 운영에 관한 법률안」을 입법 청원했다. 최초의 개헌 시민의회 구상이었다. 주요 내용은 국회 소속의 독립된 기구로 시민의회를 소집해 자체적으로 개헌안을 마련하자는 것이 핵심이었다. 추첨으로 뽑은 300명의 시민의회 산하에 전문위원과 자문기구를 두고 개헌안에 대한 의견수렴을 거쳐 국회에 제안하는 역할을 부여했다. 시민의회가 제안한 개헌안은 국회의 심의 후 발의 여부를 결정하도록 했다. 물론 이 법률안은 국회에서 논의되지 못하고 무산되었지만 대선 국면에서 불씨가 다시 살아났다.

탄핵 이후에 실시된 대선 국면에서 문재인, 안철수, 심상정 세 후보는 2017년 4월 '헌법개정 시민의회' 또는 '국민참여 개헌기구를 통한 개헌'을 공약하게 된다. 이러한 흐름은 2017년 7월 신고리 5·6호기 공론화위원회 발족으로 이어지면서 시민의회는 구체적인 모습을 드러내기 시작했다. 문재인 대통령도 공약에 따라 2018년 3월 약식 '숙의형 개헌토론회'를 거쳐 헌법개정안을 국회에 발의했다.

이후 문재인 정부의 개혁 실패에 대한 진보 진영의 반성과 대안 모색의 일환으로 2024년 3월 진보 진영 인사들이 주축이 된 '시민의회입법추진 100인 위원회'가 발족했다. 이들은 그해 5월 서울 광화문 프레스센터에서 국제심포지엄을 개최해 시민의회 도입을 촉구하는 시민운동을 벌이기 시작했다.

국제심포지엄에는 고든 캠벨G.Campbell 캐나다 BC주 전 수상, 아일랜드 더블린대 데이비드 페럴D.Farrell 교수, 예일대 엘렌 랜드모어H.Landemore 교수, 벨기에 루방대 민 뤼샹M.Reuchamps 교수 등 시민의회 연구의 세계적인 권위자들이 온·오프라인으로 대거 참석해 관심을 모았다.

시민사회의 역량을 결집해 우리나라에서도 시민의회를 제도화하자는 움직임은 2025년 3월 시민의회 전국포럼 발족으로 본격화되었다. 국회 의원회관에서 열린 창립대회에는 전국에서 150여 명이 몰려 성황을 이루었다. 참석자들은 창립 선언문을 통해 "우리 헌정사는 국민주권을 지키려는 국민의 의지가 일시 분출되었다가 다시 독재로 회귀하는 아픈 기억을 간직하고 있다"며 "독재의 반복적 회귀를 근본적으로 막을 수 있는 시민주권의 튼튼한 울타리가 필요하다"고 강조했다. 이들은 향후 활동 방향으로 자신들이 살고 있는 지역에서부터 시민의회의 뿌리를 만들고, 시민의회법 제정과 '헌법개정 시민의회'를 통해 독재로의 회귀를 영구히 방지할 제7공화국을 세우겠다고 다짐했다.[208]

전국포럼은 이후 시민의회법 제정을 위해 정책토론회 개최 등 다양한 활동을 벌이고 있다. 2026년 지방선거를 앞두고 시민의회추진단을 구성해 광역 및 기초 단위에서 지역 시민의회 설립 운동도 병행하고 있다.

유럽 시민의회의 요람, 앤트힐Anthill과 G1000

국내 정치 상황에 비춰볼 때 국회에서 개헌이나 정치개혁을 위한 시민의회 구성을 받아들일 가능성은 크지 않아 보인다. 그래서 시민단체가 주도한 아이슬란드, 아일랜드, 벨기에 사례는 우리에게 중요한 함의를 던지고 있다.

아이슬란드는 2008년 경제위기 이후 개헌에 대한 국민적 요구가 분출하자 2009년 시민단체가 연대한 앤트힐Anthill 주도로 시민의회를 설립했다. 아이슬란드 의회는 이 같은 시민사회의 압박에 2010년 헌법회의를 설립하기 위한 법률을 제정해 2차 시민의회가 출범하게 된다.

아일랜드 개헌 시민의회도 첫 시작은 학자들과 시민사회가 주도한 'We the Citizens' 프로젝트였다. 아이슬란드와 유사한 처지였던 아일랜드에서도 2008년 최악의 금융위기를 겪으면서 헌법개정을 포함한 정치경제 시스템 전반에 대한 개혁 요구가 분출했다. 하지만 2011년 총선에서 집권한 정당들이 당초 공약과 달리 시민의회 설립에 미온적인 태도를 보이자 시민단체와 학자들이 자선단체의 후원으로 시민의회 프로젝트를 추진하게 된다. 두 나라의 공통점은 2008년 세계적인 금융위기로 기존 정치 시스템에 대한 불신과 불만이 시민의회 발족의 배경이 되었다는 사실이다.

시민사회가 주도한 또 다른 사례로는 2011년 6월 벨기에가 직면한 국가적 위기를 극복하고 민주주의를 복원하자는 취지로 학계·예술계·방송계·시민단체 등에서 활동하는 인사들이 발족한 G1000 프로젝트를 들 수 있다.[209] 2010년 벨기에 연방 총선 이후 다양한 언어 공동체(네덜란드어·프랑스어·독일어권) 정당 간 협상이 결렬되면서 541일 동안 연방정부가 구성되지 않는 세계 신기록을 세우게 된다. 이러한 정치적 교착상태에서 벗어나기 위해 무작위로 추첨된 시민 1,000명이 참여하는 숙의 플랫폼이 기획되었다. G1000 기획자들은 벨기에가 처한 정치사회적 주요 의제를 토의하고 권고안을 제시함으로써 기존 정치권의 한계를 보완하고자 했다.

G1000 발기인으로 레이브룩Reybrouck 등 27명이 참여했지만 이후 1만여 명이 동참했고 크라우드 펀딩crowd-funding 방식으로 6개월 만에 46만 유로(약 6억 원)를 모금할 정도로 전폭적인 지지를 받았다.[210] 기부자는 4,000명 이상이며 대부분 소액 개인 기부자였다. 행사는 브뤼셀 보자르BOZAR 미술센터 등 공공기관의 장소와 행정 지원을 받아 운영되었다.

G1000 프로젝트 전체 운영 기간은 2011년 6월부터 2012년 말까지 약 18개월에 걸쳐 진행되었다. 1단계 의제 설정public agenda setting, 2단계 시민 회담citizen's summit, 3단계 시민 패널citizen's panel로 구성되었다. 1단계 의제 설정은 온라인 플랫폼과 언론 캠페인을 통해 약 4만 명의 시민이 참여해 25개 주제가 수집되었다. 2011년 11월 11일 브뤼셀 보자르 예술센터에서 개최된 2단계 시민 회담은 하루 동안 집중적인 숙의 포럼으로 운영되었다. 무작위 추첨으로 선정된 704명이 참여해 3대 의제(노동·사회복지·이민)를 압축했다. 3단계 시민 패널은 32명이 정책 제안을 확정하는 방식으로 단계별로 참석자의 규모와 토론 범위를 압축했다. 3단계 참여자들은 2012년 9월부터 3개월 동안 매달 1주일씩 3주간에 걸쳐 심층 토론을 진행해 「벨기에 사회의 노동과 실업 문제 개선 방안에 관한 권고안」을 의회에 제출했다. 이를 계기로 G1000 이후 벨기에 시민의회가 확산되는 기폭제가 되었다.[211]

이처럼 해외 사례에서 확인할 수 있듯이 우리나라의 시민의회도 시민들이 나서 요구할 수밖에 없는 상황이다. 2026년 지방선거를 의식해 최근 국회가 조금씩 움직임을 보이고 있지만, 시민의회를 제도화하기 위해서는 시민들이 힘을 모아 국회의 문턱을 넘어야 한다.

3. 왜 지금, 시민의회인가?

'국민이 주인인 나라', 어떻게 가능한가?

"영국 인민은 의회의 의원 선출 기간에만 자유로울 뿐이다. 의원을 선출하자마자 그들은 곧 노예가 되어 버린다."[212] 루소가 남긴 이 말은 대의민주주의의 맹점을 한마디로 짚었다. 주권은 국민에게 있지만, 투표일을 제외한 나머지 기간에는 실질적인 권력을 행사할 기회를 갖지 못하는 오늘날의 현실을 간파한 유명한 말이다. 루소는 선거와 투표가 지닌 제약으로 국민들이 실제로는 '주인'이 아니라 '노예'와 다를 바 없다고 비판했다. 대의민주제의 한계를 극복하기 위해서는 시민들의 지속적인 정치참여의 필요성을 강조했다.

특히 루소는 입법권을 주권의 핵심으로 보았다. 행정권과 사법권은 대표자가 대신 행사할 수 있지만, 입법권은 주권자가 직접 행사해야 한다고 강조했다. 공직자 선발을 위해서는 추첨을 사용할 수 있지만, 입법자의 선택에 대해서는 그렇지 않다고 주장했다.[213] 루소의 우려대로 현대 대의 민주주의는 국민의 직접적인 참여를 제한하고 선거로 뽑힌 대표자의 자율성을 강조하는 방향으로 발전하면서 본래 민주주의와 다른 성격으로 변질되었다.[214]

몽테스키외Montesquieu도 주권이 전체 인민에게 있으면 민주정이지만, 일부 특권 계층에게 있으면 귀족정(소수정)으로 전락한다고 우려했다.[215] "추첨은 민주정이고 선거는 귀족정"이라는 아리스토텔레스의 정치철학을 인용하며 추첨의 민주적 성격을 옹호했다.[216]

우리나라도 헌법 제1조에 "대한민국의 주권은 국민에게 있고, 모든 권력은 국민으로부터 나온다"고 명시하고 있지만, 현실은 이와는 한참 멀다. 헌법 제40조는 아예 "입법권은 국회에 속한다"고 못 박고 있다. 그래서 대한민국의 주권은 국민에게 있지 않고 국회에 있다는 말이 나올 정도이다. 그런데 드디어 국민이 주인이 되는 시대가 열렸다. '빛의 혁명'으로 집권한 이재명 대통령은 취임 일성으로 '국민이 주인인 나라'를 만들겠다고 천명했다.

이재명 대통령은 2025년 6월 4일 국회에서 열린 21대 대통령 취임 선서에서 "총칼로 국민주권을 빼앗는 내란은 이제 다시는 재발해서는 안 된다. 언제 어디서나 국민과 소통하며 국민의 주권 의지가 일상적으로 국정에 반영되는 진정한 민주공화국을 만들겠다"고 역설했다. 국민주권을 새 정부의 주요 가치로 제시하며 정부의 명칭도 국민주권 정부로 명명했다. 그렇다면 어떻게 국민이 주인이 될 수 있는가? '인민에 의한 통치'가 반드시 직접민주주의나 대규모 국민투표를 의미하는 것은 아니다. 국민이 주인인 나라를 회복하기 위해서는 모든 사람이 권력의 중심, 즉 입법권에 접근할 수 있는 '동등한 기회'를 가져야 한다.[217]

국민주권 정부의 첫 번째 과제는 개헌을 통해 입법권을 국민에게 돌려주는 일이다. 헌법 제40조를 '입법권은 국회와 국민에 속한다'라고 개정해야 하는 이유가 여기에 있다. 국민주권과 부합되지 않는 헌법부터 고쳐야 한다. 이재명 정부의 123개 국정과제 가운데 '진짜 대한민국을 위한 헌법개정'이 제1호 과제로 선정된 것은 이런 의미에서 매우 주목할 대목이다. 개헌의 당면 이슈는 권력 구조 개편이 아니라 국민주권을 제도화하는 국민발안, 국민소환, 국민투표 등 직접민주주의 요소를 강화해 시민의 참여를 헌법적으로 보장해야 한다.

주권자인 국민이 직접 헌법개정안을 발의하고 법률 제정과 정책을 제안할 수 있는 국민발안제가 국민주권을 실현하는 핵심 기제이다. 국민발안제를 통해 정당과 정치권의 이해관계가 복잡하게 얽혀 합의하기 어려운 권력 구조나 사회적 공감대 형성이 필요한 국가적 난제를 해결할 수 있는 대안을 도출해 낼 수 있을 것이다. 이를 위해 군부독재 시절의 유신헌법에서 삭제된 국민발안제를 복원하고 시민의회를 소집해 헌법개정에 국민의 주도적 참여를 보장하는 개헌절차법 제정이 필요하다. 그러나 국민발안제는 시민의회라는 숙의 시스템과 결합되어야 포퓰리즘을 극복하고 집단지성을 도출할 수 있다.

광장정치의 제도화, 횃불에서 응원봉까지

\# 1894년 1월 어느 저녁 무렵, 전라도 고부 들판에 어둠이 내리자 농민들이 삼삼오오 짚불을 묶어 만든 횃불을 들고 마을 어귀로 모여들었다. 고부 군수 조병갑의 폭정에 견디다 못한 농민들이 호미와 낫을 들고 관아로 들이닥쳤다. 관군 보고에 따르면 "수백 명의 군중이 한꺼번에 불을 밝히니 마치 성이 불타는 듯 붉은빛이 사방을 물들였다"라고 묘사했다. 선교사 게일Gale은 "산과 들이 불빛으로 이어져 멀리서 본 이는 산불이 난 줄로 알 정도였다"라고 기록했다.[218]

횃불을 든 농민들은 이구동성으로 "보국안민輔國安民 제폭구민除暴救民"을 외쳤다. 그 소리가 메아리쳐 마을과 산골짜기를 흔들었다. 당시 일본 영사의 보고에도 "농민들의 행렬이 불빛과 함성으로 산천을 뒤덮었고, 그 기세가 관군조차 두려워 떨게 했다"라고 전한다. 불빛 속에 비친 얼굴들은 가난과 분노로 굳어 있었지만, 새로운 세상을 열겠다는 결기가 역력했다. 조정의 무능과 탐관오리들에 맞서 백성들이 스스로 역사의 주인으로 등장하는 순간이었다. 고부 민란은 이후 전봉준이 주도한 동학농민혁명의 도화선이 되었다.

\# 고부에서 횃불이 오른 지 130년이 흐른 2024년 12월 어느 저녁, 엄동설한의 찬 바람이 몰아치는 서울 여의도 광장에 형형색색 응원봉이 별빛처럼 도심을 수놓았다. 어린 소녀들이 BTS 콘서트에 소중히

품고 갔던 응원봉이 내란을 막는 '응징봉'이 되어 돌아왔다. 온몸을 보온 비닐로 감싸고 안국동 헌법재판소 앞에서 윤석열 대통령의 탄핵을 부르짖는 젊은 여인의 어깨 위로 눈이 쌓인 한 장의 사진은 '현대판 등신불'로 전 세계인의 가슴을 적셨다.

무도한 대통령을 탄핵하라는 외침은 운동권의 투쟁 가요 대신 응원봉을 든 소녀들의 합창과 율동으로 새로운 시위 문화를 선보였다. 차가운 아스팔트의 냉기를 녹여주는 따뜻한 죽과 커피가 '선결제'로 끝없이 배달되었고, 난방 버스와 푸드트럭 행렬이 이어졌다. 12·3 비상계엄과 국회의 해제요구, 대통령 탄핵소추 의결과 헌법재판소의 탄핵 결정 이후 6·3 대선까지, '빛의 혁명'은 이렇게 이루어졌다. 우리 국민은 세계 민주주의 역사에 길이 남을 기적을 일구었고 혹자는 이를 'K-민주주의'라고 부른다.

동학혁명으로 타오른 횃불은 3·1운동과 4·19혁명으로 이어졌고, 총칼과 군홧발로 국민을 짓밟은 군부독재에 맞서 5·18민주화운동과 6·10민주항쟁이 들불처럼 번졌다. 박근혜 대통령의 국정농단에 촛불을 들고 일어섰고, 윤석열 대통령의 비상계엄 선포에는 응원봉으로 '빛의 혁명'을 성취했다. 이처럼 한국 현대사를 관통하는 역사의 변곡점에는 늘 민초들의 피눈물이 엉킨 외침이 있었다. 우리나라의 민주주의를 발전시키는 기폭제는 기득권 정치인도, 엘리트도 아니었다.

그러나 '항쟁'과 '혁명'으로 점철된 우리 역사에서 지금까지 보여준 냉

정한 현실은 주권자의 피와 땀으로 어렵게 이룩한 결과물을 기득권 정치인들이 가로채 그들만의 권력과 잔치로 끝나버렸다는 것이다. 단적인 예로 2016년의 촛불혁명 이후 21세기 대한민국에서 12·3 내란 사태가 터진 것은 과거의 뼈아픈 전철이 되풀이되고 있다는 징표이다. 더구나 문재인 정부의 개혁 실패에 대한 반성과 대안으로 시민의회가 주목받기 시작했다.

광장의 목소리를 통한 시민의 직접 참여가 곧바로 민주주의나 정치발전을 견인하지 않는다는 비판과 반성은 '광장의 제도화' 필요성으로 발전했다. 촛불과 응원봉을 든 시민들이 원하는 정치적 효능감과 유권자의 공감대를 형성하는 방안이 요구되었다. 이와 함께 의회의 입법권 독점을 견제할 수 있는 대안으로 시민의회가 부각되었다.

38년간 지내온 기우제, '개헌의 비'는 언제?

\# "우리는 지난 38년 동안 기우제를 지내고 있는 것 같습니다. 그런데 오늘도 해가 쨍쨍한 것을 보니 개헌의 비는 내리지 않을 것 같네요." 2025년 7월 29일 오후, 40도를 육박하는 찌는듯한 복더위에도 정부서울청사 창성별관에 모인 개헌 운동 단체 대표들은 어쩌면 이번에도 '개헌의 단비'가 내리지 않을 수 있다는 우울한 전망에 한숨을 내쉬었다. 이날 국정기획위원회 산하 국민주권위원회가 주관한 시민참여형 개헌을 위한 간담회에 참석한 H 변호사는 하늘을 쳐다보며

느닷없이 기우제를 꺼냈다. 2026년 6월 지방선거에 개헌 국민투표가 실시되지 못하면, 2028년 총선에서도 개헌이 무산될지 모른다는 불안감이 짙게 깔려 있었다.

개헌은 이재명 정부의 국정과제 1호로 채택되어 외견상으로는 어느 때보다 성사 가능성이 높아 보인다. 그러나 곳곳에 암초가 도사리고 있다. 개헌이라는 블랙홀에는 디테일에 숨어 있는 악마가 너무 많기 때문이다. 12·3 비상계엄을 거치면서 헌법을 바꾸어야 한다는 당위성은 정치권은 물론 국민 대다수도 공감하고 있다.

그러나 제7공화국을 여는 개헌은 예전과 달리 국민이 참여하고 주도하는 방식으로 진행되어야 한다. 1948년 헌법제정 이래 9차례 개헌이 단행되었지만, 그때마다 최고 권력자의 의도대로 바꾸거나 정치인들끼리 적당히 타협해 만들어졌다. 4·19혁명으로 단행된 3차 개헌(1960)과 6·10민주항쟁이 이끌어낸 9차 개헌(1987)에서는 국민 여망이 관철되었지만 그렇다고 국민이 주도한 개헌은 아니었다. 2017년에는 국회 개헌특위 산하에 시민 200~300명을 무작위 선발해 헌법개정 시민회의를 구성하는 방안이 제안되었지만 성사되지 못했다. 당시 김종민 의원이 대표 발의한 개헌절차법에 명시된 시민회의의 역할도 개헌특위가 마련한 기초안에 대해 의견을 제출하는 자문 수준에 불과했다.

시민의회는 대의민주제의 한계를 극복할 수 있는 새로운 모델로 부상하고 있다. 이제 우리도 국민주권을 되찾기 위해 국민이 발 벗고 나서야 한다. 거대 양당의 극한 대치로 인한 정치불신을 완화하고 제왕적 대통령의 무소불위 권력 행사로 인해 훼손된 민주주의를 회복하기 위한 개헌은 시대적 과제이다. 하지만 현재의 정치 상황에서 개헌의 돌파구를 열기 위해서는 시민의회라는 지렛대가 필요하다. 헌법개정 시민의회에 대해서는 이 책 3부에서 자세히 설명하고 있다.

진영논리에 갇힌 '전문성의 정치'

"후쿠시마 원전 오염수 1ℓ를 마셔도 인체에 아무런 해가 없습니다." 일본이 후쿠시마 원전 오염수를 방류해 파장이 일던 2023년 5월 15일, 영국 옥스퍼드대 웨이드 앨리슨Wade Allison 명예교수가 서울 종로에서 열린 방한 기자간담회에서 거침없는 발언을 쏟아냈다.[219] 방사선 분야의 전문가로 알려진 앨리슨 교수는 "후쿠시마 제1 원전에서 배출되는 물의 방사선량은 자연 상태에서 받는 피폭의 80% 수준에 불과하다"며 "마셔도 괜찮다It's safe to drink. 지금의 우려는 과학적 사실보다 공포심에 기초하고 있다"고 주장했다.

이날 간담회는 한국원자력연구원이 주관한 '방사선과 건강의 과학적 인식' 세미나에 참석한 앨리슨 교수의 일정에 맞춰 마련된 것으로 알려졌다. 발언 직후 언론 보도를 통해 내용이 전파되자 국내 정치권과 시민단체에서 거센 반발이 이어졌다. 야당(당시 민주당) 관계자는 "안전하다면 직접 마셔보라"며 비판했고, 일부 환경단체는

“과학적 검증보다 정치적 홍보로 들린다”고 의구심을 드러냈다. 온라인에서도 “외국인이 우리 바다 문제를 가볍게 평가했다”는 댓글이 이어지는 등 논란이 증폭됐다.

일본 정부와 도쿄전력이 2021년 4월 후쿠시마 제1 원전에 저장된 삼중수소를 함유한 처리수를 바다에 방류하기로 결정하자 국제원자력기구(IAEA)는 “국제 안전 기준에 부합한다”는 평가보고서를 발표하기도 했다.

“원전 오염수가 안전하다면 방류할 게 아니라 도쿄의 식수로 사용해야 한다.” 앨리슨 교수의 주장에 대해 서울대 원자핵공학과 서균렬 명예교수는 작심하고 방송 인터뷰에 나서 조목조목 반박했다.[220] 삼중수소를 섭취하더라도 12~14일 지나면 몸 밖으로 배출돼 인체에 무해하다는 앨리슨 교수의 주장에 대해 “다 없어지는 게 아니고 절반으로 줄어든다. 삼중수소가 몸속에서 백혈구에 붙으면 약한 방사선이 나와 백혈병이나 혈액암을 유발할 수 있다”고 설명했다. 건강한 성인에게는 큰 문제가 없지만, 노약자에게는 치명적일 수 있다는 것이다.

일상생활에서도 항상 방사선에 노출되어 있기 때문에 우리 몸이나 세포 메커니즘이 복구할 수 있다는 앨리슨 교수의 주장에 대해서도 자연 상태의 방사선과 후쿠시마 원전 오염수는 완전히 다른 개념이라고 주장했다. 앨리슨 교수에 대해서도 “평생을 강단에서 강의와 연구만 하다 보면 어떤 숫자, 자기만의 세계에 갇혀 이렇게 되는 것" 이라며 "빙산의 일각밖에 모르고 나머지는 숨겼든지 아니면 몰랐든지 둘 다 석학이라고 하기에는 무리가 있다. 석학이 '돌 석石'이 아닌가 하는 생각이 들 정도"라고 개탄했다.

\# 2024년 6월, 무려 98명의 사상자를 낸 가습기 살균제 사건이 터진 지 13년 만에 피해자와 유가족에 대한 국가의 배상책임을 인정한 첫 판결이 대법원에서 확정됐다.[221] 최종 판결이 나오기까지 이렇게 긴 세월이 걸린 것은 가습기살균제의 유해성에 대한 전문가들의 상반된 견해로 책임소재를 밝히기 어려웠기 때문이다.

가습기 살균제 피해자와 유가족 등 13명은 2014년 8월 가습기 살균제 제조업체 세퓨 등과 국가를 상대로 손해배상 청구 소송을 냈다. 1심 법원은 2016년 11월 세퓨의 배상 책임만 인정했다. 국가의 배상 책임에 대해서는 공무원의 고의나 과실에 의한 위법행위가 없다는 이유로 기각했다. 가습기 살균제에 사용된 화학물질(PHMG, PGH)과 폐 질환 사이에 인과관계 증거가 부족하다고 판단한 것이다.

그러나 2심 재판부는 "환경부 장관 등이 화학물질에 대해 충분하게 유해성 심사를 하지 않고 성급하게 '유독물에 해당하지 않는다'고 고시해 국가가 안전성을 보장한 것과 같은 외관이 형성됐다"며 "이 때문에 (가습기 살균제의) 화학물질이 별다른 규제를 받지 않고 수입·유통돼 지금과 같은 끔찍한 피해가 일어났다"면서 항소한 원고 5명 가운데 3명에게 국가가 300~500만 원을 지급하라고 판결했다.

그동안 가습기 살균제 재판과정에서는 유해성 여부를 둘러싸고 전문가들 사이에 치열한 논쟁이 벌어졌다. 유해하다는 전문가들은 흡입 노출로 천식과 폐섬유화 등 호흡기 손상을 일으킬 수 있다고 진단했다. 이에 대해 반대 측에서는 현실적 노출 조건에서 화학물질이 폐에 미친 손상을 입증하기 어렵다며 전신흡입 방식의 동물 실험에서 폐의 조직학적 이상이 관찰되지 않았다는 국가독성과학연구소(KIT)의 보고서를 반박 자료로 제시했다. 13년이라는 긴 공방 끝에 법원이 유해성을 인정하기까지 피해자와 유가족의 고통만 가중된 세월이었다.

소위 전문가들이 과학적 사실이나 근거에 대한 상반된 견해로 대립해 혼란을 야기하는 사례는 부지기수다. 정부가 사회적 이슈를 둘러싼 갈등 해법을 모색하기 위해 찬반 진영의 전문가들로 공동조사단을 구성해도 양측의 첨예한 의견 대립으로 합의점을 도출하지 못한 경우가 대부분이었다.[222]

해묵은 사례인 새만금 간척사업 당시 갯벌 훼손을 둘러싼 갈등이 고조되자 정부는 2010년 찬반 단체에서 추천한 전문가들로 평가위원회를 구성했으나 합의도출에 실패하고 '대통령께서 결단'할 것을 건의하는 것으로 결론을 대신했다. 당시 환경단체에서 추천한 전문가 H 씨는 간척사업에 찬성했다는 이유로 추천단체로부터 거센 항의를 받기도 했다.

경부고속전철을 건설하면서 천성산 구간 터널 공사 현장에 도롱뇽 서식지가 발견되어 생태계 파괴 논란이 일자 2005년 찬반 측 전문가들로 환경영향공동조사단을 구성해 6개월간 조사 활동을 벌였지만, 양측 전문가들이 상반된 조사결과를 법원에 각각 제출할 정도로 골이 깊었다.

전문가들이 진영논리에 갇혀 사회적 의제에 합리적 대안을 제시하지 못하고 오히려 갈등만 증폭시키는 경우가 잦은 것은 '전문성의 정치politics of expertise'가 작동하고 있기 때문이다. 전문성의 정치는 정부가 정책의 정당성을 확보하기 위해 과학을 동원하려는 시도에서 강화되는 '정치의 과학화'와 과학이 정치에 개입되면서 벌어지는 지식을 둘러싼 투쟁인 '과학의 정치화'를 아우르는 개념이다. 지식의 생산과 확산, 수용을 통해 특정한 정치적 목적을 이루려고 하는 일체의 활동을 의미한다.[223] 전문가들조차 진영논리에 갇혀 권위와 전문성을 신뢰할 수 없게 된 상황에서 누가 나서서 복잡하게 얽힌 사회적 난제에 해법을 제시할 것인가?

'정치의 사법화', '사법의 정치화'

2025년 3월 7일, 서울중앙지법 형사25부(재판장 지귀연)가 윤석열 대통령의 구속 기간을 기존의 '일日' 단위에서 시간 단위로 계산해 석방하자 법원 안팎에서 난리가 났다. 70년 넘게 적용해 온 날짜 단위 구속 기간 계산법을 하필이면 내란 우두머리 혐의를 받는 현직 대통령을 풀어주는 데 적용했기 때문이다. 여기에다 체포영장과 구속

영장 발부 과정에서 여러 재판부가 인정한 공수처 수사권에 대한 판단을 대법원에 미루자 법조계에서는 '무책임한 결정'이라 비판이 쏟아졌다.[224]

대검찰청은 법원의 판결 직후인 3월 11일 각급 청에 "대법원의 최종심 결정 전까지는 종전대로 일日 단위로 산정하라"고 지시해 논란이 증폭되었다.[225] 법원의 전자소송 안내에는 여전히 '구속 기간의 초일은 시간을 계산함이 없이 1일로 산정'한다는 취지로 안내되어 있다. 그렇다면 누구를 위한 구속 기간 계산법이었다는 말인가?

이로부터 두 달이 지난 2025년 5월 1일, 대법원 전원합의체가 이재명 대선 후보의 공직선거법 위반 사건을 유죄 취지로 파기환송하자 민주당을 중심으로 조희대 대법원장을 탄핵해야 한다며 후폭풍이 몰아쳤다. 대선 국면에서 이재명 후보의 발언이 허위사실 공표에 해당하지 않는다며 무죄 판결한 원심을 뒤집고 10대 2로 서울고법이 파기환송하자 민주당에서는 "6~7만 쪽에 달하는 재판 기록을 제대로 읽지도 않고 전원합의체 회부 후 9일 만에 선고가 이뤄진 것은 졸속 재판"이라고 주장했다.[226]

반대의견을 낸 두 대법관은 "전원합의체는 서로 다른 경험과 가치관을 갖고 있는 대법관들 상호 간의 설득과 숙고를 위한 것인데 신속만이 능사가 아니다"고 비판했다.[227] 민주당은 대법원 전원합의체의 파기환송을 '대선개입 의혹'으로 규정하고 국회 청문회 개최를 추진하자 대법원은 사법부 독립과 재판 비공개 원칙을 이유로 대법원장

> 불출석으로 맞서면서 갈등이 증폭되었다.

정치 문제를 법원이 판단하거나 판결로 해결하는 '정치의 사법화' 현상과 법원이 독립적 판단 대신 정치적 이해관계를 반영하는 '사법의 정치화' 현상이 만연하고 있다. 정치가 사법 판단의 영역으로 이동하면서 판결이 권력이 좌우되고, 법원이 정치적 이해관계에 휘둘리면서 사법 불신을 가중시키고 있다. 법원이 정치적 주체로 부상되면 민주주의의 정치적 책임성과 대표성 문제도 제기된다. 여기에다 민주당에서 12·3 비상계엄 사태로 인한 내란전담재판부 설치를 추진한 것도, 재판 지연으로 인한 사법부 불신을 정치적으로 돌파하겠다는 시도여서 위헌 논란에 휘말렸다.

우리나라의 법원은 정치화와 계급화가 심화되어 정치적 판결, 전관예우, '유전무죄 무전유죄' 등으로 논란을 일으키며 불신을 자초했다. 민주화 이후 사법개혁 논의는 많았지만 실질적으로 개혁이 이루어지지 못한 이유는, 개혁 대상인 법조인들이 논의를 지배하고 기득권을 강화했기 때문이라는 분석이 지배적이다. 따라서 사법개혁은 법조인을 배제하고 시민이 주도해야 하며, 사법과정의 민주적 통제와 시민참여 제도화가 핵심 과제로 제시되고 있다. 사법개혁의 목표는 사법부의 독립이 아니라 '시민에 의한 민주적 통제'가 중요하다는 논리이다.[228]

재판에 대한 국민적 신뢰와 정당성을 확보하기 위해서는 국민주권 차원에서 시민이 사법과정에 참여해야 할 필요성이 증가하고 있다. 사법부의 독립은 국민의 공정한 재판을 위한 것이지 법관의 특권 보장을 위한 것이 아니기 때문이다. 그러나 대법원장의 인사권 남용 등 최근의 사례는 재판의 독립을 침해하고 있는 것이 현실이다.

시민참여를 통한 사법개혁 방안으로 무작위 추첨된 시민 15인으로 법관인사시민위원회를 구성해 판사 인사 및 재임용 심사 권한을 부여하는 방안도 제시되었다.[229] 시민위원회에는 지방법원별로 평판사 중에서 무작위 추첨으로 3인, 법원 외부 법조인의 평가를 반영하기 위하여 변호사 중에서 무작위 추첨으로 3인을 선발해 자문단을 구성하면 시민위원회의 전문성 부족을 보완하고 법원 내부 평가도 반영할 수 있다는 것이다.

이밖에 시민이 대법관을 추천하는 대법관후보추천시민위원회와 시민이 형량 기준 설정 과정에 참여하는 양형기준제정시민위원회를 구성하고, 시민배심재판을 확대하는 방안도 제시되었다. 판사가 따로 없었던 고대 아테네의 시민법정을 현대 사회에 적용하기는 어렵지만, 시민의 자유와 권리를 제약하는 재판과정에 시민의 목소리가 반영되어야 한다는 공감대가 형성되고 있다.

'찢어진 나라', 어떻게 통합할 것인가?

우리나라의 정치적 갈등과 사회적 분열은 해가 갈수록 심각해지고 있다. 12·3 비상계엄과 이어진 1·19 서부지법 난동사건, 그리고 윤석열 대통령 탄핵을 거치면서 여야, 진보와 보수로 갈라진 두 진영은 더 이상 되돌릴 수 없을 지경으로 갈라졌다. '하나의 나라, 두 쪽 난 국민'은 차별과 혐오를 넘어 내란 수준으로 번지고 있다.

전조는 이미 몇 년 전부터 심상치 않았다. 영국 킹스칼리지가 국제여론조사기관 입소스에 의뢰해 2022년 6월 발표한 28개국의 문화전쟁 수준 조사결과, 한국은 12개 항목 가운데 7개에서 1위를 차지했다. 정치갈등(91%), 빈부갈등(91%), 이념갈등(87%), 남녀갈등(80%), 세대갈등(80%), 종교갈등(78%)〔주석 230〕, 학력갈등(70%)의 수준은 전 세계에서 가장 높았다.

이어 2024년 8월 한국보건사회연구원이 발표한 사회적 갈등과 사회통합에 관한 설문조사에서는 응답자의 92.3%가 정치적 양극화와 갈등이 심각하다고 답했다.[231] 2018년 같은 질문에 대한 응답(87%)에 비해 5.3%포인트 증가한 수치였다. 이 조사에서 "정치 성향이 다른 사람과 연애나 결혼할 의향이 없다"는 응답이 58.2%에 달했다. 식사나 술자리도 불편하다는 응답도 40.7%를 차지했다.[232] 정치적·이념적 갈등이 서로 다른 공동체 문화와 가치관으로 전이되어 정서적 양극화로 발전하고 있다.

12·3 비상계엄 이후에는 정치적 양극화가 더 심각해진 것으로 나타났다. '계엄 이후 정치적으로 더 양극화되었다'는 비율은 77%로, '그렇지 않다'(18%)는 응답을 압도했다.[233] 지지 정당과 정치 성향에 따라 정치적 양극화의 책임 소재 및 계엄이 끼친 부정적 영향에 대해서도 확연히 다른 입장을 보이고 있다. 민주당 지지층에서는 윤석열 전 대통령(38%)과 국민의힘(29%)의 책임론이 압도적인 반면, 국민의힘 지지층은 민주당(32%)과 이재명 대통령(26%)에게 책임을 돌렸다.

최근에는 특정 국적의 외국인을 질병이나 범죄와 연관 지어 대중의 공포심을 자극하는 선동이 극성을 부리고 있다. 차별과 혐오는 사회적 분열과 극단주의로 치달아 민주주의를 파괴하는 뇌관으로 작동한다. 그러나 선거에는 내 편을 의식한 팬덤 정치fandom politics[234]와 갈라치기가 득표에 유리하다. 그래서 극심한 분열과 갈등을 자초한 뒤 대통령에 당선되면 취임 일성은 언제나 '통합'이고 '모두를 위한 대통령'이 되겠다고 공언한다.

윤석열 대통령에 이어 이재명 대통령도 국민통합을 최우선 과제로 강조했다. 국민통합은 역대 대통령의 취임 선서에서 매번 등장하는 단골 메뉴였지만 언제나 구두선으로 끝나고 말았다. 집권 기간 내내 대화와 타협을 거부하는 팬덤 정치가 이어지면서 정치적 양극화는 악화되어 왔다. 어떻게 이 악순환의 고리를 끊을 수 있을까?

오늘날의 극한 갈등은 선거 민주주의가 초래한 측면이 적지 않다. 상대방을 압도해 선거에 이기기 위해 흑색선전이 난무하고 지역감정을 조장하는 행태는 끊이지 않는다. 학연, 혈연, 지연 등 각종 연고주의도 득표활동의 주요 기반이 되기 때문에 선거는 국민통합이 아니라 국론분열과 갈등 심화의 장으로 변질되었다. 찢어진 나라를 통합하기 위해서는 이해관계나 진영논리에서 벗어나 공공선을 이루기 위한 공론의 장이 필요하다. 시민의회는 '무지의 베일'veil of ignorance'에서 해법을 찾을 수 있는 유일한 탈출구가 될 수 있다.

172 조선시대 근·현(군수, 현감)은 부·목(관찰사, 목사) 아래 지방행정 조직으로 초기에는 중앙(왕)에서 수령을 직접 임명해 파견했으나 후기에는 관찰사가 추천하거나, 향촌의 유력 사족이나 중인의 의견을 반영하기도 했다.

173 김인걸(2017), 『조선후기 공론정치의 새로운 전개: 18·19세기 향회, 민회를 중심으로』. 서울대학교 출판문화원.

174 송병기·박용옥 편(1970), 『한말근대법령자료집 1』. 대한민국 국회도서관 참조.

175 윤해동(1991), 집강소와 동학농민군의 지방자치. 『역사비평』, 13호.

176 이이화(2004), 『동학농민혁명사』, 한길사.

177 민회와 도회의 개념에 대해서는 지수걸(2024) 참조.

178 김인걸(2017) 참조.

179 동학의 민회를 우리나라 시민의회의 원형으로 평가한 연구에 대해서는 이이화(2004) 전게서 참조.

180 관민공동회가 1898년 10월 28일 고종에게 올린 헌의 6조憲議六條는 다음과 같다. ①외국에 의존하지 말고 전제 황권을 공고히 할 것. ②외국과 맺는 조약은 정부 대신 의회의 동의를 얻을 것. ③예산과 결산을 의회가 심의할 것. ④칙임관(고위 관료) 임명은 정부가 의회의 동의를 얻을 것. ⑤중대한 범죄는 공개 재판을 할 것. ⑥세금은 법으로 정하고 함부로 부과하지 말 것.

181 1898년 12월 고종의 폐위를 주장하는 익명의 격문이 시내(한성부)에 뿌려진 사건이다. 당시 조정은 독립협회의 소행이라고 규정하고 탄압의 빌미로 활용했다.

182) 주민자치회 대표를 추첨으로 선발하는 방식은 2017년 제주도에서 먼저 도입된 이후 2018년부터 전국으로 확대되었다. 이에 앞서 하승우(2006)는 박사학위 논문(풀뿌리 공론장에 대한 이론적 고찰)에서 주민자치위원회 위원을 추첨으로 선출하자고 제안했다.

183 주민자치 위원 추첨 선정에 대해서는 행정안전부의 2018년 표준조례안 제9조에 명시되어 있다. 제9조 (위원의 선정) ①주민자치회 위원은 다음 각호에 해당하는 사람에 대해 공개 추첨으로 선정한다. 다만, 특정 성별이 각호별 총원의 60% 이하가 되도록 하여야 하며, 사회적 약자 등 다양한 계층이 참여할 수 있도록 노력하여야 한다. 1. 공개모집에 신청하고 주민자치 교육과정을 이수한 사람. 2. 당해 읍면동 소재 각급 학교·기관·단체 및 기타 읍면동장이 필요하다고 인정하는 주민 공동조직 등에서 추천받아 주민자치 교육과정을 이수한 사람.

184 강원일보(2023.3.29.), "배심원이 되어 주십시오".

185 이데일리(2025.5.20.), "전문성 우려 깬 국민참여재판… 일반재판보다 항소심 파기율 낮아".

186 울산 북구의 시민배심원 사례에 대해서는 정정화(2011) 참조.

187 제16대 대선 후보 선출을 위한 새천년민주당의 2002년 국민참여경선의 전체 선거인단은 총 7만

769명이며 이중 일반 국민 선거인단은 50.2%인 3만 5,511명이었다.

188 광주MBC(2006.3.14.); 노컷뉴스(2006.3.14.)

189 진보신당은 2012년 4월 실시된 제19대 총선에서 유효득표율 2%에 미달해(1.13%) 등록이 취소되었다.

190 시민의회citizens' assembly는 제도적·공식적 장치라는 의미를 내포하는 반면, 시민회의citizens' conference는 일회성 혹은 임시적 토론 모임을 가리킬 때 사용하는 경향이 있다.

191 2018년 2월 출범한 국민헌법자문특별위원회(위원장 정해구)는 학계·시민단체·정당·법조계·각계 대표 등 53명으로 발족해 1개월 동안 온라인 설문조사, 권역별 공청회, 토론회 등을 개최했으나 시민의회 방식은 아니었다.

192 이지문, "기후시민의회는 어떻게 조직되어야 하는가?" 생태적 지혜(2022.3.18.)

193 '글로벌 기후파업'은 스웨덴의 청소년 환경운동가 그레타 툰베리Greta Thunberg가 2018년 8월 스웨덴 의회 앞에서 시작한 '기후를 위한 결석 시위'에서 비롯되었다. 이를 계기로 우리나라에서도 청소년기후행동이 발족하는 등 전 세계적으로 확산되었다.

194 경향신문(2021.9.24.), "뜨거워진 지구 구할 기후시민의회 구성하자".

195 '선거제도 개혁 500인 회의'의 공식 명칭은 '국민참여형 국회의원 선거제도 공론화'이며 500인의 시민이 참여했다는 의미로 사용되었다. 다만, 실제 현장 토론과 설문조사에는 469명만 참여했다. 5월 6일 개회식에는 남인순 정개특위 위원장이 참석했고, 5월 13일 폐회식에는 김진표 국회의장이 폐회사를 할 정도로 국회에서 적극적인 관심을 보였다.

196 22대 총선에서는 위성정당은 아니지만, 비례의석을 따로 배분받기 위해 연합정당이라는 변형된 형태(더불어민주연합, 국민의미래)가 등장해 실질적으로는 21대 총선 때와 유사하게 비례의석이 배분되었다.

197 곽노현, "부실 설계로 외화내빈 된 선거제 공론화". 민들레(2023.5.11.)

198 '선거제도 500인 회의'의 실제 운영 기간은 2023년 4월 19일 공론조사 용역에 착수한 시점부터 1개월이라고 할 수 있다. 그러나 숙의 기간은 2023년 5월 초 시민참여단을 최종 확정해 자료집을 배포한 이후 폐막식이 열린 5월 13일까지 10일 정도로 산정된다.

199 도농복합안은 도시지역은 2~3인을 선출하는 중선거구로 바꾸고, 농촌 지역은 종전대로 1인만 뽑은 소선거구제를 유지하자는 제안으로 거대 양당의 현역의원들에게 유리한 선거제도라는 비판을 받았다(민들레, 2023.5.11.).

200 22대 총선 직전에 세종특별자치시의 선거구 분구(세종갑·세종을)로 인해 지역구가 당초 253개에서 254개로 늘어나면서 비례대표 의석이 47석에서 46석으로 감소했다.

201 정개특위 전체회의에서 국민의힘 의원들은 "공론조사에서 의원정수와 비례대표 수를 줄이자는 측의 발제가 없었고, 이에 관한 의견을 묻는 여론조사 문항도 없어 편향되었다"고 주장했다(뉴시스, 2023.6.20.)

202 연금개혁 공론화위원회는 2024년 1월 31일 구성된 이후 이해관계자 공청회, 자문단 구성, 설문 초안 작성, 의제숙의단 워크숍, 숙의자료집 제작 등을 실시했다.

203 연금개혁 의제숙의단이 2024년 3월 8~10일 2박 3일간 워크숍을 통해 확정한 7가지 의제는 ①국민연금의 소득대체율 및 연금보험료율 조정, ②국민연금과 기초연금의 관계 조정, ③의무가입 상한 연령 및 수급개시 연령 조정, ④퇴직급여 제도 개선 방안, ⑤국민연금과 직역연금 형평성 제고 방안, ⑥국민연금 사각지대 해소방안 등이다. 의제숙의단은 6개 분과로 나뉘어 각 의제를 학습·토론하며 전체 회의를 거쳐 의제별 대안을 도출했다. 이에 대해서는 연금개혁 공론화위원회(2024) 참조.

204 공론화 결과가 발표되자 정부는 공론화 결과의 문제점을 지적하였고 국회 연금특위의 여당 간사도 공론화 결과를 부정하고 나섰다. 남찬섭(2025), 세계일보(2024.4.25.), 한국경제(2024.4.28.) 참조.

205 연금개혁 공론화위원회의 활동에 대한 상반된 견해에 대해서는 김태일(2024), 남찬섭(2025) 참조.

206 시민대표단의 설문조사 결과에 대해서는 남찬섭(2025) 참조.

207 김상준(2024) 참조.

208 시민의회 전국포럼 창립대회 자료집(2025) 참조.

209 'G1000 Citizens' Summit'는 1000명의 시민이 참여하는 대화의 장을 의미한다. G는 네덜란드어 Gesprek(대화)를 뜻한다. Benoit Derenne (eds., 2012), G1000 Final Refort: Democratic Innovation in Pratice, G1000.

210 Reuchamps & Suiter(2016), p. 19.

211 Reuchamps & Suiter(2016) 상게서 참조.

212 Rousseau(1762), 3권 15장.

213 Rousseau(1762), 2권 3장.

214 Manin(1997) 참조.

215 Montesquieu(1748), pp. 32-35.

216 Montesquieu(1748), p. 35.

217 『열린 민주주의 *Open Democracy*』(2020)의 저자 랜드모어 H. Landemore 교수도 시민의회입법 추진 100인 위원회가 2024년 서울에서 개최한 국제심포지엄에서 이와 같은 발언을 했다. 이에 대해서는 Landemore(2024) 참조.

218 동학혁명 당시 상황은 『동학농민전쟁사료총서』(1994~1996, 동학농민전쟁 100주년 기념사업추진위원회), 『동학란기록』(1959, 국사편찬위원회) 등을 토대로 ChatGPT의 도움으로 재연했음.

219 조선일보(2023.5.17.), "英 석학 '오염수 마셔도 괜찮다'… 野 '그럼 직접 마셔보라'".

220 서울신문(2023.5.17.), "오염수 안전하다면 日 식수로 써라… 서울대 교수 일침".

221 한겨레(2024.6.28.), "가습기살균제 피해 '국가 배상책임' 대법서 확정".

222 국책사업 추진과정에서 전문가들의 상반된 견해로 인한 갈등 사례는 정정화(2011b) 참조.

223 Collins & Evans(2007); 강윤재(2012), p. 37.

224 한겨레(2025.3.13.), "전직 판사들도 윤 구속취소 무책임… 지귀연 결정 2가지 아킬레스건".

225 조선비즈(2025.3.18.), "尹 석방 때 논란된 구속 기간 계산법… 日 기준·시간기준, 확정된 것 없어".

226 동아일보(2025.5.4.), "민주 '대법원 6만 쪽 기록 다 읽은 것 맞나'… 법조계, 검토 어려운 분량 아냐".

227 한겨레(2025.5.2.), "이재명 선고 회부 9일 만에… 기록 제대로 볼 수나 있었는지 의문".

228 오현철(2015), pp. 41-42.

229 오현철(2015), pp. 65-70.

230 종교갈등이 높게 나타난 것은 코로나-19로 사회적 격리조치가 시행되던 2021년 조사 당시 신천지와 일부 개신교에서 대면 예배를 강행한 것이 국민들에게 부정적인 영향을 미친 것으로 보인다.

231 경향신문(2025.2.5.), "한국인 10명 중 9명꼴, 사회갈등 중 진보·보수 간 정치갈등 가장 심각".

232 조선일보(2023.1.3.), "하나의 나라, 두 쪽 난 국민".

233 중앙일보(2025.12.1.), "계엄 그후 1년… '정치 양극화 더 커졌다' 77%".

234 팬덤 정치fandom politics는 정치인이 '아이돌'처럼 추앙받고 지지자가 '팬'처럼 행동하며, 이성적 숙의 대신 감정적 충성심과 진영 대결이 지배하는 정치문화 현상을 지칭한다. 한국의 팬덤 정치는 SNS 정치와 맞물려 양극화, 혐오, 탈숙의화를 심화시키는 구조로 진화하고 있다.

2부 | 무너지는 민주주의, 새로운 민주주의

4장 | 민낯을 드러낸 대의민주주의

1. 민주주의는 어떻게 무너지는가?

미국 의사당을 점령한 성조기

\# 2021년 1월 6일, 미국 워싱턴의 겨울 하늘은 뿌옇게 흐렸지만 도시는 이른 아침부터 긴장감이 감돌았다. 백악관 인근 엘립스 공원에는 붉은 모자를 눌러쓴 인파가 몰려들었고, 트럼프 대통령은 단상 위에서 목청을 높였다. "우리는 멈추지 않을 것이다. 힘을 보여줘야 한다." 연설이 끝나자 수천 명의 사람이 한 덩어리처럼 의사당으로 돌진했다. 성조기를 변형한 별빛 깃발과 '트럼프 2020' 플래카드가 바람에 나부꼈다. 한쪽에서는 찬송가가 흘러나왔고, 다른 쪽에서는 "펜스를 잡아라!"는 고함이 터져 나왔다.[235]

이날 오후 1시가 조금 지난 시각, 의사당 서쪽 계단 앞. 경찰이 세운 얇은 금속 바리케이드는 삽시간에 무너졌다. 방패를 든 경찰관들이 밀려나며 곤봉을 휘둘렀지만, 군중은 숫자와 기세로 맞섰다. 오후 2시쯤에는 창문 유리가 깨지는 소리와 함께 사람들이 건물 안으로 쏟아져 들어갔다. 의회 회의장은 순식간에 아수라장으로 변했고 펜스 부통령은 경호원들의 호위를 받으며 지하로 피신했다. 복도와 사무실 곳곳에서는 트럼프 깃발이 꽂혔고, 볼캡ball cap을 쓴 낯선 이들이 낄낄 웃으며 펠로시 하원의장의 책상에 발을 올렸다. 바닥에는 깨진 유리 조각과 뒤엉킨 서류가 흩어져 있었고, 최루가스와 소화기 분말로 앞이 보이지 않을 지경이었다.

밖에서는 더 극적인 장면이 연출됐다. 의사당 앞 잔디밭에는 목재 단두대 모형이 세워졌다. 군중은 "펜스를 처형하라Hang Mike Pence!"를 연호하며 부통령을 향한 분노를 외쳤다. 자유와 민주주의를 상징하던 공간이 공포와 분열의 무대로 바뀌는 순간이었다. 오후 6시 무렵, 워싱턴 D.C. 주방위군과 연방 병력이 투입되면서 폭도들은 서서히 밀려났다. 해가 기울고 어둠이 내려앉을 때, 경찰의 호위 속에 의원들이 다시 회의장에 들어왔다. "민주주의는 굴복하지 않는다." 한 상원의원의 목소리가 마이크로 울려 퍼졌다.

민주주의의 심장부에 돌이킬 수 없는 상처를 남긴 이날은 의회가 대통령 선거인단 투표 결과를 인증하는 날이었다. 2020년 미국 대선에서 조 바이든 후보의 승리가 확정되었지만, 트럼프 대통령과 일부 지지자들은 선거가 "도난당했다"고 주장하며 의사당을 점령한 것이다. 내부 진입자들은 연방 상원의장석을 점거하고 하원의장 펠로시 의원 사무실에 난입해 문서를 파손하는 등 유혈사태가 발생했다. 이날 밤 8시경, 의회는 다시 모여 선거 결과 인증을 이어갔고 이튿날 새벽 3시 최종적으로 바이든의 당선이 확정되었다. 이후 FBI가 관련자 수천 명을 수사해 기소했지만, 트럼프 대통령이 재선된 이후 2025년 1월 대규모 사면조치로 재판은 종료되었다.

미국 의사당 점거 사건을 지켜본 하버드대 정치학과의 두 교수 스티븐 레비츠키S.Levitsky와 대니얼 지블랫D.Ziblatt은 미국의 민주주의 수준을 '표준 이하'라고 평가했다.[236] 이들은 미국 헌법과 제도의 구조적 결함으로 인해 다수의 민의를 제도적으로 반영하기보다 소수 집단이 구조적으로 권력을 과대 대표하게 된 점을 근본적인 문제로 꼽았다.[237] 스웨덴, 독일, 캐나다 등 선진 민주주의 국가들은 비례대표제, 독립적인 선거관리, 임기 제한과 같은 제도를 통해 다수의 민의를 반영하고 있지만, 미국은 낡은 헌법과 제도개혁 지연으로 민주주의 지표에서 후퇴했다고 분석했다.

두 교수는 미국의 정치 지도자, 언론, 기업, 종교계 등 엘리트 집단이 민주주의 규범을 방어하는 역할을 적극적으로 수행하지 않는 경우 '다인종 민주주의'의 미래가 좌초하고 미국이 권위주의로 후퇴할 수 있다고 경고했다. 불행하게도 트럼프 대통령이 재집권하면서 이들의 우려대로 '민주주의의 보루' 미국이 서서히 무너져가고 있다.[238]

대의민주주의가 붕괴되는 현실은 미국뿐만이 아니다. 국제민주주의 및 선거지원기구(IDEA)가 최근 발표한 '2025 세계 민주주의 현황(GSoD)' 보고서에 따르면 173개국 가운데 절반 이상인 94개국(54%)의 민주주의 상황이 악화된 것으로 나타났다. 특히 언론의 자유, 사법 독립, 경제적 평등 등 세부 지표에서 민주주의 후퇴 징후가 두드러졌다.[239]

언론의 자유는 관련 통계 집계를 시작한 1975년 이래 50년 만에 최저치를 기록했다. 173개국 가운데 43개국에서 언론의 자유 지표가 후퇴했고 표현의 자유, 경제적 평등, 사법 접근성 지표도 동반 하락했다. 한국의 경우 언론자유 지표가 2019년 상위에서 2024년에는 중간 수준으로 떨어져 전 세계에서 네 번째로 큰 폭의 하락을 기록했다. 사법 독립성(법치) 훼손도 심각한 수준으로 173개국 중 71개국이 저성과 국가로 분류됐다. 2019년에 비해 32개국의 사법 민주주의가 후퇴했으며 이 가운데 38%가 프랑스, 이탈리아, 헝가리 등 유럽 국가들이었다.

IDEA는 "미국의 역할 부재가 9년 연속 이어지는 세계 민주주의 후퇴를 가속화하고 있다"고 지적했다. 오랫동안 세계 민주주의 수호자로 여겨져 온 미국이 최근 국제민주주의 지원을 위한 외교적 참여와 재정 지원을 크게 축소한 것이 이러한 결과를 초래했다는 분석이다. 특히 미국에 대해서는 학문의 자유 제한, 선거 결과 불복, 언론 접근 제한 등의 사유로 20건의 민주주의 경보가 발령되었다. 이는 2년 전보다 두 배 많은 수치로 일각에서는 미국이 "권위주의 문턱"에 다다랐다고 경고했다.

미국의 상황은 여기서 그치지 않고 계속 악화하고 있다는 것이 심각한 징조이다. 트럼프 대통령은 불법 이민 단속에 반대하는 로스앤젤레스(LA) 시위대에 군대를 동원하는 등 강경 대응하고 유럽, 일본, 한국 등 동맹국에 대한 관세 폭탄으로 전 세계를 불안에 떨게 했다. 급기야 2025년 6월에 이어 10월에는 미국 전역에서 트럼프 대통령의 반민주적 행태에 분노한 시민들이 "왕은 없다No Kings"고 외치며 대대적인 시위를 벌였다.[240] 민주주의의 모범국이라는 미국은 앞으로 어디로 흘러갈 것인가?

유럽과 아시아의 '선거 독재자들'

2016년 7월 15일 밤, 튀르키예(터키)의 수도 이스탄불. 일부 장성과 장교들이 주도한 반란 세력은 탱크로 보스포루스 다리를 봉쇄하고 전투기와 헬기를 동원해 국회의사당과 대통령궁을 폭격했다. 한밤중에 폭발음이 울려 퍼졌고, 정부군과의 교전으로 공포와 혼돈의 아수라장이 되었다. 이스탄불의 아타튀르크 공항은 완전히 마비되었고 탱크들이 도시를 질주했다. 에르도안Erdoğan 대통령은 휴가지인 마르마리스 인근 호텔에서 결연한 목소리로 "거리로 나서라!"고 외쳤다.[241] 에르도안은 미국에 망명 중인 이슬람 성직자 귈렌Gülen 조직이 군·사법·교육·언론 등 국가기구에 침투해 쿠데타를 통해 권력 탈취를 시도했다고 비난했다.[242]

정부군의 진압으로 쿠데타는 12시간 만에 미수로 끝났지만, 이후 에르도안은 비상사태를 선포 하고 대대적인 숙청에 나서면서 튀르키예는 권위주의 독재체제를 강화하게 된다. 쿠데타 다음 날인 7월 16일 전체 법관의 36%에 해당하는 판사 2,745명을 체포하고, 4만 5,000명에 달하는 공직자를 무더기로 해임했다. 당시 정부 발표 기준으로 공무원 12만 5,000명 이상이 해임 또는 정직되었고, 7만 7,000명 이상이 체포된 것으로 집계되었다. 반정부 성향의 일간지 Zaman와 비판적인 방송국과 출판사를 폐간·폐쇄하고, 160명 이상 언론인이 투옥된 것으로 보고되었다.[243]

에르도안은 2002년 총선에서 정의개발당(AKP)이 압승하면서 2014년까지 총리를 역임했다. 2014년에는 국민 직선으로 대통령에 당선된 이후 2017년 국민투표로 대통령 권한을 강화하는 개헌으로 의회제에서 대통령제로 전환했다. 2018년부터 에르도안은 무소불위의 권력을 휘두르며 22년째 장기집권하고 있다.

에르도안이 권력을 강화해 온 방식은 크게 4가지였다. 첫째, 헌법 개정을 통해 총리직을 폐지하고 대통령제를 도입해 권한을 집중했다. 둘째, 판사·검사 임명권을 확대해 사법부를 장악하고, 셋째, 주요 언론을 장악하거나 폐쇄하고 비판적인 기자들을 투옥하는 등 언론의 자유를 제한했다. 넷째, 쿠르드계 정당 및 인사들을 탄압하고 정적을 투옥해 야당을 말살했다. 특히 2016년 쿠데타 미수 이후 군·법조계·학계 등 수십만 명을 해임·체포하는 등 대규모 숙청을 단행했다.

Freedom House는 튀르키예 민주주의 수준을 2018년 이후 '부분적으로 자유로운partly free' 국가로 하향했고, 스웨덴의 민주주의 연구소 V-Dem은 선거 독재 국가electoral autocracy로 분류했다. 선거는 실시되지만 사실상 권위주의적 통제 체제로 전환되었다는 것이다.

민주주의가 붕괴되는 현장은 튀르키예뿐만 아니라 전 세계 곳곳에서 벌어지고 있다. 헝가리의 빅토르 오르반V.Orbán 총리는 2010년부터 총리직을 연임하며 민주주의 제도를 약화시켜왔다. 사법부의 독립성 훼손과 언론 통제 강화, 헌법과 법제도 개혁을 명분으로 권력을 집중해 '21세기의 독재자'로 군림하고 있다.

벨라루스의 알렉산드르 루카셴코A.Lukashenko 대통령은 1994년 선거를 통해 집권한 이래 수차례 재선에 성공했다. 초기에는 비교적 합법적으로 선출되었다는 평가도 있었지만, 이후 선거는 자유롭지 않았고 국제 감시 기관들은 선거가 치명적으로 불공정했다고 지적했다. 1996년과 2004년의 국민투표를 통해 대통령 권한을 강화하고, 대통령 임기 제한을 철폐하는 등 권력을 강화했다. 루카셴코는 '유럽 마지막 독재자'로 불리며 31년째 선거로 권력을 유지하고 있다.

2000년 대통령에 취임한 러시아의 푸틴V.Putin도 선거를 통해 25년째 장기집권하고 있다. 푸틴은 헌법개정으로 2036년까지 집권이 가능해져 '러시아의 차르'로 불린다.[244] 이들 외에도 필리핀의 두테르테R.Duterte, 캄보디아의 훈센Hun Sen, 베네수엘라의 차베스H.Chávez, 니카라과의 오르테가D.Ortega, 짐바브웨의 무가베R.Mugabe 등도 '선거 독재자electoral dictator'로 불린다.

이들은 모두 처음에는 선거를 통해 집권했으나, 이후 헌법개정으로 임기 제한을 폐지하고 야당과 언론 탄압, 선거 조작과 불공정 선거, 국가 기구 장악 등을 통해 '민주주의의 외피를 쓴 독재자'로 변모했다. 세계 각국에서 민주주의에 대한 회의감이 커지면서 독재와 권위주의 체제에 대한 선호가 증가하는 현상은 국제 여론조사에서도 확연히 드러나고 있다. 민주주의에 대한 불만이 강력한 독재체제에 대한 선호로 이어지면서 "강력한 지도자가 의회·법원 등의 견제를 거치지 않고 결정하는 정부 체제를 선호한다"는 비율이 증가하고 있는 것으로 조사되었다. 미국에서도 독재체제를 선호한다는 비율이 26%에 달했다.[245]

무너지는 민주주의, 독재로 회귀하는 국가들

"역사상 지금처럼 이렇게 많은 나라들이 동시에 권위주의화된 적은 없었습니다. 현재 민주주의의 후퇴 규모는 2차 세계대전으로 이어졌던 1930년대보다도 훨씬 심각합니다."[246]

2025년 9월 15일, 유엔이 지정한 세계 민주주의 날을 맞아 스웨덴 예테보리대학의 민주주의 다양성연구소V-Dem 소장인 스태판 린드베리 교수는 국내 언론사와의 인터뷰에서 "전 세계에 걸쳐 진행 중인 권위주의화 물결이 단기간에 반전될 가능성이 낮으며, 아직 정점을 찍지 않았기 때문에 더 우려가 크다"고 설명했다. 민주주의 국가의 권위주의화 흐름이 지속되고 있다는 것이다.

매년 179개국의 민주주의 수준을 지수화해 발표한 V-Dem 연구소는 2025년 5월 발표한 보고서에서 민주주의 국가로 분류된 88개국의 절반 이상인 45개국이 권위주의화하고 있다고 분석했다. 나머지 91개국은 권위주의 국가로 분류되었다. 권위주의 국가 수가 민주주의 국가 수를 앞선 건 2002년 이후 처음이다. 권위주의화는 '언론의 자유 약화', '선거의 공정성 훼손', '권력 집중' 등 관련 지표가 하락해 민주주의의 질이 후퇴하는 것을 의미한다.

린드베리 교수는 민주주의가 후퇴하는 주요 원인으로 중국·러시아·사우디아라비아의 반민주주의, 극우·반동 세력의 부상, 사회·경제적 불평등의 확대 등을 꼽았다. 이러한 양상은 1930년대 나치 독일과 일본의 팽창적 야망이 전쟁으로 분출되기 직전의 모습과 비슷하다고 진단했다.

그는 특히 1980년 이후 사회·경제적 불평등이 장기화하면서 대중이 극우 반동 세력을 지지하는 구조가 형성돼 민주주의 후퇴를 가속화했다고 분석했다. 그는 "사회·경제적 불평등으로 미래에 불안감을 느끼는 사람들이 극우 정당을 지지할 확률이 높다"며 "현재 우리는 최악의 사회·경제적 불평등을 겪고 있는 중"이라고 부언했다. 린드베리 교수는 이런 흐름에서 민주주의 후퇴를 극명하게 보여주는 단적인 예로 "미국을 다시 위대하게 만들겠다"(MAGA)는 구호를 내건 도널드 트럼프의 미국을 들었다.

최근 10년 동안 전 세계에서 민주주의가 독재화로 치닫게 된 가장 큰 요인으로 빈부격차의 확산으로 인한 불평등 심화라는 분석이 지배적이다. 민주주의가 이 문제를 해결하지 못하면서 불신이 고조되어 독재자에게 해결을 기대하게 된다는 것이다. G2로 부상한 중국이 제3세계에 대한 지원을 강화하면서 사회주의 모델의 성공을 보여준 것도 민주주의 퇴조의 원인으로 꼽히고 있다. 여기에 트럼프 대통령의 재집권으로 미국이 '표준 이하의 민주주의'로 전락하면서 전 세계적으로 전제화와 독재화가 심각한 수준에 달하고 있다.

한밤중 친위 쿠데타, 21세기의 대한민국

\# 2024년 12월 3일 밤, 여의도 국회의사당 정문 앞으로 군용 장갑차가 들이닥치고 상공에는 헬기의 프로펠러 굉음이 도심의 밤공기를 갈랐다. TV 긴급 뉴스로 비상계엄 선포를 접한 시민들이 여의도로 몰려들었고 정문 앞에서 경찰과 대치하기 시작했다. 시민들은 맨손으로 계엄군의 방패와 총구 앞에서 "계엄 철회"를 외치며 일촉즉발의 긴장감이 감돌았다. 몇몇 시민은 국회로 진입하려는 장갑차를 가로막아 섰고, 국회의장이 담장을 넘어 의사당으로 들어가는 모습이 TV를 통해 전 세계로 생중계되었다.

1979년 10월 박정희 대통령의 서거로 비상계엄이 선포된 이후 45년 만에 세계 경제 10위 강국으로 불리는 대한민국의 수도 한복판에서 친위쿠데타가 발생한 것이다. 계엄선포 직후 공개된 선포령에는 정당·정치 활동 전면 금지, 집회·시위 금지, 언론·출판 통제, 파업

금지 및 의료인 48시간 내 복귀 명령 등 서슬 퍼런 공포정치의 그림자가 드리워졌다. 이어 특전사의 최정예 중무장 병력이 유리창을 깨고 국회 본회의장 진입을 시도했지만, 비상계엄은 국회의 신속한 의결로 3시간 만에 막을 내리게 된다.[247]

윤석열 대통령은 비상계엄을 선포하면서 긴급 담화문을 통해 "북한 공산세력의 위협으로부터 자유 대한민국을 수호하고, 우리 국민의 자유와 행복을 약탈하고 있는 파렴치한 종북 반국가세력을 일거에 척결하고 자유헌정질서를 지키기 위해 비상계엄을 선포한다"고 밝혔다.[248] 구체적인 사유로 국회가 행안부 장관 등 10명에 대한 탄핵을 추진하고 국가 본질 기능과 다약범죄 단속, 민생 치안 유지를 위한 주요 예산을 전액 삭감한 것을 근거로 들었다.

윤 대통령은 특히 "국회는 범죄자 집단의 소굴이 되었고, 입법 독재를 통해서 국가의 사법 행정 시스템을 마비시키고 자유민주주의 체제 전복을 기도하고 있다"며 국회에 화살을 돌렸다. 그는 이어 "자유민주주의 기반이 되어야 할 국회가 자유민주주의 체제를 붕괴시키는 괴물이 되었다"며 국회를 강도 높게 비난했다. 실제로 윤 대통령은 재임기간 동안 국회가 의결한 양곡관리법, 노란봉투법, 김건희특검법 등 25건의 법률안에 대해 거부권(재의요구권)을 행사했다. 이로 인해 한국의 민주주의는 승자독식의 양당 구도와 함께 거부권을 남발하는 비토크러시 vetocracy[249]로 불리는 극한 대결 양상으로 치닫게 되었다. 이후 윤 대통령은 탄핵되었지만

1년을 넘게 내란 재판이 지지부진하면서 정치적 양극화와 극심한 갈등이 지속되었다.

2. 유통기한이 지난 선거 대의제

'대표의 실패'와 대표성의 위기

대의민주주의 representative democracy[250]의 위기에 대한 다양한 논의 가운데 핵심적인 화두는 '대표의 실패', '숙의의 실패', 그리고 '정당의 실패' 3가지를 들 수 있다.[251] 인민 people의 의사가 제대로 대변되지 않는다는 '대표의 실패'로 인해 시민들은 정치제도와 대표자에 대한 불신으로 정치참여를 유보하면서 '참여의 실패'로 이어진다. 주권자의 무관심과 참여 부족으로 정치 부패와 엘리트 카르텔이 고착화되면서 투표율 하락이라는 악순환의 고리를 끊지 못해 대의민주주의 자체가 흔들리고 있다.

대의민주주의의 위기를 바라보는 시각은 크게 두 가지로 설명할 수 있다.[252] 하나는 대의민주제를 직접민주제에 대한 차선으로 보는 시각이다. 시공간의 제약이라는 현실적인 이유로 대의민주제를 운영하지만, 직접민주제를 구현하려는 기본이념은 우선적으로 지켜져야 한다는 것이다. 다른 시각은 대의민주제를 직접민주제의 차선책이 아니라 더 이상적인 정치제도로 여기는 입장이다. 플라톤과 아리스토텔레스가 아테네식 직접민주주의를 중우정치라고 비판했던 시각과 같은 맥락이다. 이런 입장에서는 대표자의 이성적 판단이 작동할 수 있도록 대의제의 숙의 시스템을 원활하게 작동시키는 것이 치유책이다.

직접민주주의에 대한 차선으로 대의민주주의를 바라보는 시각에서 대의민주제의 실패는 대표들이 국민들의 의지를 제대로 '대리'하지 못하기 때문에 발생한 '대표의 실패'를 그 원인으로 생각한다. 대의민주주의는 개인의 정치적 의사를 단순히 선호집합적aggregative으로 취합해서 대표를 선출하지만, 대표자는 시민으로부터 비교적 자유롭게 행동하기 때문에 '대표성의 위기'를 낳는다. 따라서 '대표의 실패'를 고치기 위해서는 정치인들의 카르텔 형성을 막고 당파적 이익에 매몰될 수 있는 환경들을 제거하는 한편, 국민들의 직접 참여와 감시기능을 활성화시켜야 한다. 국민발안, 국민투표, 국민소환과 같은 직접민주제 방식도 대안으로 제시된다.

반면, 대의민주주의를 이상적인 정치제도로 보는 입장에서는 대의민주제의 실패를 '대표의 실패'가 아닌 '숙의의 실패'를 그 원인으로 본다. 대의제의 위기는 현재의 정치가 선호 집합적 행태로 점철되면서 숙의 기능이 약해졌기 때문이라는 것이다. 따라서 대의제의 실패를 극복하는 방법은 직접 참여의 확대나 대리 기능의 회복이 아니라 국민의 집합적 선호를 이성적으로 판단할 수 있도록 '대표의 자율성'을 확보해 숙의 기능을 회복하는 것이 된다.[253]

명령위임과 자유위임 논쟁

'대표의 실패'는 이론적으로는 국민에 의해 선출된 대표를 단순히 국민의 의견을 전달하는 '대리인'으로 볼 것인지(명령위임), 아니면 독립적이고 자율적인 판단을 할 수 있는 '수탁자'로 간주할 것인지(자유위임)가 쟁점이다.[254] 우리 헌법은 유권자와 대표자 사이의 관계는 명령적 위임 관계가 아니라 자유위임 관계임을 분명히 하고 있다. 헌법 제46조 제2항은 "국회의원은 국가이익을 우선하여 양심에 따라 직무를 행한다"고 규정하고 있다. 독일 기본법과 프랑스 헌법도 자유위임 원칙을 천명하고 있다.[255]

따라서 국회의원은 지역구 유권자의 의사를 단순히 대리하는 대변자가 아니라, 전체 국민을 대표하는 사람이므로 국민 모두의 이익을 도모하기 위해 지역구 유권자 의사에 구속받지 않고 자신의 독자적인 양식과 판단에 따라 정책 결정을 할 수 있다. 국가정책을 결정할 때 누구의 지시나 명령을 받지 않고 오직 자신의 양심적 판단에 따라 독자적으로 결정할 권한을 부여받은 것이다. 이러한 자유위임 원리는 국가이익이 아닌 특수이익을 추구하는 의원들을 옹호하는 논리로 이용되어 왔다.

반면, 명령위임 원리는 직접민주주의 원칙에 부합하지만, 현실적으로 의원이 새로운 결정을 할 때마다 항상 유권자의 의사를 확인할 수 없다는 문제가 발생한다. 대안으로 선거 때 유권자에게 제시한 공약을 준수하게 하는 매니페스토 운동으로 명령위임 원칙을 구현하려고 한다. 그러나 유권자들은 공약만을 기준으로 후보를 선출하지 않을 뿐만 아니라 당선자도 다양한 이유로 공약 불이행을 변명할 수 있다.[256] 국민소환으로 명령위임 원칙을 강제할 수 있지만, 국회의원에게는 이마저도 적용되지 않고 있다.

대의제의 이념적 기초인 자유위임은 동의의 원칙에 의해 정당화된다. 대표자는 선거 과정에서 자유위임의 원리에 따라 유권자로부터 포괄적으로 동의를 받았다는 것이다. 그러나 대표자의 결정이 유권자 의사로부터의 자유라는 요소는 선거제도의 상위규범인 국민주권 개념과 상치되고, 선거가 포괄적 동의라는 요소는 주권자가 온전히 주인 행세를 할 수 없었던 봉건적 통치방식의 산물일 뿐이다. 따라서 국민주권 시대에는 선거제를 뒷받침하고 있는 자유위임의 원리는 정당성의 논거로 취약할 수밖에 없다.[257]

따라서 대의제를 위기로 몰아넣은 자유위임 원리를 제한하기 위해 의회해산제와 직접민주제 방식이 점진적으로 도입되었다. 그러나 선거가 정당과 밀접하게 결합되면서 상황은 개선되지 않았다. 근대 대의제 확립에 결정적 역할을 한 매디슨은 대표를 견제하는 방안으로 임기를 제한하고 선거를 통해 책임을 묻는 것이라고 강조했지만,[258] 선출된 대표들이 공공선을 추구하지도 않고 선거를 통해 교체되지도 않는 현상이 지속되고 있다.[259] 민주주의의 기본 원리인 자기 지배를 관철하기 위해서는 선거제의 명령위임 원리를 강화하는 방안을 모색하든지, 아니면 선거제도를 넘어서는 제3의 길을 찾아야 한다.[260]

선거제도가 불공정한 이유 24가지

캠벨 월리스C.Wallace는 2020년 출간한 전자책 『선거 폐지: 선거 없는 민주주의 계획 *Down with Elections!: A Plan for Democracy without Elections*』에서 선거 대의제의 문제점을 24가지로 정리했다.[261] 몇 가지를 예를 들면, 막대한 선거자금으로 사실상 소수 후보로 제한, 재선 의존 구조로 후원자 이해 우선, 정당정치로 진영 간 양극화 조장, 지역구 이익 vs 국가이익의 딜레마, 낮은 투표율로 소수 지지로 집권 등이다.[262] 월리스는 이 같은 선거제도의 내재적 결함은 '미세 조정'으로는 고치기 어렵다며 '유일한 처방은 추첨제The only cure is sortition'라고 강조했다.

무엇보다도 선거는 정당의 당내 경선을 비롯해 공식적 선거운동 모든 단계에 걸쳐 누구나 참여할 수 있는 공정한 경쟁이 아니라는 사실이다. 막대한 선거비용을 감당하기 어려워 일반인들은 선뜻 나서기 어렵고, 당내 경선도 후보자 개인의 부와 사회적 지위가 결정적으로 작용하기 때문이다. 선거가 정책 비전이나 능력보다는 대중 매체나 SNS를 통한 이미지 선거로 전환되어 기득권 '유명 인사'가 유리할 수밖에 없는 구조이다. 유권자들도 주체적으로 후보자를 선택하는 것이 아니라, 선거 국면에 등장하는 '정치 상품'에 수동적으로 반응하는 소비자로 전락해 '합리적 무지'[263] 상태가 굳어져 있다. 이러한 환경에서 실시되는 선거는 능력에 기반한 공정한 경쟁과는 거리가 멀다는 것이다.

결과적으로 선거로 뽑힌 의원들은 특정 계층이나 집단을 과잉 대표함으로써 일반 국민과 유리되어 대표성을 상실하고 있다. 실제로 22대 국회의원의 인구통계학적 특성과 사회경제적 배경을 보면 이러한 현상이 두드러진다. 일반적인 국민 대표성과 한참 멀어진 국회의원들은 자신이 속한 정당이나 집단의 이익을 대변할 수밖에 없다. 특히 재선을 위해서는 일반 국민보다는 정당이나 정치자금 후원자들의 눈치를 보지 않을 수 없다. 따라서 선거제는 특정 집단의 부분 의사만 대표하는 소수 특권제의 경향은 피할 수 없게 된다.

선호 집합적 민주주의와 '숙의의 실패'

대의민주주의가 선거를 통해 국민의 의사를 반영하는 '선호 집합적 민주주의aggregative democracy'로 고착되면서 '숙의의 실패'를 야기했다. 다수결 원칙에 기반한 투표제도는 자신들의 선호가 사회 전체의 선호로 채택될 수 있게 치열한 경쟁을 벌이는 과정에서 공공선common goods을 발견하고 추구하기 위한 토론이나 숙의 과정이 생략된다. 결과적으로 선거에서 승리한 집단의 부분 의사가 선출된 대표를 통해 관철되는 구조로 전락하게 된다. 이 때문에 선거 대의제는 선출직 대표가 사회 구성원 전체가 아니라 자신의 사익을 추구할 개연성이 높아진다.

선호 집합적 민주주의에서는 집합된 선호를 실현하는 것이 공공선을 이루는 것으로 전제하지만 실상은 그렇지 않다. 대표적으로 미국 캘리포니아의 주민투표에서 세금은 줄이고 혜택은 늘리려는 이기심이 집합된 선호로 나타났기 때문이다. 연금개혁도 투표로 결정하면 적게 내고 많이 받는 대안이 선택될 수밖에 없다. 따라서 집합적 선호는 비판적으로 검토되어야 한다. 공공선은 숙의 과정을 통해 형성되고 발전할 수 있는데 선호 집합적 대의민주주의는 이런 숙의 기능의 실패를 내장하고 있다는 것이다.[264]

'대표의 실패'를 치유하기 위해 대의민주주의 옹호론자들은 참여민주주의나 직접민주주의 요소의 적극적인 도입을 주장한다. 국민발안, 국민투표, 국민소환과 같은 직접민주제의 확대가 그것이다. 하지만 대의제의 위기는 참여민주주의나 직접민주제 요소를 보완한다고 해결될 문제가 아니다. 인민의 의사가 제대로 대변되더라도 그것이 비합리적이라면 공동선이 실현되지 못할 수도 있다. 따라서 대의민주제의 내재적 한계인 '숙의의 실패'를 보완해 어떻게 공동선을 찾을 것인가에 초점이 모여지고 있다.

대의제는 본래 숙의성을 확보하기 위한 정치 기제였다. 미국 건국과 프랑스 혁명으로 근대 정부가 출범할 당시의 대의제는 '이성이 지배하는 공화국republic of reasons'으로 구상되었다. 대의제는 선거로 뽑힌 국민의 대표가 선거구민으로부터 독립하여 정책과 법률을 비공개로 숙의하도록 설계되었다. 따라서 대의제는 덕성과 재능을 갖춘 훌륭한 인물을 골라내는 선거와 유권자의 사적 이해관계로부터 독립한 숙의와 비공개회의를 통해 이성이 작동하는 숙의 시스템을 구축하고자 했다.[265]

미국 헌법의 아버지들이 대의제를 구상할 당시부터 공적 토론과 집단적 숙의는 사익이 아니라 공공선을 이루기 위한 핵심적 가치였다. 매디슨이 대의제가 가장 현명한 자를 선출하는 제도로 보았던 것도 애국심과 정의에 대한 사랑으로 가득 찬 대표들이 일시적·부분적 이해관계가 아닌 나라의 진정한 이익을 가장 잘 분별할 수 있다고 보았기 때문이었다. 대의제는 일반 대중의 사적 견해가 대표 선택과정을 거치면서 보다 정제되고 확대되는 효과를 가져오기 때문에 고대 민주정보다 우수한 체제라고 평가했다.[266]

프랑스 혁명 시기에 대의제 확립에 기여한 시에예스Sieyès는 1789년에 발표한 『제3신분이란 무엇인가?』에서 루소의 직접민주주의 모델과 달리 현실적으로는 대의민주주의만이 가능하다고 보았다. 그는 대표의 역할이 토론을 통한 숙의라고 강조했다. 숙의 과정은 일반 이익general good이 존재하지 않는 상황에서 어느 의견이 타당한가에 대한 논의는 대표자들 간의 논쟁을 통해 찾아낼 수 있다고 보았다. 따라서 의견들이 경쟁하는 토론을 통해 합의와 동의를 만들어내는 과업을 수행하는 것이 대의정부에 맡겨진 과제였다.[267] 마넹Manin도 대의제의 4가지 원칙 가운데 하나로 토론을 통한 공공결정을 꼽았다.[268]

그런데 19세기 후반에 선거에서 승리를 목적으로 하는 '정당'이 등장하면서 대의제의 원칙이 무너지기 시작했다. 정당들은 대중의 인기를 끌고 선거에서 승리하기 위해 실현 가능성이 없는 정강과 공약을 남발하면서 대의제 자체를 변형시켰다. 이제 대표자는 미국 헌법 제정자들이 원했던 재능과 덕성을 갖춘 엘리트가 아니라 정당에 대한 충성심이 선택의 기준이 되었다. 정당 후보로 선출된 대표는 정당의 내부 규율과 공천권자의 통제를 받기 때문에 자유위임의 원칙에 따라 대표가 임기 동안 누렸던 자율성을 확보할 수 없게 된다. 이렇게 변형된 대의제는 '정당민주주의'로 불리게 되었다.

원래의 선거 대의제는 특정 정당의 소속이 아니라 국민의 대표로서 당파적 이해에서 벗어나 공동체 전체의 선common good을 추구할 것으로 기대했다. 그러나 정당민주주의가 활성화되면서 부작용이 강화되었다. 대부분의 나라에서 의원들은 정당의 거수기 역할에서 벗어나지 못하고 있으며, 공적 토론을 통한 합의나 집단지성의 도출도 찾아보기 어렵게 되었다.

'정당의 실패'와 디지털 정당

20세기 중후반에 들면서 정당민주주의가 제도적으로 확립되었지만, 정당정치의 공고화는 오히려 '대표의 실패'를 가속화시켰다. 1960년대 말부터 투표율 하락, 정당 가입자 감소, 정치인에 대한 신뢰 하락, 제도권 정치에 대한 관심 감소 등의 현상이 나타나면서 정부, 의회 등 주요 대표기구들이 유권자와 국민을 제대로 대표하지 못한다는 비판이 제기되었다.[269]

이에 대해 정당 옹호론자들은 민주정치의 작동에 있어 선거를 통해 집권한 뒤 정부를 구성하고 상충하는 이해관계를 조정해 정책을 추진하는 정당의 역할은 필수적이며, 이를 시민정치가 대신할 수 없다고 강조한다. 촛불시위와 같은 제도권 정치를 우회해 이뤄지는 거리의 정치는 자유민주주의를 위협할 수 있는 비정상적이고 일탈적인 대중 운동으로 간주한다. 광장의 정치와 시민정치는 제도와 절차를 우회해 이루어지는 포퓰리즘 혹은 동원의 정치로 전락할 수 있다는 것이다. '운동 정치'의 과잉이 불러온 혼란으로 인해 민주적인 책임정치를 구현할 수 있는 제도 정치시스템이 제대로 작동하지 못할 수 있다고 비판한다.[270]

그러나 SNS와 같은 뉴미디어의 등장과 시민단체의 정치참여 등 시대적 변화로 인해 정치적 대표와 의사결정을 더 이상 정당이 독점할 수 없게 되었다. 대의민주주의에 대한 실망과 좌절감이 직접행동으로 표출되고 직접민주주의에 대한 요구도 상승해 왔다. 이러한 상황에서 촛불시위와 '빛의 혁명'은 일탈적이고 반제도적인 현상이 아니라, 합리적이고 목적 지향적인 행동으로 '민주주의의 부활'이라는 반론이 제기되었다.[271]

오히려 '조직된 정당이 없는 상태에서' 발전해 온 근대 대의민주주의에 '정당민주주의'가 또 다른 변형을 야기했다고 보아야 한다는 것이다.[272] 비판론자들은 정당의 후보로 선출된 대표들이 공동선을 추구하는 수탁자가 아니라, 정당 이익의 대변자로 둔갑해 버린 현실을 근거로 들고 있다. 정당민주주의 체제에서 유권자들이 후보 개인이 아닌 정당에 투표함에 따라 대표들은 정당의 영향력 아래 놓이게 되었고, 그 결과 의회정치에서 대표들이 행사하던 정책 결정권은 정당 지도부의 몫으로 넘어가고 말았다.[273]

'정당의 실패'를 치유하기 위해 그동안 다양한 대안들이 제시되었다. 개헌이나 선거법 개정을 통해 정부 형태와 선거제도를 개선해 정당정치의 발전을 도모하는 시도가 지속되었다. 정당들 간의 극단적인 대립으로 국회가 파행되거나 물리적 충돌이 벌어지는 것을 막기 위해 국회선진화법을 제정하기도 했다. 그러나 상황은 오히려 악화되고 있다.

정당정치와 관련해 최근 주목받는 것은 새로운 정당 모델로 출현한 디지털 정당이다. 2008년 금융위기 이후 후발 민주주의 국가의 기존 정당들이 신자유주의적 세계질서에 제대로 대응하지 못하자 스페인의 포데모스Podemos, 이탈리아의 오성운동(M5S), 독일의 해적당 등이 등장했다. 이들 정당은 비례대표제와 다당제에 힘입어 초기에 낮은 지지율로 제도정치권에 안착하며 돌풍을 일으켰다. 그러나 디지털 정당도 기존 정당의 행태를 답습하면서 대중의 관심에서 멀어져 갔다.

여의도 축소판 지방의회

\# 차가운 겨울바람이 매서운 2024년 12월 23일, 동대구역 광장에 밀짚모자를 쓴 박정희 대통령이 보릿단을 양손으로 들고 환하게 웃고 있는 동상이 건립되었다. 동상 아래에는 누군가 가져다 둔 화사한 꽃다발이 놓여있었지만, 뒤쪽에는 붉은색으로 '독재자'라는 낙서가 적혀 있었다.

박정희 전 대통령의 동상 설치는 대구시가 건립을 추진하던 2024년 봄부터 지역사회의 뜨거운 감자였다. 대구지역 시민·사회단체들로 구성된 '박정희우상화반대 범시민운동본부'는 동대구역 광장과 대구시청 앞에서 연일 시위를 벌이는 한편, 동상 철거를 위해 박정희 대통령 기념사업을 추진한 시의회의 조례안 폐지를 청구하기 위한 서명운동에 나섰다. 범시민운동본부는 1만 4,754명의 서명을 받아 조례안 폐지를 청구했다. 대구에서 시민들이 주민조례 청구를 한 것은 2012년 '친환경 의무급식 조례' 이후 두 번째였다.

대구시의회는 주민들이 청구한 조례안에 대해 2025년 9월 본회의 표결에 부쳐 재적 33명 가운데 반대 32명으로 부결했다. 찬성은 비례대표로 뽑힌 더불어민주당 의원 1명이었고, 국민의힘 소속 의원 32명은 전원 반대표를 던졌다.[274] 주민청구 조례폐지안이 시의회 문턱을 넘지 못하면서 동상은 계속 존치될 전망이다.[275]

이 사례는 주민이 지방의회에 조례의 제정·개정·폐지를 요구할 수 있는 주민조례 청구 절차에 따라 발의되었지만, 시의회의 벽에 막혀 무용지물이 된 경우이다. 범시민운동본부는 기자회견을 열어 "주민 의사를 무시하는 대구시의회를 규탄한다"고 반발했다. 하지만 특정 정당이 지방의회를 장악한 지역에서는 주민의 목소리가 반영되기 어렵다는 사실을 여실히 보여주었다. 특히 영남과 호남에서는 특정 정당의 공천이 곧 당선이어서 주민의 눈치를 살필 필요가 없기 때문에 '지방의회 무용론'이 대두할 지경이다.

#

비슷한 시점인 2024년 10월 29일, 강원도 춘천시의회는 본회의를 열어 '춘천시주민자치지원센터' 폐지 조례안을 찬성 13표, 반대 10표로 가결했다. 국민의힘 소속 시의원 13명 전원은 찬성표를 던졌고, 더불어민주당(9명)과 정의당(1명)은 반대표를 던졌다. 2020년 7월 설립된 주민자치지원센터는 춘천시의 출자·출연 기관으로 주민 스스로 마을에 필요한 일을 찾고 해결책을 모색하도록 돕는 중간지원 조직이지만 조례 폐지와 출연금 미편성으로 2024년 말 문을 닫았다.

조례안을 발의한 국민의힘 소속 B 의원은 "주민자치지원센터는 실험적인 중간지원조직으로 출범했지만 주민 눈높이에 맞는 전문성 결여와 자발적인 주민참여가 부족하고, 비효율적인 재정 운영이 문제"라며 "센터 운영 취지와 목적에 반하는 활동으로 인해 폐지하고자 한다"고 주장했다.[276] 이에 대해 주민자치지원센터는 "조례 폐지는 주민자치 활동의 효율성과 지속성을 저해할 수 있고 센터가 운영하던 전담지원관 제도, 주민자치대학, 다양한 자치역량 강화 프로그램 등이 중단될 경우 주민자치회 운영에 행정적 부담이 가중되고 자발적인 주민 참여도 감소할 우려가 있다"며 반발했다.[277]

조례안이 시의회를 통과하자 춘천시 시민사회단체는 기자회견을 열고 "오늘은 민주주의가 또 한 번 죽는 날로 기억될 것이다. 시의회는 민주주의의 생명인 과정과 절차를 무시하는 모습을 보여줬으며, 정치가 세상을 바꿀 것이라는 믿음을 또다시 부수고 짓이겼다"라고 비판했다. 시민단체들은 조례안을 발의한 B 의원에 대한 주민소환 운동을 추진하고, 찬성 의원들에 대한 낙선운동을 벌이겠다고 밝혔다.[278]

조례폐지안은 2025년 7월 춘천시장의 재의요구로 다시 시의회에 상정되었으나 표결이 중단되면서 처리되지 못했다. 시의회는 춘천시에 재의 요구 철회를 요청했으나 거부당하자 다수 의석을 차지하고 있는 국민의힘 소속 시의원들이 투표에 불참하면서 의결 정족수 부족으로 표결이 중단되었다.[279]

이 사례는 자치단체장과 지방의회 다수당의 당적이 다를 경우 사사건건 충돌하는 모습을 보여준다. 민선 단체장이 교체될 경우 종전 사업이 축소되거나 폐지되는 사례도 속출하고 있다. 앞선 사례에서 대구시는 2015년 숙의형 시민참여 활성화를 위해 '시민원탁회의 운영 및 지원에 관한 조례'를 제정해 연 2~3회 원탁회의를 운영했으나 2022년 단체장 교체 이후 조례폐지안이 제출되었다. 시민들의 반대에도 불구하고 시의회가 폐지안을 가결해 대구시민원탁회의는 시행 8년 만에 중단되었다.[280]

바람 잘 날 없는 지방의원들

지방의원들의 비리와 몰지각한 행태는 1991년 출범 이후부터 줄곧 언론에 등장하는 단골 메뉴였다. 최근에는 외유성 해외연수로 전국의 지방의회가 곡살을 앓았다. 엉터리 해외연수로 2025년 하반기에 전국 지방의회(243곳)의 77.3%가 경찰의 수사를 받았다. 국민권익위는 2022년부터 2024년 5월까지 진행된 지방의회 국외 출장에 대한 전수조사를 진행한 결과, '항공권 부풀리기' 등으로 예산을 빼돌린 혐의로 경찰에 수사를 의뢰한 지방의회가 188곳에 달한다.[281]

권익위는 항공요금이 '실비'로 정산되는 점을 악용해 지방의회가 예산을 빼돌린 것으로 보고있다. 2022년에 네덜란드, 벨기에, 독일로 해외 출장을 간 어느 지방의회는 비즈니스석으로 항공권을 구매해 출장비를 받아낸 뒤 출발 전 이코노미석으로 변경해 1,741만 원을 빼돌렸다. 조사 대상 915건의 국외 출장 가운데 이 같은 항공권 부풀리기 사례만 405건(44.2%)인 것으로 나타났다. 빼돌린 항공요금 예산(18억 원)은 대부분 현지 여행 경비 등으로 사용한 것으로 조사되었다.

경기남부경찰청은 2025년 9월 항공권 부풀리기 혐의가 있는 평택시의원과 하남시 공무원 등 19명을 검찰에 송치했다. 평택시의원 11명은 공직선거법상 기부행위 위반 혐의가, 평택 · 하남시의회 공무원 5명과 여행사 관계자 3명 등은 사기 혐의가 각각 적용되었다. 광주경찰청도 광주시의회와 3개 구의회에 대해 압수수색을 실시하고 여행사 대표와 일부 구의회 직원들을 입건해 조사하는 등 전국의 지방의회가 대거 경찰 수사 대상에 오르면서 파문이 확산되었다. 범죄 혐의가 대부분 사실로 확인될 경우 지방의회에 대한 불신이 증폭될 수밖에 없을 것이다.

경찰이 해외연수와 관련한 전방위 수사가 진행 중인데도 2025년 하반기에 일부 지방의회에서는 계획된 일정이라며 해외 출장을 단행해 도덕적 불감증이라는 비난도 제기되었다.[282] 지방의회를 견제하고 시민의 목소리를 대변할 수 있는 새로운 참여제도의 필요성이 요구된 것은 어제오늘의 일이 아니다. 국회나 중앙정부 차원에서 운영하는 시민의회뿐만 아니라 지역에서도 시민의회 도입이 필요한 이유이다. 광역 또는 기초 단위에서 구성되는 시민의회는 이러한 차원에서 지방정치를 쇄신하는 돌파구가 될 수 있을 것이다.

3. 득세하는 극우 정당과 포퓰리즘

유럽을 장악한 극우 정당

20세기 후반부터 사회경제적 불평등이 심화되고 대의민주주의가 제대로 작동하지 못하면서 대중의 불만을 적극적으로 활용한 극우 정당이 득세하고 있다. 2차 세계대전 이후 파시즘과 나치즘 세력이 불법화된 유럽에서도 극우 정당의 영향력이 확대되고 있다. 프랑스의 국민연합(RN), 독일대안당(AfD), 영국 독립당(UKIP), 이탈리아의 동맹(Lega), 네덜란드 자유당(PVV) 등 서유럽의 선진 자본주의 국가는 물론 헝가리, 폴란드 등 동유럽 국가에서도 극우 또는 우파 포퓰리즘 정당이 세를 확산하고 있다.[283]

2022년 프랑스 총선에서는 극우 정당 국민연합(RN)이 89석을 확보해 제2당으로 약진했다. 1972년 아버지 장마리 르펜이 창당한 국민전선(FN)의 극우 이미지를 완화하고 '대중적 · 합리적 보수 대안 정당'으로 당명을 바꾼 딸 마린 르펜Marine Le Pen의 전략이 성공한 것이다. 마린 르펜은 아버지가 내건 반유대주의 대신 반이슬람·반이민 슬로건을 내걸고 프랑스 우선주의 정책을 주창했다. RN은 2024년 실시된 유럽의회 선거에서도 31.4% 득표율로 81석 가운데 30석을 확보하는 기염을 토했다. 1984년 국민전선이 유럽선거에서 10.95%를 기록한 이래 프랑스에서 40년 만에 최고의 성적을 거두었다.

독일 메르켈 수상의 난민 개방 정책에 강력히 반대하면서 지지층을 확대한 독일대안당(AfD)도 2013년 창당 이후 2025년 연방선거에서 20.8% 득표율로 152석을 차지해 2위에 올랐다. 2021년 83석에 비해 69석이 증가해 기존 중도 우파, 중도 좌파 정당을 제치고 급부상했다. AfD는 동독이 텃밭이었으나 최근에는 서독 지역에서도 영향력을 확대하고 있다. 2024년 실시된 유럽의회 선거에서도 15.9% 득표율로 2019년보다 4석이 많은 15석을 차지해 2위를 기록했다.

국경 통제 강화, 불법 이민자 추방, 난민 수용 제한을 핵심 공약으로 내건 AfD는 경제 불안과 기득권 정당에 대한 불신을 등에 업고 중산층과 동독 지역 유권자를 중심으로 세를 확산하고 있다. 초기에는 자유시장주의 성격이 강했으나 최근에는 유럽연합(EU) 탈퇴를 주장할 정도로 보호무역과 복지국가를 주창하고 있다. 프랑스 국민연합(RN)과 마찬가지로 자국민 우선 복지를 강조하고 있다.

이탈리아에서는 2022년 총선에서 파시스트 독재자 무솔리니가 세운 국가파시스트당(PNF)의 후신인 '이탈리아형제들(FdI)'이 118석으로 제1당이 되면서 우파연합이 집권했다.[284] 2025년 포르투갈 총선에서는 극우

성향의 셰가Chega가 50년 만에 양대 중도 정당 대결 구도를 깨고 제1야당 지위를 차지했다.[285]

핀란드에서는 2011년 총선에서 괄목할 성적을 거둔 핀란드인당Finns Party이 2023년 총선에서도 연속 4회 높은 득표율을 올리며 농촌지역을 기반으로 지지를 공고히 하고 있다. 핀란드의 극우 정당은 반조세, 반복지국가 의제를 통해 도시 중산층 중심의 신자유주의적 우파 포퓰리즘으로 출발한 덴마크, 노르웨이 사례와 달리 농촌과 소농을 기반으로 출발했다는 점이 이채롭다.

극우 정당은 일반적으로 배타적 민족주의, 권위주의적 질서, 다문화·이민 반대, 소수자 권리 거부 등을 특징으로 한다. 민족이나 인종을 정치공동체의 중심에 두고 이민자와 소수자를 배제하는 정책도 공통점이다. 이에 비해 포퓰리즘은 '중심이 얇은' 특성으로 인해 다른 이념과 쉽게 결합해 좌파 포퓰리즘, 우파 포퓰리즘 등으로 넓게 분화하고 있다.[286]

일반적인 포퓰리즘의 특성은 합리적인 숙의보다는 대중의 감정과 욕구를 자극하는 단순화된 해결책을 제시하면서 사회경제적 문제에 대한 극단적인 대응을 선호하는 경향이 있다. 의도적으로 복잡한 문제에 대한 깊이 있는 분석을 간과하거나 숙고를 배제하기도 한다. 오히려 선동적인 방식으로 대중을 동원하기 위해 감정적이고 공격적인 표현을 사용한다.

반지성주의와 결합된 포퓰리즘은 민주주의의 토대가 되는 집단지성을 불가능하게 한다는 것이 가장 위험스러운 대목이다. 특정 집단에 대한 분노와 증오로 인해 처음부터 집단지성이 작동할 여지를 봉쇄한다는 점에서 숙의민주주의와 대척점에 있다.[287] 포퓰리즘은 특정 정치 지도자에 대한 절대적인 지지도 주요한 요소이며 극우 정당의 대중동원 전략으로 널리 활용되고 있다.

최근의 유럽 극우 포퓰리즘 정당들은 2001년 9·11 테러, 2008년 국제금융위기, 2015년 유럽 난민위기 등 중대한 위기를 활용해 주요 선거에서 승리하면서 개별 국가에서는 물론 유럽의회에서도 주류 정당으로 등장하고 있다. 이들은 프랑스 국민연합의 수정 전략에서도 나타나듯이 여성, 성소수자 등 개인주의와 다원주의 문화를 수용하는 유연한 접근으로 주류화를 모색하고 있다. 반면 이민과 난민 문제에 대해서는 더욱 강력한 반이민·반EU 정책을 표방하고 있다.[288] 이에 비해 헝가리, 핀란드 등 동유럽에서는 자유주의와 입헌주의적 원칙을 훼손하고 권위주의 국가로의 퇴행이 재현되고 있다.

전 세계인 59% 민주주의에 불만, 미국인 26%는 독재 선호

대의민주주의가 사회경제적 불평등과 계급 간 이해관계를 조율하지 못하고 실패하면서 민주주의에 대한 실망이 독재 선호의 양상으로 발전하고 있다. 미국의 퓨리서치센터가 미국, 영국, 독일, 일본 등 24개국을 대상으로 2023년 2월~5월 실시한 여론조사에서 "민주주의가 작동하는 방식이 불만족스럽다"는 사람이 59%에 달했다.[289] 이에 비해 "강력한 지도자가 의회·법원 등의 견제를 거치지 않고 결정하는 정부 체제를 선호한다"는 비율이 2017년과 비교해 24개국 가운데 8개국에서 대폭 증가한 것으로 나타났다.[290] 인도(55%→67%), 멕시코(27%→50%), 한국(23%→35%), 독일(6%→16%) 등 대부분 국가에서 10%포인트 이상 증가했다.

민주주의의 대안으로 '군부 통치'가 좋다는 비율은 멕시코(58%), 남아프리카공화국(46%), 브라질(42%)뿐만 아니라 민주주의 모범국으로 알려진 영국(17%), 일본(16%), 미국(15%)에서도 15% 이상 차지했다. 충격적인 것은 미국인의 26%가 "독재체제를 선호한다"고 응답했다는 점이다. 미국에서 트럼프 대통령이 재집권한 배경을 엿볼 수 있는 대목이다.

민주주의가 불만인 이유로 전체 응답자의 74%가 "의원 등 선출직 공무원들이 국민의 생각에는 관심을 가지지 않는다"고 밝혔다. 국가별로는 스페인이 85%로 가장 높았고, 아르헨티나와 미국이 각각 83%, 헝가리 78%, 한국 73%, 일본 72% 순이었다. 기존의 대의민주주의 체제에 대한 불만이 전 세계적인 현상으로 보편화되고 있다는 것을 알 수 있다. 조사를 담당한 리처드 와이크 퓨리서치 국장은 "정치 엘리트들이 시민들과 소통하지 않고 있으며, 정치·경제 시스템이 공정하지 않다는 대중의 불만이 크게 작용한 결과"라고 분석했다.

이 같은 연유로 의회(국회)에 대한 신뢰도는 매년 하락하고 있다. 특히 우리나라 국회에 대한 신뢰도는 OECD 30개국 가운데 최하위에 속한다. OECD가 2024년 9월 발표한 공공기관 신뢰도 조사에 따르면, 한국의 국회 신뢰도는 20.56%로 OECD 평균치인 36.52%에 한참 못 미치는 수준이었다. 중요한 민생 · 경제 법안은 뒷전에 둔 채 여야 간 정쟁만 반복되면서 국회 신뢰가 바닥에 떨어진 것으로 분석되었다. 한국보다 신뢰도가 낮은 국가는 체코와 칠레 등 2개국뿐이었다.[291]

퓨리서치센터의 조사를 통해 확인할 수 있는 것은 전 세계에서 선거가 독재자에게 집권 명분을 주기 위한 요식행위로 전락하고 있다는 점이다. 형식적으로 선거는 치르지만 실제로는 독재국인 '선거 독재국가electoral autocracies'가 창궐하고 있다. 미국 하바드대 교수인 레비츠키와 지블랫Levitsky and Ziblatt은 "과거에는 민주주의의 위협요인이 군부 쿠데타가 주를 이루었으나, 지금은 포퓰리즘과 정치 양극화가 주범"이라고 진단했다.[292] 양극화된 정치에서 각 정당이 상대 정당을 정당한 경쟁자가 아니라 적으로 규정하며, 제도적 권한을 절제하지 않고 행사해 합법적으로 민주주의를 위협하고 있다는 것이다.

레비츠키와 지블랫은 민주주의를 지키는 보루는 헌법이나 제도가 아니라 '연성 가드레일'인 상호 관용toleration과 제도적 자제forbearance의 규범이 무너질 때 전제주의로 전락할 수 있다고 경고했다. 2021년 1월 6일, 대선에 불복한 트럼프 지지자들이 미국 의사당을 점거하는 충격적인 사건이 발생하자 두 교수는 왜 민주주의 선도국으로 불리는 미국에서 이런 현상이 발생했는지 깊은 고민에 빠졌다. 트럼프 지지자들의 의사당 점거 사건을 지켜보면서 두 저자는 미국을 '표준 이하의 민주주의 국가'라고 평가했다. 2024년 11월 대선에서 재집권한 트럼프 대통령이 'MAGA'를 외치며 동맹국에도 관세 폭탄을 퍼붓는 모습을 지켜본 두 교수가 펴낼 후속편이 자못 궁금해진다. 문제는 미국에만 있지 않다. 우리는 어떤가?

서부지법 난동 사건과 한국의 파시즘

2025년 1월 19일 새벽, 서울 마포구 서부지법이 윤석열 대통령에 대한 구속영장을 발부하자 수백 명의 시위대가 경찰 저지선을 뚫고 법원으로 난입했다. 일부 시위대는 경찰 방패를 탈취해 유리창을 부수고 로비로 진입하자 소화기 분말로 앞이 보이지 않을 정도였다. 현장은 유튜브 등으로 실시간 중계되고 있었다. 일부 군중은 창문을 깨고 법정과 사무실로 들어가 집기를 부수고 마구 집어 던졌다. "판사 어디 갔어!"라는 고함이 계단과 복도에서 터져 나왔다.

경찰관들은 정문과 출입구를 중심으로 방어선을 재정비했지만, 의자 등 집기가 날아다니고 소화기 분사가 이어지는 혼란으로 현장 유지가 쉽지 않아 보였다. 폭력 난입 직후 경찰은 특수공무집행방해와 재물손괴 혐의 등으로 143명을 체포해 이 중 63명을 기소했다. 1심 선고에서 최장 징역 5년 등 49명에게 유죄가 선고되었다.

시위대가 판결에 불만을 품고 법원 청사를 습격한 것은 대한민국 역사에서 이번이 두 번째였다. 1958년 7월 5일에는 '진보당(조봉암) 1심 판결' 직후에 반공청년단 등이 서소문 대법원 청사에 난입해 판사를 위협하고 소란을 벌였다. 해방 직후의 혼란했던 상황에 비해 서부지법 난동 사건은 전 국민이 지켜보는 가운데 조직적인 폭동이 자행되어 충격을 더했다.

12·3 비상계엄으로 촉발된 내란 사태가 해를 넘겨 서부지법 폭동으로 이어지면서 한국에 극우 파시즘이 수면 위로 부상하기 시작했다. 헌정질서를 파괴하는 폭력행위가 애국주의로 포장되면서 폭력을 정당화하는 파시즘 양상으로 발전해 민주주의에 경고음이 울리고 있다. 한국의 파시즘은 해방 직후부터 사회적 토양과 잠재력이 갖추어져 있었지만, 헌법기관을 공격하고 이를 보수 정치세력이 사실상 옹호하면서 사태의 심각성을 더하고 있다.

파시즘은 공공연한 인종주의, 제국주의적 팽창과 무력 사용의 정당화, 대중동원을 통한 일당 독재로 민주주의 제도를 전면적으로 파괴한다.[293] 현대의 우익 포퓰리즘이 외관상으로는 선거와 같은 민주주의 제도를 유지하는 데 비해, 파시즘은 노골적인 폭력과 인종주의로 민주주의 자체를 부정한다는 점에서 위험성의 차원이 다르다.

유럽의 극우 세력이 반이민을 고리로 세를 결집하고 있지만, 최근의 한국 극우 파시즘은 반공을 넘어 중국 혐오, 강경한 민족주의, 그리고 음모론적 세계관을 결합하는 방식으로 변화하고 있다. 유럽 극우 정당이 민주적 합의의 틀 안에서 극우적 신념을 관철하려는 태도를 유지하는 반면, 한국의 극우 파시즘은 서부지법 난동사건에서 드러났듯이 민주주의를 파괴하려는 고전적 파시즘으로 직행하고 있다는 징조를 보이고 있다.

앞서 살펴본 포퓰리즘의 원인이 경제적 불평등의 심화와 문화적·종교적 갈등 등 사회 구조적인 요인에 기인하기 때문에 사회 제반 영역에서 대책을 강구하지 않으면 근본적으로 해소되기 어렵다. 일차적으로는 제도권 틀에서 배제된 사람들의 정치적 욕구를 표출할 수 있도록 참여 통로를 확장해야 한다. 시민주권의 제도화를 통해 소외된 다양한 목소리가 정치체제에 수용되어 효능감을 가질 수 있도록 해야 한다. 포퓰리즘의 에너지를 민주주의의 민주화로 승화시키지 않으면 좌파 포퓰리즘 운동이라도 결국 권위주의 강화로 이어질 수 있기 때문이다.[294]

편견과 증오를 숙주로 민주주의를 파괴하는 포퓰리즘과 파시즘의 발호를 막을 수 있는 방법은 이성적 숙의가 가능한 공론장을 구축하는 길이다. 이러한 측면에서 시민의회는 단순다수결의 선거 대의제에서 소외된 사람들의 에너지를 정치적 역동성으로 전환할 수 있는 계기가 될 수 있다. 시민의회는 무작위 추첨으로 구성되기 때문에 포퓰리즘을 야기한 배제와 동원으로부터 자유롭다. 생생한 시민교육을 통해 정치적 무관심을 극복할 수 있다는 것도 포퓰리즘에 대항하는 시민의회의 장점으로 꼽힌다.[295]

235 미국 의사당 점거 당시의 상황은 의회특별위원회 보고서, CNN · 워싱턴포스트 · NYT(2021.1.6~1.7) 보도, FBI 발표 자료 등을 토대로 ChatGPT의 도움으로 재연했음.

236 Levitsky & Ziblatt(2023), p. 287.

237 미국은 건국 당시부터 단순다수결 원칙majority rule과 달리 소수 파워를 보장하는 카운터-메이저리안counter-majoritarian 제도를 운용해 왔다. 소수에게 권력을 과도하게 보장하는 대표적인 사례로 상원제도, 선거인단 제도, 대법관 종신제, 필리버스터 제도를 들 수 있다(Levitsky & Ziblatt, 2023).

238 Freedom House가 실시한 각국의 민주주의 평가에서 미국은 2020년 86점에서 2021년에 83점으로 하락했다. V-Dem의 2023년 민주주의 수준 평가에서 미국은 27위를 기록했고, 선거 위협 및 폭력 지표는 2013년부터 2023년 사이에 통계적으로 유의미한 하락세를 보였다. 이코노미스트Economis 민주주의 지수에서도 미국은 'full democracy' 지위에서 'flawed democracy'로 전락하며 2021년 최저치(7 85/10)를 기록했다.

239 한겨레신문(2025.9.11.), "지난해 전 세계 94개국 민주주의 후퇴… 한국도 언론자유 · 사법 접근권 악화".

240 한겨레(2025.10.20.), "트럼프 반민주적, 700만 명 노 킹스".

241 튀르키예 쿠데타 상황은 Reuters, BBC, Hürriyet, Guardian, NYT, Al Jazeera 등 언론 보도를 토대로 ChatGPT의 도움으로 재연했음.

242 BBC(2016.7.16.), "Turkey coup attempt: What you need to know".

243 Amnesty International(2016), "Turkey: Crackdown by the numbers"; Human Rights Watch(2016), "A Blank Check".

244 러시아는 2020년 7월 1일 국민투표를 통해 푸틴의 대통령 임기 제한을 "재설정reset하는 개헌안이 78% 찬성으로 통과되었다. 이에 따라 푸틴 대통령은 과거 재임 기간을 새로 계산하지 않아reset 두 번 더 출마가 가능해 2036년까지 집권할 수 있게 되었다. BBC(2020.7.2.), "Russia referendum: Putin paves way for presidency until 2036".

245 조선일보(2024.2.29.), "美 여론조사 맞아… 민주주의 불만 59%, 독재 선호 26%".

246) 한겨레(2025.9.15.), "후퇴한 민주주의, 2차 대전 직전보다 심각… 미국 없이도 수호 가능".

247) 계엄선포에서 국회 해제 의결까지는 약 3시간이었지만, 실제 정부 발표로 공식적으로 해제된 것은 6시간 만이었다.

248) 조선일보(2024.12.3.), "윤 대통령 '반국가세력 반드시 척결' 비상계엄 선포".

249 비토크러시vetocracy는 프랜시스 후쿠야마F. Fukuyama가 2013년 The American Interest에 기고한 "The Decay of American Political Institutions"에서 미국의 견제 · 균형이 변질되었다고 규정하

면서 사용한 신조어이다.

250 'representative democracy'를 대표제 민주주의로 칭하는 학자도 있고(이관후, 2018a), 대의민주주의를 자유민주주의와 같은 의미로 혼용하는 경우도 있다(이상환, 2022). 대표 선출 방법을 기준으로 선거 대의제와 추첨 대의제로 구분하는 논자도 있지만, 이 책에서 대의민주주의는 선거 대의제와 같은 의미로 사용한다. 서경석(2020)은 선거에 기반한 자유위임적 대의제를 선거형 대의제로, 추첨에 기반한 단기교대형 숙의적 대의제를 추첨형 대의제로 구분하고 있다.

251 김주성(2008), p. 6.

252 임정관(2018), pp. 135-159.

253 김주성(2011), pp. 33-78.

254 서병훈(2011), pp. 19-20.

255 독일 기본법 제38조 1항 제2문, "그들은 전 국민의 대표이며, 어떠한 명령이나 지시에도 구속되지 않고 오직 자신의 양심에만 따른다." 프랑스 헌법 제27조, "모든 구속적 위임은 무효이다. 국회의원의 투표권은 그 개인에게 속한다."

256 손우정(2008), p. 36.

257 Manin(1997), p. 119 ; 서경석(2020), pp. 169-170.

258 Madison(1961b), pp. 350-351 ; Manin(1997), p. 150.

259 이관후(2018b), p. 34.

260 서경석(2020), p. 169.

261 월리스Wallace는 2015년 자신의 블로그Equality by Lot에 연재한 "The Failure of Elections : Twenty-Four Defects"를 보완해 2020년 전자책Kindle edition으로 『Down with Elections! : A Plan for Democracy without Elections』을 출간했다.

262 월리스Wallace가 제시한 선거제의 24가지 문제점은 다음과 같다. ①부정 개표·전자투표 오류 등 사기 취약성, ②막대한 선거자금으로 실질 후보 소수로 제한, ③재선 의존 구조로 후원자 이해 우선, ④정당정치로 진영간 양극화 조장, ⑤국가지원 선거보조금도 거대정당에 유리, ⑥권력의지와 사적 동기를 가진 인물들이 모이기 쉬움, ⑦집권·입법 과정의 상시적 타협으로 공약과 괴리, ⑧구호와 슬로건이 정책토론 압도, ⑨미디어의 편향 및 상업화로 얕은 보도, ⑩불확실한 미래 탓에 인물·정당에 투표해도 실제 정책은 예측 불가, ⑪교육과정 개입 등 이념 주입 유혹, ⑫선거제도 자체의 결비(안전·스윙 시트, 게리맨더링, 상원식 불균형 등), ⑬소수정당의 과도한 캐스팅보트 또는 완전 배제, ⑭대리-독립(위임 vs 재량) 딜레마: 대표는 지시를 따를까, '수호자'로 판단할까?, ⑮지역구 이익 vs 국가이익의 대표성 딜레마, ⑯사회적 선택의 수학적 한계: 공정한 순위, 승자 규칙의 불가능성, ⑰합리적 무지: 결정적인 한 표가 될 확률이 미미해 정보 습득 비용이 이익을 초과, ⑱감정

적 사건이 선거를 휘두르는 문제, ⑲당선자는 유권자와 이질적인 엘리트가 되기 쉽고, 민회의 축소판이 아님, ⑳체면·선전 효과로 정책 전환이 어려움, ㉑낮은 투표율로 소수 지지로도 집권, ㉒매표·협박·종교적 영향 등으로 표심 왜곡, ㉓선거는 책임성 수단으로 부적절: 수년간의 수백 결정에 일괄 심판 불가, ㉔유권자의 도덕적 딜레마: 투표해도 나쁜 정부를 정당화하게 됨 등이다.

263 '합리적 무지rational ignorance'는 선거에서 개인이 특정 정보를 입수해서 얻는 혜택보다 정보를 얻으려고 지출하는 비용이 더 큰 경우에 합리적인 판단을 통해 정보를 얻으려고 하지 않고 무시하게 된다는 이론이다.

264 김주성(2008), p. 24.

265 김주성(2008), pp. 16-17.

266 Madison(1961a), p. 82 ; Manin(1997), p. 150.

267 Siéyès(1789), p. 92 ; Manin(1997), p. 231.

268 Manin(1997)이 제시한 대의정부의 네 가지 특징은 ①일정한 시간적 간격을 두고 선거를 통해 통치할 사람을 임명한다. ②통치하는 사람들의 정책 결정은 유권자들의 요구로부터 일정 정도 독립성을 갖는다. ③피통치자들은 통치자들의 통제에 종속되지 않고 그들의 의사와 정치적 요구들을 표현할 수 있다. ④공공결정은 토론을 거친다.

269 Tormey(2014), 이관후(2018b) 참조.

270 김의영(2025) 참조.

271 Norris(2002); 김의영(2025)

272) Manin(1997), pp. 239-240 ; 이동수(2005), pp. 21-23.

273 Manin(1997), pp. 241-265 ; 김원동(2022)

274 경향신문(2025.9.12.), "동대구역 '박정희 동상' 남는다… 대구시의회, 지원조례 폐지안 부결".

275 동대구역 박정희 대통령 동상 존치 여부는 국가철도공단이 "대구시가 소유주와 협의 없이 일방적으로 설치해 불법"이라고 주장하며 대구시를 상대로 소송을 제기한 상태여서 재판 결과에 따라 달라질 수 있다.

276 강원일보(2024.10.21.), "춘천시의회, 주민자치센터 폐지 추진… '지방자치 역행' 시민 반발".

277 오마이뉴스(2024.10.16.), "춘천시의회, '주민자치지원센터 폐지 조례안' 발의에 시끌".

278 한겨레(2024.10.29.), "춘천시민단체, '주민자치지원센터 폐지' 시의원 소환운동. 다음 선거 때 낙선운동 예고".

279 강원일보(2025.7.14.), "춘천시주민자치지원센터 의회 표결 중단… 재의 요구에도 처리 무산".

280 대구CBS(2022.9.19.), "대구경실련, 원탁회의 조례 폐지 추진하는 대구시 비판".

281 경향신문(2025.9.10.), "지방의회 188곳 '항공권 부풀리기'로 해외출장 예산 빼돌려 … 경찰 수

사 중".

282 한겨레(2025.5.27.), "경비 부풀리기 수사 중에도…경기도의회, 줄줄이 국외 출장 계획".

283 핀란드 우파 포퓰리즘에 대해서는 서현수(2024) 참조.

284 2022년 이탈리아 총선에서 우파연합은 하원 400석 가운데 237석을 차지했고, 상원은 200석 가운데 115석을 얻었다. 이탈리아형제당(FdI)은 하원 선거에서 독자적으로 118석을 차지해 1당이 되었다.

285 2025년 포르투갈 총선에서 보수중도 민주연합(AD)은 230석 가운데 91석으로 과반 확보에 실패했고, 셰가Chega는 사회당(58석)을 제치고 60석을 차지해 제2당으로 올랐다.

286 포퓰리즘은 "사회를 서로 적대하는 두 진영, 즉 '순수한 국민'과 '부패한 엘리트'를 대립시켜 정치는 국민의 일반의지에 따라야 한다고 주장하는 중심이 얇은 이념thin-centered ideology"을 말한다(Mudde & Kaltwasser, 2017: 23).

287 서경석(2024), pp. 327-329.

288 Mudde & Kaltwasser(2017), p. 22.

289 조선일보(2024.2.29.), "美 여론조사 맞아… 민주주의 불만 59%, 독재 선호 26%".

290 퓨리서치센터가 2025년 1월~4월 23개국을 대상으로 실시한 여론조사에서 민주주의에 대한 불만족도는 58%로 2023년의 조사결과와 비슷했다(조선일보, 2024.2.29). 그러나 국가별로 권위주의에 대한 선호율 등에 대해서는 2025년 6월에 발표한 보고서 'Dissatisfaction with democracy remains widespread in many nations'에서는 구체적인 수치를 밝히지 않았다.

291 주간조선(2024.9.21.), "韓 국회 신뢰도 OECD 30개국 중 28위 꼴찌권".

292 Levitsky and Ziblatt(2018) 참조.

293 Poulantzas(2019); Gerbaudo(2021), pp. 55-56.

294 한상원(2022), p. 185.

295 진태원(2013); 서경석(2024), pp. 324-325.

5장 | 선거 대의제 바로잡을 대안은?

1. 포르투알레그리에서 불어온 새바람

정치인 대신 이제 우리가 정한다

\# 1989년 봄, 브라질 남부 포르투알레그리Porto Alegre시. 밤늦은 시간에 시청 강당에 노동자, 공무원, 가정주부, 학생, 교회 대표, 빈민단체 활동가 등 200여 명의 시민이 모였다. 낡은 노트를 손에 들고 마을마다 필요한 공공사업 예산을 논의하기 시작했다. "정치인 대신 이제 우리가 정한다." 마이크를 잡은 한 노인이 말했다. 뒤쪽 벽면에는 분필로 이렇게 적혀 있었다. "시민이 만드는 예산Orçamento Participativo"[296]

1985년 군사독재가 막을 내린 브라질은 극심한 빈곤과 고질적인 부패로 신음했다. 민주주의는 막 복원되었지만, 주민들은 여전히 행정의 뒷전이었다. 이런 상황에서 1988년 지방선거를 통해 집권한 노동자당(PT)의 젊은 시장 올리비오 두트라Olívio Dutra는 "예산을 시민들에게 돌려주겠다"고 공약했다. 시 재정의 절반 정도를 주민들이 직접 결정하게 한다는 구상은 당시로선 급진적인 발상이었다. 관료들과 일부 시의원은 불가능하다며 비웃었으나 시민단체와 교회, 도시 빈민조직들은 시장의 제안에 환호했다.

그들의 구호는 간결했다. "예산은 곧 권력이다." 시간이 지나자 놀라운 변화가 일어났다. 가난한 지역의 하수도와 도로 포장률이 두 배로 늘었고, 시민들은 자신이 낸 세금이 어디에 쓰이는지 '감시하고 제안하는 주체'로 바뀌었다. 이 실험은 1990년대 초 브라질 100여 개 도시와 라틴아메리카, 유럽, 아시아 등 전 세계 300여 개 도시로 번졌다. 1996년 유엔-해비타트UN-Habitat는 포르투알레그리의 모델을 '도시 거버넌스 혁신 사례'로 공표했다.

"우리는 단순히 회계장부를 연 게 아니라, 민주주의의 새로운 문을 열었다." 당시 노동자당 간부이자 참여예산 운영 책임자였던 타르소 제네로T.Genro는 후일 이렇게 회고했다. 1989년 봄 포르투알레그리에서 시작된 이 흐름은 이후 '참여민주주의의 살아있는 교과서', '남반구의 아테네'로 불리며 세계 곳곳의 시민참여 제도 실험에 영감을 주었다.

포르투알레그리에서 불어온 주민참여예산제도는 우리나라에도 닿아 2004년 광주 북구에서 처음으로 도입한 이후 전국으로 확산되었다. 2011년에는 지방재정법을 개정해 모든 지방자치단체에서 의무적으로 실시하고 있다. 그동안 자치단체가 독점적으로 행사해 왔던 예산편성에 지역 주민들의 참여를 법적·제도적으로 보장한 것이다.

시민들이 정책과정에 직접적으로 참여하기 어렵다는 대의민주제의 한계를 극복하는 보완책으로 출현한 참여민주주의는 공청회, 주민공람, 정보공개 등 단순한 참여의 수준에서 주민소환과 주민 결정 등 직접민주주의로 확대되었다. 넓은 의미의 참여민주주의에서 '참여'는 선거 또는 지지행위 등에 한정된 대의민주주의 방식이 아니라 의사결정 과정에 직접 참여해 자신의 선호preference를 반영하는 구조를 의미한다.[297] 시민들의 직접적인 참여는 정치적 결정이나 공공정책에 대한 수용성을 높일 뿐만 아니라 사회적 갈등을 완화하는 장점이 있다.

바버Barber는 선거나 투표로 축소된 '약한 민주주의thin democracy'를 '강한 민주주의strong democracy'로 전환하기 위해서는 시민이 정치의 주체가 되어 정치과정에 적극적으로 참여해야 한다고 강조했다.[298] 이를 통해 시민적 덕성을 함양하고 다수결주의를 넘어 '강한 민주주의'를 구현할 수 있다고 보았다. 따라서 참여민주주의의 요체는 일상생활의 정치화를 통하서 시민들의 자율성과 공공성을 확보해 민주주의를 심화·확장하자는 것이다.[299]

그러나 참여의 수준과 형식적인 참여, 참여 과정의 구조적 불평등, 참여 주체와 참여자 간 정보 비대칭성 등의 문제가 드러나기 시작했다.[300] 주민참여예산제도 또한 참여자의 대표성과 전문성 부족, 구성의 민주성 문제도 제기되었다. 이로 인해 정치적 논의의 장이 되지 못하고 형식적 운영에 머무르고 있다는 비판을 받고 있다.[301] 아른슈타인Arnstein은 단순한 절차 참여가 아니라 권한위임delegated power과 시민 통제citizen control의 방식으로 시민이 정책 결정 과정에 실제 권한citizen power을 가져야 한다고 강조한다.[302]

참여민주주의는 '참여'를 통한 자기 결정의 자유와 시민 덕성 발달에 장점을 보일 수 있으나, 무엇보다도 최종 결정 권력을 가지지 못한다는 점에서 대의민주제의 위기를 극복할 근본적인 대안으로 자리매김하기에는 여전히 한계가 있다. 또한 '자발적 참여' 위주라는 점에서 대표성 문제도 제기된다. 일반적으로 사회경제적 지위가 높을수록, 교육수준이 높을수록, 소득이 많을수록, 블루칼라보다 화이트칼라일수록 참여의 수준이 높은 것으로 나타났다. 이는 선거를 통한 정치참여와 마찬가지로 참여민주주의에서도 평등한 참여가 이루어지지 않고 있다는 현실을 말해준다.[303] 이 같은 참여민주주의의 한계를 보완하고 참여의 형평성과 숙의성을 담보할 수 있는 새로운 방식이 요구되기 시작했다. 그 대안은 숙의민주주의로 나타났다.

2. 직접민주주의, 포퓰리즘에서 벗어나려면?

캘리포니아의 주민투표와 영국의 브렉시트

1978년 봄, 미국 캘리포니아주에서 '재산세 제한을 위한 주민발안Proposition 13'이 제안되었다. 요지는 재산세를 집값(과세표준)의 최대 1%만 납부하고, 집값이 올라도 과세표준은 1년에 최대 2%만 올릴 수 있도록 제한하는 것이 골자였다. 세금을 올릴 때는 주의회 2/3 찬성을 얻도록 하고 지방 특별세는 유권자의 2/3가 찬성해야 가능하도록 했다. 한마디로 증세를 못 하도록 규제해 부자들에게 유리한 법안이었다.

'Proposition 13'은 L.A의 아파트 소유주 단체에서 활동하던 자비스Jarvis와 시민단체 피플스 애드보킷People's Advocate을 이끌던 갠Gann이 주도해 '자비스-갠 수정Jarvis-Gann'으로 불렸다. 찬성 측과 반대 측은 막대한 자금을 동원해 선거운동을 벌였지만, 그해 6월 실시된 주민투표에서 65% 찬성으로 법안이 통과되었다. 주지사와 의회는 'Proposition 13'이 상정되자 이에 맞서 온건한 대안Proposition 8을 제시했으나 부결되었다.

법안이 발효되자 캘리포니아의 재산세 수입이 절반으로 줄고 증세도 할 수 없는 상황에 직면해 주정부의 이전금으로 메우다 보니 재정이 파탄 지경이었다. 이 사례는 직접민주제의 부작용을 시사하는 대표적인 사건으로 거론되고 있다.

\# "영국이 EU 회원국으로 남을 것인가, 떠날 것인가?" 세기의 국민투표로 전 세계의 이목이 집중되었던 2016년 6월, 영국은 브렉시트 Brexit 국민투표에서 찬성 52%로 EU를 탈퇴하게 된다. 하지만 국민투표 이후 거센 후폭풍이 몰아쳤다. 영국 재정감시기구(OBR)의 보고서에 따르면 EU 잔류에 비해 장기 생산성이 4% 하락하고, 유럽개혁센터(CER) '도펠강어 doppelgänger' 분석에서는 브렉시트로 영국 GDP가 5% 하락한 것으로 평가되었다. 2025년 실시된 두 차례 여론조사에서도 영국 국민 55%~56%가 "떠난 결정이 잘못"이었다고 응답했다.[304]

브렉시트 국민투표에 대해서는 다양한 관점에서 문제가 제기되어 왔다. 첫째, 국가의 중대한 헌정 변화를 최소 투표율이나 가중다수결 같은 '문턱 threshold' 규정도 없이 52:48이라는 단순 과반으로 결정했다는 것이다. 둘째, 선거인단의 문제로 영국에 거주하는 대부분의 EU 시민과 해외 거주 영국민, 그리고 16~17세 청소년들이 제외되어 대표성 논란이 제기되었다. 셋째, 선거운동 과정에서 가짜 정보를 통제하지 못해 유권자들의 판단에 오류가 있었다는 점이다. 대표적으로 "영국이 주당 3억 5천만 파운드를 EU에 낸다"는 슬로건은 영국통계청(UKSA)이 '오해'라고 밝혔지만, 허위·과장 보도가 제대로 검증되지 못한 채 선거에 부정적인 영향을 미쳤다.

넷째, 다층적 협상과 경제·통상·안보, 북아일랜드 문제 등이 복잡하게 얽힌 사안을 '잔류/이탈'이라는 이분법으로 묻는 투표방식이 근본적인 한계로 지적되었다. 다섯째, 법적 구속력이 없는 자문적 성격의 국민투표로 인해 의회가 새로운 법률 제정으로 공식 탈퇴까지 혼란이 지속되었다. 여섯째, 국민투표 과정에서 지역별, 세대, 학력 등에 따른 극심한 표심 격차와 정치적 양극화로 사회적 분열이 심화되었다. 이처럼 영국의 브렉시트는 직접민주제의 폐해를 보여준 최근의 대표적인 사례에 속한다.

국민투표, 국민발안, 국민소환은 안전한가?

대의민주주의에 대한 불신이 전 세계적으로 확산되면서 대안으로 직접민주주의에 대한 관심이 높아지고 있다. 대의민주제의 실패는 선거 방식의 개선이 아니라, 근본적으로 민주주의 원래 모습에 대한 성찰로부터 시작되어야 한다는 인식이 깔려 있다. 원형민주주의를 구현하려는 구체적인 제도로 국민투표, 국민발안, 국민소환에 눈길을 돌리기 시작한 것이다. 국민발안은 일정 수 이상의 국민 서명으로 헌법·법률안이나 정책안이 발의되면 국민투표에 부쳐서 채택 여부를 결정하는 제도로 레퍼렌덤referencum이라고 한다. 이에 비해 플레비사이트plebiscite는 국가기관이 제안한 안건에 대해 국민투표로 결정하는 하향식 제도로 국회나 대통령이 제안한 헌법안을 국민투표로 확정하는 경우이다.

우리나라의 국민투표plebiscite 제도는 1962년 제3공화국 헌법에서 도입된 이래 5차례의 헌법개정과 1차례의 대통령 긴급조치 정당화 등 총 6차례 실시되었다. 1972년 11월 실시된 제7차 개헌(유신헌법)도 국민투표를 통해 91.5%라는 압도적인 찬성으로 통과되었다(투표율 91.9%). 현행 국민투표법은 재외국민 투표권 배제와 정당에만 허용된 선거운동 등으로 헌법불합치 판정을 받은 상태에서 관련 조항이 개정되지 않아 국민투표를 실시하지 못하는 상태이다.

국민발안referendum은 1954년 제2차 개헌으로 도입되어 민의원(국회의원) 선거권자 50만 명 이상 찬성으로 헌법개정안 발의가 가능했으나 유신헌법으로 불리는 1972년 제7차 개헌으로 폐지되었다. 민주화 이후 최근에는 국민발안제 도입이 필요하다는 인식이 확산되고 있다.[305] 2018년 3월 문재인 대통령이 발의한 헌법개정안 제56조에는 법률안에 대한 국민발안제가 규정되었고, 2020년 3월 강창일 의원 등 국회의원 148명은 헌법개정 국민발안제 도입을 위한 원포인트 개헌안을 발의했다.[306] 그러나 두 개의 헌법개정안은 모두 국회를 통과하지 못하고 폐기되었다. 이런 연유로 이재명 정부에서는 10차 개헌을 통해 국민발안권을 회복해야 한다는 요구가 시민단체를 중심으로 강하게 일고 있다.

헌법개정에 대해 국민발안을 인정하는 경우에도 내용에 일정한 제한을 두고 있다. 독일(바이에른주), 오스트리아, 이탈리아, 스위스 등에서는 국민발안의 내용에 대해 헌법재판소가 헌법 적합성을 심사하게 되어있다. 스위스에서는 10만 명 서명으로 헌법개정안을 발의할 수 있지만, 의회가 대안이나 수정 발의를 할 수 있도록 운영하고 있다.

이에 비해 핀란드에서는 국민발안에 대해 의회의 심의 절차를 의무적으로 거치는 간접발안제를 채택하고 있다.[307] 직접민주제를 도입하면서도 간접발안제를 활용하는 이유는 극단적인 제안이나 다수의 횡포가 발생할 수 있기 때문이다. 특히 직접민주제가 야기할 수 있는 포퓰리즘을 방지하기 위해서는 헌법개정 절차에 숙의 시스템을 도입할 필요가 있다.

직접민주제의 또 다른 수단으로 대통령과 국회의원에 대한 국민소환제는 도입하지 않고 있지만,[308] 지방자치단체장과 지방의원에 대한 주민소환제는 2007년부터 실시하고 있다. 지방 단위에서는 주민소환 외에도 주민투표,[309] 주민발안제도가 운영되고 있다. 풀뿌리 읍면동 단위에서 주민들이 모여 대표자 선출과 조례 제정 및 청원을 결정하는 주민총회도 직접민주주의 제도이다.

주민들이 일정 수 이상 연서로 조례 제·개정을 청구할 수 있는 주민발안제도는 2020년 지방자치법 개정으로 자치단체장을 거치지 않고 의회에 직접 제출하는 방식으로 개선되었다. 그러나 주민발안은 의회의 심의·표결을 거쳐야만 확정되는 간접발안 형식이고,[310] 높은 서명 요건 등으로 활용도가 저조한 실정이다.[311]

이처럼 대의제 위기의 대안으로 활용되고 있는 직접민주주의 방안도 한계를 드러내고 있다. 국민투표(플레비사이트)의 경우 국가가 정한 의제에 대한 찬반 투표에 불과하고, 정보 획득의 불일치와 시간의 제약 등으로 숙의에 기반한 의사결정은 현실적으로 불가능하다. 국민발안도 대중의 인기에 영합한 포퓰리즘 입법이나 정책 결정의 수단으로 이용되기도 한다.

이 같은 문제점을 개선하기 위해 미국 캘리포니아에서는 주민발의를 실질적으로 수정할 수 있는 권한이 부여된 시민의회 도입을 추진하고 있다.[312] 선거 캠페인 과정에서 풍부한 자금을 바탕으로 자신들의 이익을 관철시키기 위해 주민발의를 악용하는 이익집단을 견제하는 수단으로 숙의 시스템을 활용하자는 것이다. 특히 국민투표는 주어진 법안에 찬반만 표하는 방식이어서 숙의를 통한 학습 효과를 기대하기 어렵다. 그래서 국민투표는 충분한 정보에 입각한 의사결정 방식에 적합하지 않으며, 부와 권력을 가진 기득권층에 유리하게 기울어져 있다는 비판을 받고 있다.[313]

3. 숙의민주주의와 '공론화의 함정'

'숙의의 조건'과 한계

숙의민주주의는 대의민주주의의 선호 집합적aggregative 의사결정 방식에 대한 비판으로부터 출발한다. 선호 집합적 민주주의는 개인적 선호 간의 질적 차이나 선호의 변화 가능성을 고려하지 않고 개개인의 선호를 합산한 결과물을 집합적 이해관계로 정의한다. 그러나 숙의민주주의에서는 숙의를 통한 의사결정의 질적 향상을 강조한다. 민주주의의 정당성이 투표나 이해관계의 단순한 결집이 아니라 '진정한 숙의authentic deliberation'를 통한 의사결정 과정에 있다고 주장한다.[314] 드라이젝Dryzek은 숙의 과정에 참여한 개개인이 스스로 가치체계와 선호를 변화시키는 '전환적 힘transformation power'이 작동되어야 비로소 진정한 심의가 이루어진다고 본다.

따라서 숙의민주주의의 핵심은 투표나 협상 등을 통해 개인의 선호를 단순히 집약하거나, 서로 경쟁하는 이해관계 간의 거래가 아니라 숙의deliberation에 방점이 있다. 하지만 숙의를 통한 합의는 위협이나 강권의 결과로서가 아니라 이성적 논증을 기반으로 이루어져야 하기 때문에 이를 위해서는 숙의 과정에 일련의 절차적 조건들이 필요하다. 이 조건은 학자들에 따라 다양하게 제시하고 있다. 하버마스Habermas는 '이상적 담화 상황ideal speech situation'으로 설명하고, 롤스Rawls는 '공적 이성public reason'을 전제조건으로 제시한다.

구트만과 톰슨Gutmann&Thompson은 숙의가 이루어질 수 있는 조건을 상호성reciprocity으로 설명하는데, 집단적 의사결정에 영향을 받는 모든 시민들이 그러한 결정이 나오게 된 논증 과정에 직접 참여하거나, 적어도 관련 정보를 이해함으로써 숙의 과정에 간접적으로라도 접근할 수 있어야 한다는 것이다. 피시킨Fishkin이 강조하는 '진지함conscientiousness'과 '동등 고려equal consideration',[315] 롤스의 '공적 이성', 그리고 드라이젝이 제시한 '전환적 힘' 등은 달리 표현하면 숙의가 이루어지기 위해서는 상호존중, 공동체 의식, 신뢰 등과 같은 시민성civility을 전제로 한다.

그러나 담론과정 참여자가 강제나 왜곡 없이 합리적 의사소통을 통해 합의에 도달할 수 있다는 하버마스의 '이상적 담화 상황'은 현실에서 완벽하게 구현되기 어렵다.[316] 공론장public sphere의 구조적 변동이 야기한 왜곡으로 의사소통의 합리성이 저해되고 있기 때문이다. 사회적 영향력이 큰 소수의 엘리트나 전문가들이 토론을 지배하는 불균형과 언론의 편향성과 정보의 왜곡, 그리고 사회경제적 불평등이 작동하는 현실을 극복하기 어렵다. 숙의 과정에서 나타나는 비합리적이고 심리적 요인이 작동하는 '집단 극화group polarization' 현상도 관찰된다.[317]

그래서 피시킨은 숙의 과정 참여자들이 개인적 편견이나 이해관계에서 벗어나 공적 이성public reason이 작동할 수 있는 '안전한 토론 공간'이 필요하다고 강조한다.[318] 하지만 현실적으로 충분한 학습을 위한 시간과 정보의 제약 등으로 집단지성을 찾아내지 못하고 다수결로 결정하는 경우가 적지 않다. 숙의 과정 참여자들의 대표성과 포괄성을 확보하는 것도 단순한 문제가 아니다. 가짜뉴스와 확증편향으로 인해 사실 확인조차 난관에 봉착하는 경우도 적지 않다. 숙의 과정에서 나타나는 이러한 문제점은 세심한 제도설계로 왜곡과 편향을 해소할 수 있어야 한다. 일부 사례에서 부정적 현상이 관찰된 것은 숙의제도의 내재적인 한계라기보다는 주관기관의 의도적인 개입이나 왜곡으로 발생한 경우도 적지 않다.

OECD(2020) 보고서와 해외 사례에서는 숙의 제도가 대부분 긍정적인 효과를 거두고 있는 것으로 나타났다. 시민의회 첫 사례인 캐나다 BC주의 경우 추첨을 통해 선발된 평범한 시민들이 학습과 토론을 통해 전문가들도 예상하지 못한 단기이양식(STV) 비례대표제를 대안으로 제시한 것을 예로 들 수 있다. 선거제도 개혁처럼 정치권에서 쉽게 합의하지 못하는 복잡한 난제를 시민의원들이 정치적 편향성에 매몰되지 않고 진지한 자세로 시민성을 발휘했다는 점에서 획기적인 시도라는 평가를 받고 있다.[319] 아일랜드 사례도 동성결혼이나 낙태 문제 등 오랫동안 치열하게 의견 대립을 보여온 의제들을 시민의회를 통해 해법을 찾아낸 대표적인 성공작으로 꼽힌다.[320] 하지만 숙의민주주의가 제대로 효과를 거두기 위해서는 세심하게 고려해야 할 요소도 적지 않다.

지구가 평평하다고 믿는 사람과 대화가 가능한가?

\# 2018년 11월, 미국 콜로라도 덴버의 크라운 플라자 호텔에서 열린 '평평한 지구 국제학회 Flat Earth International Conference'에 전 세계에서 600명이 몰려들었다. 컨벤션 센터의 복도에는 '평평한 지구Flat Earth'라고 적힌 모자를 쓴 남성이 과학자처럼 보이는 흰 실험복을 입고 걸어가고 있었다. 보스턴대학교에서 과학부정론을 연구하던 매킨타이어 L. McIntyre는 등록 테이블에서 출입증을 건네받아 목에 거는 순간 잠시 멈칫했다. 혹시라도 누군가 아는 체할까 걱정이 되었다. 사람들이 왜 지구가 평평하다고 믿는지를 관찰하기 위해 잠행했지만, 사진이라도 찍히지 않을까 우려되었다.

접수대에서 갑자기 누군가가 어깨에 손을 대는 느낌이 들어 돌아

> 보니 검은 티셔츠를 입은 남자가 미소를 지으며 악수를 청하는 게 아닌가. 그의 셔츠에는 이런 문구가 적혀 있었다. '나사NASA는 거짓말을 하고 있다.' "리 선생님, 반가워요. 우리 단체에는 어떻게 가입하게 되셨나요?"

『지구가 평평하다고 믿는 사람과 즐겁고 생산적인 대화를 나누는 법』(2022)의 저자인 매킨타이어McIntyre가 책 서문에서 밝힌 내용이다.[321] 그는 과학부정론자들과의 인터뷰를 토대로 신념은 사실관계 판단으로만 형성되는 것이 아니라 다양한 사회적 맥락 속에서 만들어지기 때문에, 개인이 처한 사회적 맥락을 고려하는 것이 타인을 설득하기 위한 첫 번째 조건이라고 조언한다. 과학에 대한 부정은 잘못된 정보나 무지가 아니라 정체성, 소속감, 세계관에 기인하기 때문에 팩트 체크만으로는 교정하기 어렵다는 것이다. 그래서 공감적 경청과 존중, 대면 접촉으로 신뢰를 형성한 뒤 사실과 과학의 가치를 전달해야 한다. "차분하고 존중하는 태도로 직접 만나서 이야기하라"는 것이 저자의 일관된 메시지이다.

이 같은 집단 정체성과 소속감을 에이미 추아A.Chua는 '정치적 부족주의political tribes'로 설명한다. 인간은 본능적으로 '부족tribe'에 속하려 하는데 미국의 외교·정치 엘리트들은 이 점을 과소평가해 베트남, 아프가니스탄, 이라크 등 대외 정책에서 반복적으로 실패했다고 진단했다. 베트남 전쟁에서는 이념적 냉전 구도로만 접근해 현지의 화교 상공인 집단(시장지배적 소수)과 다수 베트남 인민 간의 긴장과 같은 부족 정치의 층위를 고려하지 못했다는 것이다. 베네수엘라 등에서도 민족적 · 종파적 정체성을 간과한 채 미국 민주주의와 자본주의 시장만 이식하려 했기 때문에 혹독한 대가를 치렀다. 추아 교수의 해법은 '부족 지우기'가 아니라 서로 다른 집단 간의 차이를 인정하면서도 공통의 국민 정체성을 재건해야 분열을 줄일 수 있다는 것이다.

정치적 부족주의 현상은 최근 국내에서도 재현되고 있다. 윤석열 대통령에 대한 탄핵 이후 정치권은 물론이고 정치갈등이 여야 지지자 간 이념적 양극화와 정서적 양극화로 확대되고 있다. 한국행정연구원의 조사에 따르면, 2012년부터 2021년까지 10년 동안 일반 국민은 전체적으로는 중도층 비율이 30~40%대의 안정적인 추세를 유지했지만, 지지 정당과 상대 정당에 대한 호감도의 차이는 확대되는 정서적 양극화 현상이 두드러졌다.[322]

"정치 성향이 다른 사람과는 식사 · 술자리가 불편하다"는 응답(40.7%)과 "본인 또는 자녀 결혼도 불편하다"는 의견(43.6%)은 1년 사이에 크게 증가한 것으로 나타났다.[323] 한국보건사회연구원이 2024년 8월 발표한 조사에서는 "정치 성향이 다른 사람과 연애 · 결혼할 의향이 없다"는 응답이 58.2%에 달했다.[324] 이처럼 정치 성향이 개인의 정체성에도 지대한 영향을 미치는 것으로 나타났다. 이러한 현상은 오늘날 정당은 정치적 · 정책적 지향점의 차이뿐만 아니라, 서로 다른 공동체 문화와 가치를 대변하는 집단으로 전환되고 있음을 의미한다.

시민의회는 이념적 · 정서적 양극화로 인한 편향성을 극복할 수 있도록 설계된 참여제도이다. 숙의 공간에서 야기될 수 있는 왜곡과 불평등의 문제도 기존의 정치과정보다는 집합적 학습과 진지한 토론을 통해 해법을 찾을 수 있을 것이다.[325]

안전한 공적 공간과 '무지의 베일'

2004년 8월, 노무현 대통령이 평검사들과 한자리에 앉았다. 검찰개혁을 놓고 대통령과 검사들 간의 설전이 이어졌다. 어색한 웃음기를 머금은 대통령이 머쓱한 표정으로 한마디 쏘아붙였다. "이쯤 되면 막가자는 거지요." 이 말은 즉시 장안의 화제가 되었고 검사들의 오만함을 풍자해 '검사스럽다'는 조어까지 등장했다.

노무현 대통령과 검사와의 대화는 전 국민에게 생중계되면서 파장을 불러일으켰다. "계급장 떼고 대화하자"는 속어가 시중에 회자되었다. TV로 방송되는 토론장에서 대통령과 검사들은 서로의 입장을 내세우며 맞붙었다. 진지하게 문제를 해결하기 위한 숙의는 찾아보기 어려웠다. 피시킨이 말한 숙의에 필요한 '안전한 공적 공간'도, 롤스가 제시한 '무지의 베일 veil of ignorance'도 준비되지 않았다.

'무지의 베일'은 자신의 입장이나 위치에 대해 전혀 모르는 상태를 의미한다. 일반적인 상황은 알고 있지만 자신의 출신 배경, 가족 관계, 사회적 위치, 재산 상태 등에 대해서는 알지 못한다는 가정이다. 자신의 이익에 맞춰 선택하는 것을 막기 위한 장치라고 할 수 있다. 롤스는 모든 사람들이 자신이 사회에서 어떤 지위를 차지할지 모르는 '무지의 베일'에 가려진다면, 모두 같은 입장이기 되기 때문에 아무도 사적인 이익을 내세우지 않고 공정한 원칙에 따라 정의가 도출될 수 있다고 보았다.

숙의가 가능하려면 객관적인 사실facts에 입각해 합리적으로 공정하게 판단할 수 있어야 한다. 그러나 실제로는 엄연한 사실조차 자신의 위치와 가치관에 따라 일방적인 주장을 펼치는 경우가 적지 않다. 심지어 죽기 살기로 자기 입장만 고집해 토론이 아니라 다툼으로 비화되기도 한다. 그래서 안전하게 주장하고 토론할 수 있는 공간이 필요한 것이다. 시민의회를 운영할 때 가장 염두에 두어야 할 대목이다.

4. 디지털 정당이 희망인가?

혜성처럼 떠오른 포데모스와 오성운동

\# 2011년 5월 15일 화창한 일요일 오후, 스페인의 수도 마드리드의 솔 광장에 수만 명의 '분노한 사람들Indignados'이 모여들었다. 젊은이들은 "우리는 정치인과 은행가들의 손에 놀아나는 상품이 아니다", "진짜 민주주의 지금!"이라고 적힌 손팻말을 흔들며 도심 한복판을 가득 메웠다. 광장 중앙에 설치된 작은 발언대에는 해고 노동자

와 퇴거 위기에 놓인 세입자, 대학생, 일반 시민들이 확성기를 잡고 목소리를 높였다. 2008년 금융위기 이후 청년 실업률이 40%에 달하고 정경유착과 부패, 주거 문제 등으로 누적된 사회적 불만이 한꺼번에 폭발했다. 밤이 깊어도 시위대는 흩어지지 않고 광장을 점령했다. 이날 시위는 스페인 전역으로 확대되면서 광장이 '작은 민주주의 실험실'로 변모하기 시작했다.[326]

마드리드를 비롯해 전국으로 확산된 대규모 시위의 첫날을 기념하자는 의미에서 이름이 붙여진 15-M 운동은 포데모스Podemos[327] 창당으로 이어졌다. 15-M 운동을 거치며 정치에 직접 진입해야 한다는 논의가 확산되면서 이글레시아스P.Iglesias 교수와 시민활동가들이 2014년 포데모스를 창당한 그해 유럽의회 선거에서 8% 득표율로 5석을 차지하며 돌풍을 일으켰다. 2019년 4월 총선거에서는 12.8%를 득표해 350석 중 30석을 얻어 스페인의 제4당이 되었다. 포데모스의 등장으로 스페인에서는 전통적인 양당제가 무너지고 어떤 정당도 단독 과반을 차지하지 못하는 '연립정부 시대'가 열리게 된다.

포데모스의 부상은 정당정치의 위기를 온라인 플랫폼 정당으로 해소할 수 있다는 가능성을 보여주었다. 온라인 플랫폼을 매개로 일반 유권자들에게 정당 활동을 개방함으로써 포데모스의 당원 가입은 급격히 증가했다. 포데모스의 정당운영 방식은 기성 정당들에 대한 압박으로 작용했다. 국민당과 사회노동당도 정책 결정 과정에 온라인 플랫폼을 도입했고, 공직 후보자와 지도부 선출 과정에 당원 참여를 보장하는 제도화로 이어졌다.[328]

스페인의 포데모스 외에도 이탈리아의 오성운동(M5S),[329] 독일과 아이슬란드의 해적당Pirate Party,[330] 영국의 모멘텀Momentum[331] 등 디지털 정당이 민주주의의 새로운 대안으로 부상했다.[332] 정보통신 기술의 발달로 온라인 플랫폼을 매개로 의사결정이 이루어지는 디지털 정당의 등장은 대의민주제가 취약한 민주적 대표성과 책임성을 해결할 수 있을 것으로 기대를 모았다. 시민참여 확대로 '대표의 실패'를 극복하고, 온라인 공론장을 통해 '숙의의 실패'도 해결할 수 있을 것으로 보았다.

기존 정치체제에 대한 불만과 저항운동에서 출발한 디지털 정당은 반의회주의 성향이 강하다. 스페인의 15-M 참가자들이 '정치인들 대부분이 우리가 하는 말을 듣지 않는다"며 외치거나, 2011년 '월스트리트 점령운동occupation movement' 참가자들이 "우리가 뽑은 대표들이 우리를 대표하지 않기 때문에 나섰다"는 구호는 대의민주주의에 대한 불만을 한마디로 농축한 것이다.[333]

특히 포데모스는 저항운동에서 비롯된 최초의 신생 정당이자 가장 성공적인 사례로 평가되고 있다. 포데모스는 유권자들이 단순히 정보를 수동적으로 받아들이는 것을 넘어 정책 아이디어와 당 지도부에 대한 투표를 할 수 있는 디지털 플랫폼을 개발해 운영하고 있다. 포데모스의 영향으로 권위주의적 성격이 강했던 스페인 정당에 변화의 바람이 불기 시작했다. 의사결정 과정과 공직 후보자 선출 과정에서 당원의 권한 확대뿐만 아니라 온라인 플랫폼을 활용해 당원 및 일반 유권자와의 소통을 강화하려는 시도가 이어졌다.[334]

2009년 설립된 이탈리아 오성운동(M5S)도 이탈리아 최대 정당으로 발전해 2019년 9월부터 파르티토 민주당과 연합정부에 참여하고 있다. 2013년 총선에서 M5S는 하원 전체 정당 중 최다 득표를 기록했다. 2014년부터 2017년까지 영국 독립당, 소수 우파 정당과 함께 유럽의회에서 자유직접민주주의(EFDD) 그룹의 일원으로 활동했다. 2016년에는 두 명의 당원이 각각 로마와 토리노 시장으로 선출되었고, 2018년 총선에서 M5S는 이탈리아 의회의 최대 정당이 되어 연정에 합류했다.

디지털 정당은 엘리트 중심의 기존 정당정치를 배격하고 보다 많은 유권자들이 정치과정에 참여할 수 있도록 온라인 의사결정 플랫폼 개발에 주력했다. 오성운동(M5S)은 루소Rousseau의 이름을 딴 '루소'라는 디지털 플랫폼에서 정책 토론과 전자투표로 의사결정을 하고 있다. 포데모스는 '루미오'라는 디지털 플랫폼을 활용해 정책 토론과 온라인 투표로 의사결정을 지원한다. 루미오는 특정 주제에 대해 참여자들이 찬성, 반대, 기권, 차단 가운데 자신의 입장을 선택한 뒤 이유를 제시하도록 했다. 설득력 있는 논거를 제시한 글은 여러 사람의 추천을 받아 상위에 노출되고 자연스럽게 토론이 이어진다. 이 방식은 기성 정치인들이 생각하지도 못한 '숨은 의제'를 발굴하는 데 기여했다.

정보통신기술(ICT)의 발달이 대의민주주의가 직면한 소통과 참여의 한계를 극복해 시민들의 정치참여와 민주적 통제를 도모할 수 있을 것으로 기대되었다. 디지털 정당은 기득권 정당의 부패와 관료화에 식상한 유권자들의 저항운동과 이어지면서 유럽을 중심으로 급속히 확산되었다. 그러나 이후의 모습은 좀 달랐다.

리더가 장악한 디지털 정당의 민낯

디지털 정당의 출현으로 시민들의 정치참여가 확대된 것은 긍정적으로 평가되었지만, 점차 기존 정당들과 유사한 형태로 회귀하는 현상이 나타나면서 지지기반이 허물어지기 시작했다. 디지털 정당은 민주주의 위기에 새로운 길을 모색하기 위해 ICT 기술을 활용한 디지털 플랫폼을 사용하고 있지만, 기존 정당에 비해 민주적이라는 평가를 받지 못하고 있다.[335] 기존의 정당정치를 불식시키고 시민들과 당원을 정치적 결정에 직접 참여시킨다는 것을 강령으로 출범했지만, 일방적인 온라인 투표와 중앙집중식 의사결정이라는 한계를 드러냈다. 당원들은 리더가 이미 결정했거나 온라인으로 모아진 정책 아이디어를 추인하는 수준에 그쳤다.[336] 특히 당원들이 지도부의 결정에 투표로 답하는 행태를 제르바우도 Gerbaudo는 실질적인 참여가 아니라 '반응적 민주주의reactive democracy'라고 비판했다.[337]

온라인 공론장에서 시민들의 참여는 활발해졌지만, 숙의와 책임성 문제도 제기되었다. 공론장을 일부 강성 층이 주도하거나 정치적 편향을 가진 사람들의 조직적 활동으로 심각한 분열을 야기하기도 했다. 다양한 온라인 플랫폼에도 불구하고 주요한 의사결정은 대면 활동을 중심으로 이뤄졌으며 온라인 도구는 홍보나 라이브 방송과 같은 보완적 수단으로 전락했다.[338]

디지털 환경에서 정보의 질과 진실성을 판별하기도 어려웠고, 편향된 정보로 인해 시민들의 정치적 판단력이 오히려 저하될 수 있다는 지적도 대두했다. 일부에서는 포데모스와 오성운동의 등장이 포퓰리즘을 강화해 오히려 민주주의가 후퇴하는 양상을 보이고 있다고 비판하고 있다.[339]

결과적으로 디지털 플랫폼이 정당민주주의의 발전을 위한 제도로 구축되었으나 실제 작동에 있어서는 제한적이었다는 사실이다. 포데모스도 유권자들의 정당 활동에 제약이 많았고, 역할과 권한을 부여받은 당원들이 제안한 정책이 지도부에 의해 채택되는 일도 드물었다. 온라인 플랫폼이 대면 활동을 대신할 것으로 기대했지만, 온라인 활동도 미진하기는 마찬가지였다. 기존 정당도 당원 중심의 대면 활동으로 회귀했고, 온라인 도구는 보완 기제로만 활용되었다. 포데모스와 같은 디지털 정당이 대의민주주의의 위기를 대체하는 데는 한계가 있음이 드러났다.[340]

디지털 미디어의 적극적인 활용으로 참여와 의사소통은 증가하였지만, 정당민주주의의 발전으로 이어지지 못하였다. 직접적이고 즉각적인 반응을 선호하는 디지털 시대의 특성으로, 대중적 인기를 얻은 정치인이 정당의 권력과 자원을 통제하는 중앙집권화에 빠질 위험에 노출되기 시작했다.[341] 온라인 플랫폼을 통해 새로운 형태의 수평적 조직을 구현함으로써, 과거 정당 형태에서 나타나는 엘리트 중심의 조직 구조에서 탈피하겠다는 것이 목표였으나 오히려 기존 정당의 당 대표보다 강력한 리더십을 장악한 하이퍼리더hyperleader의 출현을 초래했다.[342]

디지털 정당이 SNS 활용에 익숙한 젊은 층을 중심으로 지지기반을 구축해 참여의 범위를 확대했다는 긍정적인 평가에도 불구하고, 현실 정치에서 정책 노선의 모호성과 다른 정당과의 연정 구성 등으로 인해 지지율도 하락하기 시작했다.[343] 대의민주주의의 위기를 극복할 대안으로 떠올랐으나 점차 기성 정당들과 마찬가지로 또 다른 형태의 지배 구조로 고착화되었기 때문이다. 디지털 정당이 소수에 의한 지배에서 벗어나 민주주의의 발전에 기여하기 위해서는 새로운 숙의 시스템으로 전환이 필요하게 되었다.

296 포르투알레그리시의 당시 상황은 Abers, Rebecca Neaera (2000), Inventing Local Democracy: Grassroots Politics in Brazil. Lynne Rienner; Wampler, Brian (2007), Participatory Budgeting in Brazil: Contestation, Cooperation, and Accountability. Penn State University Press; UN-Habitat (1996), Global Urban Governance Report 등을 토대로 ChatGPT의 도움으로 재연했음.

297 참여민주주의는 좁은 의미에서 주민참여예산제와 같은 정책과정 참여뿐만 아니라, 직접민주주의나 숙의민주주의를 포괄하는 넓은 의미로도 사용되고 있다(조일수, 2020).

298 Barber(1984), pp. 290–302.

299 염정민(2005), pp. 50–57.

300 조일수(2020); 박효종(2005), p. 458.

301 주민참여예산제도에 대해서는 김명수(2015), 이장욱·서정섭(2019), 윤영근(2022) 참조.

302 Arnstein(1969), pp. 216–224.

303 Verba & Kim(1978); 김영태(2008), pp. 80–81.

304 YouGov(2025.6.19.), "Nine years after the EU referendum, where does public opinion stand on Brexit?"; YouGov(2025.1.29.), "How do Britons feel about Brexit five years on?"

305 전 세계에서 15% 정도의 국가가 헌법개정절차에 국민발안제를 도입하고 있다. 서명 요건으로 유권자의 10%(라트비아)에서 0.3%(페루)까지 매우 다양하다. 루마니아는 특정 지역이나 집단이 국민발안권을 남발하지 않도록 서명자 50만 명 중 2만 명은 전국 각 지역의 절반 이상에 분포하도록 요구하고 있다(한상희, 2022).

306 2020년 발의된 원포인트 개헌안은 제128조 제1항에 국회의원 선거권자 100만 명 이상 발의로 헌법개정을 제안할 수 있도록 규정했다.

307 2012년 헌법개정으로 도입된 핀란드의 시민발안제도citizen's initiative는 유권자 5만 명 이상 서명으로 법률안이 제출되면 바로 국민투표에 회부하지 않고 의회가 심의하도록 규정하고 있다. 2017년 동성결혼 합법화는 국민발안을 통해 의회가 심의 후 법률을 개정한 성공 사례로 꼽힌다. 그러나 대부분의 발안은 의회 심의 단계에서 부결되거나 계류되고 있다. 핀란드 사례에 대해서는 서현수(2019) 참조.

308 국민소환은 위법 여부와 상관없이 정치적 불신임이나 정책 불만 등의 사유로 유권자가 직접 투표로 결정하는 정치적 파면이라면, 대통령에 대한 탄핵은 헌법이나 법률 위반을 이유로 국회가 발의하고 헌재가 판정하는 법적 절차라는 점에서 국민소환과는 다른 제도이다.

309 주민투표제도는 2004년 시행 이후 2024년까지 총 12건이 실시되었지만, 투표율 1/3이라는 높은 장벽과 정치적 도구로 악용되는 등 부작용이 적지 않았다. 주민투표제도의 문제점과 개선 방안에 대해서는 정정화(2012) 참조.

310 국민발안에도 두 가지 유형이 있다. 국회나 다른 헌법기관들과의 논의나 상호작용 없이 국민투표로 가부만 결정하는 직접발안제와 입법부 등에서 국민발안에 대해 논의한 뒤 대안을 제시하거나 국민투표 회부 여부를 결정하는 경우를 간접 발안이라고 한다.

311 2022년 주민조례발안제도 개정 이후 주민조례 청구 실적을 보면, 2023년 64건에서 2024년 18건으로 감소했다(광양시니어신문, 2025.4.15.)

312 Callenbach & Phillips(2011), pp. 51-52.

313 Simon(1998), p. 5.

314 Benhabib(1996), Cohen(1997), Young(2000) 참조.

315 Fishkin(2018), pp. 23-27.

316 Habermas(1981)의 '이상적 담화 상황ideal speech situation'은 모든 담론 참여자가 강제나 왜곡 없이 합리적 의사소통을 통해 합의에 도달할 수 있도록 설정된 규범적 이상으로 참여의 평등성, 무강제성, 발언의 진정성, 주장의 타당성, 참여자의 포괄성 등 5가지 조건을 갖추어야 한다.

317 Sunstein(2002)은 '집단 극화group polarization'의 원인으로 평판이나 자기인식 등으로 인한 '인지적 왜곡'으로 설명하고 있다. 숙의민주주의에 대한 비판과 반론에 대해서는 Sunstein(2002), Mendelberg(2002), 김주형(2018) 참조.

318 숙의 토론을 위한 '안전한 공적 공간'은 삼한 시대의 소도蘇塗와 같은 역할을 의미한다. 3세기경 삼한에서 제사를 올렸던 소도는 성역으로 취급되어 범죄자가 들어가도 잡지 못하는 풍습이 있었다. 성서에 나오는 구약 시대의 이스라엘 도피성과 박정희 유신독재 시절 시위대의 피난지가 되었던 명동성당도 유사한 기능이 있었다.

319 Carty(2005), Lang(2007), Ward(2008), 오현철(2010) 참조.

320 Farrell and Suiter(2021), Courant(2021) 참조.

321 McIntyre(2021), pp. 11-12.

322 한국행정연구원이 2022년 12월~2023년 1월 실시한 국민 인식 조사에서 국민의힘 지지자가 더불어민주당을 싫어하는 정도(비호감도)는 61.8%였고, 더불어민주당 지지자의 국민의힘에 대한 비호감도는 74.1%로 나타났다(한국행정연구원 행정포커스, 2023년 3·4월호, 통권 162호).

323 조선일보(2023.1.3.), "하나의 나라, 두쪽난 국민".

324 미국에서도 서로 다른 정당 지지자들은 인종, 종교, 지역은 물론 삶의 방식까지 다른 것으로 나타났다. 2010년 미국 국민을 대상으로 실시한 설문조사에서 '자녀가 상대 정당을 지지하는 사람과 결혼하는 것에 대해 어떻게 생각하느냐'는 질문에 공화당 지지자의 49%, 민주당 지지자의 33%가 "다소, 혹은 상당히 불쾌할 것"이라고 응답했다(Levitsky and Ziblatt, 2018).

325 김주형(2018), pp. 98-100.

326 '분노한 사람들Indignados'의 시위 상황은 당시 언론 보도를 토대로 ChatGPT의 도움으로 재연했음.

327 포데모스Podemos는 스페인어로 '우리는 할 수 있다'는 뜻이다.

328 Gerbaudo(2021); 임수진(2023), pp. 450-455.

329 오성운동(M5S)의 '5성'은 공공 수도, 지속 가능한 교통, 지속 가능한 발전, 인터넷 접속권, 환경주의 등 당의 5대 핵심 주장을 의미한다.

330 '해적'은 디지털 콘텐츠의 자유로운 유통과 공유, 저작권과 지적재산권의 제약에 도전한다는 의미로 규제 중심의 기존 제도에 대한 저항을 상징한다.

331 모멘텀Momentum은 영국 노동당 내부에서 등장한 디지털 기반 정치운동 플랫폼으로 좌파 풀뿌리 조직화 운동을 전개했다.

332 포데모스Podemos와 오성운동(M5S) 처럼 디지털 기술을 기반으로 참여와 소통을 추구하는 신생 정당을 '디지털 정당digital party' 또는 '플랫폼 정당platform party'이라고 부른다. 디지털 정당의 유형과 특성에 대해서는 박경미(2021), 임수진(2023), 한은수 · 장훈(2023) 참조.

333 Reybrouck(2013), pp. 51-55.

334 임수진(2023) 참조.

335 디지털 정당의 문제에 대해서는 Reybrouck(2013), Gerbaudo(2021), 이석민(2020), 박경미(2021), 임수진(2023) 참조.

336 당원을 대상으로 한 포데모스의 온라인 투표는 80% 이상 절대적인 지지를 보였으며, 한 번도 지도부의 의중에 반하지 않았다. 이탈리아의 M5S는 두 번만 지도부의 의중에 반하는 결과가 나왔을 뿐이다(이석민, 2020: 51-54).

337 Gerbaudo(2021), p. 738.

338 임수진(2023) 참조.

339 Gerbaudo(2021); 한은수 · 장 훈(2023)

340 Gerbaudo(2021); 임수진(2023), pp. 450-455.

341 박경미(2021), pp. 118-121.

342 Gerbaudo(2019)는 디지털 정당 대표의 중앙집권적 리더십을 하이퍼리더hyperleader라고 부른다.

343 한은수 · 장 훈(2023), pp. 141-143.

6장 | 국민주권, 주민주권시대의 민주주의

1. 국민은 주권자인가? 유권자인가?

민주주의의 작동 원리, 국민주권

대의민주제의 위기는 근원적으로 '치자와 피치자의 동일성'이라는 민주주의의 작동 원리, 즉 국민주권이 제대로 반영되지 않기 때문이다. 국민주권을 천명한 헌법 제1조 제2항은 두 가지 의미를 내포하고 있다. 첫째, "대한민국의 주권은 국민에게 있고 모든 권력은 국민으로부터 나온다"는 의미는 '지배와 피지배의 자동성'을 규범적으로 선언한 것이다. 대표자가 주권자를 '대신하는 것standing for' 뿐만 아니라, 주권자를 위해 '행동해야acting for' 한다는 의미이다.[344] 이를 위해서는 대표자와 피대표자가 일치되거나, 최소한 대표자와 피대표자가 일치하는 것으로 간주될 수 있어야 한다.

둘째, 국민주권 원리로부터 파생된 유권자의 자기결정권은 유권자의 진지한 의사에 기초한 것이어야 한다. 주권자의 의사가 법안이나 정책으로 집행되는 과정이 왜곡되지 않아야 한다는 의미이다. 적극적으로 해석하면 궁박한 상태나 선동에 휩쓸린 결정은 주권자의 진정한 의사라고 볼 수 없게 된다. 주권자의 자기결정권은 대표자가 존재해도 주권자에게 유보되어 있을 뿐만 아니라 대표자와 피대표자의 의사 불일치를 교정하는 과정에서도 준수되어야 하기 때문이다.[345]

국민주권nation sovereignty과 인민주권people sovereignty[346]은 같은 의미로 혼용되지만, 역사적 맥락과 정치철학적 배경은 상이하다. 인민주권의 사상적 기원은 "주권은 인민에게 있으며, 그것은 일반의지general will의 행사로 실현된다"는 루소Rousseau의 『사회계약론』(1762)에서 찾을 수 있다. 루소는 주권의 주체는 실존하는 개인들의 총체로서의 인민people이며, 그들이 모여 일반의지를 형성할 때만 통치의 정당성이 부여된다고 보았다. 주권은 위임될 수 없으며, 대표는 단지 집행자에 불과하기 때문에 직접민주주의의 이론적 뿌리라고 할 수 있다.

국민주권의 사상적 기원은 "국민은 단순한 개인들의 집합이 아니라, 국가의 추상적 실체로서 존재한다"는 시에예스Sieyès의 『제3신분이란 무엇인가?』(1789)에서 비롯된다. 루소의 실체적 개개인으로서 '인민'이 아닌, 국가 구성원 전체를 의미하는 추상적·상징적 주체로서의 국민을 상정한다. 국민은 국가의 주권자이지만, 주권의 행사는 대표를 통해 이루어지기 때문에 대의민주주의의 이론적 토대이며 국민국가의 이념적 기반이라고 할 수 있다. 루소가 "주권은 누구에게 있는가"하는 '주권의 귀속'을 강조한 반면, 시에예스는 "그 주권을 어떻게 행사할 것인가"라는 대표성의 관점에서 '주권의 제도화'에 중점을 두고 있다는 차이가 있다.

대의민주제가 도입된 17~18세기의 국가는 대개 단일민족으로 구성되어 사회구성원의 동질성이 확보되어있는 상태였다. 그러나 현대 사회는 국가 간의 인적 이동이 매우 활발하고 다국적 기업의 등장으로 경제영역에서는 국가 단위의 문화적 동질성이 사라진 상황이다. 국민의 대표가 국민의 의사를 확인하고 집약해야 하는데 국민의 범위와 정책집행의 대상인 수범자의 범위도 모호해지고 있다. 인적 · 경제적 · 문화적 국경이 분명하던 시절에 고안된 대의민주제가 현대에 와서 제대로 작동할 수 없게 된 연유이기도 하다.

국가의 의사를 최종적으로 결정하는 고전적 의미의 주권sovereignty은 절대적이고, 불가분하며, 양도할 수 없는 정치적 권위의 궁극적인 근원이었다.[347] 유럽에서 30년 종교전쟁을 종식한 1648년의 베스트팔렌조약 이후 근대국가의 주권 개념은 배타적인 영토에 토대를 둔 공간적 차원이 강조되었다.

절대권력을 행사하던 군주국가에서 근대 민주주의 혁명을 거치면서 주권의 소재와 성격은 군주주권에서 인민주권으로 전환된다. 이 과정에서 루소의 『사회계약론』은 주권의 소재는 국왕이 아니라 '일반의지general will'의 담지자sovereign bearer인 인민에게 있음을 밝힌 대표적인 저작이다. 18세기 말 프랑스 혁명과 미국 건국을 거치면서 인민은 주권 보유자의 지위를 공고히 하게 된다.

영국과 독립전쟁을 치른 미국 건국의 아버지들은 인민의 의사에 따라 정부가 수립되고 교체될 수 있다는 신념을 공유했다. 결과적으로 제헌헌법에 반영된 인민주권의 원리는 정당한 정부는 자신의 권력을 인민의 동의로부터 얻는 것뿐만 아니라 권력은 모든 사람의 권리를 보장하는 한에서만 정당하다는 원칙을 세우게 된다.[348]

정치공동체로서 추상적인 인민people이 동일한 역사와 문화를 가진 민족공동체로 발전하면서 국민주권 개념이 형성되기 시작했다. 국내적으로 '민족 형성nation-building'과 국제적으로 '민족자결주의'가 등장하면서 민족국가는 국민주권을 뒷받침해 주는 정치공동체로 탈바꿈하게 된다.

하지만 세계화가 불러온 현대 사회의 구조적 변화는 '하나로서의 국민'이라는 정당성에 심각한 도전이 되고 있다. 다문화주의와 초국가주의의 등장은 '국민(민족)성nationhood'으로 상징되는 국가 구성원 사이의 연대와 정체성에 위협이 되고 있다. 여기에 경제적 양극화와 사회적 배제는 국민 내부의 균열을 확대하여 사회적 갈등을 심화시키고 있다. 이런 상황에서 통일된 의사로서의 국민주권의 강조는 자칫 소수자와 특정 집단에 대한 차별과 증오를 정당화하는 원리로 전락할 가능성도 배제할 수 없게 되었다.[349]

시민주권과 시민정치

민족국가에 기초한 전통적인 중앙집권적 국민주권 개념이 세계화로 인한 탈민족화, 국가 재구조화로 전환되면서 시민주권citizen sovereignty 개념이 등장하게 되었다. 사회구성원의 가치와 이익의 다원화로 더 이상 '통일된 단위의 국민' 또는 '국민의 통일된 의사'가 존재하기 어려워진 상황에서 국민주권은 시민주권으로 전환되어야 한다는 것이다.

국민주권과 시민주권은 모두 주권의 담지자sovereign bearer를 국가권력의 주체가 아닌 구성원에게 두는 점에서 유사하지만, 역사적 기원과 정치적 함의에서 차이가 있다. 국민주권은 근대 국민국가의 핵심 원리로서 주권이 군주에게 있지 않고 인민people에게 있다는 선언이다. 루소는 국민주권을 '일반의지general will의 행사'로 보았고, 시에예스는 국민을 헌법 제정권의 주체로 규정했다.

이에 비해 시민주권은 형식적인 고전적 국민주권을 생활 속의 실질적 주권으로 전환한 현대적 개념이다. 시민이 직접 혹은 숙의적 참여를 통해 공공의사결정에 관여하는 방식으로 주권을 행사하게 된다. 참여민주주의와 숙의민주주의의 이론적 토대이며, 시민을 공공결정의 공동생산자co-producer로 인식한다. 그렇다고 시민주권이 국민주권을 부정하는 것이 아니라 국민주권의 민주적 심화를 목표로 한다. 국민주권은 '누가 주권자인가'에 대한 대답이라면, 시민주권은 '주권을 어떻게 행사할 것인가'에 대한 설명이라고 할 수 있다.

시민주권을 구현하는 시민정치civic politics는 국가나 정당 중심의 제도권 정치를 넘어, 시민들이 자발적으로 공공문제 해결에 참여하는 정치 활동을 의미한다. 시민이 정치의 객체가 아니라 적극적인 주체로 참여하는 것이 핵심이다. '강한 민주주의'를 위한 바버Barber 식 참여는 일상생활의 모든 영역으로 스며드는 정치이며, 자발적 결사와 참여를 통한 민주적 습관이 형성되는 과정이다.[350] 하버마스Habermas는 생활세계에서 의사소통 행위를 통해 시민이 공론장public sphere을 형성해 제도정치에 대한 '생활세계적 대항력'을 시민정치로 규정하고 있다.[351]

일상적 참여와 공론을 통해 시민이 '통치의 주체'로서 민주주의를 실천하는 시민정치는 대의제의 한계를 보완하고 숙의와 사회적 신뢰를 축적해 민주적 역량을 강화할 수 있게 된다. 여기에는 투표나 정당 가입과 같은 관습적conventional 정치참여뿐 아니라 시위와 저항, 온라인상의 정치참여, 시민 불복종운동 등 직접행동도 포함된다. 시민의회, 시민배심원제, 주민자치회, 주민총회, 주민참여예산제 등을 통해서 시민정치를 구현할 수 있다.

2. 풀뿌리민주주의는 '동네 축구'가 아니다.

주민주권과 '동네 정치'

정당 중심의 대의민주제에 맞선 시민정치 논의는 기존 정치의 틀을 뛰어넘어 직접 · 참여 · 숙의 · 결사체 · 전자 · 풀뿌리민주주의 등 다양한 이름의 참여 지향적 민주주의 모델로 발전하고 있다. 중앙 수준의 '운동의 정치'뿐 아니라 풀뿌리 수준의 시민정치, '동네 안의 시민정치'로 작동하고 있는 다양한 미시적 정치 현상도 주목할 필요가 있다. 지역과 마을, 동네 골목 곳곳에서 주민들이 자치적으로, 또는 투쟁과 협력의 과정을 거쳐 동네 문제를 해결하고 있다. 구체적으로 주민참여예산제, 주민자치회, 각종 위원회 참여, 조례 제정 운동, 지방선거 운동, 의정감시, 마을 만들기, 지역 수준의 각종 사회적 경제활동 등 다양한 양태로 전개되고 있다.[352]

일각에서는 '동네 정치'를 수준 낮은 '동네 축구'로 폄훼하지만, 광장의 촛불집회나 중앙 단위의 시민운동 못지않게 풀뿌리 모세혈관을 통해 흐르는 동네 안의 시민정치는 민주주의의 보루이다. 퍼트넘Putnam이 『나홀로 볼링』(2000)에서 발견한 시민적 네트워크와 신뢰로 사회자본social capital이 형성되는 동네의 공론장은 민주주의를 체험하고 학습하는 생활세계의 정치 훈련장이라고 할 수 있다. 이런 '동네 정치'는 지엽적이고 하찮은 '작은 정치'가 아니라, 주민주권이 구체적으로 작동하는 생활 단위의 민주주의 실험장이라고 할 수 있다.

풀뿌리민주주의와 동네 정치를 논할 때 국민주권에 대비되는 개념이 주민주권resident sovereignty이다.[353] 국민주권을 공간적 차원에서 지역 단위에 적용한 주민주권은 지방정부의 관할구역 안에서 최종적인 의사결정을 내릴 수 있는 권한은 주민에게 있다는 의미이다.[354] 이러한 주민주권의 의미는 주권은 절대적이고 불가분하다는 고전적 관점에서 보면 국민주권과 양립할 수 없지만, 국민국가 단위의 고전적인 주권론이 퇴색한 시점에서 국민주권과 주민주권의 조화로운 관계를 모색할 필요가 있다. 최근에는 국민주권보다는 시민주권이 보편적으로 사용되고 있다는 점도 같은 맥락에서 이해할 수 있다.

시민주권론이 사회구성원의 가치와 이익의 다원화로 더 이상 '통일된 단위의 국민' 또는 '국민의 통일된 의사'가 존재하기 어려워진 상황에서 제기된 개념이라면, 주민주권론은 공적 의사결정을 지역 단위로 분권·분산시키는 방식으로 지역 여건에 맞게 국민주권론을 재구성하는 것을 의미한다. 주민주권의 구현은 민주주의에 필수적인 시민 덕성을 키우는 '민주주의 학교'로서 지방민주주의의 토대가 된다.

그동안 우리나라의 지방자치는 중앙정부의 권한과 기능을 지방으로 이양하는 지방분권에 역점을 두어 주민주권에 대한 관심이 부족했던 것이 현실이다. 중앙-지방 관계에서 보면 지방정부는 국가주권을 행사하는 중앙정부의 목적과 필요에 봉사하는 제도적 수단에 불과해진다. 그러나 주권자인 인민people의 관점에서 보면, 중앙정부든 지방정부든 인민의 대리인으로 봉사하기 위한 제도일 뿐이다. 따라서 주민주권으로 촉발된 지방민주주의는 주권자인 인민을 중심에 두고 그 수단으로서 정부를 바라볼 수 있는 균형 잡힌 시각을 제공한다. 이러한 의미의 주민주권론은 지방분권이라는 제도적 논의를 넘어, 주권자의 시각에서 중앙-지방 관계를 재정립하는 민주주의 패러다임의 전환이라고 볼 수 있다.[355]

따라서 주민주권은 지역의 문제를 주민이 스스로 해결하고자 하는 자기결정권으로 지방정부의 관할구역 안에서 최종적인 의사결정을 내릴 수 있는 권한은 주민에게 있다는 의미로 정리할 수 있다.[356] 지방분권이 중앙정부와 지방정부 간 관계에 초점을 둔 지방자치의 원리라면, 주민주권은 지방정부와 주민 간 관계에 초점을 둔 지방민주주의local democracy 원리라고 할 수 있다.[357] 이에 비해 풀뿌리민주주의는 공간적 관점에서 지방정부 아래에 있는 읍면동, 마을, 생활권 단위에서 주민 스스로의 참여와 자치를 중시하는 동네민주주의로 구현된다. 다시 말해, 공식적인 제도나 선거를 넘어서는 생활 속 민주주의를 의미한다. 따라서 풀뿌리민주주의는 정치적 참여가 일상생활의 모든 영역으로 스며드는 '강한 민주주의'이며,[358] 시민들이 지역 수준에서 정책 형성에 직접 관여하는 구조라고 할 수 있다.[359]

이러한 관점에서 보면, 주민자치는 풀뿌리자치, 동네자치, 마을자치, 생활자치를 포괄하는 의미다.[360] 거주지 중심의 소규모 지역 주민 사이의 유대 형성과 지역 공동체의 문제해결을 위한 자발적인 주민참여를 통칭하는 개념이다. 그러나 그동안 우리나라의 주민자치는 주민주권과 공적 공간에서의 자치가 아니라, 지방행정에 대한 주민의 참여라는 관점에서 제도화가 이루어져 왔다. 주민자치회 활동에 정치적 중립성을 요구하며 주민자치의 본질적 요소인 정치적 의미를 배제한 것도 주민주권이 아니라 생활자치라는 도구적 관점에서 접근했기 때문이다.

민주주의의 모세혈관, 주민자치

주민주권을 구현하는 우리나라의 주민자치는 정치적 상황에 따라 부침을 거듭했다. 지방자치가 이승만 대통령의 정권 유지를 위해 6·25전쟁 와중에 실시되었고, 5·16 군사 쿠데타로 중단된 이후 김대중 대통령의 단식 투쟁으로 1991년 다시 부활한 굴곡의 역사와 궤를 같이한다. 권위주의 정부 시절에 지방자치는 불온한 세력의 온상으로 여겨져 억압의 대상이었다. 민주적 정부가 집권해도 상황은 크게 달라지지 않았다. 우리 사회에서 지방분권과 주민자치는 중앙권력에 대한 도전이거나 하찮은 동네일로 치부되었다. 그만큼 우리나라의 풀뿌리민주주의 현실은 척박하다. 읍면동 주민자치의 역사를 더듬어 보면 이 같은 현실이 명백하게 드러난다.

1949년 지방자치법이 제정된 이후 6·25 전쟁 와중인 1952년 처음으로 도의원과 시의원, 읍면의원 선거가 실시되었다. 당시 군郡의 지위는 행정기관이었고 산하의 읍면에 자치단체의 지위가 부여되었다. 1960년에는 서울시장과 도지사, 시장, 읍면장을 선거로 선출하면서 지방자치의 틀을 갖추었지만 1961년 군사 쿠데타로 전면 중단되었다. 1991년에야 지방의회가 재구성되고 1995년 자치단체장 선거가 실시되면서 지방자치가 다시 부활하게 된다.

그러나 조선시대 후기의 향회와 민회에 뿌리를 둔 읍면동 주민자치는 박정희 군사정부가 폐지한 이후 지금까지 기초자치단체인 시군구 산하의 말단행정기관으로 전락했다. IMF 구제금융으로 인한 외환위기를 타개하기 위해 김대중 정부는 1999년 공공부문 구조조정의 일환으로 읍면동의 인력과 기능을 대폭 축소했다. 빈자리와 공간을 채우기 위해 주민편의와 복지·문화 활동을 지원하는 주민자치센터를 설치하고 주민자치위원회를 구성했다. 기존의 읍면동 자문위원회가 주민자치센터의 운영위원회 역할을 부여받는 수준이었다.

2007년에는 읍면동사무소를 주민센터로 개칭했다가 2016년에는 행정복지센터로 변경하는 등 일선 행정에 대한 혼선은 거듭되었다. 주민자치위원회도 관변조직으로 전락해 제 기능을 수행하지 못한다는 비판이 제기되자 2010년 10월 「지방행정체제개편에 관한 특별법」을 제정해 2013년부터 주민자치회를 시범실시하고 있다. 2024년 말 기준 전국의 3,551개 읍면동 가운데 46.2%인 1,641곳에서 주민자치회를 실시하고 있고, 나머지는 예전대로 주민자치위원회가 운영되고 있다. 아예 주민자치위원회조차 구성되지 않은 곳도 있다.

그러나 주민자치회는 풀뿌리 자치를 활성화하고 민주적 참여의식을 고양하기 위한 근본적인 개혁이라기보다 읍면동 기능을 보조하는 일회성 행사 위주로 진행되면서 주민자치위원회와 별 차이가 없다는 지적을 받고 있다.[361] 지방자치가 중단되었던 권위주의 정부 시절 읍면동에는 '동

원형 참여'에 가까운 각종 직능단체와 관변조직이 운영되었다. 이러한 전통은 주민자치회에도 이어져 읍면동의 기능과 업무를 돕는 자원봉사로 인식하거나, 문화행사 프로그램을 운영하는 수준에 그치고 있다.

읍면동장이 주민자치위원회 위원을 임명해온 문제점을 개선하기 위해 주민자치회는 시군구청장에게 임명권을 부여하였으나 여전히 주민 대표성 문제가 제기되고 있다. 전부 또는 일부 위원은 추첨으로 선발하고 있으나, 주민들의 관심 저하로 신청자가 매우 적어 추첨제가 사실상 무의미할 정도이다. 위원들도 대부분 60~70대의 고령층이거나 자영업자로 구성되어 젊은 층과 직장인은 찾기 어렵다. 이로 인한 대표성 부족은 주민자치회가 실질적인 영향력을 행사할 수 있는 권한을 갖지 못하는 요인이 되고 있다

이 와중에 2023년 5월 행정안전부는 '주민자치회 표준조례안'을 개정해 전국 지자체에 하달했다. 표준조례는 지자체에서 이를 바탕으로 기존 조례를 개정하라는 일종의 지침서이다. 행안부는 주요 개정사항으로 추첨 이외에 읍면동장의 위촉 등 주민자치회 위원 선정방법을 다양화하고 주민자치회 위원 교육 자율화, 간사 또는 사무국 근거 삭제, 법인 또는 단체 등에 대한 지원 근거 삭제, 주민총회 및 자치계획 자율화 등을 제시했다.[362]

행안부가 발표한 표준조례 개정안에는 주민자치회의 자치 기능을 무력화하는 독소조항이 적지 않았다. 가장 문제가 되는 조항은 주민자치회 위원 선정방법의 다양화이다. 주민자치회 위원은 2018년부터 참가 희망

자를 공개 모집해 무작위 추첨으로 선정했다. 종전에 읍면동장이 심사해 선정하는 문제점을 보완하기 위해서였다. 이를 다시 읍면동장의 영향력을 강화하기 위해 이·통장 및 입주자대표회의 회장 등을 당연직으로 둘 수 있도록 개정한 것이다. 특히 의무조항이었던 연 1회 이상 주민총회 개최와 자치계획 수립을 주민자치회 활동에 부담을 준다는 이유로 자율화했다. 이러한 조치는 주민들의 자율성과 참여를 적극적으로 확대하는 방향이 아니라, 주민자치를 읍면동 관치로 역행한다는 비판을 받았다.

표준조례안의 여파로 일부 지자체에서는 주민자치회를 주민자치위원회로 다시 전환하고, 중간지원조직을 폐지하는 등 주민자치가 사실상 무력화되었다.[363] 주민자치에 대해서는 여당이든 야당이든, 국회의원이든 지방의원이든 주민들의 힘이 강화되는 것을 원하지 않는다. 국민주권을 외치고 주민주권을 강조하는 이재명 정부에서도 주민자치의 갈 길은 멀어 보인다.

지역 시민의회가 중요한 이유

앞서 살펴본 대구시의회와 춘천시의회 사례, 그리고 해외연수 실태에서 드러난 것처럼 지방의회가 처한 현실을 타파하기 위해서는 기존 정치 시스템을 넘어서는 새로운 시민정치가 요구되고 있다. 지방의원들이 공천권을 장악한 지역구 국회의원이나 중앙 정당의 영향력에서 벗어나기 어려운 것이 현실이기 때문이다. 정당공천제가 실시되고 있는 상황에서는 지방의원들이 주민들을 위한 소신 있는 의정활동도 쉽지 않다. 이러한 문제를 해결하기 위한 대안으로 시민의회가 부상하고 있다.

아예 지방의회를 선거 대신 추첨으로 선발하자는 주장도 제기되고 있다.[364] 추첨제 지방의회 구성은 주민 대표성을 강화하고 의원들의 특권 집단화를 방지하며, 정치 외에 다양한 분야의 전문성을 보강할 수 있다는 것이다. 주민들도 추첨제 의원직에 대한 기대로 지역 문제에 관심을 쏟을 수 있고, 지역에서 직업정치인의 영향력을 줄여 풀뿌리민주주의를 강화할 수 있다는 장점이 있다. 하지만 현실적으로는 기존 대의제와 병행하는 융합모델 또는 이슈별 비상설 시민의회 도입에 대한 논의가 활발하다.

해외에서는 시민의회 구성이 중앙정치 수준보다는 지역 및 풀뿌리 수준의 시민의회가 보편적인 현상으로 자리 잡고 있다.[365] 첫 사례로 꼽히는 캐나다 BC주(2004)와 온타리오주(2006) 선거제도 시민의회도 지역 수준의 실험이었다. 미국 오리건주의 시민발의 리뷰(CIR)도 지역 수준에서 실시된 융합모델이다.

유럽에서 2000년부터 2023년까지 개최된 총 159개의 미니 공중 사례 가운데 중앙 수준은 65개인 반면, 지방region 단위 67개, 지역local 단위 29개로 집계되었다.[366] 유럽 시민의회 사례의 이슈도 개헌이나 선거법과 같은 정치제도보다 환경과 보건, 과학·기술, 교육과 학교 등 지역 친화적인 이슈들이 주를 이루고 있다. 우리나라도 2017년 신고리 5·6호기 공론화 이후 2023년 9월까지 실시된 60건의 사례 가운데 대입제도 개편(2018), 선거제도 개편(2023), 연금개혁(2024) 등을 제외하면 대부분은

광역 및 기초지자체 단위에서 도입되었다.[367]

지역 및 풀뿌리 수준의 시민의회는 상향식bottom-up 실험이라는 점에서 더욱 의미가 있다. 캐나다 선거제도 시민의회 등 잘 알려진 해외 사례는 상당수가 정당이나 중앙정부의 필요성으로 도입된 하향식top-down이었다. 하향식 시민의회는 정책의 정당성이나 정치적 위기를 타개하기 위해 도입되는 경우가 적지 않았다. 이에 비해 상향식은 밑으로부터의 민주적 열망과 요구를 반영할 수 있다는 점에서 긍정적이다. 아일랜드 개헌 시민의회도 처음에는 학자들과 시민사회가 상향식으로 주도한 'We the Citizens' 프로젝트였다. 이후 의회 주도로 시민의회가 법제화되면서 정치인과 시민단체의 연대로 발전했다. 상향식 시민의회의 대표적인 사례로는 2011년 6월 벨기에 시민사회단체가 추진한 G1000 프로젝트를 들 수 있다.

시민의회는 지역 및 풀뿌리 단위로 내려올수록 피부에 와닿는 이슈에 대한 숙의를 통해 지역 주민의 참여기회를 확대하고, 민주시민 교육의 장으로 활용될 수 있다는 것도 강점으로 꼽힌다. 일상생활 공간에서 시민의회 참여 경험은 시민의식과 역량을 강화할 수 있는 '민주주의 학교'의 역할을 담당할 수 있기 때문이다.[368] 시민의회 논의를 사회 전체적으로 확산하고 인지도와 수용성을 높이기 위해서도 지역이나 풀뿌리 단위에서 시민의회를 안착시켜 나가는 실험이 필요하다.

지역 및 풀뿌리 수준에서 시민의회를 도입하기 위해서는 광역 및 기초의회의 조례 제정을 통해 시민의회를 제도화하거나, 지방자치법 개정 또는 행정안전부의 '주민자치회 표준조례안'을 변경해 현재 읍면동별로 설

치된 주민자치회를 주민의회로 전환하는 방안도 가능하다.[369]

그동안 우리나라의 지방자치는 민주성보다는 행정의 효율성을 중시하는 방향으로 진행되어 왔다. 지방자치단체를 정치적 의사결정의 지리적 공간locus으로 인식하기 보기보다는 행정서비스를 제공하는 지역 단위로 인식해 왔다. 지방자치단체를 정치적 의사결정의 영역으로 간주하면 주민들은 보다 적극적으로 지방정치에 참여해 이슈나 정책의 우선순위를 정하는 데 적극적일 수 있다. 반면, 지방자치단체의 핵심적인 역할을 행정서비스 전달로 규정하는 경우에는 정치과정 참여보다는 효율성이 중요한 가치로 자리매김하게 된다.[370] 이러한 정치·사회적 환경에서 주민자치를 주민주권이 발현되는 공적 공간으로 만들기 위해서는 주민자치제도의 개선이나 운영방식 변경과 같은 행정적·관리적 접근으로는 한계가 있을 수밖에 없다.[371]

지역 정치와 주민자치의 단절은 공적 공간으로서 주민자치를 가로막는 중요한 요인으로 작용하고 있다. 문제는 지역에서 공식적인 정치 활동의 매개체가 되어야 할 가장 기본적인 제도인 정당이 여러 가지 한계에 부딪혀 있다는 사실이다. 정당제도 개혁 방안으로 2004년 폐지된 지구당을 부활하거나 지역 정당 설립 등 다양한 방안이 논의되고 있으나 이마저 실현되지 못하고 있다. 따라서 주민들이 직접 참여하는 지방정치, 시민정치를 활성화하기 위해서는 지역 단위에서 시민의회 도입의 당위성이 증대하고 있다.

3. 시민의회에 대한 의문과 쟁점

선거로 뽑히지 않아 대표성이 없다?

추첨으로 구성된 시민의회에 대한 가장 큰 비판과 우려는 선거로 뽑히지 않아 대표로 인정할 수 없다는 것이다. "대표성이 없다"는 지적은 선거로 대표를 뽑아온 대의민주제의 오랜 역사와 전통에 기인한다. 17~18세기 근대 시민혁명을 거치면서 "정당한 권력은 피지배자의 동의로부터 나온다"는 원칙은 누구도 침범할 수 없는 인권선언이었다. 피지배자의 동의와 의지가 정치적 정당성과 구속력의 유일한 근거가 되면서 선거는 권력을 위임하는 방법으로 자리 잡게 되었다. 프랑스 혁명과 미국 건국을 통해 구체제를 뒤엎고 권력을 쟁취한 신흥 엘리트들은 자신들의 지배체제를 공고히 하기 위해 선거제를 선택했다는 사실은 앞서 언급했다.

1798년 미국 연방헌법 제정 당시 권력 구조와 대표 선출방식을 둘러싼 논쟁에서 연방주의자들이 승리하면서 선거 대의제가 정착되었다. 그러나 선거는 결과적으로 인민people의 의사를 반영하는 절차가 아니라, 누가 탁월한지 구별하는 장치로 작동하게 되었다. 근대 대의민주제의 서막을 장식한 이 논쟁을 마넹Manin은 "대표제의 귀족적 기원"이라고 부른다.[372] "노동자든 농민이든, 은행가든 자본가든 그들을 대변하는 정치적 대표자는 모두 변호사들이 차지하게 된 것은 결코 시시한 문제가 아니다"는 마넹의 지적은 미국 건국 당시부터 대두했던 '대표의 위기'였다.

이에 비해 시민의회는 모집단인 일반 국민과 인구통계학적으로 빼닮은 미니 공중mini-publics을 구성해 대표자와 피대표자와의 유사성 차원에서 대의제보다 민주적 정당성을 확보하고 있다고 볼 수 있다. 선거 대의제는 1인 1표라는 최소한의 평등은 실현했지만, 대표의 기본요소인 공정성을 확보하지 못해 결국 대표제의 위기로 이어졌다. 반면, 시민의회는 전체 국민과 유사한 인구통계학적 대표성을 확보함으로써 소수자 배제와 사회적 불평등 문제를 야기한 선거제와 차별된다.[373]

탁월성에 기반한 선거와 달리 유사성의 원리에 따라 전체 시민의 '소우주microcosm'로 구성된 시민의회는 각계각층의 다양한 관점과 선호가 표출되는 통로로 작동하기 때문이다. 정치적 이해관계나 이익집단의 로비로부터 상대적으로 자유로운 시민들이 '안전한 공적 공간'에서 숙고된 판단을 도출할 가능성이 높아진다. 따라서 선거로만 대표성을 부여하는 것은 정치적 대표의 범위를 지나치게 좁게 이해하는 것이다.

대표성 개념의 확대

18세기 흐반 근대 시민혁명으로 대의민주제가 정착되면서 대표는 선거로 선출되어야만 대표성이 인정되었으나 최근 대표성의 개념이 '선거에서 비선거로', '영토에서 정체성으로',[374] '인간에서 비인간과 자연으로',[375] '위임에서 주장'으로 전환되고 있다.[376] 가장 큰 변화는 대표성을 갖게 되는 절차가 '선거에서 비선거'로 확대되고 있다는 점이다. 선거를 통한 공식적 위임에만 한정되지 않고 추첨으로 대표를 선정하거나, 자발적 참여나 사회적 승인을 통해서도 대표성이 부여된다는 것이다.

전통적 선거로 대표성이 확보된다는 피트킨Pitkin과 달리 세이워드Saward는 대표성이 제도적 위임이 아니라 수행performance과 수용acceptance을 통해서도 인정된다고 보았다.[377] 그는 대표성을 "선출된 자가 아니라, 대표라는 '주장claim'이 사회적으로 승인될 때 발생하는 관계적 구성물"이라고 정의한다. 자기 선택self-selection형 대표는 누구나 자신이 대표라고 '주장'할 수 있고, 그 주장이 사회적으로 수용될 때 대표성이 성립된다는 것이다.

선거를 통한 위임이 아니라 '대표한다고 주장하는 수행적 행위'로 대표성이 인정된 사례로는 '기후위기의 대표자'로 승인된 스웨덴 소녀 그레타 툰베리Greta Thunberg와 국제 환경단체 그린피스Greenpeace를 들 수 있다. 툰베리는 지구의 미래 세대와 자연을 대표할 어떤 법적 위임도 없었지만, 수많은 청중이 그녀의 상징적·도덕적 행위를 대표로 받아들였다. 그린피스가 "우리는 남극의 빙하와 돌고래를 대신해 행동한다"고 선언했을 때 비인간 존재로부터 어떤 '위임'도 받지 않았지만, 윤리적·상징적인 설득력을 얻음으로써 대표성이 인정되었다.[378]

자기 선택에 의한 대표는 선거나 추첨에 의해 위임된 대표가 아니라 참여자가 스스로 참여를 결정함으로써 형성되는 대표성을 말한다. 대표의 정당성 근거가 '위임'이 아니라 '자발적 참여'에 있다는 것이 핵심이다. 맨스브리지Mansbridge가 분류한 네 가지 대표의 유형 가운데 하나이다.[379]

주민자치회, 주민참여예산제, 시민참여위원회, 공론화위원회 등도 비선거적 대표의 현대적 형태로 볼 수 있다.

선거가 아니라 직능대표제로 통하는 사회적 또는 기능적 대표social/functional representation도 근대 민주주의 역사만큼이나 오래된 제도이다.[380] 직능대표는 대의민주제가 포착하지 못하는 사회적 이해관계를 제도적으로 보완하기 위한 개념이다. 유럽에서는 노동조합이나 시민사회단체 등 조직화된 이익집단이 국가정책 결정 과정에 제도적으로 참여하는 조합주의corporatism로 발전했다.[381] 우리나라의 노사정위원회도 전형적인 기능적 대표기구로 경제 · 노동정책에 사회적 합의를 반영하도록 설계되었다.

선거를 통한 대표뿐 아니라 사회적 대표와 자기선택형 대표도 내재적 한계를 지니고 있다. 사회적 대표의 경우 자금력과 동원력을 갖춘 조직화된 이해관계가 과대대표되면서 사회적 약자들이 설 자리를 잃어가고 있다. 자기 선택에 기반한 대표도 선명한 선호나 개인적 이해관계를 가진 사람들을 중심으로 운영되는 경향이 있다.

이에 비해 추첨에 기반한 대표는 선거를 통한 대표, 사회적 대표, 자기선택 기반 대표 등 세 가지 정치적 대표 방식에서 결핍되기 쉬운 민주적 가치를 보완해 줄 수 있다. 시민의회와 같은 추첨제는 참여의 개방성, 관점의 다양성, 과정의 숙의성, 관용과 타협적 태도라는 측면에서 장점이 있다. 따라서 정치적 대표 방식을 선거제에만 국한할 것이 아니라 다층적이고 유연하게 접근하는 '복합적 대표complex representation'의 관점에서 이해할 필요가 있다.[382]

복잡한 문제를 다룰 전문성이 없다?

플라톤Platon은 『국가론』에서 "정치는 누구나 할 수 있는 일이 아니라 기술적 앎을 요구하는 전문적인 분야"라고 정의했다.[383] 항해술이 배를 다스리는 기술인 것처럼, 정치도 국가를 다스리는 기술이기 때문에 무지한 다수에게 정치를 맡기는 것은 '무자격자의 항해ignorant pilot of the ship'라고 비유했다. 민주주의에 대한 이 같은 비판은 아테네의 민주정을 '다수의 무지와 선동에 의한 통치'로 타락했다고 질타한 플라톤 이래 고대로부터 꾸준히 제기되고 있는 불신이다.

정치의 기술적 전문성을 강조한 플라톤의 견해는 시민의회에도 그대로 적용되고 있다. 일반 시민은 대체로 정치와 사회 현안에 무관심하고 무지할 뿐만 아니라, 잘못된 정보와 선동에 쉽게 휘둘리기 때문에 이들에게 중요한 정치적 숙의와 결정을 맡기는 것은 위험하다는 주장이다. 무작위로 뽑힌 시민의원들은 복잡한 사안을 판단할 수 있는 전문성이 부족하고, 짧은 학습과 숙의로 이 문제를 개선할 수도 없다는 것이다. 심지어 학습과 숙의를 통해 도출된 결론이라는 것도 과학적 근거에 입각한 균형적인 판단이 아니라, 화려한 언변이나 사회경제적 불평등, 집단극화[384] 등으로 왜곡되었을 가능성도 제기되고 있다.

그러나 숙의민주주의에 대한 그간의 경험적 사례는 이 같은 우려를 불식시키고 있다. 숙의 과정에서 발생할 수 있는 인지적 왜곡 문제는 섬세한 제도설계와 공정하고 중립적인 운영으로 해소할 수 있을 것이다. 공론조사를 실시한 국내 사례에서 일부 부정적인 측면이 드러났지만, 그 원인은 제도의 내재적 문제보다는 정치적 의도나 정당화의 수단으로 공론화를 잘못 활용한 경우가 대부분이어서 이를 일반화하기는 어렵다. 오히려 시민들은 충분한 학습과 진지한 토론을 통해 복잡한 사안에 대한 균형 있는 결론을 도출하고, 외부 요인에 좌우되지 않고 독립적인 판단을 내리는 것으로 보고되고 있다. 참여와 숙의 경험이 상대방에 대한 관용과 존중으로 이어지고 공적 문제에 대한 관심 제고로 성숙한 민주주의에 기여하고 있다는 것이다.[385]

무작위 추첨 과정에서 일부 부적합한 사람이 포함될 수 있지만, 개개인이 단독으르 판단하는 것이 아니라 숙의를 거쳐 '전체로서의 의회'가 결정한다는 점도 유의할 필요가 있다.[386] 전문성을 이유로 특정인들만 유능하다고 보는 시각은 '치자와 피치자의 동일성'이라는 민주주의 원리를 근본적으로 부정하는 것이다. 교육수준이 높아진 오늘날 대부분의 성인은 자신들을 통치하기에 적절한 능력을 지니고 있으며, 전체 사회에 중요한 영향을 미치는 집합적 결정에 합리적인 판단을 내릴 수 있다고 본다.[387]

설령 엘리트들이 도구적 · 기술적 능력에 있어서 유능하다고 해도 도덕적으로 현명한 판단을 내릴 것으로 기대하기 어렵다. 윤리적 · 도덕적 판단이 요구되는 공공문제를 지적으로 우월한 엘리트가 공공선common good보다 특정 정파나 자신이 속한 계층에 편향된 결정을 내릴 여지는 훨씬 더 많을 수 있다. 소위 학자나 전문가들조차도 진영논리에 따라 공적 의제에 상반된 견해를 제시하는 경우는 흔한 현상이 되어 버렸다. 도구적·기술적 능력은 심사숙고할 시간과 정보의 문제이고, 복잡한 현대 사회에서 모든 의제에 두루 능력을 갖춘 전문가는 존재하기 어렵다는 것이 현실이다. 일반 시민도 국회의원과 같은 보좌진과 전문위원들의 도움과 정보가 제공되면 오히려 더 현명한 결정을 내릴 수 있을 것이다.[388]

따라서 다양한 대표의 선발 방식 가운데 유사성의 원리로 구성된 시민의회는 탁월한 엘리트로 구성된 선거제에 비해 결코 무능하지 않다. 다양한 직업과 경험, 다양한 시각과 능력을 지닌 시민의회는 '대중의 지혜wisdom of crowds'와 집단지성collective intelligence으로, 당파적 이해관계에 함몰된 정치인이나 '진영 전문가들'의 편향된 곡학아세曲學阿世에서 벗어나 공공선을 추구하는데 더 유리할 수 있다.

추첨으로 뽑혀 무책임하다?

대표성, 전문성에 이어 시민의회에 제기되는 세 번째 비판은 책임성이다. 대의제에서는 규칙적인 선거를 통해서 대표자를 선출하고 다음 선거에서 평가하는 방식으로 책임성을 물을 수 있다. 이에 비해 시민의회는 무작위 추첨이나 자기 선택self-selection으로 구성되기 때문에 선거로 책임을 묻거나 처벌할 수 있는 제재 메커니즘이 작동하지 않는다. 선거를 통해 부여된 명시적인 권한도 없는 시민의회가 내린 결정이나 영향력의 정당성도 없다는 것이다.[389]

이 같은 비판은 시민의회와 같은 미니 공중mini-public에 상당한 정도의 결정 권한이 부여되었을 경우에 타당한 지적이다. 그러나 대부분 공론화위원회의 결론은 권고에 그치고 최종결정은 정부나 의회가 하고 있다. 신고리 5·6호기 사례는 대통령이 공론화위원회의 권고안을 그대로 수용하겠다고 밝힌 예외적인 경우에 속한다. 아일랜드의 개헌 시민의회나 캐나다 BC주의 선거제도 시민의회의 경우도 국민투표나 의회에서 최종적인 결정을 내렸다. 시민의회는 숙의를 통해 대안을 제시했을 뿐이었다.

고대 아테네에서는 추첨으로 선출된 공직자에 대한 책임을 묻는 장치가 여러 겹으로 고안되어 있었다. 행정관을 비롯해 공직자들은 직무를 수행하기 전에 '도키마시아dokimasia'라는 공직 심사절차를 거쳐야 했다. 납세 실적이나 군 복무 여부, 부모 공경 등을 조사했다. 공직 심사는 무능력한 사람들을 배제하려는 평가가 아니라 형식적인 절차에 불과했지만, 공직 수행에 미숙하거나 무능력한 시민을 사전에 걸러내는 제도적 장치로 작동했다. 임기가 끝나면 '유티나이euthynai'라는 결산보고서도 제출해야 한다. 임기 중에도 시민들은 공직자에게 책임을 물을 수 있었고, 공직자가 탄핵당하면 시민법정에 회부되어 판결을 받았다. 행정관에 대한 신임을 묻는 것은 민회의 필수안건이었다.[390]

아테네와 마찬가지로 오늘날도 공론조사를 비롯한 미니 공중은 무작위가 아니라 자원한 사람들을 대상으로 추첨으로 선발한다. 자기 선택 또는 자기 추천이라는 승낙 과정을 거치는 것은 참여를 원치 않는 사람들을 억지로 동원할 수 없기 때문이다. 이 때문에 사회적 이슈나 정치에 관심이 갏은 고학력·중산층이 과잉 대표될 가능성이 높은 것은 사실이다. 그렇다고 투표장에도 나가지 않는 정치 무관심층이 시민의회에 선뜻 참여하기를 기대하기는 어려울 것이다. 주말에 열리는 회의에 시간과 비용을 들여 참석해야 하고, 복잡한 공적 이슈에 대해 어느 정도 알아들을 수 있어야 참여하기 때문에 상대적으로 적극적인 시민들이 많을 수밖에 없다.[391] 이로 인해 제기되는 시민의회의 대표성 문제는 인구통계학적, 사회경제적 배경을 고려해 추출하기 때문에 어느 정도 해소할 수 있다. 다만 최종결정 권한이 없는 참여자들에게 아테네와 같은 법적·정치적 책임을 묻는 것은 현실적으로 어렵다고 할 수 있다.

그렇다고 시민의회 참여자들이 사회적·윤리적 책임을 다할 것이라고 기대할 수는 없다. 선거에 막대한 비용과 시간을 들여 당선된 의원들과 달리, 아무런 희생이나 노력 없이 추첨으로 뽑혀 의정활동에 전념할 의무감이나 사회적 책임감이 낮을 수밖에 없다는 주장은 설득력이 있다.[주석 392] 선거제 의원들은 정당 내부의 통제시스템과 재선을 의식해 책임감을 가질 수밖에 없지만, 추첨은 재임과 무관해 의정활동에 불성실할 것이라는 우려이다.

하지만 현실은 이와 다르게 나타나고 있다. 캐나다 BC주 시민의회의 경우 11개월이라는 긴 여정에도 불구하고 총 161명 가운데 1명만 중도하차 하였고 출석률은 95%에 달했다.[393] 시민참여단은 매우 복잡한 선거제도에 대해 학습과 토론으로 단기이양식 비례대표라는 독특한 대안을 고안해냈다. 신고리 5·6호기 공론화도 참여도와 만족도가 매우 높게 나타나 일반 시민들이 중요한 책무가 주어졌을 때 어떻게 행동하는지를 보여주었다.

다만, 추첨으로 선발된 시민의원 중에는 단순한 호기심이나 교통비와 수당, 더러는 사적·정치적 의도로 참여한 경우를 배제할 수 없다. 이들이 의정활동에 불성실하거나 고의적으로 회의를 방해하는 경우에는 윤리위원회 등을 통해 징계 또는 교체할 수 있는 통제시스템을 갖추어야 할 것이다.

파리 시민의회의 경우 보증위원회가 이 같은 역할을 맡고 있다. 관련 분야 전문가와 연구자들로 구성된 보증위원회는 시민의회 활동이 적절히 진행되는지 감시하며 추첨과 숙의 절차에서 중립성·투명성·다양성의 원칙이 준수되도록 점검하는 역할을 맡았다.[394] 보증위원회와 별도로 시민배심원단도 시민의회에 대한 검증 및 평가 역할을 수행하는 이중 숙의 구조dual-layer deliberation로 운영되고 있다.[395] 또 시민의회는 매년 1회 자체적으로 연간 활동보고서를 작성해 파리시의회와 파리시장, 관할 부서(DDCT)에 제출하게 되어있다. 파리시의회도 1년 후에는 운영 성과와 한계를 평가하고 개선 방안을 담은 보고서를 작성해 시민들에게 공개하는 등 사후 평가시스템을 갖추고 있다.[396]

책임성과 관련해 선결되어야 할 사안은 시민의회에 일정 부분 권한이 주어져야 한다는 점이다. 결정에 영향을 미칠 수 있는 권한과 공적 공간public realm이 보장되어야 정치적 책임을 물을 수 있다. 아렌트Arendt의 표현대로 시민이 행위할 수 있는 권한을 갖지 못한 상태에서 결과에 대한 책임만을 요구하는 것은 '행위의 조건'을 부정하는 것이 된다.[397] 또한, 시민의원들에게 책임감을 부여하기 위해서는 그들의 노력이 정책 결정 과정에서 진지하게 받아들여질 것이라는 확고한 믿음이 있어야 한다. 시민의회의 권고나 결정에 대한 이행 장치와 법적 구속력 부여에 대해서는 이 책 3부에서 구체적으로 제시되어 있다.

시민의회의 책임성 제기에 앞서 선거 대의제 의원들이 책임감을 충실히 이행하고 있는지도 반문할 필요가 있다. 기존 정치인들은 재선에만 관심을 두고 기후위기와 저출생·고령화 등 국가적 이슈에 대해서는 무관심한 행태를 보이고 있다. 국회의원들이 책임성을 갖고 의정활동을 했다면 시민의회 논의가 부각되지도 않았을 것이다. 정당민주주의에서 당리당략에 집착하는 의원들에게 국가와 국민에게 책임 있는 의정활동을 기대하기는 어려워 보인다. 오히려 재선 부담이 없고, 정치적 이해관계에서 비교적 자유스러운 시민의원들이 공정하고 책임성 있게 활동할 수 있을 것이다. 추첨을 통한 시민의회의 존재는 기존 대의제를 긴장시켜 의정활동에 있어 책임성을 제고하는 감시 및 견제 기제로 작동할 가능성도 크다.[398]

내가 참여하지 않아 결정에 동의할 수 없다?

시민의회가 대표성, 전문성, 책임성 문제를 해소했다고 하더라도 시민의회가 도출한 결론에 대한 민주적 정당성democratic legitimacy에 대한 의문은 여전히 남는다. 추첨으로 뽑힌 소수 시민의 결정을 '나의 결정'으로 선뜻 수용하기 어렵다는 거부감이 있다. (내가) 논의에 참여하지도 않았고, 대표 선정에 동의하지 않았다는 이유로 시민의회가 결정한 국가적 · 사회적 의제를 거부하거나 외면한다면 상당한 예산과 시간을 투입한 논의 결과가 수포로 돌아갈 수밖에 없다. 해외 사례에서도 시민의회의 권고안을 정치권이 거부하거나 국민투표에서 부결되어 제도개혁으로 이어지지는 못한 경우가 적지 않았다.

민주적 정당성은 권력이 민주적으로 정당하다고 여겨지는 이유와 조건을 구성하는 개념으로 구성요소는 다양한 관점에서 제기되고 있다. 하버마스Habermas는 민주적 정당성을 규범적 정당성, 절차적 정당성, 사회적 정당성으로 구분하고 있고, OECD(2020)는 대표성, 숙의성, 투명성, 영향력 등 8가지를 민주적 정당성의 핵심 원칙으로 꼽고 있다.

이 가운데 절차적 정당성은 결정 절차가 민주적이었는지를 묻는다. 결과가 불만족스럽더라도 절차가 민주적으로 정당하면 받아들일 수 있다는 입장이다. OECD(2020)는 공정한 참여 절차와 투명성을 핵심 원리로 제시하고 있다.[399] 둘째, 대표적 정당성은 누가 참여하고 대표했는지로 판단한다. 하버마스Habermas에 따르면 결정에 영향을 받는 모든 사람들이 참여해 이성적 의사소통 과정을 통해 동의할 수 있어야 정당성이 확보된다.[400] 시민의 폭넓은 참여와 사회적 다양성 반영이 관건이다.

셋째, 사회적 정당성은 제도적으로 보장된 절차를 넘어, 시민들에 의해 실질적으로 받아들여지고 지속될 수 있는 상태를 의미한다. 사회적 정당성은 수용성 문제로 귀결되며 제도에 대한 신뢰, 시민적 동일시, 심리적 수용 등을 요소로 한다. 이밖에 결정이 공공선에 부합되는지를 따지는 결과적 정당성, 숙의적 정당성 등도 민주적 정당성의 구성요소로 논의되고 있다.

다양한 논점 중에서도 시민의회에 대한 정당성 논쟁에서 핵심적인 부분은 수용성이다. 수용성 제고를 위해서는 다양한 방안이 동시적으로 모색되어야 한다. 근본적으로는 시민의회의 활동이 법적·제도적 근거가 있어야 민주적 정당성도 강화될 수 있다. 시민의회법 제정을 추진하는 것도 이 같은 이유에서다. 보다 현실적으로는 시민의회의 활동이 국민적 공감대를 형성해 사회적 수용성을 확보해야 제도개혁으로 이어질 수 있다. 이를 위해서는 시민의회 내부의 고립된 소우주microcosm를 넘어 전체 사회로 논의가 확산되는 '사회적 공론화'에 역점을 두어야 한다.

시민의회의 도입 및 운영과정에 국민적 공감대 형성이 중요한 이유는 시민의회의 대표성 논쟁과도 관련이 있다. 유사성을 시민의회의 중요한 속성으로 인정하더라도 선거의 경우 투표권을 가진 누구나 평등한 권리를 행사할 수 있지만, 시민의회에 뽑히지 못한 시민은 정치적 주권 행사가 원천적으로 불가능하다. 고대 아테네에서 추첨을 통한 공직자 선출이 정당화될 수 있었던 것은 시민권을 가진 성인 남성이면 누구나 일생에 한두 번 정도는 뽑힐 가능성이 있었기 때문이었다.

이에 비해, 많아야 수백 명에 불과한 현대의 시민의회에 시민들이 뽑힐 가능성은 매우 희박하다. 이 때문에 시민의회는 상상의 대표이지 실제의 대표는 아니어서 효능감이 떨어질 수밖에 없다. 추첨으로 뽑힌 누군가가 나를 대신하는 것으로 상상하는 것은, 내가 직접 누군가를 선택하는 것과 효능감이 동일하지 않기 때문이다.[401] 이런 문제를 해결하기 위해서는 시민의회에 합류하지 못한 일반 시민들도 사회적 공론화를 통해 동일한 숙의 효과를 누릴 수 있도록 배려해야 한다.[402]

따라서 시민의회 논의 결과에 대한 사회적 합의형성을 위해서는 대국민 홍보와 소통이 중요하다. 캐나다와 아이슬란드 사례가 제도개혁으로 이어지지 못한 배경에는 국민적 이해의 부족이 크게 작용한 것으로 나타났다. 국민투표에서 일반 시민들은 시민의회의 논의과정에 소외되어 개혁안에 부정적인 투표행태를 드러냈다. 이러한 문제를 해소하기 위해서는 시민의회 운영과정에 온·오프라인 토론회를 통해 국민적 공감대를 확산하고, '시민의회 아카데미' 등을 통한 대국민 교육도 병행되어야 한다.

이러한 측면에서 보면, 2023년과 2024년 실시된 국회의 선거제도 개혁 500인 회의와 연금개혁 500인 회의 논의과정을 KBS에서 전국에 생중계한 것은 의미 있는 진전이라고 할 수 있다. 향후에도 언론과의 연계와 사회적 공론화를 위해 공영방송이나 일간지 등과 협업하면서 시민의회 활동이 상세히 보도될 수 있도록 홍보방안을 강화해야 할 것이다.

이와 함께 시민의회에 대한 주류 언론의 비판적·소극적 태도가 제도개혁의 실패 요인으로 작용했다는 점도 염두에 두어야 한다. 2024년 실시된 연금제도 500인 회의의 경우 공론화 결과에 대한 정부와 여당(국민의힘)의 반대로 제도화로 이어지지 못한 배경에는 '사회적 공론화'를 저해한 보수 주류언론의 부정적인 보도 태도도 영향을 미친 것으로 나타났다. 당시 보수 언론은 연금 기금 소진을 이유로 재정 불안을 강조하거나 시민대표단의 구성을 문제 삼아 공론화 과정과 결과를 부정적으로 보도했다.[403]

이와 함께 오프라인 시민의회가 소집되면 온라인 시민의회를 병행해 다양한 시민의 의견을 수렴해야 제도개혁으로 이어질 수 있다. 앞서 언급한 디지털 정당 사례를 참고해 온라인 시민의회 플랫폼 구축이 필요하다. SNS를 통해 숙의 내용을 공개하고 다양한 시민들의 의견을 수렴하는 오픈 크라우드open crowd 방식의 플랫폼은 프랑스, 핀란드, 아이슬란드 등에서 이미 널리 활용되고 있다.

344 Pitkin(1967), pp. 209-210; 이관후(2018), p. 33.

345 서경석(2020), pp. 166-167.

346 'popular sovereignty'를 국민주권 또는 인민주권으로 혼용하고 있기 때문에 여기서는 이해를 돕기 위해 'nation sovereignty'(국민주권)와 'people sovereignty'(인민주권)으로 구분했다.

347 Morris(2020), p. 3.

348 곽현근(2020), p. 42.

349 이계일(2013); 곽현근(2020), p. 52.

350 Tocqueville(1835), pp. 455-460.

351 Habermas(1981)가 말한 생활세계life world는 제도적 체계가 침투하지 못한 일상적 의사소통의 공간이며, 민주주의는 이 생활세계 속에서 생성되고 재생산된다.

352 김의영 외(2015); 김의영(2012/ 2025).

353 주민주권론은 2018년 문재인 정부의 자치분권위원회가 자치분권 종합계획을 발표하면서 '주민주권 실현'을 자치분권의 6대 전략 중 제1 전략으로 명시하면서 확산되었다.

354 곽현근(2020), pp. 53-54.

355 곽현근(2020), p. 35. p. 57.

356 곽현근(2020), p. 52.

357 지방민주주의는 주민의 의사와 통제에 따라 지방정부가 운영되어야 한다는 지방정부의 작동 원리를 강조한다면, 주민주권은 지방정부의 주인으로서 주민의 권리에 초점을 두고 있다(곽현근, 2020: 32).

358 Barber(1984)는 강한 민주주의strong democracy를 대의민주주주의representative democracy와 대비해 시민의 적극적 참여와 공공선에 대한 실천이 일상적인 삶의 일부가 되는 민주주의로 정의했다.

359 OECD(2020), Good Practice Principles for Deliberative Processes.

360 행정 구역별로는 읍면동 단위의 자치활동을 주민자치라고 한다면, 통반 단위에서의 주민 활동은 마을자치 또는 동네자치라고 구분하는 경우도 있다.

361 주민자치회 문제점에 대해서는 곽현근(2015), 신용인(2017), 안성호(2021), 윤영근(2022) 참조.

362 주간경향(2023.6.17.), "주민관치회야?… 주민자치회 조례 개정 시대 역행 논란".

363 서울시는 2022년 12월 '서울특별시 마을공동체 활성화 지원조례'를 폐지해 마을공동체종합지원센터의 운영을 종료했다. 서울 구로구와 강원 춘천시 등 상당수 지자체도 주민자치 지원조직을 폐쇄했다.

364 지방의원을 추첨으로 뽑자는 제안에 대해서는 김윤상(2012), 김석태·이시철(2022) 참조.

365 지역 및 풀뿌리 시민의회의 중요성에 대해서는 김의영(2025) 참조.

366 유럽 POLITICIZE(non elected politics in Europe, http://politicize.eu/)

367 김주형 · 서현수(2024) 참조.

368 2018년 성북구에서 실시한 '최저임금 시대 아파트 경비원 고용 안정화 방안에 대한 모의 시민의회'는 민주시민 교육의 중요한 사례라고 할 수 있다(김의영, 2025).

369 시민의회 도입의 공간적 범위는 전국, 시도(광역) 및 시군구(기초), 읍면동 단위로 설치할 수 있다. 이 경우 읍면동 시민의회는 주민의회라고 할 수 있다.

370 유재원(2018), p. 34.

371 윤영근(2022) 참조.

372 Manin(1997), p. 132.

373 Urbinati and Warren(2008), pp. 394-395; 이관후(2018b), pp. 46-47.

374 대표성의 근거가 국가 영토와 시민권에서 초국가적 · 정체성으로 이동한 사례로는 유럽의회와 국경을 넘어선 인권 · 기후 NGO 운동을 들 수 있다. 이에 대해서는 Urbinati & Warren(2008), Saward(2010) 참조.

375 인간만이 대표될 권리를 가졌다고 보는 시각에서 비인간 특히 다양한 생물체와 자연물에 이르기까지 피대표성이 확대된 사례로는 제주 강정 마을의 '구럼비 살리기 전국시민행동'(2012)과 천성산 터널 반대 운동을 벌인 지율 스님과 '도롱뇽의 친구들'(2003 - 2004)에게 대법원은 법적 당사자능력은 부정했지만, 사회적 대표성을 인정받을 수 있음을 시사했다(이관후, 2018b).

376 Urbinati and Warren(2008); 이관후(2018b), pp. 40-41.

377 Pitkin(1967), Saward(2006/ 2010) 참조.

378 Saward(2006); 이관후(2018b), p. 42.

379 Mansbridge(2003)는 대표의 유형을 선거, 추첨, 자기 선택, 이익대표 등 4가지로 구분하고 있다.

380 Cole(1920)은 직능조합guilds을 통해 산업민주주의를 구현해야 한다고 주장했다. 프랑스의 헌법기구인 경제사회환경위원회(CESE)는 직능대표 175명으로 구성되어 있다.

381 Schmitter(1974), pp. 105 - 108.

382 서현수 · 김주형(2025c), 앞 논문.

383 Platon(1995), pp. 401 - 403.

384 Sunstein(2002)은 동질적 소집단 간의 숙의는 집단극화group polarization의 위험이 높다고 지적했다. Fishkin(2009)은 집단극화 문제를 해소하기 위해 공론조사deliberative polling를 실시할 때는 이질적 배경을 가진 시민을 무작위로 구성하고 전문가의 중립적 자료를 제공해야 한다고 강조했다.

385 Dryzek(2019), 김주형 · 서현수(2023) 참조.

386 Wallace(2020), location 2155.

387 Dahl(1989), 이지문(2017a) 참조.

388 주성수(2006), 이지문(2012), 김주형 · 서현수(2023) 등 많은 학자들이 이 같은 견해를 피력하고 있다.

389 Urbinati(2014), pp. 81-127; Shapiro(2017); 김주형 · 서현수(2023)

390 Staveley(1972), p. 45; Hansen(1991)

391 곽노현(2024), "지금 왜 시민의회인가?". 시민의회입법추진 100인 위원회 국제심포지엄 자료집.

392 Carson & Martin(2008); Engelstad(1989); 이지문(2012); 김주형 · 서현수(2023)

393 Citizen's Assembly on Electoral Reform(2004); Ferejohn(2008); 이지문(2012) 재인용.

394 Ville de Paris(2023), Guide de la participation citoyenne. pp. 34-35.

395 추첨으로 구성된 시민배심원단jury citoyen 17명은 시민의회의 내부 운영이 편향 없이 공정하게 이뤄지는지를 점검하고 권고안 초안을 마련하는 역할을 수행하고 있다.

396 Ville de Paris(2024), Rapport sur la démocratie participative et l'Assemblée citoyenne de Paris.

397 Arendt(1958), pp. 198-200.

398 곽노현(2024) 참조.

399 OECD(2020), "Good Practice Principles for Deliberative Processes".

400 Habermas(1996), pp. 110-131.

401 이관후(2018b), p. 49.

402 시민의회의 유사성을 대표성의 근거로 삼는 이유도 미니 공중mini-publics이 모집단을 닮았다는 그 자체가 아니라, 일반 시민도 동일한 정보와 토론 및 숙의 과정을 거치면 미니 공중과 동일한 결론을 내릴 것이라는 가정 때문이다.

403 대표적인 사례로 머니투데이(2024.4.22.), 중앙일보(2024.4.23.) 보도를 들 수 있다.

3부 | 시민의회 구성과 운영

7장 | 시민의회 제도설계

1. 시민의회의 구성원리

대표성, 숙의성, 투명성, 책임성

시민의회의 구성원리는 의사결정의 민주적 정당성을 확보하기 위한 기본 원칙으로 설계되어야 한다. 선거 대의제의 3종 실패인 '대표의 실패', '숙의의 실패', '정당의 실패'를 치유할 수 있기 위해서는 대표성과 숙의성을 확보하는 것이 가장 중요한 요소라고 할 있다. '정당의 실패'를 되풀이하지 않기 위해서는 운영과정의 투명성이 확보되어야 하고, 권고안에 대한 정부의 책임성이 담보되어야 제도개혁으로 이어질 수 있다.

OECD는 1980년대부터 실시되어 온 세계 각국의 사례를 비교 분석해 숙의민주주의 제도를 설계 · 운영할 때 고려해야 할 8가지 원칙을 제시했다.[404] 하버마스Habermas도 '이상적 대화 상황ideal speech situation'이 조성되기 위해서는 5가지 조건들이 충족되어야 한다고 보았다.[405] 이 책에서는 시민의회의 구성원리로 4가지를 정리하였다.

첫째, 참여자의 대표성과 포괄성이 확보되어야 한다. 어느 집단도 소외되지 않는 포괄적 참여로 미니 공중이 구성되어야 한다. 이를 위해 참여자는 무작위 추첨 또는 층화 표본 방식으로 선발하되 인구통계학적 특성뿐만 아니라 사회경제적 배경, 문화적 다양성 등도 고려해야 한다.

시민의회의 구성 방식이 단순한 인구통계학적 대표성의 원리에만 구속되는 것은 아니라는 점도 유의할 필요가 있다. 모집단의 축소판인 소우주microcosm를 구성하는 것은 기본이지만 의제와 목표에 따라 특정 견해나 인구 집단을 과대대표하는 것이 필요할 수 있다. 예컨대, 연금이나 기후위기 등의 의제에서는 미래 세대의 목소리가 충분히 반영될 수 있도록 설계할 필요가 있다. 소수자 정책과 관련된 사안은 당사자들의 의견이 담론적으로 충분히 대표될 수 있도록 해야만 유의미한 숙의가 가능해진다. 통계적 대표성과 담론적 대표성discursive representation의 적절한 결합이 필요하다.[406]

캐나다 BC주 선거제도 시민의회의 경우 원주민의 의견을 반영하기 위해 추첨으로 선발된 158명과 별도로 2명을 추가해 160명으로 구성되었다. 아일랜드의 6차 마약 시민의회(2023~2024)는 99명의 시민대표(의장 1명 별도)를 성별, 연령, 지역, 직업 상태, 언어 등을 고려해 무작위 선발하면서 장애인 4명과 외국인 15명을 포함시켰다. 4차 생물다양성 시민의회

(2022-2023)도 주제의 특성을 고려해 아일랜드 유권자가 아닌 장기 거주 외국인도 추첨 대상에 포함되었다.

이와 함께, 사회적 약자와 저소득층의 참여를 독려하기 위해 시민의회 참여를 제약하는 시간적 문제나 경제적 손실, 언어 장벽 등을 제거하거나 보완할 수 있도록 교통비 지급과 돌봄 제공 등이 이루어져야 한다.[407] 고대 아테네에서 민회나 시민법정에 참여한 시민들에게 수당을 지급한 것도 경지적인 이유로 참여를 꺼리를 것을 방지하기 위해서였다. 캐나다 BC주는 시민의회 운영비로 550만 캐나다달러(CAD)를 편성했고, 회의에 참석한 시민들에게 하루 150달러의 수당을 지급했다.[408] 저소득층과 밴쿠버에서 멀리 떨어진 곳에 거주하는 주민들을 위해 교통비, 숙박비, 육아비 등을 제공했다. 온타리오주에서도 시민의회 예산은 총 600만 캐나다달러(CAD)가 투입되었으며 하루 150달러의 수당이 지급되었다.[409] 다만 아일랜드에서는 자원봉사를 원칙으로 참가 수당은 지급하지 않았고 교통비와 숙박비, 식비를 실비로 보전해 주는 수준이었다.

둘째, 시민의회가 단순한 여론조사를 넘어 정치적 편향성과 편견을 극복하려면 안전한 토론 공간에서 공적 이성이 작동할 수 있어야 한다. 무작위 선발된 시민의원들이 의제에 대해 균형 있는 정보를 제공받아 충분히 숙고할 시간이 주어져야 한다. 숙의성은 시민의회가 갖추어야 할 핵심적인 운영원리이다.

숙의 과정의 공정성 유지를 위해서는 전문가 구성, 객관적인 자료와 증거, 상반된 견해 등을 통해 참여자들이 다양한 관점을 접할 수 있어야 한다. 정보는 쉽게 접근할 수 있고 이해가 용이한 형태로 제공되어야 한다. 토론과 숙의를 유도할 수 있는 논의 구조가 잘 짜여지고 중립적인 진행자facilitator가 원활한 토론 흐름을 위해 적절한 발언 시간 배분과 갈등 조정자의 역할을 수행할 수 있어야 한다.

셋째, 운영과정의 투명성과 중립성이 지켜져야 한다. 숙의 구조 설계, 정보 제공, 진행 및 평가 등 전 과정이 투명하게 공개되어야 신뢰를 얻을 수 있다. 의제설정과 조사설계, 발언자 선정 등에도 정치적 개입이나 편향 없이 독립적으로 이루어져야 한다. 시민의회 활동의 독립성과 자율성이 보장되어야 최종권고안에 대한 수용성을 확보할 수 있다.

특히 시민의회가 스스로 의제를 통제할 수 있어야 한다. 비상설 시민의회의 경우 주어진 의제의 범위 내에서 제한적으로 논의하는 경우가 대부분이지만, 스스로 의제를 만들어낼 수 있어야 진정한 민주적 기관이라고 할 수 있다. 정부나 의회가 특정 의제로 시민의회를 소집한 경우에도 일부 의제에 대해서는 시민의회에서 자율적으로 정할 수 있도록 허용하는 혼합 방식도 가능하다. 아일랜드의 1차 헌법회의의 경우 의회와 정부에서 제시한 8개 의제 이외에 시민의회가 자체적으로 2개 의제를 추가해 논의했다. 파리 시민의회도 시장이나 시의회가 제안한 공공정책 주제를 검토해 논의하지만, 시민의회가 자체적으로 의제를 제안하기도 한다.

동벨기에Ostbelgien에서는 시민 제안 공모 절차를 통해 주제를 선정한다.[410] 동벨기에에 거주하는 16세 이상이면 외국인을 포함해 누구나 의제를 제안할 수 있다. 다만 시민 제안은 최소 100명의 지지 서명을 필요로 한다. 이밖에 각 정당이나 지방정부, 시민평의회 위원(2명 이상)도 제안할 수 있다. 동벨기에의 시민평의회는 제안된 주제를 검토해 시민의회의 규모와 활동 기간을 정해 연 1~3개의 시민의회를 소집하고 있다.

시민의회의 의제로 부적합한 경우도 있다. 사실관계나 전문 지식으로 해소될 수 있는 기술적인 문제, 이해당사자의 범위가 너무 불분명하거나 시민들이 체감하지 못하는 이슈, 정치적·정책적 파급 효과가 미미한 사안 등은 기존의 대의제에서 논의하는 것이 효율적이다.[411] 시민의회는 정치적 이해관계나 정파적 대립 등으로 오랫동안 해결하지 못하거나, 국민적 공감대와 합의가 요구되는 민감한 사회적·윤리적 이슈 등을 대상으로 하는 것이 적절하다. 선거제도나 연금개혁, 기후위기 등을 예로 들 수 있다.

넷째, 최종권고안에 대한 책임성과 효능감이 담보되어야 한다. 시민의회의 권고 또는 결정이 국가 공공기관 등에 제출되면, 관계 기관이 이에 응답할 메커니즘이 있어야 한다. 권고안이 채택되지 않더라도 거부 이유 등을 밝히도록 의무화할 필요가 있다. 시민의회가 일회성 참여를 넘어서 정례화된 구조로 제도화되고, 기존 대의제 거버넌스 구조와 연계되어야 지속가능성을 담보할 수 있다.

시민의회의 권고안에 대한 법적 구속력이 강제되려면 헌법개정을 통해 입법권이 부여되어야 한다. 시민의회를 통한 국민발안이 헌법에 명시되지 않으면 권고안은 법적 구속력이 없는 자문 의견에 불과하지만, 국회의 의결을 통해 구속력을 부여하는 방안이 가능하다. 법적 구속력이 없는 권고안의 경우에도 60% 이상 또는 2/3 이상 가중다수결로 채택되어야 설득력과 수용성을 제고할 수 있을 것이다.

2. 모집과 진행

시민의원은 어떻게 모집하나?

시민의원 모집과 선별 방식은 대표성 확보와 관련이 있다. 자원자를 대상으로 모집할 경우에는 대표성이 훼손될 수 있고, 의무적 참여로 강제하는 경우에는 참여자의 자율성을 침해해 숙의성을 저해할 수 있다. 어느 집단도 소외되지 않은 포괄적 참여로 미니 공중이 구성되어야 정치적 평등을 실현할 수 있지만, 민주주의에서는 참여를 거부할 수 있는 권리도 인정해야 한다.[412]

모집 범위는 세 가지 유형으로 구분할 수 있다. 첫째, 모든 적격자를 대상으로 추첨한 후 일부 예외를 인정하고 나머지는 참여를 강제하는 유형으로 사법배심원제가 대표적이다. 우리나라의 국민참여재판제도 부득이한 사정을 제외하고는 의무로 규정되어 있다. 둘째, 모든 적격자를 대상으로 추첨한 후 참여 거부를 인정하는 유형으로 공론조사에서 보편적으로 활용하고 있다. 직업상 이유 등으로 참여가 어려운 시민을 강제할 수 없고, 자기 선택권도 존중해야 하기 때문이다. 셋째, 자발적 참여자를 대상으로 추첨하는 유형으로 모집은 용이하지만 특정 계층이 과소 또는 과다 대표됨으로써 대표성 문제가 제기된다. 고대 아테네에서 자원자를 대상으로 공직자 추첨을 실시했던 것은 대표성이 문제되지 않았기 때문이다.

시민의회는 대개 두 번째 유형으로 모집하고 있다. 모집단에서 추첨으로 선택된 이들에게 참여 여부를 확인한 후 동의한 사람에 한해 시민의원으로 참여하게 된다. 캐나다 BC주 사례의 경우 시민의회를 구성하기 위해 2003년 8월부터 12월까지 79개 선거구의 선거인 명부에서 남성과 여성 각각 100명을 연령별로 총 1만 5,800명을 추첨해 시민의회의 목적과 주요 업무 등을 설명하는 서한을 발송했다.[413] 이 가운데 1,715명이 참석 의사를 밝혔고, 지역별로 개최된 선발 회의에 964명이 참석했다. 참석자 중 추첨을 통해 79개 선거구별로 남성과 여성 1명씩 158명을 선정했고, 원주민 남녀 2명을 추가해 160명이 확정되었다. 여기에 의장 1명을 포함해 시민의회는 총 161명으로 구성되었다. 이 과정에서 투표로 선출된 전·현직 공직자와 선거 출마자의 직계 가족, 정당 당직자들은 제외되었다.

캐나다 온타리오주 시민의회도 유사한 방식으로 구성되었다. 2005년 4~6월 103개 선거구에서 선출직 공무원 등을 제외한 12만여 명을 무작위로 선정해 시민의회에 참여할 의사가 있는지 물어보는 서한을 발송했다. 참여 의사를 밝힌 7,033명을 대상으로 성별, 연령, 지역 등 인구통계적 특성을 반영해 1,253명으로 줄인 다음, 추첨을 통해 각 선거구에서 1명씩 103명을 선발했다.[414] 이들의 분포는 남녀 각 51명과 원주민(여성) 1명으로 구성되었다. 온타리오주에서도 1차 선택된 시민 가운데 참여에 동의한 사람은 5.9%에 불과했다. 국내 공론화 사례에서도 참여 동의율은 10% 이하에 그치고 있다. 이 경우 특정 계층의 참여 거부로 대표성 문제가 제기될 수 있다.

이 때문에 경제적, 개인적, 시간적 이유 등으로 불참하는 사람들을 위한 조치가 병행되어야 한다. 특히 금전적인 이유로 참여를 거부하지 않도록 적절한 수준의 보상 시스템을 마련하고, 시민의회 참여로 해당 직장으로부터 불이익을 당하지 않도록 제도화할 필요가 있다. 시민의회에 참여할 경우에도 충분한 교육 프로그램을 제공해 참여에 대한 두려움을 해소해 주어야 한다. 참여 거부로 예비 후보 중에서 충원할 때는 동일한 사회경제적 배경에서 대체해 대표성 문제를 해소해야 한다. 시민의회 소집에 시간과 비용이 많이 드는 이유가 여기에 있다.

모집단에서 대상자를 선별하는 추출 방식은 통계학적으로 크게 두 가지 방법이 사용되고 있다. 첫째, 단순무작위추출simple random sampling은 모집단의 모든 개체를 하나의 덩어리로 보고 나이, 성별, 지역 등에 아무런 구분 없이 무작위로 추출하는 방식이다. 모집단의 각 개체가 표본에 포함될 확률이 동일해 난수표, 제비뽑기 등에 사용된다. 예컨대, 100명의 학생 명단에서 무작위로 10명을 추출하는 방식이다. 절차가 간단하고 편향 가능성이 낮지만 모집단이 크거나 이질적이면 하위집단(성별, 지역별 등)의 균형이 보장되지 않아 대표성이 떨어진다는 문제가 있다. 사법배심원제는 대개 단순무작위추출 방식으로 배심원을 모집하고 있다.

둘째, 층화추출stratified sampling은 모집단을 동질적인 여러 하위집단

stratum(층)으로 나눈 뒤 각 층 내에서 단순무작위추출을 실시하는 방식이다. 장점은 각 층의 대표성을 확보하고 층별 비교분석이 가능하며 단순무작위추출에 비해 표본오차를 줄일 수 있다. 단점은 모집단의 층별 구성비를 알아야 하고, 층 구분 기준을 명확히 제시해야 하는 등 절차가 복잡하고 시간과 비용이 많이 든다. 인구통계학적 요소(성별, 나이, 지역)와 사회경제적 특성(소득, 직업, 교육 등)이 대표적인 층별 유형이다.

시민의회와 숙의 패널 구성을 위한 공론조사에서는 대표성 확보와 함께 현실적 제약을 고려해 2단계 층화추출을 실시하고 있다. 1단계에서 인구통계학적 요소로 추출해 참여 의사를 확인한 뒤 사회경제적 배경을 고려한 2단계 추출을 실시한다. 초청 응답률이 3~10%로 저조해 1단계에서부터 층별 대표성을 확보하기 위해서는 많은 시간과 비용이 소요되기 때문이다.[415] 층화추출에서는 거부자가 있어도 같은 층의 후보로 충원하기 때문에 사회경제적 편향성을 줄일 수 있다. 이에 비해 단순무작위추출에서는 참여를 거부한 사람의 사회경제적 배경과 관계없이 차례대로 다음 사람을 추첨하기 때문에 저소득층이나 사회적 소수자 등 특정 계층의 과다 거부가 있을 경우 대표성 문제가 발생한다. 층화추출에서도 무엇을 기준으로 층을 만들 것인지는 의제별 특성에 따라 달라질 수 있다. 시민의원 모집 구모는 숙의의 질, 예산, 통계적 대표성 등을 고려해 전국 단위에서는 300~500명, 광역 및 기초 단위에서는 100명 내외가 보편적이다.

시민의회 구성에 정치인도 포함할 것인가?

선출직 정치인이 시민의회 구성원으로 참여하는 문제는 상반된 시각과 함께 해외 사례도 다양하다. 정치인의 참여를 반대하는 입장은 시민의회의 구성원리로 전체 시민의 축소판으로 '미니 공중mini-publics'을 구성해야 하는 대표성의 원리에 위배된다는 점이다. 선출된 대표가 일반 시민의 선호를 제대로 반영하지 못하는 대의제의 위기를 혁신하자는 취지로 구성된 시민의회에, 정치인이 참여하는 것 자체가 모순이며 현직일 경우 정치적 이해관계가 표출될 가능성이 크기 때문에 배제하는 것이 바람직하다는 입장이다. 캐나다의 선거제도 시민의회가 여기에 속한다.

이에 비해 시민의회에 대한 정치권의 우려를 불식시키고 입법권을 행사하고 있는 선거제 의회와의 연대와 상호작용을 위해서는 필요하다는 현실론도 설득력이 있다. 정치인이 시민의회에 참여한 대표적 사례로는 아일랜드의 1차 시민의회(2012~2014)를 들 수 있다. 시민의회에 대한 의회의 거부감을 완화하고 권고안에 대한 수용성을 높이기 위해 100명 가운데 일반 시민 66명, 의장 1명(시민단체 대표), 정치인 33명으로 구성되었다. 기성 정치인들이 토론을 장악할 것이라는 당초의 우려와 달리 시민의회 논의과정은 균형 있게 진행되었다는 평가를 받았다.[416] 정치인들이 시민의원들과 동등한 수준에서 의제에 대해 논의하였고 이 과정에서 긍정적인 유대감이 형성된 것으로 알려졌다. 그러나 아일랜드에서도 2차에서는 시민의회의 독립성과 자율성이 훼손될 수 있다는 지적에 따라

100명 모두 일반 시민으로 구성되었다. 실제로는 낙태죄 폐지라는 민감한 의제에 대해 정치인들이 참여를 꺼린 측면도 작용했다.[417]

벨기에 브뤼셀에서는 국회의원과 시민의원으로 구성된 혼합형 시민의회를 운영하고 있다. 시민숙의위원회deliberative commissions로 불리는 혼합형은 브뤼셀의회 의원 15명과 추첨으로 선발된 시민 45명으로 구성되었다. 브뤼셀 수도권 의회(PRB)와 마찬가지로 프랑스어권 의회(PFB)도 추첨 시민 36명과 국회의원 12명으로 구성해 운영하고 있다. 시민의회에 참여하는 국회의원은 논의 중인 안건을 담당하는 국회 상임위원회 소속 의원들이다.

핀란드 남서부 도시 투르쿠Turku에서는 2022년 정치인이 참여한 그룹과 시민들로만 구성된 시민의회를 실험적으로 구성해 운영한 결과, 토론의 질이나 시민 의견의 변화에 두 그룹 간 별다른 차이가 나타나지 않았다. 오히려 정치인들이 토론에 참여한 것이 시민들에 대한 새로운 인식 제고로 이어져 정치인과 시민들 간의 연계 가능성도 관찰되었다.[418]

이에 비해 네덜란드의 2006년 선거제도 시민의회는 출범 때부터 정치권의 미온적인 반응으로 실패한 대표적인 사례이다. 연정의 파트너로 제3당인 D66당이 개혁과제로 밀어붙여 소집된 시민의회였기 때문에 다른 거대 정당들은 방관적인 입장이었다. 이후 내각 총사퇴와 조기 총선으로 연정이 해체되고 D66당이 실각하면서 시민의회는 동력을 잃게 되었다. 2007년 출범한 새 정부가 보고서를 검토하지 않으면서 네덜란드의 선거제도 개혁안은 폐기되고 말았다.[419]

해외 사례에 비춰볼 때, 시민의회의 권고안이 의회 의결을 통해 실행력을 확보하기 위해서는 정치권의 관심과 지원이 필수적이다. 여야를 떠나 폭넓은 공감대 속에서 시민의회가 구성되고 의제선정과 권고안 도출 과정에 국회나 지방의회의 참여나 연계가 필요하다. 우리나라에서는 아직 법·제도적으로 시민의회 도입에 대한 근거가 마련되지 않았기 때문에 정치권의 관심과 의지는 매우 중요한 변수가 될 수 있다. 그러나 다른 한편으로 시민의회가 정치적 이해관계에 종속되거나 정치적 목적으로 시민의회가 활용될 수도 있다는 측면도 간과할 수 없다. 따라서 정치인의 참여 여부와 연계는 논의될 의제와 정치적 상황에 따라 판단해야 할 것이다.

어떤 절차로 진행되는가?

시민의회가 구성되면 짧게는 3월에서 길게는 1년 이상 논의과정을 거치게 된다. 진행 절차는 대개 학습→숙의→결정→이행 등 4단계로 운영된다. 캐나다 BC주의 경우 학습(3개월)→지역공론화(2개월)→숙의(3개월) 등 3단계에 걸쳐 11개월간 진행되었다.[420] 2004년 1월부터 3월까지 주말에 총 6회 실시된 학습 단계에서는 전문가 강의와 10~15명으로 구성된 소그룹 토의 등을 통해 의회의 역할과 선거제도에 대해 공부했다.

2004년 5월부터 6월까지 진행된 지역공론화 단계에서는 주 전역에서 50회의 공청회가 개최되었다. 전문가의 발표와 토론, 지역 주민들의 의견수렴 등으로 진행된 공청회에는 3,000여 명이 참여해 1,600여 건의 서면 의견이 제출되었다. 통상적인 학습과 숙의 과정에 더해 지역순회 공청회 등도 활발히 진행되었다. 숙의 단계는 9월부터 11월까지 진행되었으며 선거제도 채택을 위한 기본 가치로 사전에 제시된 8가지 가운데 △비례성을 반영하는 공정한 선거 결과, △효과적인 지역대표성, △투표자에게 더 많은 권한 부여 등 3가지가 선택되었다.

캐나다 온타리오주 시민의회도 BC주와 동일한 절차로 진행되었다. 운영과정은 학습(3개월)→공론화(3개월)→숙의(3개월) 등 3단계에 걸쳐 9개월간 진행되었다. 학습 단계는 2006년 9월부터 11월까지 주말 회의(6회)를 통해 세계 각국의 선거제도를 학습하고, 주의회 의원들의 업무와 선거제도에 대한 입장을 청취했다. 다양한 선거 방식에 따른 시뮬레이션을 실시해 사회적 약자, 정당과 정부의 안정성, 지리적 특성, 대표성을 확보할 수 있는 방안을 논의했다. 공론화 단계에서는 2006년 11월부터 2007년 1월까지 온타리오주 전 지역에서 41회의 공청회가 개최되었고, 3,000여 명의 시민들이 서면 의견을 제출했다. 숙의 단계는 2007년 2월부터 4월까지 진행된 주말회의(6회)와 내부 투표(3회)를 거쳐 BC주가 채택한 단기이양식 비례대표제(STV)와 달리 연동형 비례대표제(MMP)를 채택했다.

아일랜드의 1차 헌법회의(2012-2014)는 각 의제별로 전문가발표→이해관계자 청문→숙의토론→표결 및 권고안 확정 순으로 진행되었다. 1개 의제 처리에 약 2~3개월이 걸려 총 15개월 동안 운영되었다. 전체회의는 월 1회 또는 격월로 9차례 진행되었고 각 회의는 2일간 주말 합숙 형

태로 운영되었다.[421]

이러한 해외 사례를 참조해 시민의회의 진행 절차는 대체로 다음과 같이 진행된다. 첫째, 학습 단계는 시민의원들이 숙의 자료집과 온라인 학습, 공청회 등을 통해 의제에 대해 공부하는 과정이다. 전문가들의 주제 강의를 듣고 소그룹으로 나눠 자체적인 토론을 벌인다. 파리 시민의회의 경우 1년 임기 가운데 첫 6개월은 자체적인 학습 과정을 통해 주제의 우선순위를 정하고 워킹 그룹을 형성해 그룹별 워크숍을 진행했다. 이후 세부 과제가 확정되면 다시 6개월간의 숙의를 거쳐 정책 권고안을 도출하는 2단계 학습 과정을 거친다. 1단계 학습이 폭넓은 주제 탐색과 정보 확보에 초점을 둔다면, 2단계 학습은 심화 숙의와 정책 제안 완성을 목표로 했다.

둘째, 공론화 단계는 서면 또는 SNS, 온라인 플랫폼, 홈페이지 등을 통해 일반 시민의 의견을 수렴하고 협의하는 과정이다. 국민적 공감대를 형성하고 '사회적 공론화'를 위해서는 의견수렴과 검토과정이 매우 중요하다. 파리 시민의회에서는 자체적인 학습 외에도 행정부 공무원과 외부 전문가를 초청한 워크숍과 청문회를 개최해 의견을 수렴했다. 기존의 다양한 시민참여 기구와도 협업해 주제별 회의를 통해 의제를 다듬어 나간다. 미래세대의회, 청년의회, 유럽인의회, 주민협의회, 어린이 시민의회 등 다른 참여 기구와의 연계 활동은 지역사회의 광범위한 의견을 최종권고안에 담기 위해서이다.

셋째, 숙의 단계는 해당 사안에 대한 최종권고안(또는 최종보고서)을 채택하는 과정이다. 다양한 의견을 조율하고 전문가들의 자문과 도움을 받아 최종안을 도출하는 마지막 관문이다. 의견이 모여지지 않으면 투표로 결정하기도 한다. 합의에 도달하지 못하는 경우 과반수가 아닌, 60% 또는 2/3 이상 찬성으로 결정한다. 시민의회의 권고안을 가중다수결super majority로 채택하는 이유는 논의과정에 숙의성을 확보하고 의회 또는 대국민 수용성을 높이기 위해서이다.

동벨기에Ostbelgien 모델에서는 시민의회가 최종권고안을 채택할 때 기본적으로 만장일치를 목표로 하지만 합의도출이 어려울 경우에는 80% 이상 가중다수결을 요구하고 있다. 단순다수결이 아닌 사회적 합의consensus를 제도적으로 보장하기 위한 조치로 권고안이 공동체 전체의 폭넓은 동의를 반영하도록 하기 위한 취지로 볼 수 있다. 이에 비해 아일랜드 시민의회는 단순 과반으로 권고안을 채택했다.

넷째, 이행단계는 권고안이 도출된 이후 정부의 이행조치를 점검하고 확인하는 과정이다. 시민의회가 도출한 최종권고안을 정부 또는 의회에서 의무적으로 채택하도록 하는 강제력은 없지만, 국가별로 이행 방안을 마련해 시행하고 있다. 시민의회의 권고안을 국민투표나 주민투표로 확정하거나,[422] 정부가 입법안으로 작성해 의회에 제출하는 경우도 있다.[423] 이에 비해 정치권의 이해대립과 정부의 무관심 등으로 논의조차 되지 않고 폐기되기도 한다.[424]

유럽의 시민의회는 권고안에 대해 의회의 공식 논의와 이행사항 점검, 이행보고서 발표 등을 의무화해 구속력을 부여하고 있다. 동벨기에

Ostbelgien에서는 시민의원과 지방의원, 담당 공무원으로 구성된 합동위원회joint committee에서 검토한 최종권고안이 실제 정책으로 적절하게 집행되고 있는지 경과조치를 합동위원회에 보고하도록 규정하고 있다. 동벨기에 공동체의회는 공청회와 3회 이상 토론회를 개최해 이행 방안을 발표하고 이행이 불가한 경우에는 상세한 이유를 시민의회에 알리고 대안을 마련하도록 강제하고 있다. 또 1년 뒤 의원총회에서 이행사항을 점검하는 토론회를 한 차례 더 개최해야 한다. 시민의회는 이 과정에서 월 1회 공동체의원과 연석회의를 개최해 권고안의 이행상황을 수시로 점검하고 평가 결과는 공동체의회의 최종보고서 형태로 발표하도록 규정하고 있다. 브뤼셀과 파리 등 유럽의 시민의회는 대부분 이와 유사한 이행 장치를 두고 있다.

3. 다양한 운영방식

제도화 수준: 상설, 비상설, 임의 기구

시민의회는 제도화의 수준에 따라 상설, 비상설, 임의기구 형태로 운영되고 있다. 첫째, 상설 시민의회는 동벨기에(2019), 파리(2021), 브뤼셀(2023) 시민의회가 대표적이다. 상설 시민의회는 일회성 프로젝트 형식의 토론에 참여해 권고안을 제안하는 수준에서 벗어나 안정적인 조직 운영을 통해 권고안에 대한 후속 조치를 점검하는 등 책임성을 강화할 수 있다. 상설기구를 통해 시민들은 정치적 의사결정 과정에 지속적이고 안정적으로 참여할 수 있고, 기존의 대의제 정치인들은 시민의 입장에서 중요한 것이 무엇인지 성찰할 기회를 갖는다는 의미가 있다.

프랑스 파리에서는 2021년 상설 시민의회를 설립해 운영하고 있다. 선거형 의회와 별개로 무작위 층화추출로 선발된 100명으로 구성된 시민의회는 스스로 의제를 설정하고 법안을 제안하며 시정부 정책을 평가할 실질적인 권한을 갖고 있다. 벨기에 브뤼셀시도 2023년부터 기후위기에 관한 상설 시민의회를 설립해 운영하고 있다. 영국 런던의 뉴햄 자치구 Newham London Borough 의회도 2019년 상설 시민의회를 발족해 새로운 민주주의 실험을 하고 있다. 아일랜드 시민의회는 제도화된 상설기구는 아니지만 2012년부터 2024년까지 13년 동안 6회 연속으로 운영되었다는 점에서 준상설기구의 성격을 지닌다고 볼 수 있다.

둘째, 비상설 시민기구는 캐나다 BC주와 온타리오주 선거제도 시민의회, 영국 기후시민의회가 대표적이다. 각 의제별로 구성되며 기존의 입법, 사법, 행정부가 감당하지 못하는 공공문제나 시민들의 참여가 필요한 경우에 구성된다. 사회적 갈등으로 국론이 분열되거나 국회에서 교착상태에 빠진 법안, 시행되고 있으나 국민의 반발이 심한 법안 등 국민 생활에 중장기적으로 심대한 영향을 끼치는 공공정책을 숙의하기 위해서 대통령, 국회, 일반 시민이 소집할 수 있다. 비상설 시민의회는 사안에 대한 논의가 완료되면 해산한다.

그러나 비상설기구는 일회성으로 소집되어 정치 이벤트에 불과하다는 지적을 받고 있다. 숙의 사안이 발생할 때마다 임시로 개최되는 시민의회로는 장기적 관점에서 광범위한 사회문제를 치유하기에는 역부족이며, 자칫 시민참여의 형식화를 초래할 수 있다는 단점이 있다.

셋째, 상설기구와 비상설기구를 동시에 운영하는 사례로 동벨기에 ostbelgien와 브뤼셀 시민의회를 들 수 있다. 동벨기에는 기존의 선거형 의회와 협력하는 모델로 상설기구인 시민평의회citizens'council는 임기 18개월의 24명으로 구성되며 연임이나 중임이 금지된다. 주요 역할은 비상설 시민의회에서 논의할 의제를 설정하고 조직한다. 비상설 시민의회는 25~50명의 시민이 추첨으로 선발되어 3~4개월 동안 주말에 집중적으로 논의해 정책 권고안을 마련한다. 시민의회의 권고안은 선거의회에 제출되어 논의되지만, 법적 구속력은 없다. 브뤼셀 시민의회도 동벨기에 모델과 유사한 방식으로 운영되고 있다.

이밖에 법적 근거 없이 시민사회에서 임의 기구로 운영하는 경우는 벨기에 G1000 프로젝트를 들 수 있다. 아이슬란드의 앤트힐Anthill과 아일랜드의 'We the Citizens' 프로젝트도 임의기구로 운영되었다. 주로 시민단체에서 파일럿 형태로 운영하는 경우가 여기에 속한다.

시민의회는 누가 소집하나?

시민의회는 의회(국회/지방의회), 정부(중앙/지방), 독립기구, 시민단체 등 다양한 주체가 소집해 운영하고 있다. 프랑스 기후시민의회의 경우 대통령이 소집한 반면, 영국의 기후시민의회는 하원이 소집했다. 아이슬란드에서는 프라이팬 혁명으로 시민단체Anthill가 주도해 2009년 1차 국민포럼을 개최했고, 벨기에 G1000 프로젝트도 시민단체와 학자, 언론인 등 민간이 주도한 사례이다. 캐나다 선거개혁 시민의회의 경우 주정부가 소집했다. 22대 국회에서 논의 중인 시민의회법안에는 국회 과반수의 발의나 대통령의 발의로 시민의회를 소집하거나, 일정 수 이상 유권자의 서명으로 국민이 소집할 수 있도록 규정하고 있다. 이에 대해서는 후술한다.

정부나 의회가 특정 사안을 의제로 시민의회를 소집하더라도 운영과정의 중립성과 독립성을 침해하지 않아야 한다. 정부나 의회가 미리 정답을 정해두고 정당성 확보 차원에서 시민의회를 소집한다면 기존의 공론화위원회의 전철을 되풀이할 수밖에 없다. 비상설 시민의회의 경우 이러한 문제가 발생할 가능성이 크기 때문에 자율성을 최대한 보장해야 한다.

정부주도형 시민의회의 경우 소집권자인 정부가 일방적으로 의제를 선정하거나 운영과정의 공정성 문제가 제기될 수 있기 때문에 특히 유념해야 한다. 실제로 아일랜드 시민의회는 전형적인 정부 주도의 하향식으로 진행하면서 이러한 문제점이 노정되었다. 내각제의 일반적인 현상이지만 정부가 실질적으로 입법 과정을 주도한 아일랜드에서는 시민의회의 구성 및 운영과정에 정부의 영향력이 강하게 작용했다. 고위 공무원이 주도권을 장악한 하향식 모델로 공정성과 중립성 문제가 야기되었다.

아일랜드 사례의 가장 큰 문제점은 정부가 시민의회의 권고안을 무시하거나 아예 거부하기도 했다는 점이다. 3차 성평등시민의회(2019~2021)[425]의 경우 45개 권고안에는 가정 내 여성의 역할 폐지, 여성의 정치참여 및 공적 리더십 기회 확대, 성평등 교육 확대 및 내실화 등이 포함되어 있었다. 그런데 정부가 문구를 완화하거나 일부 제안은 삭제하는 바람에 시민의회의 권그안을 '진보woke 의제'로 간주해 반대한 우파도, 완화된 문구에 분노한 좌파도 만족시키지 못한 최악의 상황으로 귀결되었다.[426]

캐나다 BC주 시민의회도 고든 캠벨 수상이 주도한 하향식이었다. 당시 압도적 다수를 유지하던 여당(자유당)의 반대가 강했지만, 지도자의 리더십으로 돌파한 사례이다. 프랑스도 노란 조끼 시위 이후 기후문제를 해결하기 위해 마크롱 대통령의 주도로 시민의회를 구성했다. 이에 비해 영국에서는 기후시민의회를 하원이 주도해 구성해 운영했다는 차이점이 있다. 의회주도형은 정치권의 저항을 줄일 수 있다는 장점으로 입법 사안일 경우에는 의회주도형이 유리할 수 있다.

우리나라에서도 중앙정부나 지방정부가 주도한 공론화위원회가 정부 정책에 대한 정당성 확보나 책임회피의 수단으로 전락한 경우가 자주 목격되고 있다. 정부 주도로 시민의회를 구성해 운영하는 경우에는 중립성과 공정성을 훼손하지 않도록 치밀한 제도설계와 사후 검증으로 보완되어야 한다.

4. 온라인 시민의회

아이슬란드의 크라우드소싱crowd-sourcing[427] 민주주의

아이슬란드에서 헌법개정안을 마련하기 위해 구성된 헌법심의회는 온라인 시민의회의 대표적인 사례로 꼽힌다. 헌법심의회는 2011년 4월부터 개헌안 초안 작성에 착수하면서 자체 홈페이지 외에도 페이스북, 트위터, 유튜브 등 SNS를 적극적으로 활용해 논의되는 사항들을 실시간으로 시민들에게 공지했다.

헌법 초안의 각 조항들을 웹사이트를 통해 공개하면 시민들은 댓글로 의견을 제시하거나 헌법심의회의 페이스북을 통해 토론에 참여했다. 유튜브에는 헌법심의회 위원들의 인터뷰를 정기적으로 올리고, 사진 공유 사이트를 통해 25명의 위원들이 일하는 모습을 담은 사진도 공개했다. 웹사이트와 페이스북 페이지에도 회의 모습을 생중계하고 트위터, 이메일, 우편을 통해 시민들의 의견을 수렴했다.

이 과정에서 헌법심의회는 일반 시민들의 의견뿐만 아니라 다양한 분야의 전문가들로부터 받은 360개의 제안과 3,600개의 코멘트를 개헌 논의에 반영했다.[428] 이처럼 아이슬란드의 개헌 과정은 첨단 정보통신기술을 활용해 국민과의 쌍방향 소통으로 헌법안을 만들어낸 최초의 사례로 주목을 받았다. 인터넷을 통해 숙의 내용을 공개하고 SNS를 통해 국민 의견을 수렴하는 오픈-크라우드open crowd 방식은 '크라우드소싱 민주주의 crowd-sourcing democracy'의 새로운 지평을 열었다는 평가를 받았다. 헌법개정은 시민들의 정치적 역량을 강화하고 헌법적 상상력constitutional imagination을 발휘할 수 있는 크라우드소싱 방식이 세계적인 추세이다. 아이슬란드에서 도입된 시민참여형 개헌 과정은 소규모의 시민의회와 별도로 전 국민이 개헌에 참여할 수 있는 구조로 설계되었다.

아이슬란드의 크라우드소싱은 온라인 플랫폼만 아니라 일상생활 공간으로 확산되었다. 전국 곳곳에 토론장을 마련해 언제 어디서나 주요 의제에 대한 정보를 공유하고 자신의 개헌안을 제시할 수 있도록 했다. 헌법개정이 의회와 같은 한정된 공간에서만 진행된 것이 아니라 일상생활 공간에서 자연스럽게 이루어지도록 한 것이다. 소집된 시민의회나 헌법회의 등 공식 기구도 의제에 대한 '사회적 공론화'를 위해 시민들의 의견을 구하기도 했다.[429]

캐나다 BC주 시민의회 홈페이지는 활동 기간 동안 BC주에서 주민 60%가 참여할 정도로 당시 캐나다에서 가장 접속량이 많은 사이트였다. 공식 집계로는 11개월 동안 5만 1,353건의 조회 수를 기록했고 151개국의 다양한 사람들이 방문한 것으로 나타났다. 홈페이지는 일반 시민의 의견수렴뿐만 아니라 방문자들은 각 제안에 대해 토론할 수 있었다. 웹에 기반한 의견제안 과정 자체가 공감대 형성을 위한 공론장으로 기능하였고, 시민의원들과 대중 간의 토론에 활용된 가장 효과적인 수단이었다. 홈페이지에 제시된 의견을 토대로 시민의원들 간의 토론도 활발해진 것으로 나타났다. 지역 주민들은 공청회에서 발언하는 것과 달리 인터넷 공간에서는 자신이 제출한 의견이 장기간 게시되고, 유관 사이트에도 의견이 게시되어 활용빈도가 높았다.[430]

이밖에 공공 영역에서 크라우드소싱 기법이 활용된 사례로 국가 차원에서는 영국의 온라인청원제도petitions service, 미국 백악관의 온라인청원 플랫폼we the people, 핀란드의 시민입법 제도citizens'initiative와 온라인 플랫폼open ministry 등을 들 수 있다. 우리나라도 국민신문고e-people, 광화문1번가, 정부24 '정책참여' 포털, 국민참여입법센터, 공공데이터 포털open data portal 등을 운영하고 있다.

우리나라도 향후 개헌 과정에 국민적 참여를 활성화하고 대표성을 보완하기 위해서는 시민의회가 소집된 이후라도 전국에서 동시다발적으로 생활공간에서 개헌 논의가 이루어질 수 있도록 지역·주민단체의 역할이 필요하다. 탄핵과 개혁을 외친 '광장의 외침'뿐만 아니라 다양한 목소리가 개헌 과정으로 스며들 수 있어야 진정한 국민주권 시대를 구현할 수 있기 때문이다.

디지털 정당의 온라인 의사결정 플랫폼

온라인 의사결정 플랫폼은 스페인의 포데모스Podemos, 이탈리아의 오성운동(M5S) 등 디지털 정당들이 가장 적극적으로 활용했다.[431] 디지털 정당들은 온라인을 통한 의제설정과 토론으로 디지털 민주주의 구현을 정체성의 핵심으로 삼았다.

스페인의 포데모스는 '루미오'라는 디지털 플랫폼을 활용해 정책 토론과 온라인 투표로 의사결정을 하고 있다. 루미오는 특정 주제에 대해 참여자들이 찬성, 반대, 기권, 차단 가운데 자신의 입장을 선택한 뒤 이유를 제시하도록 했다. 설득력 있는 논거를 제시한 글은 다른 사람의 추천을 받아 상위에 노출되고 자연스럽게 토론이 이어졌다. 이 방식은 기성 정치인들이 생각하지 못한 '숨은 의제'를 발굴하는 데 기여했다는 평가를 받았다.

2014년 출시된 포데모스 플랫폼은 초기 등록된 온라인 회원 수가 10만 명에서 급격히 증가해 2019년에는 53만 명에 달했다.[432] 최근에는 온라인 활동이 정체되어 디지털 민주주의의 실질적인 장기 효과에 대한 의문이 제기되고 있다.[433] '포데모스 광장'은 2015년과 2016년 총선을 위한 당 선거 공약들을 모으는 데 사용되었다. 최소 100표 이상의 지지를 받은 모든 제안은 당 중앙기관인 시민회의ctizen council가 검토하고, 채택된 제안은 당원투표에 부의되었다. 하지만 당시 심의 과정에 참여한 인원은 포데모스의 38만 당원 가운데 4%에 불과해 참여 부족이라는 한계도 드러났다.

이탈리아 오성운동(M5S)의 루소 플랫폼은 장 자크 루소Rousseau의 이름을 딴 것으로 2016년 출시되어 투표, 토론, e-러닝을 포함한 다양한 기능을 제공하고 있다. 특히 이 플랫폼은 렉스 파라멘토Lex Parlamento, 렉스 지역Lex Regione, 렉스 유로파Lex Europa 등 지역별로 회원들이 법안을 토론할 수 있는 영역을 제공하고 있다. M5S는 2016년 5월 시민들이 의회에 법률을 직접 제안할 수 있는 상향식 시스템인 렉스 이스크리티Lex Iscritti를 추가로 도입했다. 이 시스템은 회원들의 제안이 일정한 기준을 충족하면 투표에 부의되고, 여기에서 승인되면 당 대표들에 의해 정식 법안으로 발의되는 방식이다. 새로운 법률안을 제시하는 것 외에도 회원들은 기존 법률안에 대해 토의하고 논평의 순위가 높은 경우 제안된 의견을 고려해 최종제안서에 반영하고 있다.

핀란드의 시민발의 제도는 의회의 심의 절차 공개와 온라인 플랫폼 '오픈 미니스트리open ministry'의 적극적인 활용을 통해 공론장과의 연계도 활발하다. 시민발의 공식 온라인 플랫폼과 '민주주의 포털'은 단순히 발의나 서명 모집의 역할만 하는 것이 아니라 관련 정보를 폭넓게 제공하고 다른 온라인 플랫폼들과 연계하는 창구 기능도 하고 있다. 한국의 국민동의청원 홈페이지가 개별 청원의 간단한 내용과 동의한 시민들의 수를 보여주는 데에 그치는 것과 비교된다. 이밖에 스페인 마드리드시의 '마드리드 디사이드decide.madrid.es', 아르헨티나의 '데모크라시 OSDemocracy OS', 미국의 '브리게이드 미디어Brigade Media', 해적당의 리퀴드 피드백 등도 온라인 플랫폼의 대표적 사례라고 할 수 있다.[434]

그러나 온라인 시민의회는 정보통신기술의 불평등으로 인한 '디지털 격차digital divide' 문제를 해결해야 하는 과제가 있다. 디지털 격차로 인해 정보 획득이 어렵거나 온라인 공론장에 참여할 기회가 제한될 수 있다. 인터넷 공간이 사려 깊은 상호작용을 활성화하거나 합리적인 결론에 도달하기보다는 상호비방과 무책임한 정치공세를 매개하는 통로로 전락해 갈등과 분열을 조장할 수도 있다.

온라인 시민의회는 장소와 시간, 비용 등의 측면에서 장점에 있지만, 숙의의 질이 떨어지는 것이 가장 큰 문제점이다. 오프라인 회의와 달리 온라인 숙의에서 집중도 저하의 문제와 함께 TV 중계를 통해 광범위한 시민참여와 토론으로 시민교육을 진행할 기회를 갖지 못한다는 점도 한계라고 할 수 있다. 따라서 온라인 시민의회는 오프라인 시민의회의 보조 수단으로 병행하는 것이 바람직하다.

404 OECD(2020)가 제시한 8가지 원칙은 목적의 명확성, 정부의 책임성, 운영과정의 투명성, 참여자의 대표성과 포용성, 정보의 질과 균형, 숙의성, 숙의 결과의 영향력이다.

405 Habermas(1981)의 '이상적 담화 상황ideal speech situation'은 모든 담론 참여자가 강제나 왜곡 없이 합리적 의사소통을 통해 합의에 도달할 수 있도록 설정된 조건으로 참여의 평등성, 무강제성, 발언의 진정성, 주장의 타당성, 참여자의 포괄성 등 5가지이다.

406 서현수 · 김주형(2025c) 참조.

407 Gastil and Wright(2019), pp. 10-11.

408 Fournier et al.(2011), p. 47 ; Warren & Pearse(2008), p. 13.

409 Fournier et al.(2011), p. 81.

410 Parliament of the German-speaking Community of Belgium(2019.2.25.), Decree Establishing a Permanent Citizens' Dialogue in the German-speaking Community of Belgium. Art. 3-6.

411 김주형 · 서현수(2024), p. 200.

412 시민의회 조직구성과 운영에 대해서는 이지문(2012), 이지문 · 박현지(2017) 참조.

413 캐나다 BC주 선거제도 시민의회 구성에 대해서는 Warren and Pearse(2008), Ratner(2005), 오현철(2010) 참조.

414 Fournier et al.(2011), pp. 79-80 ; Warren & Pearse(2008), p. 194.

415 인구통계학적 요소는 주민등록 DB나 선거인 명부를 통해 확인이 용이하지만, 개인정보 접근이 필요한 소득이나 직업과 같은 사회경제적 변수는 상당한 조사비용과 시간이 소요된다.

416 Suiter & Farrell(2019), pp. 113-136.

417 아일랜드 1차 시민의회는 의회 주도로 설립되어 정치인이 포함되었지만, 2차는 정부 주도로 설립되어 정치인이 포함되지 않은 측면도 있다.

418 Grönlund et al.(2022), pp. 410-432.

419 Citizens' Assembly on Electoral Reform(2006), 문은영(2023) 참조.

420 시민의회 운영 기간은 11개월이지만 2004년 4월과 7~8월 등 3개월 동안은 휴식 기간을 가졌다.

421 Department of the Taoiseach(2014), Final Report of the Convention on the Constitution. p. 5.

422 캐나다 BC주(2004)와 온타리오주 선거개혁 시민의회(2006), 아일랜드 개헌 시민의회(2012~2014/ 2016~2018) 등이 여기에 속한다.

423 프랑스 기후시민의회(2020)가 제출한 149개 제안 중 146개 제안을 정부 입법안으로 작성해 의회에 제출했다. 그 결과 2021년 8월 관련 법률이 제정되어 시행되고 있다.

424 네덜란드 선거개혁 시민의회(2006)와 우리나라의 선거제도 500인 회의(2023) 및 연금개혁 500인 회의(2024)가 여기에 속한다.

425 아일랜드의 3차 시민의회는 2019년 7월 의회가 소집했으나 코로나 팬데믹 상황으로 온라인 중심 숙의 과정을 진행한 뒤 2021년 4월 대정부 권고안을 발표했다.

426 아일랜드 시민의회에 대한 학술적 논쟁에서도 정부가 자신이 선호하는 결과를 선택적으로 수용하고 나머지는 거부하는 편향성 문제가 제기되었다(Farrell, 2024).

427 크라우드소싱crowd-sourcing은 'crowd'와 'outsourcing'의 합성어로 기업의 경영기법에서 전문가 대신 비전문가인 고객과 대중에게 문제의 해결책을 아웃소싱하는 것을 뜻한다. 이 책에서는 일반 시민의 정치참여를 통해 민주주의를 실현하도록 도와주는 기법을 의미한다. 아이슬란드의 크라우드소싱 방식에 대해서는 Landemore(2020), 윤정인(2017), 한상희(2022) 참조.

428 크라우드소싱 방식을 통해 시민들이 제시한 제안은 주로 권리와 기본권 분야였으며 10% 정도가 헌법개정 초안에 반영된 것으로 알려졌다(Hudson, 2018; 한상희, 2022).

429 한상희(2022), pp. 53-94.

430 Ward(2008), 오현철(2010) 참조.

431 디지털 플랫폼에 대해서는 이석민(2020) 참조.

432 PODEMOS(https://participa.podemos.info/es)

433 이석민(2020) 참조.

434 이진순 외(2016) 참조.

8장 | 도입과 제도화

1. 시민의회의 도입과 적용 영역

입법부 구성에 추첨제 도입

추첨제 시민의회를 도입할 수 있는 가장 적절한 영역은 입법부라고 할 수 있다. 미국의 양원제 선거의회에 별도의 추첨의회를 구성하자는 오리어리O'Leary의 주장이 대표적이다.[435] 그는 하원의 각 선거구(총 435개)에서 추첨으로 100명씩을 선발하는 지역 추첨의회를 만들고, 지역 추첨의회들을 묶어 전국 규모의 추첨의회 네트워크를 만들자고 제안했다. 지역 추첨의회는 연방의회에 자문 역할만 하지만 국가 추첨의회인 인민원People's House은 상하원과의 관계에서 공식적인 결정권을 갖도록 하자는 것이다. 추첨의원의 임기는 하원과 동일한 2년이지만 단임으로 하자는 것이 오리어리의 제안이다.

미국처럼 양원제에 추첨원을 추가하는 것과 달리 개스틸과 라이트 Gastil&Wright는 선거원과 추첨원을 각각 구성해 법안 발의권과 법안 교차 표결권 등 동등한 권한을 부여하는 하이브리드 양원제를 제안하고 있다.[436] 추첨원의 임기는 1년을 넘는 기간으로 하되 1년 단위로 일부씩 교체하고, 추첨의원에 대한 훈련과 전문가 지원, 그리고 충분한 경제적 보상이 필요하다고 제안했다.

개스틸과 라이트의 하이브리드 구조는 두 제도의 약점을 상호 보완하면서 민주성과 대표성, 숙의성, 다양성 등을 강화할 수 있다는 것이다. 첫째, 선거제는 쟁점이 명확하거나 정치적 역량이 있는 엘리트에게 유리하지만, 소외 계층을 대표하기 어렵다는 한계가 있다. 여기에 추첨제를 병행하면 보다 다양하고 균형 있는 대표 구성이 가능하다는 것이다. 둘째, 추첨원은 재선 부담이 없고 정파적 압박이 적기 때문에 중립적인 판단으로 숙의와 독립성을 강화할 수 있고, 선거원과 추첨원 간에 '창조적 긴장'으로 상호 견제 및 조정 기능이 작동할 수 있다. 셋째, 일반 시민들이 직접입법 기능을 체험할 기회를 제공함으로써 정치참여 의식과 정당정치에 대한 감수성을 높일 수 있다는 것이다. 이들은 선거제와 추첨제의 결합을 통해 민주적 혁신을 제도화할 수 있다고 보았다.

선거제 의회와 추첨제를 병행하는 것보다는 선거제를 추첨제로 대체하자는 급진적인 주장도 있다. 버리셔스Bouricius는 선거원 유지의 이점은 미약하고 해악이 크다고 비판한다.[437] 선거원과 추첨원 간의 사안별

권한 충돌과 제도적 비효율, 정당 중심 지배 강화, 선거원의 의제 통제 및 우선순위 독점 등으로 점차 추첨원이 주변화하고 선거원이 주도할 가능성이 커진다는 것이다. 두 제도 간의 권한 분배 방식, 상호 조정 메커니즘, 제도적 견제 장치 등이 섬세하게 설계되지 않으면 오히려 약점만 부각될 수 있기 때문에 선거원을 폐지하고 추첨원만 유지할 것을 주장하고 있다. 실제로 벨기에 사례에서도 양원 간 권한 배분이 모호하거나 충돌 가능성이 크다는 우려가 제기되고 있다.

이밖에 서덜랜드Sutherland는 영국의 하원을 추첨의회로 구성하는 방안을 내놓았고,[438] 칼렌바크와 필립스Callenbach &Phillips는 미국 하원을 추첨의회로 대체하자고 주장했다.[439] 우리나라의 단원제 선거의회를 단원제 추첨의회로 전환하고 국가시민의원단 제도를 도입하자는 파격적인 제안도 있다.[440]

추첨으로 선거의회를 대체하자는 주장은 기존의 대의제를 보완하는 수준을 넘어 새로운 정치 시스템을 구축해야 한다는 혁명적인 제안이지만 실현 가능성은 높지 않아 보인다. 이러한 과격한 방안보다는 선거원과 추첨원을 병행하는 하이브리드 구조가 현실적인 대안이 될 수 있을 것이다. 동벨기에Ostbelgien와 브뤼셀 모델이 이러한 고민을 녹여내고 있다.

양원제 대안: 지역대표형인가? 추첨형인가?

최근 영국, 캐나다 등 양원제 의회를 운영하는 국가들에서 상원 개혁 방안으로 시민의회 도입이 논의되고 있다. 영국에서는 전통적인 귀족제 상원을 폐지하자는 논의가 확산되고 있다. 2024년 국왕 공식 연설 King's Speech에서 세습 귀족의 상원 참여 권한을 철폐하는 법안을 도입하겠다고 발표했고, 노동당도 같은 해 시민의회를 활용한 상원 개혁 방안을 공론화하겠다고 밝혔다.[441] 일부 야당과 시민사회에서는 상원을 완전히 폐지하거나, 시민의회로 상원을 대체하는 방안을 제시하고 있다. 여론조사에서도 응답자의 22%가 상원을 시민의회로 대체하는 방안이 가장 바람직한 개혁 방안이라고 답했다.[442] 캐나다에서는 주지사(총독)로 임명되는 상원을 시민의회로 재구성하거나 연방 수준의 시민의회를 구성하자는 제안이 시민단체와 싱크 탱크로부터 제시되고 있다.[443]

우리나라에서도 최근 개헌 의제로 국회의 입법권을 분산하기 위해 상원 필요성이 제기되고 있다. 지역대표형 상원을 도입하자는 논거는 중앙과 지방정부 간 분권화, 국회의 대표성 강화, 국정심의와 입법의 질 제고, 통일 이후 연방제 대비 등이 제시된다.[444] 우리나라에서는 4·19혁명으로 출범한 제2공화국의 5대 국회에서 민의원과 참의원으로 양원제가 구성되었으나 5·16 군사 쿠데타로 11개월 만에 단명으로 해산되었다.[445] 이후 김영삼 정부의 21세기위원회에서 남북통일 후 국민통합을 위해 지역대표형 상원 설치를 제안하는 등 지속적으로 논의되었으나 헌법개정으로 이어지지 못했다.

상원의 구성 방식은 지역별(17개 시도별 또는 5~10개 초광역별)로 균등하게 선출하는 방안, 지역대표성과 인구대표성을 동시에 감안한 절충안,

시도지사협의회를 상원으로 대체하는 방안, 지방의회(광역·기초)에서 선출하는 방안 등이 제시되었다. 대개 양원제를 운영하는 국가에서는 유권자의 직접 선출 원리에 따라 구성되는 하원과 달리, 상원은 각국의 역사적 배경과 제도구성의 원리에 따라 상이한 방식을 택하고 있다. 대표적으로 많이 알려진 유형으로는 신분형(영국), 지역대표형(미국, 독일, 프랑스), 직능대표형(아일랜드)으로 구분된다.

지역대표형 상원은 1787년 미국 13개 주정부 대표들이 근대적 연방국가를 수립하면서 작은 주들이 연방의회에서 적절한 대표성을 확보하기 위해 만들어진 모형이다. 이후에 스위스, 캐나다, 독일, 호주, 멕시코, 브라질 등 연방국가가 미국의 상원을 벤치마킹해 연방원을 설치했다. 연방국가가 아닌 프랑스, 스페인, 남아공, 폴란드 등 단방국가에서도 지역대표형 상원을 운영하고 있다.[446] 이에 비해 직능대표형은 다양한 직업군을 대표하는 후보 중에서 상원의원을 선출하는 방식이다. 아일랜드의 상원은 총 60명 중 43명이 직능대표이다. 선거인단을 구성해 다섯 개 직업군을 대표하는 후보 중에서 5~11명을 선출하는 방식이다.

양원제의 경우 하원은 대체로 국민의 직접선거로 구성하지만, 지역을 대표하는 상원의 구성 방법은 국가마다 다양하다. 미국의 경우 처음에는 주의회에서 상원의원을 선출했으나 1913년부터 직접선거 방식으로 변경했다. 독일은 주정부 공무원(주지사 및 주장관 등)으로 상원을 구성하고, 프랑스는 지방자치단체의 대표자로 구성된 선거인단이 상원의원을 선출한다. 선거인단 중 코뮌 의원이 95%를 차지해 프랑스의 상원을 '코뮌의 대

평의회'라고 부를 정도이다.[447]

우리나라도 양원제 개헌 시 상원을 읍면동 단위 민회로부터 상향식으로 구성하자는 제안도 있다.[448] 읍면동 민회(주민의회)에서 추첨으로 선발한 이들로 기초지자체 민회를 구성하고, 여기서 다시 추첨으로 선발한 이들로 광역지자체 민회를 구성한 뒤, 마지막 단계로 광역의원들 가운데 추첨으로 국가민회(상원)를 구성하자는 것이다. 국가민회 의원은 국회 지역구의원 정수의 1/2로 하고 2년 임기로 매년 1/2씩 개선하는 방안이다. 이를 위해서는 먼저 전국의 읍면동에 주민자치회를 설치해 추첨으로 읍면동 민회를 구성해야 한다. 풀뿌리민주주의를 활성화하는 효과가 있지만 다층제 시민의회는 복잡한 절차와 구성으로 인해 실현 가능성은 희박해 보인다.

이밖에 버리셔스Bouricius는 다층적 추첨기구multi-body sortition를 구성해 추첨으로 구성된 기관들 사이의 견제와 균형을 도모하자고 주장한다.[449] 종래의 삼권분립론과 달리 주권자의 결정에 대한 오류 가능성을 인정하고 주권자가 스스로 교정해가는 과정이 필요하다는 구상이다.

사법부 불신을 해소할 시민법정과 제4부

최근 우리나라에서는 12·3 비상계엄으로 인한 내란 재판을 거치면서 사법부에 대한 불신이 시민법정 설립 요구로 이어지고 있다. 사법권도 주권의 일부이므로 "사법권은 법관으로 구성된 법원에 속한다"는 헌법 제101

조 제1항은 사법권이 법관의 전유물인 것처럼 해석될 소지가 있다는 비판이 제기되었다. 이러한 문제점을 해소하기 위해 시민법관 제도의 도입이 필요하다는 주장이다. 시민법관 제도는 판사들이 진행하는 재판에 무작위로 뽑힌 국민 배심원들이 참여하는 국민참여재판 제도를 확대하자는 제안이다.

판결에 대한 배심제 원리를 검찰 기소 과정에도 적용해야 한다는 주장도 제기되었다. 검찰의 기소 독점으로 인한 문제점을 줄이기 위해 부당한 기소를 심사할 기소배심제가 필요하다는 것이다. 검찰 기소에 대한 시민 감독 및 심사권의 부재로 인한 부당함은 재판과정에서의 억울함에 못지않기 때문에 제도보완이 필요하다는 문제의식을 담고 있다.

사법부의 재판관을 추첨으로 선출하자는 제안도 있다.[450] 이 경우 높은 수준의 법적 훈련과 능력이 요구되는 재판관에 부적합한 사람이 선택될 수 있기 때문에 해당 지역에서 활동하는 변호사 등으로 제한하거나, 적격 시험에서 통과된 사람을 대상으로 추첨하는 방식이다. 최근 멕시코에서는 판사를 지역 주민이 선거로 선출한 사례도 있다. 멕시코는 2025년 6월 1일 직접선거를 통해 대법관 9명을 포함해 연방법원 판사와 지방법원 판사 등 881명을 선출했다.[451] 현지에서는 이 제도가 부패 척결과 사법 접근성 강화, 진정한 사법부 개혁이라는 평가와 함께 복잡한 투표방식으로 인한 유권자들의 혼란과 낮은 투표율(13%)이 문제점으로 지적되었다.[452]

입법부, 행정부, 사법부라는 기존 3부의 기능을 보완하는 수준의 시민의회와 달리 대의민주제의 한계를 근본적으로 극복하기 위해 제기된 급진적인 대안으로는 추첨으로 제4부를 구성하자는 제안도 있다.[453] 헌법재판소를 대체하는 최고 권력기관으로 시민의회를 설치해 독자적인 헌법 개정안 제출 권한과 행정부와 입법부에 대한 권고안을 제출할 수 있는 권한을 부여하자는 것이다. 헌법재판소를 폐지하고 일반 형사사건의 배심제와 유사한 헌법배심제를 도입하자는 대안도 제시되고 있다.[454] 전국 단위로 신청을 받아 배심원 명부를 작성하고 무작위 추첨으로 200명의 재판부를 구성해 숙의 과정을 거친 뒤 투표로 결정하자는 것이다.

행정·입법·사법 3권 체제에 더해 제4부로 '국민참여부'를 설치하자는 제안은, 헌법 제1조가 선언한 국민주권 원리를 구체적으로 실현하자는 것이다.[455] 국민참여부에서는 잘못 판결한 사건에 대해 재심을 청구할 수 있는 시민법정을 설립해 운영하는 방안도 포함되었다. 최근 우리 사회에서 사법부에 대한 불신이 그만큼 강하다는 것을 반증하고 있다. 사법부의 독립성과 신뢰 제고 방안에 대해서는 국민참여재판제 확대 등 다양한 측면에서 종합적으로 검토되어야 할 것이다.

이밖에 집행부인 대통령과 지방자치단체장을 포함해 선출직 공직자 모두를 추첨으로 선출하자는 주장이 제기될 수 있다.[456] 우리나라처럼 입법부보다 행정부의 권한이 강하고, 승자독식 선거제도로 인한 폐해가 적지 않은 현실에서 일면 타당성이 있지만, 추첨제 적용에는 한계가 있다고 보여진다.[457] 무엇보다도 수십 명에서 수백 명으로 구성되는 입법부의 경우 추첨으로 선출된 의원 중에 문제가 있는 사람들이 포함되더라도 숙의와 학습을 통해 집단지성이 발휘될 여지가 있지만, 대통령이나 지자체장과 같은 1인 독임제의 경우 객관적인 기준에서 무능력자나 문제가 있는 사람이 선택되어도 입법부와 같은 상쇄 기능이 작동하기 어렵기 때문이다.

광역·기초지자체 단위의 지역 시민의회

시민의회는 국회나 중앙정부의 전국적 수준보다는 지역 단위에서 운영하는 것이 훨씬 효율적일 수 있다. 2020년대에 들어 유럽에서는 지방정부 수준에서 상설 시민의회 설립이 확산되고 있다. 벨기에 브뤼셀 수도지역(2023), 프랑스 파리시(2021), 핀란드 투르쿠시(2023) 등이 대표적이다. 기존의 공식적 대의기관과 상설 시민의회가 융합된 동벨기에 모델Ostbelgien model도 중앙정부가 아닌 인구 8만 명의 작은 도시에서 운영되고 있다.

지역 시민의회는 지방자치법을 개정해 지방의회에 시민의회를 도입할 근거를 마련해 운영하거나, 각 지자체에서 지역발전, 기후위기 등 지역 현안에 대응하기 위한 시민참여형 숙의기구로 운영하는 방안도 있다. 지역 시민의회 구성 방식은 해당 지역의 선거권자를 대상으로 무작위 추첨하되 구체적인 구성 및 운영에 대해서는 지자체별로 조례를 제정해 규정하면 된다.

시민대표는 유권자가 아니더라도 외국인을 포함해 지역 거주자로 대상을 확대할 필요가 있다. 아일랜드의 4차 생물다양성 시민의회와 5차 더블린 시민의회의 경우 외국인을 포함해 장기 거주 성인이면 누구나 참가 자격이 주어졌다. 우리도 지역 단위 시민의회 구성에는 외국인도 포함할 필요가 있다.

아예 지방의회를 폐지하고 추첨의회로 대체하자는 급진적인 주장도 있다.[458] 지방자치가 부활한 지 30년이 지났지만, 지방의회에 대한 평가는 여전히 부정적이어서 기초의회를 폐지하고 추첨제로 전환하자는 것이다. 영호남 지역에서는 특정 정당이 지방정치를 장악한 일당 독주체제의 부작용도 속출하고 있다. 지배정당의 공천을 받지 못하면 당선 자체가 불가능하기 때문에 지역 문제에 관심이 많은 인사들이 지방정치 무대에 나서는 것을 꺼릴 수밖에 없다.

기존의 선거제는 정치 지망생 중심으로 지방의회가 구성되고, 지역활동가들이나 학식과 덕망을 갖춘 지역 인사들은 상호비방이 난무하는 선거 자체를 싫어해 지방의회 진출을 단념하는 경우도 적지 않다. 역대 전국지방 동시선거에서 무투표 당선자가 증가하고 있다는 사실이 이를 말해준다.[459] 결과적으로 지방선거는 역량 있는 사람을 충원하는 것이 아니라, 자격 미달인 정치꾼들로 충원되는 역선택adverse selection의 가능성도 상존한다. 따라서 공공문제에 관심이 있는 지역 주민들을 추첨으로 선발해 지방의회를 구성하는 방안도 대안이 될 수 있다. 다만, 이 경우에도 추첨의원의 책임성과 전문성 제고를 위해 단기 교체, 최소한 자격 요건, 적절한 인센티브 제공 등 제도적 장치가 마련되어야 할 것이다. 당장은 광역이나 기초의회보다는 읍면동 단위의 주민자치회를 추첨제 주민의회로 전환해 단계적으로 도입하는 방안이 현실적일 수 있다.

다층제 시민의회

중앙이나 지방 단위의 단일 시민의회가 아니라 하위 수준의 숙의 결과가 상위 수준 의제로 집약되어 전달되고, 다시 상위 시민의회의 결정이 하위 단위로 환류되는 다층제 시민의회도 운영될 수 있다. 예를 들면, 읍면동-기초-광역-전국 등 수직적 차원에서 구성된 시민의회가 상호 연계된 형태로 운영되는 '다층적 숙의 구조multilevel architecture of deliberation'를 설계할 수 있다.[460]

다층제 시민의회는 단일 숙의 포럼으로 작동하는 것이 아니라 전체 사회 체제와의 상호작용을 강조한다는 측면에서 숙의의 시스템적 접근systemic approach이라고 볼 수 있다.[461] 숙의의 확장과 대표성 강화를 통해 민주적 정당성을 강화할 수 있다는 장점도 있다. 다만, 지역의 소규모 토론에서 생성된 시민 의견이 국가적 결정으로 확장되려면 상당한 시간이 필요하다는 점을 고려해야 한다.

대표적인 사례로는 EU 차원의 대규모 시민의회 프로젝트인 '유럽의 미래에 관한 회의'(2021~2022)를 들 수 있다. 회의에 참가한 프랑스, 독일, 이탈리아, 벨기에 등 6개국은 각 국가별 시민의회citizens'panels 논의를 거쳐 4개 주제별 유럽 시민의회와 전체회의conference plenary에서 확정하는 다층제 방식으로 운영되었다.[462]

각 국가별 시민의회는 인구통계학적 요소와 사회경제적 다양성을 고려해 50~100명을 추첨으로 선발해 논의했다. 상위 단위인 유럽 시민의회는 4개 주제별로 200명씩 총 800명이 추첨으로 선발되었고 전체회의는 EU와 회원국 대표, 유럽 시민의회 대표 등 총 449명의 다중대표 체제로 구성되었다.[463] 유럽의 민주주의와 기후위기 등 49개 제안이 담긴 최종 논의 결과는 2022년 5월 9일 '유럽의 날에' 발표되었다.[464] 이 가운데 시민의회를 일회성이 아니라 상설기구로 제도화하자는 제안도 포함되었다.[465]

추첨을 통한 시민의회는 아니지만, 시민이 참여하는 다층적 숙의 제도로는 1988년부터 본격화된 브라질의 전국 공공정책 회의national public policy conferences를 들 수 있다.[466] 이 회의는 지방-주-전국으로 이어지는 3단계 논의 구조로 각 단계의 회의 결과를 종합해 최종적으로 정책 권고안을 채택하게 된다. 지방municipal 회의에서 올라온 제안이 주state 회의를 거쳐 전국national 회의에서 확정되면, 연방 정책과 입법에 반영되는데 회의 기간은 수개월에서 1년 정도 걸린다.[467]

미국 의회를 435개 하원 선거구별로 추첨을 통해 지역의회를 구성하고 다시 연방의회로 인민원People's House을 설립하자는 오리어리O'Leary(2006)의 제안이나 이지문(2012)의 국가시민의원단 구상도 다층제 시민의회로 분류할 수 있다. 읍면동 단위에서 5명 이상으로 구성된 풀뿌리 원탁회의에 조례청원권을 부여해 주민자치회와 지역 민회를 거쳐 지방의회에서 확정하자는 제안도 있다.[468] 이 같은 다층제는 상향식 구조로 일반 시민의 관심과 참여를 고조시킬 수 있다는 것이 장점이다. 그러나 의사결정 과정이 복잡하고 매 단계마다 시민의회를 구성해야 하는 단점이 있다.

다층제 시민의회 구상은 보다 많은 시민들에게 참여기회를 부여하는 데 있다. 시민의회에 참여하지 않은 일반 시민의 지지는 시민의회의 민주적 정당성을 도출하기 위한 필수조건이라는 점에서 의미가 크다. 잘 설계된 시민의회의 내부에서 공정한 숙의 과정을 통해 도출된 결론이라도 다수의 일반 시민을 설득하는 과정이 필요하다. 그러기 위해서는 시민의회의 진행 과정과 결과물이 일반 시민에게 공개되고 알려져야 하고, 보다 많은 시민들이 논의 과정에 참여할 수 있어야 한다.

벨기에 G1000과 캐나다 시민의회 사례의 가장 큰 차이점은 G1000은 설립 때부터 일반 시민이 참여하는 상향식 방식bottom-up으로 기획되었다는 점이다. 모든 과정에 일반 시민이 적극적으로 참여할 수 있는 조건이었기 때문에 일반 시민의 인지도와 지지가 높게 나타날 수 있었다. 이에 비해 캐나다 사례처럼 선출된 대표와 정당에 의해 시작된 시민의회는 강력한 권한을 부여받을 수 있지만, 이후의 과정에 정치권과 지도자의 지속적인 관심과 참여가 저조하면 일반 시민의 지지도 확보하기 어려워진다. 따라서 광범위 시민참여를 제도화할 수 있는 방안으로 다층제 시민의회도 고려할 대상이다.

청소년시민의회와 학교시민의회

시민의회는 기성세대와 제도적 차원에서만 접근해서는 민주적 혁신과 시민교육이라는 목적을 달성하는 데 한계가 있다. 미래 세대인 청소년과 학교, 동호인 모임 등 정치제도 밖의 영역으로 눈을 돌려야 한다. 청소년시민의회를 운영한 대표적인 사례로는 기후위기와 관련된 아일랜드 4차 시민의회(2022-2023)를 들 수 있다. 아일랜드 의회는 2022년 생물다양성 상실 문제에 대한 국가적 대응 방안을 논의하는 시민의회 소집을 제안했다. 생물다양성 시민의회는 국가 생물다양성 행동계획을 수립하고 생물다양성에 대한 일반 시민의 인식을 증진하는 하기 위해 성인 모임과 별도로 어린이 청소년 의회를 운영했다.

어린이·청소년 시민의회는 7~17세의 어린이와 청소년 35명으로 구성되었다. 전국에서 자기 추천으로 등록한 어린이와 청소년 510명 가운데 6가지 기준(성별, 연령, 지역, 민족, 장애, 도시/농어촌)을 고려해 무작위로 35명을 대표로 선발했다. 이들은 아일랜드 전역에서 어린이와 청소년들로부터 의견서를 접수받고 두 차례에 걸쳐 1박 2일 숙의 프로그램을 진행했다. 어린이·청소년 대표들이 직접 시민의회와 하원 위원회에 참석해 발표한 제안과 요청은 성인 시민대표와 의원들에게 상당한 영향력을 미친 것으로 알려졌다.[469]

프랑스 파리시는 3차 시민의회가 제시한 '추첨 일반화' 권고에 따라 기존의 청년의회, 어린이의회, 미래세대의회 구성에도 무작위 추첨 방식을 확대하고 있다.[470] 파리시는 청년들이 직접 정책 형성과 사회적 의사결정에 참여할 수 있도록 2003년부터 청년의회를 운영해 왔다. 최근에는 기후위기 문제에 청소년들의 목소리를 반영하기 위해 15~30세 청소년 100명을 공개 모집해 운영하고 있다. 임기는 2년이며 재임은 불가하다.

2024년까지는 신청자가 많거나 결원 보충을 위한 보조수단으로 추첨을 활용했지만, 2025년 모집부터 100명 전원을 무작위 추첨으로 선발하고 있다.

파리시는 이밖에 2023년 1월부터 어린이 시민의회도 운영하고 있다. 파리시가 2021년 어린이 권리헌장을 채택하면서 청소년들도 공공정책 결정 과정에 참여할 권리를 보장하기 위해 도입되었다.[471] 어린이 시민의회는 개별 아동이 직접 신청하는 제도가 아니라 학교, 교육기관, 복지시설이 참여 의향서를 제출하면 단체(학급) 단위로 선정하는 제도이다. 임기는 1년이며 4개 학교와 복지시설 아동 100명이 활동하고 있다. 2023년 1기 어린이 시민의회는 '환경보호와 학교 내 친환경 실천'에 관한 권고안을 채택해 파리시의회에 제출해 만장일치로 통과되었다. 2024년 출범한 2기는 학교 내 평등, 차별 방지, 놀이 공간 개선 등을 주제로 활동했으며 2025년 2월에 3기가 출범했다.

우리나라에서도 청소년 시민의회의 필요성이 날로 증대하고 있다. 청소년들이 직면하고 있는 현실적인 문제를 중심으로 정책을 만들기 위해서는 이들의 정치참여를 확대하고 공감과 협력을 강조하는 토론 공간이 필요하다.[472] 학교 민주주의를 위한 대안으로 중학교, 고등학교, 대학교에서부터 숙의 포럼을 운영할 필요가 있다. 대부분의 학교에서는 학생 대표를 선거로 뽑는 대의민주제 방식으로 운영함에 따라 리더십이 있거나 활발한 성격의 학생들이 주로 참여하고 있다. 이로 인해 늘 참여하는 학생들 위주로 학생자치가 운영되어 학교에서도 '그들만의 리그'가 형성되고 있다.

학교 민주주의는 형식적인 회의나 학생회 활동에 참여하는 것을 넘어 자율적이고 협력적인 공적 의사결정을 경험할 수 있어야 한다. 학교 내 의사결정 구조가 민주적으로 설계되어 건강한 학교 민주주의를 실현하기 위해서는 시민의회를 각급 학교에 도입할 필요가 있다. 기존의 학생자치회를 학교시민의회로 전환해 학생들의 다양한 목소리를 반영할 수 있도록 학생대표를 무작위로 선발해 운영하는 방안이다.

우리나라 청소년 시민의회의 초기 사례로는 청소년기후행동이 2020~2022년 주관한 온라인 시민의회를 들 수 있다. 청소년 시민의회는 단일 학교만 아니라 지자체 또는 전국 단위로 청소년을 무작위로 추첨해 운영할 수 있다. 2020년 사용후핵연료 공론화에서도 교육청의 협조로 중·고등학교별로 10여 명씩 자원자를 모집해 공론화를 진행했다. 학교시민의회 의제로는 교내 휴대폰 사용 규칙을 주제로 학년·성별·다양성을 고려하여 선발된 학생들이 함께 모여 숙의하거나 학교 폭력, 기후 위기 등 다양한 주제가 가능하다. 미래세대인 청소년들이 직면한 고민을 학생시민의회를 통해 숙의함으로써 민주시민의 조기교육을 실시하는 효과도 거둘 수 있을 것이다.

2. 시민의회 제도화 방안

대의민주주의의 결함과 정당성의 위기를 극복하기 위한 민주적 혁신의 다양한 이론과 실천 사례 가운데 시민의회 실험은 유럽을 넘어 전 세계적으로 확산되고 있다. 우리나라도 한국형 시민의회 도입과 실천 방안이 다양한 층위에서 논의되고 있다.[473] 국회와 중앙정부, 지방의회와 지방정부, 풀뿌리 읍면동, 시민사회, 각급 학교 등 여러 단위와 수준에서 시민의회를 운영할 수 있다.

첫째, 국가 수준에서 시민의회를 제도적으로 도입하기 위해서는 법적 근거가 마련되어야 한다. 장기적으로는 입법권을 대의권력(국회)과 시민권력(시민의회)이 공유하는 헌법개정이 필요하다. 이를 토대로 '시민의회법'을 제정해 시민의회에 공식적이고 제도화된 권한을 부여하는 것이 바람직하다.

헌법개정이나 시민의회법 제정 이전에도 현행 국회법이나 지방자치법 등을 개정해 국회, 중앙정부, 지방정부, 풀뿌리 단위에서 시민의회를 도입하는 방안을 강구할 수 있다. 이재명 정부의 국정과제 1호인 헌법개정과 선거제도 개혁, 연금개혁, 기후위기 대응, 교육 및 의료개혁 등 국가적 개혁 의제에 관한 공적 논의를 위한 시민의회 도입을 구상할 수 있다.

시민의회법 제정 이전이라도 국회 특별위원회 산하에 '국민참여 심사기구'(시민의회)를 설치해 주요 개혁의제를 논의하는 방안도 검토할 수 있다. 국회법에 국민참여 심사기구 조항을 신설하면 현행 법체계 내에서 시

민의회를 국회에 접목할 수 있다.[474]

둘째, 광역·기초지자체 단위에서 지역 시민의회를 운영하기 위해서는 지방자치법을 개정해 지방의회 또는 단체장이 시민의회를 설립할 수 있는 근거를 마련할 필요가 있다. 지역 시민의회는 해당 지역의 선거권자를 대상으로 무작위 추첨으로 구성하되 투표권을 가진 이주민과 16세 이상 청소년의 참여도 적극 고려할 필요가 있다. 구체적인 구성과 운영은 지자체별로 조례를 제정해 규정하도록 한다.

셋째, 광역·기초 단위의 지역 시민의회와 별도로 읍면동에서도 기존의 주민자치회를 주민의회로 전환해 실질적인 주민주권이 구현될 수 있도록 해야 한다. 현재 신청자를 대상으로 추첨하고 있는 주민자치회를 읍면동에 거주하는 전체 선거권자를 대상으로 확대하고 실질적인 권한을 부여해야 활성화될 수 있다. 문화행사나 봉사활동 위주에서 근린공동체의 생활 정치와 관련된 이슈를 의제화하고 공론화함으로써 풀뿌리민주주의를 실현할 수 있도록 제도 개선이 필요하다. 첨예한 국가적 사안을 중심으로 구성되는 미니 공중 일변도에서 벗어나, 시민들이 일상에서 보다 가깝게 참여할 수 있는 구체적인 정책이나 공공서비스 등에 대한 숙의의 공간을 다층적으로 제도화할 필요가 있다.

이밖에 시민의회는 지역 단위뿐만 아니라 일상의 삶터, 일터, 배움터에서도 도입할 수 있고 직능단체나 계층별 시민의회도 가능하다. 지자체 수준에서 운영되고 있는 청소년의회를 본격적인 시민의회로 발전시킬 수 있고, 대학을 중심으로 지역의 주요 이슈를 다루는 지역 시민의회를 실험

할 수도 있다.[475]

시민의회의 제도화 방안 가운데 가장 강력한 대안은 헌법기구로 명시하는 것이다. 헌법에 주요 공공 의제를 심의하고 의결할 숙의기구로 시민의회가 제도화되면 국민주권시대를 구현하는 민주정치시스템이 구축될 수 있다. 이러한 의도에서 프랑스는 2018년 시민의회를 헌법기구로 규정하는 개헌을 시도했으나 무산되었다. 하지만 프랑스에서는 현재도 시민의회를 소집해 운영하는 기구는 헌법기관으로 제도화되어 있다.

프랑스에서 시민의회가 활발한 이유

프랑스는 헌법 기구인 경제사회환경위원회(CESE)를 통해 시민의회를 소집·운영하는 법적·제도적 기반을 갖추고 있다. CESE는 정부의 중요 정책에 국민들이 참여할 수 있는 헌법적 통로이다. 헌법 제11장 69조~71조에 규정되어 있는 기관으로 정부의 주요 정책과 법안에 대해 의견을 제시하는 역할을 맡고 있다.[476] 국민의 다양한 직업군을 대표해 각계각층의 직능대표 175명으로 구성되며 하원인 국민의회Assemblée nationale와 상원Sénat에 이어 제3의 헌법상 의회로 불린다.[477]

CESE는 의회와 유사한 기능을 하며 1년 내내 상시 운영된다.[478] 경제·사회·환경과 관련된 정부제출 법률안이나 정책(프로그램)에 대해 의견을 제시하지만, 구속력이 없는 자문기구이다.[479] 정부 제출 법률안에 대한 의무적 심의 외에도 총리의 요청이나 국민청원이 제기되면 의견을 내거나 직권 심의도 가능하다. 대의민주주의의 한계를 보완하고 국민의 의견을 정부 정책에 반영하기 위한 참여민주주의 실천 방안의 하나라고 할 수 있다

관심을 끄는 대목은 국민참여와 의견수렴을 위한 제도적 장치로 시민의회를 활용하고 있다는 점이다.[480] CESE가 국민의견 수렴을 위해 추첨으로 대상자를 선정할 경우 해외 영토를 고려한 지역적 균형을 갖추고, 남녀비율을 동등하게 배정하도록 법률로 규정하고 있다. 또한 참여 국민에게 정확하고 충분한 정보를 제공하고, 심사숙고하여 의견을 개진할 수 있도록 충분한 기간을 보장하도록 규정하고 있다. 이 같은 방식으로 실시한 대표적인 국민 의견 조사가 2023년 실시한 존엄사 시민의회이다.

CESE는 2008년 헌법개정으로 권한이 확대되고 국민청원제도가 도입되었지만, 결정권이 없는 자문기구에 불과하다는 한계를 지니고 있다. 더구나 위원은 국회의원도 아니고 국민의 대표기관도 아니라는 점에서 민주적 대표성도 부족하다는 지적을 받았다. 상원에서는 이러한 한계 등으로 인해 역할이 미미하다며 2013년 8월 CESE의 폐지를 골자로 하는 헌법개정안을 발의하기도 했다.

2018년 4월 마크롱 대통령은 시민참여의 제도화를 위해 CESE를 개편해 추첨으로 선발한 155명 이내의 시민참여위원회로 전환하자는 헌법개정안을 제출했으나 논의되지 못하고 무산되었다.[481] CESE의 역할인 경제 · 사회 · 환경 분야의 자문 기능이 너무 협소하고 국민들이 직접 참여하는 제도적 공론장을 헌법기구로 보장해야 한다는 인식이 확산되었기 때

문이다. 그러나 보수적인 상원이 "시민추첨기관을 헌법에 명시하는 것은 권력분립 원칙에 위배된다"며 강하게 반대했다.

이후에도 위원의 수가 너무 많고 구성도 매우 복잡해 효율성이 떨어진다는 지적이 끊이지 않았다. 이에 따라 2021년 1월 법률개정으로 위원 수를 233명에서 175명 이내로 줄이고 정부가 추천하는 전문가 위원을 폐지해 민간 대표로만 구성하도록 개편되었다. 현재 CESE는 근로자대표, 기업 · 농업인 · 예술인 · 자유업 대표, 사회 · 지역공동체 대표, 자연 · 환경보호 대표 등 4개 그룹의 민간인들로 구성되어 있다. CESE는 2023년 존엄사 시민의회를 직접 주관한 것 외에도 기후시민의회 등 중앙 및 지역 차원의 시민의회 운영을 보증하고 있다.

국회에서 논의 중인 「시민의회법안」의 주요 내용

우리나라에도 시민의회 도입을 위한 법률 제정이 추진되고 있다. 학계 전문가들과 일부 국회의원을 중심으로 수개월에 걸친 학습과 토론 과정을 거쳐 마련한 「시민의회법안」이 제정되면 'K-민주주의'를 전 세계에 선보일 수 있을 것으로 기대를 모으고 있다. 2025년 말 현재 국회에서 논의 중인 「시민의회법안」의 주요 내용은 다음과 같다.

① (제정 목적) 이 법은 국가 및 지방자치단체에 설치되는 시민의회의 구성과 운영에 관한 사항을 규정함으로써, 정책 결정 과정에 국민의 건설적이고 지속 가능한 참여를 제도화하고, 이를 통하여 대한민국 민주주의

의 도약과 혁신에 기여함을 목적으로 한다(안 제1조).

② (시민의회의 정의와 기본이념) 시민의회란 성별 · 연령 · 지역 등 인구 구성의 대표성과 비례성을 정확히 반영하는 층화무작위추출 방식으로 선정된 국민 또는 주민들이 중요 정책 또는 공적 의제에 대하여 숙의민주주의의 원칙과 절차에 따라 토의하고 합의 · 결정 · 권고에 이르는 국민통합적 공론 형성 기구를 말한다(안 제2조). 시민의회는 경청과 숙의의 정신에 기초하여 개방성 · 참여성 · 책임성 및 효과성의 원칙에 따라 구성되고 운영되어야 한다(안 제3조).

③ (시민의회의 소집 요구) 대통령, 국회, 지방자치단체장 및 지방의회, 그리고 국회의원 선거권자 100분의 1 이상 국민 또는 주민은 국회의장 또는 지방의회 의장에게 시민의회의 소집을 요구할 수 있다. 다만, 동일한 의제에 대하여 국회의원 선거권자 총수의 1,000분의 1 이상이 참여한 예비 서명안은 국회의장이 구성하는 시민공론위원회에 소집 요건 충족 여부를 확인해야 한다(안 제4조, 제10조).

④ (시민의회의 구성) 국회의장은 상설 시민공론위원회를 설치하여 시민의회의 구성과 운영을 위임하며, 시민의회는 의장을 포함하여 200명 이상 500명 이하의 시민의원으로 구성한다. 시민의원은 만 18세 이상 대한민국 국민으로서 선거권이 있고, 그 권리가 정지되거나 박탈되지 아니한 자로 한다. 다만, 의제의 성격에 따라 시민공론위원회의 결정으로 18세 이하 청소년 또는 지방자치단체의 외국인 등록 대장에 올라 있는 18세 이상 외국인도 시민의원이 될 수 있다. 선출직 공직자는 원칙적으로 시민

의원이 될 수 없다. 단, 국회의장의 권고와 시민공론위원회의 의결에 따라 선출직 공직자와 일반 시민이 일정한 비율로 함께 구성되는 시민의회를 구성할 수 있다. 시민의회 의장은 의제에 대한 전문성과 공정성 등을 고려하여 국회의장이 임명한다. 시민의회의 활동 기간은 시민공론위원회가 정하되, 그 기간은 3개월 이상 2년 이하로 한다(안 제5조).

⑤ (시민의회의 운영) 시민의회의 운영 절차는 전문가가 작성한 자료집을 통한 의제 학습→전문가 및 이해관계 당사자 등의 발표 및 질의·응답→분임토의 및 전체회의→일반 국민을 대상으로 한 의견수렴→의제에 대한 최종의견 및 권고 의결 등을 포함하되 투명하고 공개적으로 진행해야 한다. 의제에 대한 최종의견 및 권고안은 재적 시민의원 10분의 6 이상의 출석과 출석 시민의원 10분의 6 이상의 찬성으로 의결한다(안 제6조).

⑥ (시민의회 결과의 반영) 시민의회의 최종보고서와 권고안을 제출받은 정부와 국회 등 관련 기관은 접수일로부터 6개월 이내에 권고사항을 심의·의결하고, 그 결과를 시민공론위원회에 보고 및 공표하여야 한다. 보고서를 받은 기관은 심의 및 의결과정에서 시민의회 대표의 의견을 청취하여야 하고, 시민공론위원회는 관련 기관이 적정하게 이행하는 지를 감독하고 필요 시 해당 기관에 의견을 제출할 수 있다(안 제7조).

⑦ (시민공론위원회의 구성) 국회의장은 국민 각층의 대표성을 고려하여 위원장을 포함한 31명으로 시민공론위원회를 구성한다. 시민공론위원 가운데 15명은 국가 또는 지방자치단체가 시행한 공론화 회의에 참여한 경험이 있는 사람 가운데 성별·연령·지역의 비례성과 대표성을 기준으

로 무작위 추출 방식으로 선정한다. 나머지 16명은 위원장 1인(국회의장이 임명), 부위원장 1인(국회 사무총장), 노동계 대표 2인, 경영계 대표 2인, 시민사회단체 대표 5인, 학계 전문가 3인, 변호사 1인으로 국회의장이 해당 각계의 위촉을 받아 임명한다. 단, 외국인과 선출직 및 정무직 공무원, 정당의 당원은 위원이 될 수 없다. 위원의 임기는 2년이며 한 차례만 중임할 수 있다(안 제8조).

⑧ (시민공론위원회의 직무) 시민공론위원회는 시민의회 소집을 위한 요건과 사유를 명시한 소집요구서 등의 서식과 절차를 준비한다. 또 국회의원 선거권자 1,000분의 1 이상의 서명을 받아 제출된 시민의회 소집 예비안이 소집 요건을 충족하는지를 접수일로부터 45일 이내에 검토하여 그 결과를 통고해야 한다. 소집 예비안이 국가의 중요 정책 또는 공적 의제에 관하여 공론 수렴이 필요하다고 인정되는지를 판단한다. 시민의회 소집에서 제외되는 의제는 다음과 같다. 첫째, 헌법에 위반되는 것이 명백한 경우. 둘째, 원인이 된 사실에 관한 법원의 확정판결 또는 헌법재판소의 결정에 반하는 경우. 셋째, 공익에 중대한 침해를 초래할 명백한 우려가 있는 경우이다(안 제9조).

⑨ (지방시민의회와 지방공론위원회의 구성과 운영) 각 지방자치단체의 중요한 공적 의제에 대하여 숙의민주주의 원칙과 절차에 따라 합의 · 결정 · 권고에 이르는 주민통합적 의사결정을 위하여 각 지방자치단체에 지방시민의회와 지방공론위원회를 둘 수 있다. 지방시민의회의 명칭은 「지방자치법」 제2조 제1항에 따른 지방자치단체의 종류에 따라 특별시민의회,

광역시민의회, 특별자치시민의회, 특별자치도민의회, 시민의회, 군민의회 또는 구민의회로 한다. 지방공론위원회의 명칭도 도민공론위원회, 시민공론위원회, 군민공론위원회 또는 구민공론위원회로 한다. 지방시민의회와 지방공론위원회의 구성 및 운영에 관하여는 제3조부터 제9조까지의 규정을 준용하되 지방시민의회의 규모는 '30명 이상 200명 이하'로 한다. 또 「공직선거법」 제15조 제2항 제3호에 따라 선거권이 있는 외국인은 지방시민의회의 시민의원이 될 수 있다(안 제10조).

이밖에 행정 및 재정 지원(안 제11조), 윤리강령(안 제12조), 불이익 처우 등 금지(안 제13조), 수당 및 실비 변상(안 제14조), 벌칙(안 제15조) 규정 등이 도입되었다. 특히 벌칙 규정에는 "누구든지 시민의회 또는 지방시민의회의 의원과 시민공론위원회 또는 지방공론위원회의 위원에게 부당한 압력이나 간섭을 하여서는 아니 된다. 이를 위반한 사람은 5년 이하의 징역 또는 5천만 원 이하의 벌금에 처한다"고 명시해 시민의원의 독립성과 중립성을 유지할 수 있도록 제도적 장치를 마련했다.

우리나라에서 도입하려는 「시민의회법안」의 주요 골자는 전반적으로 동벨기에 Ostbelgien와 브뤼셀 수도권 의회(PRB)가 운영하는 시민숙의위원회 deliberative commissions 모델을 원용하고 있다. 임시기구인 시민의회를 운영하는 상설 시민공론위원회를 설치하고, 시민의회에 정치인의 참여를 의제의 특성에 따라 부분적으로 허용한 것이 유사한 내용이다. 프랑스와 아일랜드 시민의회가 정부 주도형으로 추진된 것에 비해, 현재의 법안은 벨기에와 영국처럼 의회가 주도하는 유형을 택하고 있다. 이재명 정부에서는 이와 별도로 국가시민참여위원회와 시민참여 플랫폼 구축을 골자로 하는 「시민참여기본법안」 제정도 추진하고 있다.[482]

「시민의회법안」의 가장 큰 의미는 일반 시민도 시민의회 소집을 요구할 수 있도록 규정하고 있다는 점이다. 전국이나 지역에서 국회의원 선거권자의 100분의 1 이상 서명을 받아 국회나 지방의회에 시민의회 개최를 요구할 수 있도록 문호를 개방한 것은 국민주권 시대의 흐름과 부합하는 방안으로 평가된다. 최근 개헌 논의와 관련해 일반 국민도 개헌안을 발의할 수 있도록 국민발안제를 도입하자는 취지와도 상통해 주목된다.

여기에 시민의회 소집 요구에 앞서 예비서명 제도를 도입했다는 점도 중요한 대목이다. 본 서명에 앞서 국회의원 선거권자 1,000분의 1 이상이 참여한 예비서명으로 소집 요건을 충족하는지를 미리 검토하는 절차이다. 무분별한 소집 요구를 예방하고 서명 수집에 상당한 시간과 비용이 소요된다는 점 등을 감안한 사전정지작업으로 풀이된다. 대만의 공민투표(국민투표)도 예비서명 제도를 활용하고 있다.[483]

시민공론위원회 구성을 이원화한 것도 해외 사례를 벤치마킹한 절충안이다. 총 31명 가운데 한 그룹은 각계 대표와 전문가 등 16명으로 구성되고, 다른 그룹은 공론화에 참여한 경험이 있는 시민들 가운데 추첨으로 15명을 선발하는 이원 구조로 되어있다. 동벨기에 모델도 상설조직인 시민평의회citizens' council와 의제별로 소집되는 임시기구인 시민의회citizens' assemblies로 이원화되어 있는데, 시민평의회 위원 24명은 시민의회에 참여한 위원 가운데 추첨으로 선발하는 방식이다. 이에 비해 브뤼셀 시민숙의위원회deliberative commissions는 정치인 15명과 추첨 시민 45명으로 구성된 혼합형이다. 상설기구의 전문성과 대표성을 모두 충족해 보려는 시도라고 할 수 있다. 이밖에 몇 군데 보완이 필요한 부분도 없지 않지만, 현재의 법안만으로도 한국형 모델을 구축할 수 있을 것으로 기대된다.

435 O'Leary(2006); 이지문·박현지(2017), pp. 146-149.

436 Gastil & Wright(2019), pp. 4-31.

437 Bouricius(2020), pp. 1-15.

438 Sutherland(2005), pp. 294-300.

439 Callenbach & Phillips(1985)는 미국 하원을 선거 대신 무작위 추첨으로 시민입법부Citizen Legislature를 구성하자고 제안했다.

440 이지문(2017b), pp. 31-65.

441 The Guardian(2024.10.20.), "Labour must keep its promise to consult on the future of the House of Lords".

442 Sortition Foundation(2025), "Poll shows public support for replacing House of Lords with a House of Citizens". (https://www.sortitionfoundation.org/uk_poll_may_2025)

443 Policy Options(2020.11.27.), "Canada can prove it's a leader in deliberative democracy".

444 대화문화아카데미(2025) 참조.

445 당시 하원인 민의원은 임기 4년으로 소선거구에서 233명을 선출했고, 상원인 참의원은 임기 6년(3년마다 1/2 개선)으로 시·도를 각각 하나의 선거구로 2~8명을 선출하는 중대선거구에서 58명을 선출했다.

446 안성호(2018) 참조.

447 한동훈(2016), p. 25.

448 이지문(2024) 참조.

449 Bouricius(2019), pp. 324-328.

450 Roland(2002) 참조.

451 멕시코는 2024년 9월 헌법개정을 통해 연방 및 주 차원의 판사·법관을 선거로 선출하도록 제도화했다. 이와 함께 최고법원의 대법관 정원을 11명에서 9명으로 감축하고, 임기를 15년에서 12년으로 단축했다. 또한 은퇴 판사 보상 및 연금제도를 개편하고, 판사의 보수가 대통령 급여를 초과하지 못하도록 상한을 설정했다. 판사 후보는 국회의 사전 심의를 거쳐 후보자 명단을 확정했다(연합뉴스, 2025.6.2).

452 Thomson Reuters(2025.9.3.); Reuters(2025.6.3).

453 Leib(2004), 오현철(2015) 참조.

454 이재승(2013) 참조.

455 오마이뉴스(2025.9.13.), "국민참여부 설립의 다섯 가지 시대적 요구".

456 사법부에 대해서는 형식적인 수준이지만 2008년부터 국민참여재판제가 운영되고 있다.

457 추첨제 적용 분야에 대해서는 이지문(2011) 참조.

458 김석태 · 이시철(2022) 참조.

459 제7회 전국동시지방선거(2018년)에서 무투표 당선자는 89명으로 약 2.2%였으나, 제8회 지방선거(2022년)에서는 5배 이상 증가한 508명으로 전체 당선자의 12%에 달했다. 특히 대구광역시의회와 광주광역시의회의 경우에는 의석의 절반 이상이 무투표 당선자로 채워졌다. 2002년 실시된 제3회 지방선거에서도 무투표 당선자 수는 496명이었다(동아일보, 2022.5.15; 뉴스토마토, 2026.1.9).

460 Pogrebinschi(2013)는 브라질의 전국 공공정책 회의(NPPCs)를 '다층적 숙의 구조multilevel architecture of deliberation' 사례로 분석했다.

461 Mansbridge et al. (2012), pp. 1-28.

462 European Parliament(2022), "Final Report of the Conference on the Future of Europe".

463 European Commission; European Parliament; Council of the European Union Press Release (2021.5.9, IP/21/1947), "Conference on the Future of Europe. Composition of the Plenary confirmed at 449 members".

464 Final Report on the Conference on the Future of Europe(2022), pp. 6 – 12.

465 European Commission Press Release(2023.12.6., IP/23/63300), "Commission presents a set of measures to reinforce rights of EU citizens".

466 지방municipal 회의는 시민, 사회단체, 지역 공무원 등이 참가해 정책 권고안을 작성하며 주state 회의는 각 지방 회의가 선출한 대표들이 참가한다. 전국 회의는 주 회의 대표들이 참가해 최종권고안을 채택하는 구조이다(Pogrebinschi, 2013: 231-236).

467 2007년 개최된 브라질 여성 정책을 위한 제2차 전국 회의에서 채택된 권고안의 39%가 2008년 국가 계획에 반영되었다(Pogrebinschi, 2013).

468 풀뿌리 위탁회의에 대해서는 신용인(2024) 참조.

469 서현수 · 김주형(2025c) 참조.

470 Ville de Paris(2025), Vœux citoyens de l'Assemblée citoyenne de Paris – 3e promotion. pp. 5-6; Ville de Paris(2024). Rapport sur la démocratie participative et l'Assemblée citoyenne de Paris. pp. 14-17.

471 Ville de Paris(2024), "Une Assemblée citoyenne des enfants pour faire entendre leur voix".

472 정민규(2025), "청년의 보수화와 학교 시민의회". 복지국가소사이어티 칼럼(2025.6.30.)

473 시민의회 제도화 방안에 대해서는 서현수 · 김주형(2025c) 참조.

474 국민참여 심사기구 신설방안에 대해서는 윤왕희(2025) 참조.

475 2023년 서울대 학생들을 중심으로 운영된 '대학생 주도 장애인 이동권 공론장'을 예로 들 수 있다(김의영, 2025).

476 프랑스의 경제사회환경위원회는 1925년에 설립된 국가경제위원회를 모태로 한다. 제4공화국에서 헌법상 기구로 격상되어 제3장 제25조에 경제위원회가 단일조항으로 규정되었다. 1958년 제5공화국이 출범하면서 경제사회위원회로 변경되었고 제10장에 3개 조항(제69조~제71조)으로 확대되었다. 2008년 7월 헌법개정으로 권한이 환경 분야까지 확대되면서 명칭이 변경되고, 국민청원제도가 도입되었다. 이에 대해서는 전학선(2022) 참조.

477 CESE 위원 175명은 근로자대표(52명), 기업 · 농업인 · 예술가 · 자유업 · 상호조합 · 협동조합 · 영사관 대표(52명), 사회 · 지역 결속체 · 공동체 대표(45명), 자연 · 환경보호 대표(26명)로 구성되어 있다. 각 단체에서 위원을 임명하며 임기는 5년으로 1회에 한하여 연임될 수 있다. 하원(국민의회)이나 상원의원과 겸직할 수 없으며, 유럽의회 의원과도 겸직할 수 없다. 또한, 임기 동안 독립행정관청이나 독립 공공관청의 구성원이 될 수도 없다.

478 전체회의는 월 2회 개최되며, 위원들에게는 국회의원 1/3 수준의 보수와 수당이 지급된다.

479 CESE가 국가 차원의 위원회라고 한다면, 지방 차원에서는 레지옹 CESE가 있다. 지방자치법전에 근거해 설치된 레지옹 CESE는 레지옹의회와 레지옹의회 의장에게 자문하는 기관이다.

480 CESE는 국민의견 조사를 직권으로 할 수도 있고 총리나 국민의회 의장 또는 상원 의장의 요청이 있는 경우 경제 · 사회 · 환경 분야에 관한 국민 의견을 수렴할 수 있다.

481 개헌안에는 "정부 또는 의회의 요청에 따라 무작위로 선정된 시민회의를 소집할 수 있다"는 조항이 포함되어 있었다(Le Monde, 2022.2.25.)

482 2025년 12월 31일 이해식 의원이 대표발의한 「시민참여기본법안」은 시민참여 활성화와 민주시민교육을 위한 국가 및 지방자치단체의 책무를 강화하기 위한 법안이라고 할 수 있다. 이에 비해 「시민의회법안」은 국회나 지방의회가 주관하는 숙의포럼이라는 점에서 결이 다르지만, 두 법안의 내용을 통합해 운영하는 방안도 검토할 필요가 있다.

483 대만 「공민투표법 Referendum Act」에 따르면 발의 요건은 예비 서명 petition proposal과 본 서명 formal petition 2단계로 구분하고 있다. 예비서명은 유권자 총수의 0.01% 이상이 제안에 동의해야 발의가 가능하다. 이후 본 서명은 유권자 총수의 1.5% 이상 동의 시 공민투표에 회부된다. 불필요한 투표 청구 남발을 막고 행정 부담을 완화하려는 목적에서 도입된 것으로 평가된다.

9장 | 헌법개정 시민의회

1. 어떻게 헌법을 바꿀 수 있는가?

헛도는 국회의 개헌 논의

12·3 비상계엄과 윤석열 대통령 탄핵을 거치면서 헌법을 개정해야 한다는 공감대가 확산되었다. 이재명 정부의 국정과제 1호가 개헌이라는 것도 국민적 여망을 반영한 것으로 볼 수 있다. 1987년 헌법 체제의 결함을 더 이상 방치해서는 안된다는 절박감도 어느 때보다 강하게 표출되고 있다. 관건은 어떤 과정과 절차를 거쳐 개헌할 것인가이다. 현행헌법에는 대통령과 국회만 개헌안을 발의할 수 있도록 규정되어 있다. 그러나 시민사회단체를 중심으로 개헌을 더 이상 정치권이나 전문가들에게 맡겨둘 수 없다는 불신과 저항의 움직임이 강하게 일고 있다. 22대 국회에 발

의된 4건의 개헌절차법도 예전과 달리 아래로부터 시민의 참여와 숙의에 기반한 내용이 담겨있다.

그러나 개헌 방식을 보면 시민의회형(김종민 의원 안, 윤종오 의원 안), 국민청원형(김성회 의원 안), 추진협의회형(황운하 의원 안)으로 제각각이다. 첫째, 김종민 의원 안(「국민참여 헌법개정 절차에 관한 법률안」)은 헌법개정 시민위원회를 구성해 개헌안을 마련하자는 것이다. 인구통계학적 대표성(성별, 연령, 지역)과 사회경제적 배경을 고려해 500명 규모의 시민위원을 2단계 층화 표본추출로 선발하는 전형적인 시민의회 방식이다.

아일랜드에서 2012년과 2016년 시민의회를 소집해 동성결혼과 낙태를 금지한 헌법을 개정한 것이 대표적인 성공 사례로 꼽힌다. 이에 앞서 아이슬란드에서도 2010년 시민의회 방식으로 개헌안을 마련해 국민투표에서 통과된 전례가 있다. 아이슬란드 사례는 정치권의 반대로 국회 통과는 무산되었지만, 온라인 플랫폼과 SNS를 통해 3,500건의 국민 의견을 수렴해 크라우드소싱crowd-sourcing 민주주의의 지평을 열었다는 평가를 받고 있다.

김종민 의원 안도 이 같은 방식으로 시민의회에서 초안을 마련해 전문가들로 구성된 자문위원회의 검토를 거쳐 국회 개헌특위에서 2/3 찬성으로 의결하는 방식이다. 개헌안은 다시 본회의에서 재적의원 2/3 찬성(200표)으로 가결되면 국민투표에 부쳐 최종 확정된다. 김 의원은 2017년에도 이와 유사한 개헌절차법을 발의한 적이 있다. 당시의 '헌법개정 시민회의'는 개헌특위 산하의 단순한 자문기구에 불과했지만, 이번 헌법개정시민위원회는 자체적으로 개헌안을 마련한다는 점에서 진일보한 버전이라고 할 수 있다. 다만, 시민의회안에 대해 개헌특위가 '존중하여야 한다'(안 제5조 2항)는 정도로 구속력이 약한 것이 한계로 남아있다.

윤종오 의원 안(「국민참여 개헌절차법안」)도 김종민 의원 안과 동일한 방식으로, 무작위로 선발한 500명 내외로 구성된 헌법개정국민참여회의에서 3/5 이상 찬성으로 기초안을 마련해 국회 개헌특위에 제출할 수 있도록 하였다. 개헌특위는 국민참여회의가 제출한 기초안에 대해 6개월 이내에 2/3 이상의 찬성으로 의결하거나, 수정안을 확정하도록 의무화해 이행력을 강화하였다. 아울러 국민참여회의를 지원하기 위해 헌법 분야 전문가 50명 이상으로 구성된 전문위원회도 설치하도록 했다.

둘째, 국민청원형으로 불리는 김성회 의원 안(「헌법개정 절차에 관한 법률안」)은 50만 명 이상 국민 서명으로 개헌을 청원할 수 있다는 것이 특징이다. 사실상 국민발안 개헌의 전초전이라고 볼 수 있다. '촛불혁명'과 '빛의 혁명'을 거치면서 직접민주주의를 열망해 온 개헌단체들의 핵심 이슈가 국민발안제 도입인 만큼 김성회 의원 안에 대한 지지가 높아 보인다. '국민이 주인인 나라'를 만들겠다는 국민주권 정부의 국정철학과도 상통해 공감대를 얻고 있다.

다만, 개헌특위 산하에 국민개헌청원심사소위원회를 설치해 여기서 국민청원 개헌안의 채택 여부를 결정한다는 것이 걸림돌이다. 기본권은 물론이고 헌법전문과 권력 구조에 대해서도 첨예한 이해대립과 가치관이 격돌하는데 심사소위원회가 어떤 숙의 절차와 의견수렴 과정을 거쳐 상충된 개헌안을 조율할 수 있을지가 의문이다. 김성회 의원 안도 이 같은 문제점을 의식해 국민적 공감대와 사회적 합의도출을 위해 '헌법개정국민자문위원회'를 설치해 보완하겠다는 의도가 엿보인다(안 제5조). 하지만 국민자문위원회의 구성 및 운영방식에 대해서는 구체적으로 언급하지 않고 있다.

셋째, 황운하 의원 안(「헌법개정 및 정치제도 개혁의 일정과 절차에 관한 법률안」)은 2026년 6월 지방선거와 동시 개헌을 목표로 한 단기속성형이라고 할 수 있다. 이 법안은 명칭에서도 드러나듯이 정치개혁과 함께 개헌을 더 이상 미룰 수 없다는 절박감이 묻어난다. 여야 국회의원, 시민단체, 전문가 등 50명 이내로 구성된 추진협의회에서 2025년 12월 말까지 초안을 성안하면 개헌특위에서 2026년 3월 말까지 개헌안을 확정하는 로드맵으로 되어있다. 하지만 2025년 말까지 추진협의회조차 구성하지 못해 이 법안은 사실상 폐기되었다.

이 법안의 가장 큰 한계는 2026년 6월 개헌이라는 데드 라인에 쫓겨 사회적 합의와 숙의가 생략되었다는 점이다. 추진협의회에서 신속히 초안을 마련하려면 여야가 합의하고 국민적 공감대가 형성된 '미니 개헌'일 수밖에 없다. 더구나 추진협의회가 정치인과 소수의 전문가로 구성되는 점도 국민주권 시대에 부합되지 않는다. 이 법안 제3조에는 '모든 국민은 개헌 관련 정보를 제공받고 의견을 제출할 권리를 가진다'라고 명시하고 있지만, 구체적인 의견수렴 절차와 방식에 대해서는 언급하지 않고 있다. 단기간의 공론조사를 실시할 시간도 확보하기 어렵다는 것이 맹점이라고 할 수 있다.

이에 비해 김성회 의원 안은 2028년 4월 총선을 앞둔 2027년 11월 말까지 개헌특위에서 입안하도록 명시해 비교적 여유로운 편이다. 국민 50만 명의 서명을 받기 위해서는 상당한 기간이 필요하다는 점을 고려하면 불가피한 선택이라고 하겠다. 다만 2026년 6월 지방선거에서 국민투표를 실시하지 않겠다는 것을 명시한 것은 집권 여당의 속내를 드러낸 것으로 보여진다. 더구나 김종민 의원 안도 시민의회의 구성 및 운영에 최소 6개월 이상 걸린다는 점을 감안하면 2025년 6월 개헌은 현실적으로 불가능해 보인다.

그렇다면 대안은 무엇인가?

'빛의 혁명'에 이어 '우리도 헌법을 바꿀 수 있다'는 것을 보여주자는 연성헌법 주창자들은 황운하 의원 안에 희망을 걸었지만 "선부른 밥에 체할 수 있다"는 속담을 되새길 필요가 있다. 87년 헌법 탄생의 전철을 극복할 수 있는 현실적인 대안은 김종민 의원 안과 김성회 의원 안을 합쳐 통합 개헌절차법을 마련하는 것이다. 국민청원을 거쳐 시민의회에서 숙의하는 절차를 결합하면 두 법안이 지닌 단점을 보완하고 장점을 부각시킬 수 있다. 절충안은 국회 논의과정에서도 수용 가능성이 커 바람직해 보인다.

다만, 이 경우 국민청원 서명인 수를 김성회 의원 안의 50만 명 이상에서 5만 명 이상으로 완화할 필요가 있다.[484] 국민투표와 결합된 국민발안제는 통상 서명 규모를 유권자의 1% 또는 100만 정도를 요구하고 있지만, 국민청원도 이에 준하여 과도하면 다양한 시민사회단체의 의견 표명이 위축될 수 있기 때문이다. 다소 문제가 있는 개헌안이라도 시민의회에서 집단지성이 발휘되는 숙의 과정을 거치면 포퓰리즘도 해소할 수 있을 것이다. 개헌 시기는 국민청원 서명 기간과 시민의회 운영 기간을 감안하면 2028년 4월 총선이 현실적이다.

시민의회를 통한 개헌을 위해서는 현실적으로 두 가지 방안을 검토할 수 있다.[485] 첫째, 대통령이 개헌 시민의회를 소집해 운영한 뒤 논의 결과를 국회 개헌특위를 거쳐 최종 개헌안을 국민투표에 회부하는 방안이다. 대통령이 소집한 시민의회는 대통령 소속 위원회 형태이므로 입법 절차 없이도 가능하다. 문재인 정부 당시의 신고리 5·6호기 공론화위원회와 유사한 방식으로, 행정부의 인력과 예산을 통한 지원단 운영도 수월하게 이루어질 수 있다. 시민의회 규모는 300~500명 규모로 전체 선거권자를 대상으로 무작위 추첨을 통해 선발한다. 운영 기간은 최소 6개월 이상 충분한 숙의와 다양한 국민 의견을 수렴해 대통령이 발의할 수도 있고, 국회의 논의를 거쳐 통합된 최종안을 도출해 국회가 발의하는 방안도 가능하다.

둘째, 국회 내에 헌법개정을 위한 시민의회를 구성하는 방안이다. 이 경우도 운영 기간은 최소한 6개월 이상 보장해 실질적인 숙의와 합의를 지향할 필요가 있다. 시민의회가 도출한 개헌안은 국회가 최종 성안하여 의결 후 국민투표를 통해 헌법개정을 완료한다. 이 과정에 시민의회가 제안한 개헌안이 국회의 논의에 충분히 반영될 수 있도록 시민의회 대표자와 국회 개헌특위 위원들이 합동위원회를 구성해 운영할 필요가 있다. 합동회의를 통해 시민의회와 국회의 견해차를 좁히고 합의를 도출하는 완충 시스템으로 활용하자는 것이다. 대의제와 추첨제를 결합한 이 같은 방식은 동벨기에, 파리 등 해외 시민의회에서 이미 적용하고 있다.

헌법개정은 단 한 번에 모든 것을 바꿀 수 없고, 그럴 필요도 없다. 헌법개정 시민의회를 1회가 아니라 주요 의제별로 몇 년에 걸쳐 연속적으로 개최하는 방안을 검토할 수 있다. 아일랜드에서 2012년부터 2024년까지 6차례이 걸쳐 시민의회를 통해 개헌을 시도한 전례를 참조할 수 있다.

국민이 참여하고 주도하는 헌법개정을 위해서는 시민의회를 구성해 운영하는 것이 필수적이다. 다만, 시민의회에서 개헌안 조문까지 성안을 요구하는 것은 현실적으로 무리가 있다. 먼저 정당 차원에서 헌법개정안을 마련해 시민의회에 제출하는 한편, 일정 수 이상의 서명을 받은 시민사회단체도 헌법개정안을 제출할 수 있도록 함으로써 복수의 개헌안을 시민의회에서 분과별 위원회를 구성해 쟁점별로 논의하는 방안이 효율적이다. 아일랜드의 경우도 정부와 의회가 제시한 개헌 의제에 시민의회가 자체적으로 2가지 의제를 추가해 심의했다.

개헌안을 제출한 정당 및 시민사회단체는 시민의회에 출석해 의견을 개진할 수 있어야 한다. 물론 시민의회도 자체적으로 의제를 선정할 수 있는 권한이 부여되어야 한다. 운영 절차는 캐나다 사례를 참고해 학습 단계, 공청회 등 의견수렴 단계, 숙의 단계, 최종안 작성 등 단계적으로 진행하고 전체회의는 한 달에 한두 번 주말에 1박 2일 과정으로 운용하고 TV나 인터넷으로 생중계한다. 분과별 온라인 논의는 인터넷 공간을 활용해 진행하면 효율적이다. 일반 시민의 참여를 위해 홈페이지에 게시판을 마련해 의견수렴을 진행하고, 공청회 등을 통해 오프라인에서도 다양한 의견수렴 과정을 거치는 절차가 보편적으로 활용되고 있다.

각국에서 국민참여를 통한 헌법개정은 크게 세 가지 유형으로 분류할 수 있다. 첫째, 전통적인 국민발안형으로 스위스가 대표적이다. 둘째, 별도의 제헌의회를 구성하는 유형으로 칠레를 예로 들 수 있다. 셋째, 시민의회형으로 아이슬란드와 아일랜드의 개헌 시민의회가 대표적이다.[486] 일상적으로 국민발안제로 헌법을 개정하고 있는 스위스나 제헌의회를 구성한 칠레의 사례에서는 국민참여의 문제점도 적지 않게 드러났다. 숙의 deliberaticn가 전제되지 않은 직접민주제는 포퓰리즘과 정파적 이해관계에서 벗어나기 어렵다는 사실을 보여주고 있다. 각각의 국민참여 유형별 대표 사례를 통해 한계와 대안을 모색한다.[487]

2. 국민발안형: 스위스

매년 3~4회 국민투표를 실시하는 스위스의 헌법개정

스위스의 헌법개정 절차는 국민발안과 국민투표를 통해 확정된다. 현행 스위스 헌법은 투표권을 가진 18세 이상 국민 10만 명(유권자의 1.2%)의 서명을 받으면 발안이 공고된 날로부터 18개월 이내에 전부개정 또는 일부개정을 발의할 수 있도록 규정하고 있다. 전부개정은 통상 일반 발안으로 진행되며, 일부개정은 일반 발안과 법조문 발안으로 제안된다.[488]

연방의회는 제안된 국민발안에 대한 '유효성 심사'를 통해 일반 발안을 채택하거나 부결시킬 수 있다. 일부개정 국민발안이 내용 및 형식적 통일성을 준수하지 않거나 국제법상 강행규정에 위배되는 경우 연방의회는 이를 전체적으로 혹은 부분적으로 무효를 선언한다. 유효성 심사 결과 국민발안 중 유효하다고 판명된 전체 또는 부분에 대해서만 국민투표에 회부된다.[489] 이에 앞서 연방의회가 부결한 일반 발안에 대해서는 계속 진행 여부를 결정하기 위한 선결투표가 실시된다.

연방의회는 일반 발안과 달리 법조문 발안에 대해서는 부결시킬 수 없지만, 대안을 제안할 수 있다. 국민투표는 국민발안과 함께 연방의회가 제안한 대안에 대해서도 동시에 실시된다. 이 경우 동일한 투표에서 국민발안, 의회가 제안한 대안, 그리고 국민발안과 의회의 대안 중 선호하는 안에 대한 보조 질문question subsidiaire 등 3가지 문항에 각각 투표할 수 있다. 유권자는 발안과 대안 모두 찬성투표를 할 수 있으며 한 표라도 많은 제안이 통과된다.

스위스는 이처럼 복잡하고 다양한 헌법개정 절차를 헌법뿐만 아니라 의회법과 정치적 권리법에서도 구체적으로 명시하고 있다. 헌법개정을 위해 국민투표에 회부된 안건은 전국 유권자의 과반수와 26개 캔톤canton의 과반수 찬성[490]을 얻어야 통과되는 '이중 다수제double majority'를 운영하고 있다.

스위스 모델의 가장 큰 특징은 국민발안의 낮은 채택률이다. 2015년부터 2024년까지 10년 동안 실시된 헌법개정 국민발안의 채택률은 10.3%에 불과한 것으로 나타났다. 국민투표에 회부된 국민발안 39건 가운데 4건만 승인되고, 89.4%에 달하는 35건은 부결되었다. 무분별한 국민발안이 남발되고 있다는 의미이다. 연방의회가 부결한 국민발안은 국민투표에서도 거의 부결된 것으로 나타났다. 국민투표는 연 3~4회 정기적으로 실시되며 안건은 많으면 10여 개에 달하는 경우도 있어 투표피로감voting fatigue도 적지 않다.[491]

국민발안이 도입된 1891년부터 2024년까지 133년 동안 헌법개정 국민발안의 채택률도 11%로 231건 가운데 26건만 통과되었다.[492] 국민발안이 아닌 연방의회의 발의에 따른 헌법개정 등 다른 필수적 국민투표의 통과율이 73%에 이르는 것에 비하면 국민발안의 통과율은 매우 낮은 수준이라고 할 수 있다. 국민발안을 제안자가 스스로 철회한 경우도 30%에 달한다.[493]

이처럼 대부분의 국민발안이 부결되거나 철회하면서도 제안하는 이유는 연방내각과 연방의회의 정책 변화에 영향력을 미칠 수 있기 때문이다.[494] 국민발안의 통과 여부보다는 자신들이 원하는 정책의제를 전국적으로 확산시키거나, 의회와 내각을 압박하는 협상 수단으로 활용되고 있다는 사실이다.

이러한 연유 등으로 최근에는 국민발안 횟수가 증가하고 있다. 일반 국민투표를 포함해 2015년부터 2024년까지 10년 동안 시행된 국민투표는 총 83건으로 매년 8.3건에 달하는 것으로 나타났다. 연도별로는 2016년 13건을 정점으로 2021년 12건, 2022년 11건, 2024년 12건으로 평년 수준을 능가하고 있다. 83건의 국민투표 가운데 55건이 헌법개정 국민투표였으며 이 중 39건(71%)이 국민발안이었다. 연방의회(내각)가 제기한 개헌안은 16건(29%)에 불과했다. 따라서 스위스에서는 국민발안이 개헌의 중요한 수단임을 알 수 있다.[495]

투표율이 낮은 것도 스위스 모델의 한계라고 볼 수 있다. 스위스의 국민투표는 최저투표율 요건은 적용되지 않으며 유효투표를 기준으로 한다. 우리나라와 달리 50%라는 투표율 요건이 없기 때문에 낮은 투표율로도 헌법개정이 가능하다. 투표율은 1950년대에는 50~55%를 유지했으나 1960~1990년대는 40%~46%로 떨어졌다. 2000년대 이후에는 45% 수준에 머물고 있다.[496] 투표율이 40%인 경우 전체 유권자의 20%의 찬성만으로도 헌법개정안이 국민투표에서 통과할 수 있다는 계산이다. 더구나 국민투표 통과 요건은 무효표와 백지투표를 제외한 유효투표를 기준으로 하므로 실제로는 이보다 낮은 찬성으로도 헌법개정이 이루어질 수 있다.

낮은 투표율은 정당성 문제가 제기될 수 있고, 조직화된 적극적 소수가 투표 결과를 좌우해 정책의 안정성을 침해할 우려도 크다. 사회경제적 배경에 따라 투표율의 편차가 커지는 것도 대표성 문제를 야기하고 있다.[497] 이에 대한 반론은 스위스 국민은 낮은 투표율 자체를 문제로 보지 않는다는 것이다. 오히려 반복된 투표로 정보 축적이 가능해 정치효능감이 증가하고 있다고 반박한다. 낮은 투표율은 무관심이라기보다 이슈의 중요도에 따른 선택적 참여이며, 사회적 파급 효과가 큰 의제가 상정될 때는 투표율이 60~70%에 달한다는 점을 근거로 들고 있다. 스위스의 정치 시스템은 투표율에 민감하지 않고 '이중 다수제'로 정당성을 보완하고 있으며, 국민들도 모든 사안에 고루 참여할 필요가 없다는 인식이 깔려 있다는 설명이다.[498]

대만에서도 일반법률과 주요 정책을 대상으로 실시되는 국민투표(공민투표)는 2021년 이후 5건이 발의되었으나 모두 부결되었다.[499] 2017년 법 개정으로 투표 요건이 완화되었지만, 여전히 높은 장벽으로 인해 실효를 거두지 못하고 있다. 투표율도 2018년 55.9%에서 2021년 41%로 떨어졌고, 2025년에는 29.5%로 추락했다. 헌법개정은 국회(입법원)만 발의할 수 있기 때문에 국민발안은 적용되지 않는다. 개헌 문턱은 일반 공민투표보다 훨씬 높아 2022년 11월 전국 지방선거와 동시에 실시된 헌법 공민투표(선거권 18세로 하향)의 경우 찬성률은 52.9%였지만(투표율

58.97%), 유권자 대비 찬성표가 29.35%에 그쳐 부결되었다.

특히 국민투표는 서명 수집 과정에서 조직화된 세력이 유리하고, 복잡한 의제를 단순히 찬반으로 표시하기 때문에 정치적 편향성이나 포퓰리즘에 좌우되기 쉽다는 약점이 있다. 더구나 낮은 투표율로 인한 대표성 문제도 제기되고 있다. 첨예한 이슈로 국론이 분열된 상태에서 실시되는 국민투표는 극심한 갈등으로 오히려 사회통합을 저해할 수 있다. 2018년 실시된 대만의 국민투표(공민투표)에서는 이 같은 현상이 두드러졌다.[500]

스위스 직접민주제 모델의 역사적 배경

스위스에서 직접민주주의(국민발안)가 활성화된 배경은 여러 요인으로 설명할 수 있다. 첫째, 역사적·구조적 요인으로 다언어, 다종교, 다지역(캔톤) 간 갈등이 상존하기 때문에 소수의 불만과 갈등을 제도적으로 흡수하는 장치가 필요해, 1848년 연방국가 창설 당시부터 헌법에 직접민주주의 요소가 도입되었다. 1891년 헌법개정으로 국민발안이 도입된 정치적 배경도 중앙집권화에 대한 농촌지역 캔톤의 반발을 무마하기 위해서였다.[501]

둘째, 스위스의 국민발안은 전국 및 캔톤 과반 찬성이라는 이중 다수 요건으로 인해 통과 가능성이 낮지만, 정부와 의회를 압박하는 협상 수단과 전국적인 의제설정agenda-setting을 위해 전략적으로 활용된 측면이 강하다. 국민발안에 대해 연방의회가 대안을 제시해 타협할 수 있기 때문에, 발안이 통과되지 않아도 영향력이 매우 크다는 점도 활성화된 이유이다.[502]

셋째, 코뮌의 주민총회landsgemeinde에서 직접 표결로 지역 문제를 결정해 온 오랜 지방자치의 전통으로 국민발안과 국민투표에 익숙한 정치문화도 작용했다.[503] 발안에 필요한 서명 요건이 1년 6개월 동안 유권자의 1.2% 수준인 10만 명으로 낮고, 매년 3~4회 정기적으로 국민투표가 실시되고 있다는 사실도 다른 국가와 큰 차이라고 할 수 있다.

넷째, 스위스의 정치문화는 전형적인 합의민주주의consensus democracy로 주요 정당이 모두 연방정부에 참여하는 대연정 형태의 행정부를 구성해 지속적인 협상과 타협을 유도하는 시스템이다. 라이프하르트Lijphart가 스위스를 합의제 모델의 전형으로 분류한 것은 다당제, 연립정부, 연방주의와 분권적 권력 구조, 그리고 다수결 지배가 아니라 협상과 타협 중심의 정책 결정 시스템이 정착되어 있기 때문이다.[504] 행정부Federal Council는 의회에서 선출한 7명의 집단지도체제로 운영되며 1959년 이후 4대 정당(SVP, FDP, CVP, SP)이 안정적인 비례 배분으로 행정부를 구성하는 '마법의 공식' 관행을 유지하고 있다. 이러한 권력분점 정치체제는 다수가 소수를 배제하지 않고 4대 정당이 정치적 책임을 공유하도록 설계되어 있다.[505]

이처럼 스위스에서 국민발안이 잦은 것은 연방국가의 구조적 특성과 합의제 정치구조, 지방분권과 직접민주주의 전통, 낮은 발안 요건과 의회의 대안 제도 등이 맞물려 형성된 역사적·정치문화적 전통에서 기인한 것이기 때문에 다른 나라에서 스위스의 방식을 그대로 수용하는 데는 한계가 있다. 직접민주제의 지나친 확대·강화는 포퓰리즘에 빠질 수 있다는 우려 때문에 스위스를 제외한 대부분의 선진국에서는 연방 차원의 직접민주제 확대에 대해 소극적이다. 이에 비해, 주州 또는 지방 차원에서 직접민주제가 활성화되어 있다.[506]

3. 제헌의회형: 칠레

지하철 요금 인상이 발단이 된 칠레의 헌법제정

2019년 10월 18일, 칠레의 수도 산티아고 바케다노 광장에 "30페소가 아니라 30년"이라는 구호를 외치는 대규모 시위가 연일 이어졌다. 며칠 전 지하철 요금 30페소 인상을 계기로 피노체트 정권 이래 30년간 누적되어온 된 불만이 한꺼번에 터져 나왔다.[507] 수십만의 군중들은 연금, 의료, 교육, 경제정책 전반에 걸친 불평등을 해결할 근본적인 대책으로 개헌을 요구했다. 피네라S.Pinera 대통령은 즉시 국가비상사태를 선포했지만, 시위는 산티아고뿐 아니라 발파라이소, 콘셉시온 등 주요 도시로 들불처럼 번져 나갔다.

급기야 유혈사태로 수십 명이 숨지고 그해 10월 25일에는 전국적으로 300만 명이 거리로 나서는 등 '칠레 역사상 최대 시위'로 확산되자 피네라 대통령은 개헌을 약속하고 여야 정당 간 합의로 새 헌법 제정을 위한 국민투표 실시를 발표하면서 시위는 가라앉았다. 이듬해 10월 개헌 절차와 구성방법 등을 결정하기 위한 개시 국민투표에서 78.3% 찬성으로 새 헌법제정 절차가 시작되었지만, 직선으로 뽑힌 제헌의회가 마련한 헌법안이 두 차례나 국민투표에서 부결되면서 2023년 막을 내리게 된다. 칠레의 헌법 실험은 기존 헌법의 개정이 아닌, 새로운 헌법을 제정해 전면적 교체를 시도했다는 점에서 정치·사회적 배경에 관심이 쏠렸다.[508]

칠레 국민들이 개헌을 요구하게 된 배경은 1980년 피노체트 군사정부가 제정한 헌법이 1989년 민주화 이후에도 군부와 보수적인 정치·경제 엘리트의 카르텔을 지속시켜온 근본 원인으로 지목했기 때문이다. 대통령의 막강한 권한과 군부 집권을 보장하는 권위주의적 요소와 함께 신자유주의적 경제 질서를 옹호하는 헌법 체계였다. 따라서 시위대의 개헌 요구는 군사독재의 잔재를 청산해야 한다는 열망을 담고 있었다. 개헌의 방법과 절차를 결정하기 위한 2020년 10월의 개시 국민투표에서 기존 의원을 배제한 제헌의회constitutional convention 구성에 압도적으로 찬성한 것도 정치인에 대한 불신이 팽배했기 때문이었다.[509]

2021년 5월 실시된 제헌의회 선거에서 원주민 17명을 포함해 남녀 동수로 155명이 선출되었다. 제헌의회는 그해 7월부터 1년간 다양한 의견을 수렴해 결정한 초안을 2022년 9월 국민투표에 부쳤으나 반대 62.2%로 부결되었다. 초안의 주요 조항으로 포함된 다민족·다문화 국가 천명, 상원 임기 단축과 권한 축소, 정치적 난민의 권리보장, 자발적 임신 중지 보장, 원주민을 위한 별도의 법원 설치 등 여러 조항이 지나치게 진보적이라는 반대 여론이 작용한 것으로 분석되었다.[510] 제헌의원의 정치 성향을 보면 우파연합 37석, 좌파연합 53석, 무소속 48석으로 우파연합은 개헌 저지에 필요한 1/3 선(52석) 확보에 실패했다.[511] 새 헌법은 2/3 이상 찬성으로 채택되는 단순다수결 표결방식이어서 무소속 의원의 성향에 따라 초안이 확정되었다.

피노체트 체제에서 제정된 1980년 헌법에서 상원은 47석으로 이 중 9석은 군부·사법부·대학·대통령 지명으로 채워졌으며, 전직 대통령에게는 종신 상원의원 자격이 부여되어 '엘리트·군부의 보루'라는 지적을 받아왔다.[512] 2005년 라고스 대통령 시절 개헌으로 지명직과 종신직이 폐지되고 50명 전원 직선제로 전환되었다. 그러나 16개 지역에서 2~6명을 뽑는 선거제도는 인구가 적은 보수 지역이 상대적으로 많은 의석을 차지하게 되면서 소수·농촌·보수 지역 과잉 대표라는 문제점이 제기되었다. 특히 인구 비례로 선출된 하원에서 통과된 개혁 법안이 상원에서 지연·수정되는 사례가 빈발하면서 상원 개혁 요구가 제기되었다.

2021년 제헌의회는 "상원은 국가 분권이나 지역대표성 강화에 기여하지도 못하면서 '거부권 기구'로 전락했다"며 상원의 권한을 대폭 축소하고 임기를 단축해 '지역대표실'로 전환하는 방안을 제시했다. 상원의 권한을 대폭 축소하고 임기도 8년에서 4년으로 단축하면서 명칭도 상원Senado 대신 지역대표실이라고 한 것은 상원의 권위주의적·보수적 이미

지와 단절하고 다민족·분권 국가라는 새 헌법의 정체성을 강조하기 위함이었다. 그러나 실제로는 여전히 선거로 뽑히는 의원들로 구성된 제2원이라는 점에서 '이름만 바뀐 상원'이라는 지적이 제기되었다. 또한 '지역대표'를 16개 지역에서 균등하게 선출함으로써 오히려 인구가 적은 지역이 과대 대표된다는 비판을 받았다.[513]

1차 개헌 시도가 무산된 이후 2023년 5월에는 제헌의회에 해당하는 헌법위원회를 구성하기 위한 선거를 실시해 50명(원주민 1명 별도)을 선출해 헌법 초안을 마련했으나, 이마저도 그해 12월에 실시된 국민투표에서 반대 55.8%로 부결되었다. 2차 헌법위원회 선거는 정당 대표성을 보완하기 위해 무소속 출마를 금지하고 상하원 의원을 비롯한 현직 공무원들도 공직을 사퇴하면 입후보할 수 있도록 했다.[514]

선출방식은 16개 지역별로 2~6명을 뽑는 상원 선거와 동일한 방식을 적용했지만, 원주민 1명은 전국을 단일선거구로 별도로 선출했다. 1차 제헌의회 선거가 자율 투표였던 것에 비해 2차 헌법위원회 선거는 의무투표로 변경되었다. 헌법위원들의 전문성 보강을 위해 상하원에서 각각 12명씩 임명한 전문가위원회를 구성한 것도 1차 때와 차이점이었다.[515] 활동 기간은 1차 제헌의원은 1년이었지만, 2차 헌법위원회는 전문가위원회가 검토·조정한 초안을 바탕으로 최종안을 확정했기 때문에 5개월로 단축되었다.[516]

1차 시도에 이어 2차도 실패한 주요 원인으로 헌법위원회 구성의 정파성이 지적되었다. 2023년 5월 실시된 헌법위원회 선거에서 극우 성향의 공화당이 전체 51석 가운데 23석을 얻었고, 전통 우파연합의 11석을 합쳐 보수 진영이 34석을 차지함으로써 헌법제정에 필요한 3/5 이상(31석)을 확보했다. 이에 비해 좌파연합은 원주민 대표 1명을 포함해 17명으로 거부권 행사에 필요한 21석에 미치지 못했다.

결과적으로 2차 헌법개정안에는 자유시장 원칙을 강화하고 국가개입을 축소하며 여성권을 제한하는 등 신자유주의 우파 이데올로기가 과도하게 투영되어 현행헌법과 별 차이가 없게 되었다. 부유층에게 혜택이 큰 주택보유세를 폐지하고, '태아 생명 보호' 조항은 여성의 낙태 권한을 전면 금지하는 법적 근거가 될 수 있었다. 특히 재소자에게 가택 연금을 허용하는 조항은 피노체트 군부독재 시기에 인권탄압으로 수감 중인 이들을 위한 조치라는 비판이 제기될 정도였다.[517]

왜 칠레는 두 번이나 개헌에 실패하였나?

칠레의 2019-2023년 헌법제정 시도는 남녀 동수 제헌의회(헌법위원회) 구성, 원주민의 대표성 강화, 광범위한 국민참여 보장 등의 측면에서 민주적 정당성이 강화된 사례로 평가되고 있다. 특히 다양한 경로로 국민참여를 제도화했다는 것이 가장 큰 장점으로 꼽혔다. 헌법 초안 마련 과정에서 국민발안, 국민공청회, 국민투표,[518] 국민회의[519] 등 4단계 국민참여 메커니즘을 제도화했고, 40여 개 대학과 시민사회단체들이 연대한 시민참여위원회가 시민참여캠페인과 시민교육을 주도했다. 칠레대학교와 칠레가톨릭대학교 등 주요 대학이 거점 역할을 담당하면서 온·오프라인 공청회를 개최할 수 있는 인적·물적 토대도 구축되었다.

특히 국민이 직접 헌법안을 발의할 수 있는 권한이 부여되어 헌법제정의 주도권을 갖게 되었다. 다수의 이익단체와 개인은 오프라인뿐만 아니라 온라인을 통해서도 의견을 제시했다. 1차 시도인 2021년 7월부터 2022년 7월 사이에 제헌의회는 수천 회의 공청회를 개최했고, 각각 1만 5,000명 이상의 서명을 받은 78개의 국민발의안이 접수되었다.[520] 국민발안에 참여한 인원은 98만 332명이었고, 270만 명이 플랫폼에 접속한 것으로 집계되었다.

2차 시도인 2023년에는 그해 6월 7일부터 7월 7일까지 한 달 동안 '참여의 달'로 정해 온라인 플랫폼을 통한 국민발안이 허용되었다. 시민들은 하나의 발의안을 제시할 수 있고 최대 10개 발의안에 대한 지지를 표시할 수 있으며, 공청회 개최도 1회 요청할 수 있었다. 이 기간 동안 전국에서 23만 6,476명이 국민발안에 참여했고 1만 2,000명이 국민회의에 동참했다. 공청회를 요청한 개인과 단체는 1,800명이었다. 남북으로 긴 칠레의 지리 조건을 감안해 전국 40개 대학 75개 캠퍼스에서 공청회가 개최되었다.[521]

국민발의안이 채택되는 과정은 먼저, 1만 명 이상의 서명을 받아야 온라인 국민투표 및 숙의 단계로 넘어가게 된다.[522] 이 가운데 가장 많은 지지를 받은 10개 발의안에 대해서는 30명의 학자가 자신의 전문분야에 따라 3명씩 한 주제를 분석한 보고서를 작성했다. 국민들의 지지를 많이 받지 못하였더라도 발의안은 체계적으로 분류되어 헌법위원의 검토과정을 거침으로써 소수 의견도 존중받을 수 있도록 배려했다. 전체 국민발의안 가운데 31개가 서명 요건을 충족해 헌법위원회에 제출되었다. 이 중 가장 많은 지지를 받은 발의안은 동물권 보장이었고, 국가의 연금 보장, 교육받을 권리 등 기본권이 대부분이었다.[523] 모든 과정은 국민참여위원회 홈페이지와 SNS를 통해 투명하게 공개되었다.

그럼에도 불구하고 두 차례나 국민투표에서 부결된 것은 직선으로 선출된 제헌의회(헌법위원회)의 당파성으로 인해 헌법안이 좌우 극단으로 치달아 국민적 합의도출에 실패했기 때문이었다. 무엇보다도 합의 절차와 숙의 기간 부족이 가장 큰 요인으로 꼽혔다.[524] 1차 시도에서는 제헌의원들이 개별조항마다 단순다수결 투표방식으로 진행해 숙의와 공적 이성이 제대로 작동하지 못한 것으로 지적되었다.[525] 2차 시도에서도 조정 기능 없이 표결로 처리하는 과정에서 국민적 요구와 동떨어진 급진적인 헌법안이 도출되고 말았다. 1차 제헌의회의 진보·좌파 성향이 2차 헌법위원회에서는 우파로 치우치면서 정치 성향이 요동친 결과였다.

2차 시도는 1차 시도의 오류를 바로잡기 위해 정당 대표성과 전문성을 보강했지만, 숙의 과정이 문제였다. 정부와 의회는 1차 시도에서 초안이 마련되었기 때문에 3개월이면 초안을 수정하기 충분하다고 판단했다. 하지만 국민참여 기간은 14일에 불과했고 국민발의안을 헌법위원회에서 숙의할 시간도 턱없이 부족했다. 헌법위원회는 전문가위원회가 검토·조정한 초안을 바탕으로 최종안을 확정하였기 때문에 실제 활동 기간이 짧아 충분한 의견수렴이 부족했다는 지적을 받았다.

2023년 12월 국민투표로 두 번째 헌법제정이 무산된 직후 보리치Boric 대통령은 자신의 임기(2026년 3월) 중에는 개헌을 시도하지 않겠다고 발표하면서 '칠레의 헌법 실험'은 막을 내리게 되었다. 칠레의 제헌 시도는 정치적 위기를 극복하기 위해 시작되었으나 충분한 숙의로 국민적 공감대가 형성되지 않으면 오히려 사회적 균열을 악화시킬 수 있다는 사실을 보여주었다. 헌법이 모든 바램을 충족시켜 줄 것이라는 '알라딘의 마법사'로 인식할 경우 구체적인 정책을 둘러싼 복잡한 정치과정이 왜곡될 수 있다는 교훈을 남겼다.[526]

4. 시민의회형: 아이슬란드, 아일랜드

바이킹 후손들이 쏘아 올린 개헌 운동

아이슬란드는 930년 건국 당시에 이미 의회Althingi를 설립할 정도로 세계에서 가장 오래된 의회제 국가 중 하나로 꼽힌다. 그러나 현행 헌법은 1944년 덴마크로부터 독립하면서 왕조시대의 잔재가 남아 있는 1874년 헌법을 수정한 정도여서 민주주의 국가의 헌법으로는 적절치 않다는 비판을 받아왔다.

덴마크로부터의 완전한 독립이 최우선 과제였던 1944년 헌법은 잠정적 성격이어서 개정 필요성이 지속적으로 제기되어 왔다. 의회는 1944년 헌법제정 직후부터 신속히 헌법을 개정하겠다고 약속했지만 65년이 넘게 새 헌법을 만들지 못했다. 그러던 중 헌법개정 논의가 본격화된 계기는 2008년의 금융위기였다.[527]

미국발 금융위기로 국가 부도 사태에 직면하자 2009년 '프라이팬 혁명pots and pans revolution'으로 불리는 대규모 시위가 발발했다. 금융산업으로 국가 경제를 이어가던 아이슬란드에서 정치인과 금융업계의 유착으로 경제가 파탄지경에 이른 경위를 알게 된 국민은 정치개혁을 위해서는 헌법개정이 필요하다는 여론이 비등했다.

프라이팬 혁명으로 2009년 2월 총리가 사퇴하고 조기 총선으로 집권한 사회민주동맹(SDA)과 좌파녹색운동(LGM) 연립정부가 개혁에 미온적인 태도를 보이자 앤트힐anthill이라는 풀뿌리 시민운동조직이 개헌 운동을 주도해 2009년 11월 1차 국민포럼national forum을 구성하게 된다.

'미래를 향한 일정'이라는 슬로건으로 출범한 1차 국민포럼은 유권자 명부에서 추첨으로 선발된 시민 1,200명과 이익단체 및 기관 대표 300명 등 총 1,500명으로 구성되었다.[528] 포럼 참가자들은 9명씩 구성된 총 162개의 라운드 테이블에서 아이슬란드의 미래를 결정할 4개 핵심 가치와 9개 의제를 채택했다.

시민단체가 연대해 추진한 1차 국민포럼에 자극을 받은 정부와 의회는 2010년 6월 헌법회의constitutional assembly를 설립하기 위한 법률을 제정했다. 시민 주도의 1차 국민포럼에 이어 새 헌법에 담길 기본 가치에 대한 시민들의 의견을 수렴할 2차 국민포럼을 개최하고, 헌법개정안을 마련하는 헌법회의 설치를 골자로 했다. 또 의회는 7명으로 구성된 헌법위원회constitutional committee를 구성해 국민포럼에 대한 감독 및 결과보고서 작성을 담당하게 했다.

기존 의회 대신 헌법회의를 새로 구성하게 된 이유는 지난 65년간 개헌에 실패한 의회에 대한 불신과 함께 새 헌법에는 의회의 권한 축소, 총리 선출방식 개선 등 의회가 맡기에 부적절한 사항을 다루어야 하기 때문이었다. 1차와 달리 정부가 주도한 2차 국민포럼은 18세 이상 추첨으로 선발된 950명이 2010년 11월부터 1차 국민포럼의 논의 결과를 토대로 개헌안을 숙의했다.

2010년 10월 실시된 헌법회의 의원선거에는 현직 정치인을 제외한 522명이 출마해 25명이 선출되었다. 헌법회의 구성은 남성 15명, 여성 10명(중증장애인 1명 포함)이며 직업 분포는 의사, 변호사, 목사, 교수, 농부, 수학자, 언론인, 전직 의원, 간호사, 철학자, 예술가, 정치학자, 노동조합장 등으로 매우 다양했다.

아이슬란드 대법원이 2011년 1월 헌법회의 선거에 대해 절차상 하자를 이유로 무효를 선고해 파장이 일었다. 헌법개정 반대 세력이 선거에 기술적 하자가 있었다는 이유로 대법원에 소를 제기하였고, 보수적인 대법원이 선거 결과를 무효한 것이다.[529] 이에 대해 의회는 2011년 2월 헌법회의를 헌법심의회constitutional council로 명칭만 변경해 이미 선출된 25명을 위원으로 재임명하는 방식으로 개헌 일정을 강행했다.

헌법심의회는 2011년 4월부터 초안 작성에 착수해 2차 국민포럼이 논의하고 헌법위원회가 작성한 700페이지 분량의 보고서를 검토하고, 인터넷과 SNS를 활용한 크라우드소싱crowd-sourcing 방식으로 광범위한 시민 의견을 수렴했다. 헌법심의회는 이 같은 과정을 거쳐 2011년 7월 국민발안제 등을 포함한 9개 장 114개 조항으로 구성된 헌법개정안을 의회에 제출했다.[530] 아이슬란드 의회는 2011년 10월부터 2012년 2월까지 의회 내에 헌정감시위원회constitutional and surveillance committee를 설치해 다시 시민사회의 의견을 수렴하고 법률전문가 자문을 거쳐 최종안을 확정했다.

이러한 복잡다단한 과정을 거쳐 2012년 10월 실시된 국민투표에서 66.3%가 찬성했다. 국민투표 결과는 법적 구속력은 없었지만, 시민참여형 헌법개정의 정당성legitimacy을 국민 다수가 승인했다. 그러나 2013년 총선에서 보수 정당(독립당·진보당)이 재집권하면서 헌법개정안은 국회에서 표결조차 이뤄지지 못하고 무산되었다.[531]

국회가 가로막은 아이슬란드의 교훈

아이슬란드 사례는 시민단체(anthill)가 주도해 개헌 운동의 불씨를 지폈고, 크로우드소싱 방식으로 다양한 국민 의견을 수렴해 투명성·참여성·대표성을 실현한 획기적인 실험이라는 긍정적인 평가에도 불구하고 헌법개정이 실패한 이유는 크게 세 가지를 들 수 있다.[532]

첫째, 국민포럼과 헌법심의회가 마련한 개헌안이 국민투표가 아니라 의회에서 최종결정하는 과정에서 정치적 이해관계로부터 벗어나지 못했다. 가장 직접적인 원인은 정치세력들 간의 심각한 갈등으로 의회 내에서 헌법개정 논의가 더 이상 진행될 수 없었다는 점이다. 2008년 금융위기를 초래해 헌법개정의 원인으로 지목되었던 보수정당뿐만 아니라 기존 정치체제에서 이해관계를 가진 기득권세력과 보수적인 사법부의 저항도 만만치 않았다. 특히 새 헌법안에 자연자원을 국유화한다는 조항은 수산업자들의 반발을 초래해 이들이 집중적인 로비를 벌였다.[533] 결국, 개헌 반대세력의 저항으로 의회에서 표결이 무산되면서 헌법개정이 이루어지지 못했다. 이런 여건으로 인해 1·2차에 걸친 국민포럼과 크라우드소싱 방식으로 다양한 의견을 폭넓게 수렴하였음에도 불구하고 헌법개정에 대한 국민발안권이 부여되지 않은 제도적인 흠결도 작용한 것으로 볼 수 있다.

둘째, 개헌 절차도 매우 복잡하고 다단계로 진행되면서 일관성을 유지하지 못한 점도 한계로 들 수 있다. 추첨으로 선발된 국민포럼의 권고안을 헌법심의회(헌법회의)가 검토하고 다시 국민 의견수렴 과정을 거쳤다. 의회는 헌법심의회로부터 제출받은 개헌안에 대해 헌법심사위원회를 통해 재검토하는 과정을 되풀이했다. 이러한 절차가 폭넓은 의견수렴이라는 측면도 있지만, 헌법개정 주체에 대한 정치적 정당성 문제로 제기되면서 결국 국회의 문턱을 넘지 못했다.

셋째, 헌법개정이 좌초된 것은 기득권 정치세력의 반대가 아니라 변덕스러운 아이슬란드 국민들 때문이라는 지적도 있다. 헌법개정안이 의회에서 답보상태에 있던 2013년 총선에서 개헌에 가장 반대해온 독립당이 제1당을 차지했기 때문이다. 아이슬란드 국민들이 금융위기에 대한 책임을 물었던 부패한 정치세력을 다시 집권 여당으로 선택한 것이다. 2009년 이후 최악의 위기상황이 지나고 금융위기가 서서히 해결되면서 개헌의 동력이 상실되었고, 헌법개정을 통한 사회개혁이 긴급하거나 심지어 필요하지 않다고 여기는 국민들이 증가했다는 것을 말해준다. 아이슬란드는 이후 2025년 말까지 개헌 논의는 더 이상 진행되지 못하고 있다.

연속적 국민투표로 헌법을 개정한 아일랜드

아이슬란드와 유사한 처지였던 아일랜드에서도 2008년 최악의 금융위기를 겪으면서 헌법개정을 포함한 정치경제 시스템 전반에 대한 개혁 요구가 분출했다. 하지만 2011년 총선에서 집권한 정당들이 당초 공약과 달리 개헌에 미온적인 태도를 보이자 시민단체와 학자들이 자선단체의 후원으로 'We the Citizens'라는 시민의회 프로젝트를 추진하게 된다.

2011년 6월 추첨으로 선발된 시민참여단 100명은 헌법 개혁과 사회 전반의 혁신 방향을 담은 보고서를 정부에 제출하고 시민의회 제도를 도입할 것을 권고했다. 이후 정부와 의회는 1차 헌법회의(2012~2014), 2차 시민의회(2016~2018), 3차 성평등 시민의회(2019~2021), 4차 생물다양성 시민의회(2022~2023), 5차 더블린 시민의회(2022),[534] 6차 마약 시민의회(2023~2024) 등을 연이어 개최했다.[535]

이 중 1차 헌법회의는 동성결혼 합법화를 이끌어냈고, 2차 시민의회는 국민투표로 낙태를 금지한 수정헌법 제8조를 개정한 대표적인 성공 사례로 꼽힌다. 3차는 성평등 조항 개정과 임금 격차, 돌봄노동에 대한 45개 권고안을,[536] 4차는 생물다양성 손실 문제에 대한 국가의 대응을 개선할 수 있는 159개의 권고안을 정부에 제출했다. 5차는 더블린 시장을 직선제로 선출하고 권한 부여를 권고했다. 6차는 마약류 사용에 대한 법적·정책적·실천적 대응 방안 36건을 권고함에 따라 정부는 2025년 5월 마약사용 합동위원회를 신설했다. 이후 2025년 10월에는 아일랜드 통일 관련 시민의회의 필요성도 제기되었다.[537]

시민의회 구성은 1차 헌법회의는 추첨으로 선발된 시민 66명, 정치인 33명, 의장 1명 등 100명으로 구성되었고, 5차는 더블린 시민 67명과 더블린 시의원 12명, 의장 1명 등 80명으로 운영되었다. 나머지 4회는 모두 추첨으로 선발된 시민 99명과 지명직 의장 1명을 포함해 100명으로 구성되었다. 2차 시민의회 구성에 정치인이 포함되지 않은 것은 전체 인구의 80% 정도가 가톨릭 신자인 아일랜드에서 낙태죄 폐지는 매우 민감한 의제여서 정치인들이 참여를 꺼렸기 때문이었다.[538]

2012년 1차 헌법회의의 특징은 두 가지였다. 첫째, 추첨으로 선발된 시민(66명)과 정치인(33명)이 포함된 '혼종hybrid' 시민의회였다. 66명의 시민대표는 유권자명부를 토대로 성별·지역별·연령별 안배와 사회경제적 배경 등을 고려해 무작위 추첨으로 선발했다. 의원 33명은 아일랜드 의원 29명과 북아일랜드 정당 대표 4명으로 구성되었고, 의장은 정부가 중립적인 인사를 임명했다. 헌법회의에 모든 정당의 의원들이 포함되었기 때문에 여야를 막론하고 시민의회를 지지하는 현상이 나타났다.

둘째, 시민의회의 의제는 정부가 정한 8개 이외에 시민의회가 자체적으로 2개를 선정했다.[539] 대통령 임기 단축, 선거연령 인하, 가정 및 공공생활에서 여성의 역할, 여성의 정치참여 증진, 동성결혼, 선거제도 개혁, 대통령 선거 시 해외교포 및 북아일랜드 거주자 투표권, 신성모독죄 폐지였다. 여기에 시민의회가 추가한 두 가지는 하원Dáil 개혁과 경제·사회·문화적 권리 확대였다. 1차 헌법회의 이후에 소집된 나머지 시민의회에서는 시민의원들이 새로운 의제를 추가하는 것이 허용되지 않았다.[540] 10개 의제 가운데 동성결혼 허용과 대통령 출마자격 연령 인하 등 2개 의제는 2015년 5월 국민투표에 회부되어 동성결혼 허용만 62% 찬성으로 통과되었다. 신성모독죄 폐지는 이후 2018년 10월에 실시된 국민투표에서 64.9% 찬성으로 헌법이 개정되었다.

2016년 10월에 소집된 2차 시민회의는 낙태 합법화가 중요한 이슈로 부각되었다. 아일랜드 국민들은 2012년 헌법회의에서 제시한 의견 가운데 의회가 보수파의 반발 등으로 2개 의제만 국민투표에 회부하자 불만이 고조되었다. 2016년 실시된 총선에서 대부분 정당은 수정헌법 제8조 폐지 여부를 묻는 국민투표를 실시하겠다고 공약했다. 총선 후 구성된 연립 내각은 시민의회 설립을 추진했고 의회에서도 '시민의회 설립 결의안'이 통과되었다.

낙태죄 폐지는 2차 시민의회의 5개 의제 가운데 가장 논쟁적인 사안으로 2016년 11월부터 2017년 4월까지 총 5회의 1박 2일 집중 숙의 프로그램을 통해 논의되었다.[541] 마지막 5회 숙의 프로그램에서 집단토론과 투표를 거쳐 낙태죄 폐지와 대체 입법을 권고하는 최종안이 채택되었다. 시민의회의 권고안은 의회 특별위원회의 심의를 거쳐 2018년 5월 실시된 국민투표에서 66.4%가 찬성해 헌법개정안이 통과되었다.[542]

정부주도형 아일랜드 모델의 한계

아일랜드 시민의회는 학계와 시민사회 차원의 파일럿 프로젝트로 출발한 이후 2012년부터 정부와 의회 차원에서 공식적으로 운영되면서 아일랜드 정치과정에서 준상설화된 숙의민주주의적 혁신 기제로 자리 잡았다. 특히 아일랜드 사례는 시민의회의 권고안을 국민투표에 회부해 최종적으로 확정했다는 점에서 직접민주주의 제도의 한계로 언급되는 '숙의 없는 국민투표'의 문제점을 극복하는 한편, 미니 공중의 취약점으로 거론되는 참여자들만의 제한된 논의라는 한계도 보완했다는 평가를 받고 있다.

하지만 정부가 주도하는 '위로부터의 혁신'이라는 제약으로 인해 시민이 주도하는 민주적 혁신으로 발전하지 못한 부정적인 측면도 있다. 초기의 시민의회 프로젝트(We the Citizens)도 학자들이 주도한 지식인 운동으로 일반 시민의 참여가 부족했다. 1차 헌법회의 이후에는 의제선정도 정부와 정치권이 중시하는 사안으로 한정되어 시민사회의 역동성과 개혁 요구를 폭넓게 수용하지 못했다.[543]

아일랜드 사례의 가장 큰 문제점은 정부가 시민의회의 권고안을 무시하거나 아예 거부하기도 했다는 점이다. 3차 성평등시민의회(2019~2021)[544]의 경우 45개 권고안에는 가정 내 여성의 역할 폐지, 여성의 정치 참여 및 공적 리더십 기회 확대, 성평등 교육 확대 및 내실화 등이 포함되어 있었다. 그런데 정부가 문구를 완화하거나 일부 제안은 삭제하는 바람에 시민의회의 권고안을 '진보woke 의제'로 간주해 반대한 우파도, 완화된 문구에 분노한 좌파도 만족시키지 못한 최악의 상황을 맞게 되었다.[545]

정부주도형 시민의회의 경우 소집권자인 정부가 일방적으로 의제를 선정하거나, 운영과정의 공정성 문제가 제기될 수 있기 때문에 이 점을 특히 유의해야 한다. 하지만 아일랜드 시민의회는 전형적인 정부 주도의 하향식으로 진행되면서 이러한 문제점이 드러났다. 내각제의 일반적인 현상이지만 정부가 실질적으로 입법 과정을 주도한 아일랜드에서는 시민의회의 구성 및 운영과정에 정부의 영향력이 강하게 작용하였다. 고위 공무원이 주도권을 장악한 하향식 모델로 공정성과 중립성 문제가 야기되었다.

또한, 연속적인 국민투표로 헌법을 개정하면서 최근에는 피로감이 누적된 것으로 알려지고 있다. 2012년부터 2024년까지 12년 동안 7차례 국민투표를 실시해 이 중 6건이 50% 이상 찬성으로 통과되고 4건은 부결되었다.[546] 그러나 잦은 국민투표와 성평등과 같은 진보적인 의제에 대한 피로감 등으로 2024년 국민투표에 회부된 2개 안건은 각각 74%와 68%에 달하는 압도적인 반대로 부결되었다. 혼외 관계를 포함한 가족 정의 확대에 대해 찬성률이 32.3%에 그쳤고, 여성·모성 조항 삭제 및 돌봄 개념 확장에 대해서는 찬성이 26.1%로 역대 최저였다. 2019년 국민투표 안건도 이혼 요건을 완화하는 등 전통적인 가족 관계에 근본적인 변화를 초래하는 내용들이어서 보수적인 국민 정서와 동떨어졌다는 평가를 받았다. 이로 인해, 아일랜드의 시민의회는 소강상태로 접어들었다.

5. 국민참여 유형별 특징과 한계

국민참여를 통한 헌법개정을 위해서는 헌법개정안에 대한 국민발안제를 도입하거나, 실질적으로 국민발안의 효과를 거둘 수 있도록 국회와 대통령의 헌법개정안 발의에 앞서 국민의 충분한 검토와 공감대를 확보하기 위한 제도적 보완이 필요하다.[547]

앞서 살펴본 세 가지 유형도 각각의 장단점을 내포하고 있다. 첫째, 국민발안을 통해 헌법을 개정하고 있는 스위스는 오랜 역사적 전통에 기인한 합의제 문화와 연방제 국가라는 특성이 있다. 코뮌commune 자치가 활성화되어 직접민주제에 익숙하고 정치체제도 다당제가 보편화되어 있기 때문에 이와 여건이 상이한 다른 국가에서 스위스 모델을 도입하는 데는 한계가 있다. 특히 우리나라는 12·3 비상계엄 이후 내란 재판이 진행되면서 국론이 극도로 분열된 상태에서 국민발안형은 자칫 치명적인 갈등을 유발할 수도 있다. 극성 지지층만 의식하는 팬덤정치가 만연되어 있고 포퓰리즘도 극복해야 할 과제이다.

현행의 헌법개정 체계를 그대로 유지한 채 국민발안만을 도입할 경우 상당한 행정비용과 비효율성도 우려된다.[548] 현행 개헌 절차는 발의된 헌법개정안에 대한 국회의 수정안이나 대안 제시가 허용되지 않는 상태에서 반드시 국민투표를 거쳐야 하기 때문이다. 스위스는 국민발안에 대한 연방의회의 채택 또는 부결의 권고와 대안 제시 등 의회에 적극적인 역할을 부여하고 있다. 국민투표 시 국민발안 외에 의회가 제안한 대안에 대해서도 투표를 실시하는 등 다양한 제도를 규정하고 있다는 점이 우리와 다르다.

따라서 국민발안제를 도입할 경우 충분한 논의와 국민적 공감대를 형성하기 위한 제도적 장치로 시민의회를 통해 숙의 절차로 보완하는 방안이 바람직하다. 안성호(2025)는 국회의원선거권자 80만 명(유권자의 약 1.8%)의 서명으로 개헌안을 발의하면, 추첨으로 선발된 시민위원 300명과 17개 시도가 각 5명씩 추천한 지역대표 85명을 더해 총 385명으로 시민의회를 구성할 것을 제안하고 있다. 시민의회에서 의견이 분분할 경우 3/5 다수결로 사안별 및 최종 의결을 거친 헌법 초안을 작성해 국회 개헌특위에 제출하는 방안이다. 국회는 발의 단체가 제시한 개헌안에 대해 찬성 또는 반대의 의견을 표명하거나 대안을 제시할 수 있도록 했다. 개헌안 발의 단체가 국회의 대안을 수용할 경우 자신의 발안을 철회할 수 있다. 이 같은 방식은 스위스 모델과 시민의회형을 절충한 형태라고 할 수 있다.

헌법개정 유형별 국민참여와 숙의성 수준

유형 / 내 용	국민발안형 스위스	제헌의회형 칠레	시민의회형 아이슬란드, 아일랜드
국민 참여	높음	높음	낮음
숙의성	중간	낮음	높음
개헌 내용	점진적	급진적	절충적
개헌 절차	헌법 규정	법률	법률

둘째, 칠레의 제헌의회형은 현행 우리나라 법체계에서는 현실적으로 도입하기 어렵다는 한계가 있다. 칠레뿐만 아니라 베네수엘라의 1999년 헌법을 비롯해 남미 국가에서 제헌의회형의 급진적 변화를 시도했으나,[549] 12·3 비상계엄이 촉발한 내란을 경험한 우리 현실에서는 안정적인 국정운영이 필요하다고 보기 때문이다.

칠레 사례의 함의는 이념적·정치적 편향성이 있는 그대로 개헌 과정에 반영될 경우 국민적 합의를 도출하기 어렵다는 점이다. 제헌의회형이 국민적 여망을 충족할 수 있을지라도 숙의성이 낮을 경우 국민투표에서 부결된다는 사실을 염두에 두어야 한다.

셋째, 시민의회형은 숙의성은 높지만 국민참여 수준이 낮은 것이 단점이라고 할 수 있다. 크라우드소싱crowd-sourcing 방식을 활용한다고 해도 개헌 과정에 직접 참여하기를 원하는 국민 다수의 열망을 충족하기 어렵기 때문이다. 따라서 국민발안과 시민의회를 결합한 절충형이 바람직해 보인다. 국민발안에 대해 스위스에서는 연방의회가 심사하는 기능을 수행하고 있지만, 국민발안제가 도입되지 않은 상태에서는 시민의회에서 숙의과정을 거쳐 쟁점을 정리해 단일안을 도출해 국회에 상정하는 방안이 현실적인 대안이라고 볼 수 있다.

시민의회를 통한 헌법개정도 논의과정에 추첨으로 선발된 소수의 국민들만 참여하는 제약을 극복해야 성공할 수 있다. 개헌안에 대한 광범위한 의견수렴과 국민적 공감대를 형성하기 위해서는 크라우드소싱crowd-sourcing 방식을 활용한 '사회적 공론화' 과정이 전제되어야 한다. 향후 개헌 과정에 국민적 참여를 활성화하고 대표성을 보완하기 위해서는 시민의회가 소집된 이후라도 전국에서 동시다발적으로 생활공간에서 개헌 논의가 이루어질 수 있도록 지역·주민단체의 역할이 필요하다. 탄핵과 개혁을 외친 '광장의 외침'뿐만 아니라 다양한 목소리가 개헌 과정으로 스며들 수 있어야 진정한 국민주권 시대를 구현할 수 있기 때문이다.

484 문재인 정부 당시 청와대 국민청원은 30일 이내 20만 명 이상 동의 시 정부가 의무적으로 답변하도록 했다. 국회가 2019년부터 실시하고 있는 온라인 국민동의청원 제도는 청원안을 온라인에 게시한 후 30일 이내에 10만 명 이상 동의를 받으면 소관 상임위원회로 회부된다.

485 윤왕희(2025), 서현수 · 김주형(2025c) 참조.

486 Arato(2012)는 헌법개정 방식으로 헌법제정회의consitutional convention, 제헌의회constituent assembly, 라운드 테이블round table 등 세 가지로 구분하고 있다. 헌법제정회의 방식은 1781년 미국의 헌법제정회의가 대표적이고, 라운드 테이블은 시민의회와 같은 국민참여 방식을 의미한다(한상희, 2022).

487 국민참여와 숙의를 통한 헌법개정 유형에 대해서는 정정화(2025b) 참조.

488 일반 발안general proposal은 "어떤 방향으로 헌법을 고쳐야 한다"는 원칙과 방향만 제시하고 구체적인 조문은 연방의회가 나중에 작성하는 발안이다. 이에 비해 조문형 발안 또는 완성된 초안으로 불리는 법조문 발안fully worked-out text은 개헌 조항의 문구 자체를 발안위원회가 작성해 국민투표에 그대로 부치는 발안을 말한다.

489 장지원(2023) 참조.

490 캔톤 과반수는 20개 정 캔톤whole canton은 1표, 6개의 반 캔톤half-canton은 0.5표로 계산하여 총 23표 중 12표 이상 찬성을 얻어야 한다. 스위스는 역사적으로 하나의 캔톤이 종교갈등과 정치적 갈등으로 분리되면서 생긴 지역은 반 캔톤으로 규정하고 있다.

491 2012년 11월에 실시된 국민투표는 연방 · 주 · 지자체의 안건을 합쳐 12건에 달했다. 1990년대와 2000년대에도 10건 내외가 동시에 투표에 부쳐진 경우가 있었다. 따라서 유권자들은 수십 페이지에 달하는 투표안내문을 받아 각 안건에 대한 상세 설명과 찬반 논거를 읽고 투표해야 한다. 이 때문에 Trechsel(2002)는 투표가 너무 자주 열리고 정보량이 많아 직접민주주의의 비용을 증가시킨다고 지적했다.

492 안성호(2025) 참조.

493 최용훈(2022); 장지원(2023).

494 예컨대 군대 폐지 국민발안과 원전 폐지 국민발안은 두차례나 부결되었지만 연방내각과 연방의회의 정책에 중대한 변화를 초래한 것으로 나타났다(안성호, 2025).

495 안성호(2025) 참조.

496 스위스 연방통계청(FSO), Linder & Müller(2021) 참조.

497 OECD(2020); Linder & Müller(2021).

498 Kriesi(2005); Stutzer & Frey(2000).

499 2018년 지방선거와 동시에 실시된 국민투표에서는 10개 안건 중 7개가 통과되었다.

500 Fell(2018); 지은주(2019).

501 Linder & Mueller(2021) 참조.

502 OECD(2020) 참조.

503 Frey & Stutzer(2000); Trechsel(2002).

504 Lijphart(2012) 참조.

505 Kriesi(2005); Linder & Müller(2021).

506 장영수(2017) 참조.

507 시위의 발단은 2019년 10월 6일 칠레 정부가 산티아고 지하철 요금을 800페소에서 830페소로 인상하자 다음 날부터 중고등학교 학생들이 요금 거부 운동을 벌이면서 대규모 시위로 확산되었다.

508 칠레 사례는 '21세기에 가장 주목받은 제헌 절차'로 꼽힐 정도였다(조동은, 2024: 226).

509 2020년 10월 25일 실시된 개시 국민투표에서 78.27%가 헌법제정에 찬성하였고, 78.99%는 기존 의원들을 배제한 제헌의회 구성에 찬성했다. 자율 투표로 진행된 당시의 투표율은 50.9%에 그쳤다(임수진, 2024: 195-196).

510 Servel(2022); 임수진(2024), pp. 198-201.

511 제헌의원 155명의 직업 분포는 법조인 59명, 교수·교사 19명, 엔지니어 12명, 언론인 6명 등으로 구성되었고, 학생, 과학자, 배우, 시민단체 종사자, 기업인 등으로 다양했다(BioBioChile, 2021.05.20).

512 Rojas & Navia(2005), pp. 91-116.

513 Reuters(2022.07.29.), "What's in Chile's proposed new constitution?"

514 다만, 제헌의원은 제헌의회 해산 후 1년간 출마할 수 없다는 선거법에 따라 헌법위원회 선거에는 참여할 수 없었다.

515 전문가위원회와 별도로 2차 개헌 시도 때는 전문성 보완을 위해 14명의 기술위원회(법률조정위원회)도 구성되었다.

516 Proceso Constitucional(2023); 임수진(2024), pp. 201-202.

517 Guardian(2023.11.07); AP(2023.11.07); Americas Quarterly(2023.09.07); 조동은(2024), p. 240; 임수진(2024), p. 203.

518 여기서 말하는 국민투표는 온라인 설문조사를 통해 헌법 초안에 대한 의견을 제시할 수 있는 메커니즘을 말한다.

519 국민회의는 헌법 초안에 대한 원탁회의라고 할 수 있다.

520 발의안 78개 가운데 46개는 기본권, 15개는 환경과 경제, 5개는 헌법의 방향성 및 시민권 관련 내용이었다. 가장 많은 지지를 받은 발의안은 국가의 연금 보장이었고, 사유재산에 대한 자유로운 권

리, 시민권 및 복지국가 원리 수용, 낙태 합법화가 그 뒤를 이었다. 피녜라 대통령에 대한 사법처리 발의안도 25번째로 많은 지지를 받았다. 이에 대해서는 Universidad de Chile (2022), "Balance del proceso implementado por la Universidad de Chile" 참조.

521 Proceso Constitucional(2023); 임수진(2024), pp. 207-208.

522 1차 제헌의회에서 국민발안 요건은 4개 이상 지역에서 1만 5,000명 이상 서명을 받아야 했지만, 2차 헌법위원회에서는 1만명 이상으로 완화되었다.

523 Proceso Constitucional (2023), Datos abiertos proceso constitucional. Santiago de Chile(https://www.procesoconstitucional.cl/opendata)

524 임수진(2024), pp. 210-212.

525 Reuters(2022.9.4.); BBC(2022.9.5).

526 Soto, Sebastián, "Two Drafts, Three Referendums, and Four Lessons for Constitution-making from Chile", Constitution Net(International IDEA, 2023.12.22); 조동은(2024), p. 261.

527 아이슬란드 사례는 윤정인(2017), 한상희(2022) 참조.

528 1차 국민포럼의 구성은 남성 53%, 여성 47% 였으며, 운영비용은 대부분 개인이나 기업, 사회단체의 기부를 통해 충당되었다. 국고에서는 총비용 2,700만 ISK(약 2억3천만 원) 가운데 700만 ISK만 부담했다. 참석자들의 교통비, 숙박비 등은 국비지원과 후원금으로 충당되었다(Landemore, 2015; 한상희, 2022).

529 아이슬란드 대법원은 ①투표용지에 일련번호가 바코드 형식으로 기재되어 비밀투표의 원칙을 위반하였고, ②기표소가 밀폐되지 않았으며, ③기표 용지를 접지 않고 투표함에 넣은 경우가 많고, ④투표함 잠금장치가 미비하였으며, ⑤투표참관인도 제대로 확보되지 않았다는 이유 등으로 선거 무효로 선언했다(Landemore, 2015; 한상희, 2022).

530 헌법심의회가 마련한 개헌안에는 직접민주주의를 강화하기 위해 법률안에 대한 국민발안제를 도입했다. 유권자의 2%가 동의하면 예산, 세금, 시민권을 제외한 모든 이슈를 제기할 수 있도록 했다. 또 유권자의 10%가 발안하면 국회에서 통과한 법을 국민투표로 부결하는 국민거부권도 도입되었다.

531 Landemore(2015), p. 186.

532 Landemore(2015), 윤정인(2017), 한상희(2022) 참조.

533 2012년 10월 실시된 국민투표 제2항 "지금까지 개인 소유가 아닌 자연자원을 국가 소유로 선언하기를 원하십니까?"라는 질문에 83%가 찬성했다.

534 5차 더블린 시민의회의 특징은 더블린 시장 직선제 도입과 지역 정부 구조에 대한 의제를 더블린시나 시의회가 아니라 중앙정부와 의회가 소집한 시민의회에서 논의하기로 결정한 한 점이다. 2020년 총선 후 집권한 연합정부가 지역 정부 혁신 방안으로 더블린시 문제에 대한 시민의회 설립 계획을

명시했기 때문이다(Irish Government, 2020 ; Farrell, 2024).

535 아일랜드 사례에 대해서는 Farrell(2024), Farrell et al.(2020/2019/2018), 서현수 · 김주형(2025) 참조.

536 2019년 7월에 의회가 소집한 3차 성평등에 관한 시민의회는 1차 헌법회의(2012~2014) 의제의 하나인 '가정에서 여성의 역할과 공적 생활 참여'에 대한 권고에 따라 구성되었다.

537 Sinn Féin((2025.10.19.), "Sinn Féin Dáil motion calls on government to plan and prepare for a United Ireland".

538 2차 시민의회 의제는 헌법상 낙태죄 폐지, 고령화의 도전과 기회, 의회 임기 고정, 국민투표 방식, 기후위기 대응 등 5개였다.

539 정부의제 8개 가운데 '여성의 역할'과 '여성의 정치참여'를 합해 7개로 산정하기도 한다. 이로 인해 1차 헌법회의의 전체 의제 수를 시민의회가 자체 선정한 2개를 포함해 9개 또는 10개로 집계되고 있다.

540 Farrell et al.(2019), Farrell(2024) 참조.

541 2016년 7월 상하원에서 통과된 결의안의 주요 내용을 보면, ①시민의회는 무작위 추첨으로 선출된 시민대표 99명과 정부가 임명한 의장 1명으로 구성된다. ②시민의회의 활동을 돕기 위해 전문가 자문그룹을 둔다. ③시민의회가 권고안을 채택해 의회에 제시하면 의회는 이에 대한 수용 여부를 밝혀야 한다. ④의회가 권고안을 수용하면 정부는 국민투표를 실시한다. 다만, 정부는 권고안을 거부할 권한이 있다(Farrell, 2024).

542 국민투표에서 낙태죄 폐지 찬성 66.4%는 시민의회에서 초기 임신 상태인 22주 이전의 낙태를 허용해야 한다는 비율(64%)과 비슷했다. 이 같은 결과는 시민의회가 일반 유권자들과 크게 다르지 않은 의견의 대표성을 보인 것으로 볼 수 있다(서현수 · 김주형, 2025).

543 의제 수가 1차(10개)와 2차(5개)에서는 상당히 많았던 것에 비해 3차부터 성평등, 생물다양성, 마약 등 단일 의제를 심도 있게 숙의하는 방식으로 전환된 긍정적인 측면도 있다(서현수 · 김주형, 2025).

544 3차는 2019년 7월 의회가 성평등에 관한 시민의회를 소집했으나 코로나 팬데믹 상황으로 온라인 중심 숙의 과정을 진행한 뒤 2021년 4월 대정부 권고안을 발표했다.

545 시민의회에 대한 학술회의에서도 정부가 자신이 선호하는 결과를 선택적으로 수용하고 나머지는 거부하는 편향성 문제가 지적되었다(Farrell, 2024).

546 아일랜드의 국민투표는 회부된 안건이 2개이면 각각 다른 차수로 산정된다. 각 차수별 찬성률은 다음과 같다. 2012년 31차(아동 권리와 보호 조항, 58%), 2013년 32차(상원 폐지, 48.3%), 2013년 33차(상소심 법원 신설, 65.2%), 2015년 34차(동성 결혼 허용, 62%), 2015년 35차(대통령 피선

거권 연령 인하, 26.9%), 2018년 5월 36차(낙태 금지 조항 삭제, 66.4%), 2018년 10월 37차(신성모독 조항 삭제, 64.9%), 2019년 38차(이혼 요건 완화, 82.1%), 2024년 39차(가족 정의 확대, 32.3%), 2024년 40차(돌봄 조항 개정, 26.1%) 등이다.

547 홍석한(2024) 참조.

548 장지원(2023) 참조.

549 한상희(2022) 참조.

10장 | 풀뿌리 주민의회

1. 아테네의 동네 버전, 주민자치회

읍면동에서 피어나는 원형민주주의

근현대 정치사상에 커다란 영감을 불어넣은 고대 그리스 아테네는 민주주의의 원형으로 불린다.[550] 아테네인들에게 정치란 단순히 권력의 획득이나 통치 기술이 아니라, 공동체의 선common good을 함께 추구하기 위한 시민들의 행위라고 보았다. 그래서 아테네 시민들은 아고라agora나 민회ekklesia에서 서로의 이해와 관점을 말하며 공동체에 가장 이로운 것이 무엇인지 토론했다. '좋은 삶'을 위한 실천적 지혜를 모으는 토론은 단순한 논쟁이 아니라 공동선 실현을 위한 공동 행위praxis였다. 아렌트Arendt는 아테네인들의 모습에서 '정치는 함께 말하고 함께 행동하는 인간의 활

동'이라는 영감을 얻었다.[551]

아테네에서 활동한 아리스토텔레스는 정치는 거대한 제국이나 익명의 대도시가 아니라, 시민들이 서로를 인격적으로 인식할 수 있는 작은 공화국, 폴리스polis에서만 가능하다고 보았다.[552] 거대한 국가에서는 시민의 덕성과 참여를 유지하기 어렵다고 보았기 때문이다. 플라톤은 구체적으로 서로 잘 알 수 있는 이상적인 정부의 규모는 5,040명이 최대치라며 수학적 근거를 제시했다.[553] 아렌트Arendt, 바버Barber, 피시킨Fishkin 등 현대 정치철학자들도 규모가 작을수록 참여와 숙의가 가능하다는 '소규모 정치공동체론'을 제시하고 있다.[554] 아리스토텔레스를 필두로 이들의 공통된 인식은 정치의 본질을 공동선의 추구와 행위의 공동성에서 찾고 있다는 점이다.

현대국가는 아테네의 폴리스polis와 비교할 때 인구도 훨씬 많고 영토도 광대해 국가 차원에서는 아테네와 같은 원형민주주의를 실현하는 것은 거의 불가능하다. 국가 단위에서는 대의민주주의가 불가피하더라도 읍면동과 같은 작은 단위에서는 민주주의의 본질인 시민의 통치가 가능한 원형민주주의를 구현할 수 있다. 현재 시행되고 있는 주민자치회를 실질적인 주민대표인 주민의회로 전환하면 가능할 수 있다.

2013년부터 읍면동에 시범실시되고 있는 주민자치회는 아테네의 정치제도인 민회ekklesia, 평의회boule, 행정관archai과 유사한 기능을 하는 기구들이 작동하고 있다. 주민총회는 아테네의 민회 기능을, 추첨으로 선발하는 주민자치회는 평의회의 역할을, 주민센터 공무원들은 행정관의 업무를 맡고 있다. 다만, 읍면동 단위에서 아테네의 시민법정과 같은 사법기능을 부여하는 것은 무리가 있다. 대신 2008년부터 국가 단위에서 무작위 추첨으로 선발한 배심원으로 국민참여재판 제도를 운용하고 있다.

하지만 현재의 주민자치회는 2019년부터 일부 위원을 추첨으로 선발하고 있다고 해도 주민대표 기구라기보다는 일회성 이벤트나 봉사활동에 치중하는 관변조직으로 전락해 있다.[555] 주민자치회가 허울뿐인 주민자치라는 비판을 받고 있지만, 위원 일부를 추첨으로 선정하고 있고,[556] 원형민주주의를 구현할 수 있는 주민총회라는 제도적 틀을 갖추고 있다는 점에 주목할 필요가 있다. 원형민주주의를 주민자치의 이념적 기초로 삼아 주민자치의 정체성을 정립하고, 주민자치의 제도화를 통해 주민자치회를 읍면동의 실질적인 주민대표 기구로 발전시켜 나간다면 아테네 민주주의를 새롭게 부활시킬 수 있을 것이다.[557]

국내 주민자치 사례 가운데 세종시가 한때 주목을 받았다. 세종시는 2018년 7월부터 읍면동장 시민추천제 등 풀뿌리민주주의 혁신의 대표적인 도시로 꼽혔다. 예를 들면, 조치원 읍장 선출을 후보자 공모→주민총회 개최→후보자 소견발표→시민의견 수렴→적임자 추천을 거쳐 시장이 임명하는 방식을 도입했다. 읍면동장 시민추천제는 일차적으로 공무원을 대상으로 공모하고, 점차 개방형으로 확대할 계획이었다.

주민자치회는 주민자치센터 운영뿐만 아니라 마을계획, 지역개발, 안전·복지·주민화합 등에 대한 협의·심의기능을 수행하도록 강화했다. 시민 주도의 마을계획 수립을 지원하고, 읍면동 자치사업의 10% 이상을 마을계획에 반영하도록 했다. 리 단위 마을 회의를 신설하고 마을 회의와 읍면동장 시민추천에 참여하는 연령을 16세 이상 주민으로 확대했다. 읍면동 주민자치회에 조례와 규칙 제안권을 부여하고, 주민세 전액과 이에 상응하는 시비 및 자치분권 관련 국고보조금으로 자치분권특별회계를 설치해 읍면동 예산을 충당하기로 했다.

주민총회 또는 주민자치회의 심의를 거쳐 해당 읍면동에 적용되는 주민세율의 변경을 요구할 경우 조례에 반영할 계획이었다. 아울러 풀뿌리 자치제도의 원활한 운영을 위해 주민자치회 위원과 공무원 및 주민 등을 대상으로 자치분권 대학도 운영했다.[558] 그러나 2022년 지방선거로 시장이 바뀌면서 세종시의 실험은 지속되지 못하고 무위로 끝나고 말았다.

주민자치회 시범사업 3가지 모델

정부는 2013년 주민자치회를 시범사업으로 실시하면서 협력형, 통합형, 주민조직형 등 3가지 모델을 제시하였지만, 법적 문제 등 다양한 사유로 협력형 모델만 운영되고 있다. 이 가운데 협력형은 통상적인 대립형 기관구성 방식과 유사하다. 읍면동은 주민센터를 통해 집행기능을 수행하고 주민자치회는 일종의 견제와 균형 논리에 따라 상호 협력하는 방식이다. 상위 계층으로 시군구가 존재하며 이 경우 주민자치회는 또 하나의 계층으로서 역할을 수행한다. 하지만 협력형은 주민들의 투표나 총회에서의 선출과정 없이 주민대표가 구성될 수 있다는 점에서 대표성이 취약한 것이 단점이다.

둘째, 통합형은 지방의회 중심의 기관통합형과 유사한 방식으로 주민자치회가 읍면동 사무직원에 대한 지휘 · 감독뿐만 아니라, 행정사무까지도 관장하는 방식이다. 예산권과 인사권도 행사하는 통합형에서 읍면동은 위임사무를 제외하면 주민자치회에서 결정한 업무를 집행하게 된다.

통합형은 주민자치회가 실질적으로 읍면동의 의사결정기구로 주민주권을 구현하는 가장 바람직한 형태라고 할 수 있다. 다만, 주민자치회의 대표성과 기존 읍면동과의 위상 문제 등으로 통합형은 현재 실시되지 않고 있다.

셋째, 주민조직형은 읍면동 사무소를 아예 폐지하고 주민자치회가 직접 자치사무를 처리하는 방식이다. 주민조직형은 주민자치회가 모든 결정과 집행을 맡게 되는 구조여서 이상형으로 보이지만 실상은 통합형과 크게 다르지 않다. 주민자치회의 역할을 강화하자는 의도이지만 상설 집행기구를 갖추지 않을 수 없기 때문에 통합형 주민자치회의 읍면동 사무소와 동일한 형태를 띨 수 있다.[559]

순수한 주민조직형의 대표적인 사례로는 일본의 정내회町內會를 들 수 있다. 정내회chōnaikai는 일본의 기초 지방자치단체인 시 · 정 · 촌과 달리, 우리나라의 통 · 리 단위 마을에 구성된 자율적인 커뮤니티 조직으로, 주민들이 회비를 납부해 마을 환경, 복지, 방범, 방재, 축제 등 마을만들기machizukuri 사업에 역점을 두고 있다.

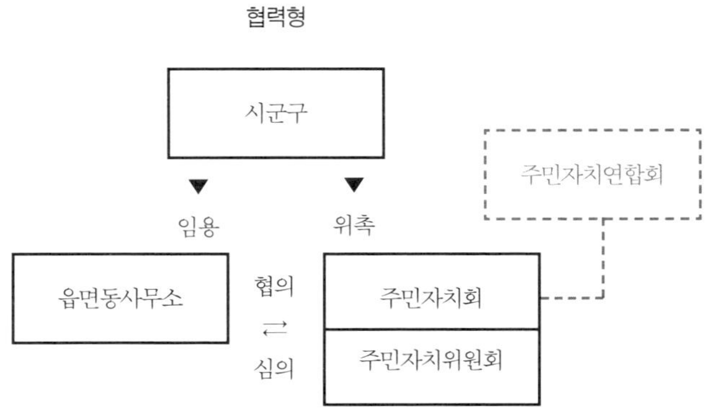
협력형
시군구
임용
위촉
주민자치연합회
읍면동사무소
협의
⇄
심의
주민자치회
주민자치위원회

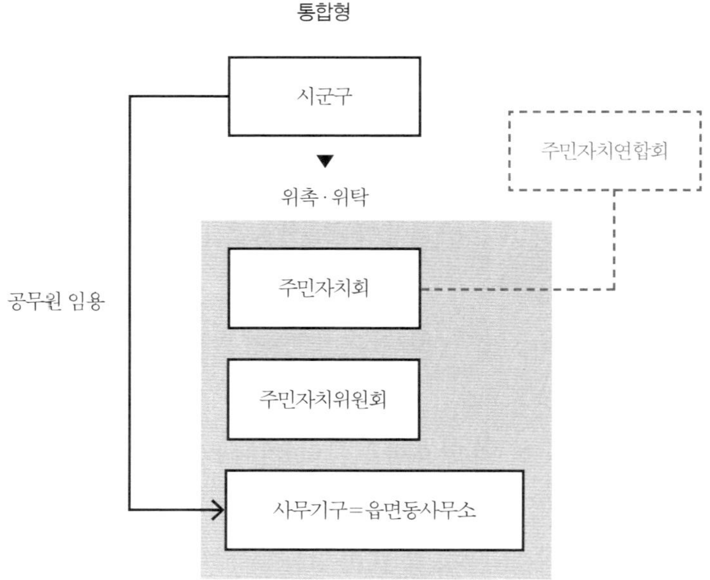
통합형
시군구
주민자치연합회
위촉·위탁
공무원 임용
주민자치회
주민자치위원회
사무기구=읍면동사무소

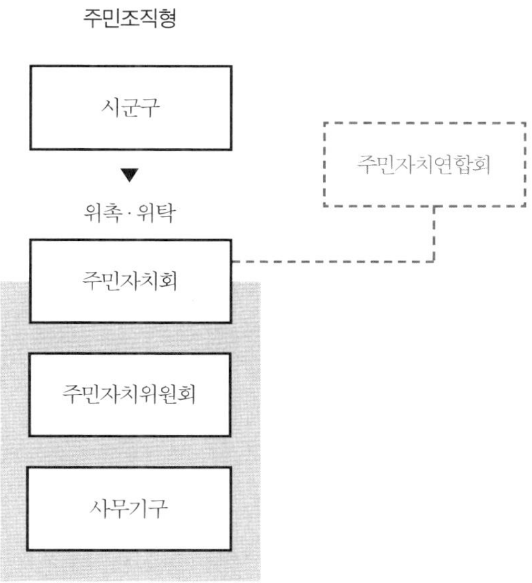

현재의 협력형은 주민주권 실현이라는 차원에서 근본적인 변화가 불가피하다. 대의민주주의의 위기를 극복하고 '민주성 결함'을 보완해 지역 공동체 문제에 책임의식을 가진 적극적인 주민을 양성하기 위해서는 주민자치 제도의 전환이 필요하다. 단순한 참여가 아니라 자기 지배의 원리에 따라 효능감과 리더십이 발휘될 수 있도록 주민자치회에 권한을 부여하고 역량 강화 등 주민주권의 관점에서 재설계되어야 한다.

2. 주민자치 제도화 방안

1단계: 추첨형 주민의회로 대표성 강화

현재 우리나라의 읍면동은 법인격도 없고, 자치권도 없는 단순한 하부행정기관에 불과하다. 주민자치회를 해당 지역 읍면동 주민을 구성원으로 하는 특수 공법인으로 전환해 주민 생활과 밀접한 사무에 대해 자치권을 부여해 읍면동을 준자치단체로 전환하는 방안이다. 이 경우 주민자치회는 주민의회의 역할을 하게 된다. 영국의 패리시 의회parish council가 대표적이다. 이때 주민자치의 제도화는 헌법상 지방자치단체로서의 읍면동 자치를 실현하자는 것과는 다르다.

읍면동을 지방자치단체로 할 경우에는 선거로 읍면동 의회를 구성해야 한다. 읍면동 의회가 아닌 주민총회를 최고 의결기관으로 두거나, 읍면동 의원을 선거가 아닌 추첨으로 선발하게 되면 위헌의 문제가 발생한다.[560] 추첨으로 읍면동 의회(주민의회)를 구성하기 위해서는 헌법을 개정하거나 선거로 뽑아야 한다. 그래서 현실적 대안으로 읍면동을 준자치단체로 전환해서 주민자치회를 주민의회로 전환하자는 것이다. 이때 읍면동의 행정체제는 의결기구인 주민총회와 운영위원회 역할을 맡는 주민의회, 그리고 집행기구인 주민센터(행정복지센터)로 구성된다.

첫째, 현행 주민자치회 체계에서 읍면동의 최고 의결기구로서 주민총회를 설치하려면 법적 근거를 마련해야 한다.[561] 주민총회에 대해 행정안

전부가 제정한 표준조례안에는 해당 읍면동 주민이면 누구나 참여해 주민자치 활동과 계획 등 자치활동을 논의하고 결정하는 주민공론장이라고 규정하고 있다. 주민총회는 연 1회 이상 개최하며, 주민자치회에서 논의된 안건을 상정해 결정한다. 현재의 주민총회는 외국의 사례와 같이 최고 의결기관이 아니라 주민공론장에 불과하다. 읍면동의 자치(마을)계획안, 읍면동에 배정된 주민참여예산에 대한 편성안 등에 대한 결정권만을 갖고 있어 권한도 미약하다. 윤석열 정부에서는 표준조례를 개정해 주민총회 개최를 의무사항에서 자율적으로 결정하게 하는 등 주민자치회를 형식적인 제도로 축소해 제도 개선이 필요하다.

주민총회를 의결기구로 설치한 경우는 고대 아테네의 민회ekklesia에서 기원을 찾을 수 있다. 오늘날 대표적인 사례로는 미국의 타운미팅town meeting과 스위스의 코뮌commune 총회를 들 수 있다. 미국의 타운미팅은 대개 연 1회 이상 개최되며 선거권을 보유한 모든 주민이 직접 참여해 예산안 확정, 조례 제정, 정책 결정 등에 관한 토론과 표결이 이뤄지는 타운(마을)의 최고 의결기관이다. 스위스의 코뮌 총회도 선거권을 보유한 모든 주민이 직접 참여해 지역의 중요사항을 결정하는 코뮌의 최고 의결기관이다.

둘째, 주민자치회는 집행부에 해당되는 읍면동 주민센터를 지휘 감독하며, 예산심의권과 주요 정책 결정권, 인사권 등 실질적인 권한을 행사하는 운영위원회의 역할을 수행할 수 있도록 권한을 강화해야 한다. 예산권 확대를 위해서는 주민참여예산제를 주민자치회와 통합해 운영하는 방안도 가능하다. 현재 주민자치회 위원 선발은 무작위 추첨이 아니라 신청자를 대상으로 추첨하거나, 직능단체 대표를 위촉하는 등 다원화되어 있다. 주민자치 위원을 자치단체장이나 읍면동장이 위촉하는 방식에서 추첨제로 전환해 대표성을 강화할 필요가 있다. 소규모의 읍면동에서는 주민들의 동질성이 어느 정도 유지되고 주민총회가 별도로 구성되기 때문에 주민자치회 위원을 신청자를 대상으로 추첨해도 대표성에 큰 문제가 없을 것이다. 이 경우 주민자치회는 실질적으로 읍면동 단위의 주민의회 역할을 하게 된다. 주민자치회는 읍면동의 인구 규모에 따라 20~50명으로 구성하며 임기 2년에 연임을 금지한다. 무보수 명예직이지만 회의 수당을 지급하고 주말 회의를 원칙으로 한다.

주민자치회를 대표하며 주민자치회 업무를 총괄하는 주민자치회장은 위원 중에서 호선으로 선출한다. 주민자치회장이 주민총회 의장을 겸하는 방안이 효율적일 수 있다. 주민자치회장을 위원 가운데 추첨으로 선정할 수도 있으나 주민총회 의장을 겸하고, 주민자치회 업무를 총괄하는 역할에 비춰볼 때 대의제 요소를 가미해 선거로 선출하는 것이 바람직할 것이다.

셋째, 읍면동 주민센터는 주민자치회의 집행조직으로 시군구의 위임사무를 제외하면 주민자치회에서 결정한 업무를 집행하게 된다. 읍면동장은 지자체의 추천으로 주민자치회 동의를 거쳐 자치단체장이 임명하는 절차를 거친다. 읍면동장을 주민자치회 또는 주민들이 추천하는 방안도 가능하다.

이와 같은 방안은 현재의 협력형 주민자치 모델에 권한과 역할을 강화한 수준이어서 급격한 변화로 인한 마찰이나 자치 역량 문제를 해소할 수 있다는 것이 장점이다. 그러나 근본적으로는 2단계로의 전환을 통해 주민주권이 구현되는 풀뿌리 자치를 강화해야 할 것이다.

읍면동 준자치단체란?

준자치단체는 자치단체에 준하는 지위와 권한을 지니며 행정기관과 자치단체 사이에 존재하는 다양한 형태의 단체를 포괄하는 개념이다.[562] 주민자치가 활성화되어 있는 선진국에서는 자치단체 이외에 초보적인 자치 기능을 수행하는 주민자치조직에서부터 자치단체와 대등한 자치권을 갖는 단치에 이르기까지 준자치단체의 범위가 매우 넓고 기관구성도 다양하다. 주민 직선 단체장이나 의회를 구성하는 경우에도 조례 제정권과 예산심의권 등 핵심적인 자치권은 제한적이고, 자치사무의 처리 범위도 지도단속, 민원행정, 생활서비스 등으로 상이하다.

영국 농촌 지역의 패리시parish, 뉴욕시의 버로우borough, 파리시의 아롱디스망arrondissement, 베를린시의 베지르케bezirke 등은 주민 직선의 의회 또는 단체장을 선출하지만, 법인격이 부여되지 않아 행정구 또는 준자치단체로 분류된다. 일본의 자치회(정내회)는 지방자치법에 근거해 자치단체장이 인가하는 독립법인이지만 공법인이 아니고 세대 단위로 의무적으로 가입하는 주민자치조직의 성격이 강하다.

미국 뉴욕시의 구청인 버로우borough는 구청장은 주민 직선으로 선출하지만, 의회는 별도로 구성하지 않고 구정 협의회나 커뮤니티협의회가 설치되어 자문 및 권고 역할을 하고 있다. 미국의 경우 카운티county의 지위는 주state마다 상이해 자치단체인 경우도 있지만, 비법인 카운티는 주의 행정기관 성격을 지니고 있다.

프랑스 파리시의 구청인 아롱디스망arrondissement은 주민 직선의 의회와 의회 간선의 단체장으로 구성되지만, 법인격이 없어 준자치단체로 분류된다. 그러나 파리시를 제외한 일반적인 자치계층은 레지옹région, 데파르트망département, 아롱디스망, 코뮌commune으로 3층제로 구성되어 있다. 여기서 아롱디스망은 데파르트망의 하부행정기관으로 지방의회가 설치되지 않으며 국가공무원이 단체장으로 임명된다.

독일 베를린시의 베지르케bezirke는 주민 직선의원으로 구성된 의회에서 대표를 선출하며 제한된 범위에서 자치권을 갖고 있지만, 법인격이 부여되지 않은 준자치단체이다. 독일에서는 베를린, 함부르크, 브레멘 등 3개 대도시는 단층제로 운영되지만, 나머지 주Land는 광역자치단체인 크라이스kreis와 기초자치단체인 게마인데gemeinde로 2층제를 유지하고 있다.

그러나 우리나라에서는 광역·기초자치단체와 하부행정기관으로 양분되어 있고 자치단체의 기관구성도 기관통합형으로 단일화되어 있어 준자치단체 제도는 아직 실시되지 않고 있다. 현행 법체계에 의하면 자치단체와 준자치단체를 구분하는 핵심적인 요소는 지방의회 설치와 법인격 부여 여부이다. 우리나라도 자치모델의 다양화와 주민자치를 활성화하기 위해서는 준자치단체의 도입이 필요하다.

주민자치회가 풀뿌리 자치조직으로 정착되기 위해서는 준자치단체로서의 위상과 권한을 부여할 필요가 있다. 외국의 경우처럼 자치단체의 기관구성 다양화를 위해서도 준자치단체의 도입은 필요불가결한 요소라고 할 수 있다. 또한, 인구감소로 지방소멸이 우려되는 농촌 지역에 읍면자치를 도입한다고 하더라도, 도시 지역 등 다른 자치단체의 읍면동 풀뿌리 주민자치(마을자치)를 활성화하기 위해서는 법·제도적 차원의 보완장치가 마련되어야 할 것이다.

2단계: 농촌 지역 읍면을 자치단체로 전환

주민주권이 구현되는 주민자치를 활성화하기 위해서는 읍면동을 자치단체로 전환하는 것이 최선의 대안이다. 그러나 현실적으로는 농촌 지역 읍면은 자치단체로 전환하고, 도시 지역의 동은 주민자치회의 권한을 확대·강화하는 투 트랙 전략이 바람직해 보인다.[563] 하지만 읍면을 자치단체로 전환하고 의결기구로 주민의회 또는 주민총회를 설치하기 위해서는 헌법개정이 필요하다. 현행헌법 제118조 제1항은 "지방자치단체에 의회를 둔다"라고 명시하고 있고 같은 조 제2항은 "지방의회의 조직·권한·의원선거와 지방자치단체의 장의 선임방법 기타 지방자치단체의 조직과 운영에 관한 사항은 법률로 정한다"라고 규정하고 있기 때문이다.

읍면동 의회가 아닌 주민총회를 최고 의결기관으로 두거나 의원을 선거가 아닌 추첨으로 선발하게 되면 위헌의 문제가 발생한다.[564] 추첨으로 읍면동 의회(주민의회)를 구성하기 위해서는 헌법개정이 필요하다. 주민총회를 최고 의결기구로 설치할 경우에도 도시 지역의 경우처럼 주민의회는 추첨으로 구성해 운영위원회의 역할을 맡게 된다. 읍면 주민센터가 집행기능을 수행하는 것은 도시 지역과 동일하다.

농촌 지역에서 읍면 자치가 도입되면 농촌 지역의 지방행정 체계는 기존의 군을 행정계층으로 전환해 시·도(자치계층), 군(행정계층), 읍면(자치계층)으로 개편할 필요가 있다.[565] 이 경우 읍면의 기능을 강화해 군의 집행업무를 읍면으로 이관하고 인력을 재배치한다. 기존의 군세인 재산세와 주민세를 읍면세로 전환하고, 자체 수입과 마을기금 조성 등 재정자립 기반을 구축할 필요가 있다.

농촌 지역 읍면은 인구감소로 존립 자체가 위태롭기 때문에 지역활성화 차원에서도 자치단체로의 전환이 요구되고 있다. 읍면은 전통적으로 혈연과 지연으로 이어진 하나의 생활권으로서 주민 간 공동체 의식과 일체감이 강한 1차 집단의 성격을 지니고 있다. 1949년에 제정된 지방자치법은 읍면을 시군의 행정계층이 아니라 자치계층으로 법적 지위를 부여했다. 당시 광역자치단체는 도와 서울특별시였고 기초자치단체는 시와 읍면으로 2층제가 실시되었다. 읍면은 주민 직선으로 읍면 의원을 선출하였고, 읍면장은 읍면 의회에서 간선으로 선출했다. 1956년 지방자치법 개정으로 읍면장을 주민 직선으로 선출하다가 1958년 임명제로 전환했으나 1960년 다시 주민직선제로 환원되었다. 당시 동은 시의 하부행정기관이 됐다. 읍면은 1961년 지방자치에 관한 임시조치법에 의해 법인격이 박탈되고 군의 하부 행정기구로 전락했고, 1988년 지방자치법이 개정되면서 시군구의 하부행정기구로 현재에 이르고 있다.

기초지자체의 하부행정기관인 읍면동의 법적 지위와 기능은 역대 정부별로 부침을 거듭했다. 1999년 김대중 정부에서는 읍면동을 폐지하고 주민자치센터로 기능전환을 추진하였으나 지자체의 거센 반발로 기능과 인력을 축소하고 여유시설과 공간에 주민자치센터를 설치하는 방향으로 선회했다. 이후 2007년에는 소규모 동 통폐합이 추진되었고 주민자치회 도입, 읍면동 복지 허브화, 책임 읍면동제, 혁신 읍면동 사업 등으로 이어졌다.

읍면동의 법적 지위와 위상에 대해서는 기존의 읍면동을 폐지하고 주민자치회에 사무 처리 권한을 이관해 위원회형 자치행정 조직(행정기관)으로 전환하거나, 주민자치회를 읍면동 의회로서의 기능을 수행하게 하는 방안이 제시되고 있다. 전자의 경우 주민자치회는 자치단체로서의 법적 지의는 없지만, 주민자치 위원을 직선 또는 추첨으로 선출하면 기관구성의 다양성을 실험할 수 있다는 장점이 있다. 후자는 읍면동사무소를 일선 집행기관으로 유지하면서 주민자치회에 행정사무에 대한 심의권이나 협의권을 부여하고, 추후 의결권을 가진 기초의회로서의 지위를 부여하는 방안이다.

그러나 보다 근본적이고 확실한 대안은 주민자치회 대신에 읍면동 자치를 도입하면 주민대표성과 민주성을 담보할 수 있다. 다만, 현실적으로 도시지역까지 읍면동 자치를 전면 실시하는 것이 어렵다면, 인구소멸 과소지역에 국한해 읍면자치를 실시하는 방안을 추진할 수 있다. 인구 규모가 작은 면에 대해서는 인근 면과 통합하고, 장기적으로 과소지역의 읍면은 읍 단일체제로 전환하는 것이 바람직할 것으로 보인다.

읍면자치를 부활하자는 근본 취지는 지역에 대한 이해와 열정을 지닌 선도적인 인재들이 지역사회에 뿌리를 내리고, 지역자원을 최대한 활용해 지역활성화사업을 개발할 수 있는 제도적 장치로 작동할 수 있다고 보기 때문이다. 인구감소로 소멸위기에 처한 과소지역에서 읍면자치의 실시는 지역인재들이 고향을 떠나 수도권 등지로 유출되는 현상을 억제하고, 출향 인사들이 고향 발전에 기여할 수 있는 참여 기제가 될 수 있을 것이다. 특히 현재의 시군구는 외국에 비해 기초자치단위로는 인구 및 면적에서 규모가 너무 크기 때문에 주민접근성과 참여가 용이한 읍면 단위의 지역공동체에서 근린자치를 실시하는 것이 효과적이다. 허울뿐인 주민자치회 대신에 제대로 된 마을자치를 도입해야 주민주권을 실현할 수 있다.

3. 외국의 주민의회와 주민총회

영국의 준자치단체, 패리시 의회

영국의 패리시parish는 원래 성공회 교구로부터 유래했으나 1894년 「지방정부법Local Government Act」에 의해 농촌 지역의 공무감사권을 넘겨받아 준자치단체로 발전했다. 패리시는 주로 잉글랜드의 농촌 지역에 편재되어 있으며, 인구 규모는 500명 미만이 40%를 차지하고 5,000명 이상은 10% 정도이다. 100명 이하인 소규모 마을도 있지만, 도시 지역인 웨스트 노샘프턴셔 패리시의 경우 2021년 지방정부 개편으로 인해 13만 7,000경에 달할 정도로 편차가 매우 크다.

패리시의 의결기구인 패리시 의회parish council는 해당 지역에 거주하는 18세 이상 주민이 선출하며 임기는 4년이다.[566] 패리시 의회의 가장 중요한 기능은 지역 문제에 대한 토론의 장을 마련하는 것이다. 지역대표로서 카운티county나 구역의회district council와 대등하게 주민 의견을 수렴해 전달하는 역할을 수행하고 있다. 기본적인 역할은 지역 주민 대변 및 의견 표출, 지역 수요에 맞는 서비스 제공 및 유지, 지역 복지 및 생활 품질 향상 활동 등이다. 구체적인 활동을 보면 ①놀이터, 운동장, 공원 등 공공시설 관리, ②마을 회관과 커뮤니티 센터 운영, ③거리 조경, 벤치 설치, 가로등 정비, 대중교통 쉼터 관리, ④주민 대상 보조금grants 지원, ⑤마을계획 수립 및 자문, ⑥시설 임대 또는 대여 서비스 등으로 다양하다.

패리시의 주요 재원은 프리셉트precept라고 불리는 지역개발부담금이다. 패리시 의회는 독자적인 과세권한은 없지만, 지역개발부담금을 부과할 수 있는 준조세권을 갖고 있다. 직접 세금을 걷지 않고 상급 지방정부에 필요한 예산을 주민세에 추가로 부과해 징수해 달라고 요청하는 방식이다. 이밖에 보조금이나 자선기금, 기부금, 프로젝트별 외부 자금 유치 등으로 재원을 충당하고 있다.

하지만 인구 편차로 인해 활동 범위에도 큰 차이를 보이고 있다. 패리시 의원은 대부분 무보수 봉사직이어서 인재 확보와 연속성 유지에도 어려움을 겪고 있다. 전통적으로 농촌 중심이던 패리시 의회가 최근에는 도시지역에도 확대되는 추세를 보이고 있다.

주민자치 모범국, 스위스의 코뮌 총회

풀뿌리 공동체인 스위스의 코뮌commune은 인구 규모가 아주 작아서 800명 미만이 전체의 과반수를 차지하고 있다. 평균 인구는 약 4,000명으로 OECD 국가의 기초정부 평균인 9,700명의 절반에도 못 미친다. 인구 2만 명 이상인 코뮌은 최대 도시인 취리히(41만)와 제네바(20만), 로잔(14만) 등 전체의 5%에 불과하다. 1850년 3,203개에 달하던 코뮌이 통폐합 과정을 거치면서 2025년 현재 2,121개를 유지하고 있다.

평균 인구 4,000명에 불과한 코뮌이 수행하는 사무는 매우 광범위하고 권한도 막강하다. 연방헌법 제50조에 보장된 코뮌의 자치권은 각 캔톤의 헌법과 법률로 정해지지만 일반적으로 유아 및 초중등교육, 사회서비스, 상하수도, 전력, 교통, 지방도로, 토지이용계획, 자연자원관리, 여가, 문화, 경찰(소방·교통·거래·상업), 민방위 등에 관한 사무를 맡는다. 소방과 의료보건, 학교 업무 등 일부 공공서비스는 코뮌 간 협력을 통해 제공된다. 캔톤법이 정한 범위 내에서 광범위한 과세권을 행사하는 것이 가장 큰 권한이라고 할 수 있다. 스위스 번영과 경쟁력의 근원을 코뮌의 과세권과 재정주민투표에서 찾기도 한다.[567]

코뮌의 정부 형태를 결정하는 가장 중요한 기준은 인구 규모다. 일반적으로 2만 명 미만의 작은 코뮌은 주민총회와 소수의 선출직 공무원으로 구성되며, 인구 2만 명 이상의 큰 코뮌은 별도의 의회와 행정사무를 처리하는 집행부로 구성되어 있다. 대부분의 코뮌은 최고 의결기관으로 매년 4~5회 열리는 주민총회를 운영하고 있다. 일부 캔톤에서는 주민총회에 참여하는 것을 의무로 간주해 불참할 경우 소액의 벌금을 물리기도 한다. 일정 수의 유권자들이 의제를 선정해 주민총회 개최를 요구할 수 있다.

도시지역의 큰 코뮌은 주민총회를 대신해 의회를 운영하고 있다. 코뮌 의원은 무보수 명예직이며 약 절반은 정당과 관련을 맺지 않은 무소속이다. 코뮌 의회는 코뮌 행정을 감시·감독하는 광범위한 권한을 행사한다. 예산을 채택하고 결산을 승인하며 일정 금액 이상의 지출에 대한 재정권을 행사한다. 코뮌 공무원에 대한 임명권을 행사하기도 한다.

주민총회를 채택하는 대다수 코뮌은 주민이 직접 선출한 비정당 소속 전문가 5~7명으로 구성되는 감사위원회를 두고 있다. 감사위원회는 집행기관을 감시하고 주민권익을 보호하는 역할을 담당한다. 독립적 지위에서 행정위원회의 활동에 대한 평가와 대안을 제시하고 그 결과를 총회에 보고한다. 감사위원회는 의회와 경쟁하면서 의회를 견제하는 역할을 수행한다.

코뮌의 행정위원회는 주민이 직접 선출한 5~10명의 행정위원으로 구성된 동료제 집행기관(collegiate executive)이다. 행정위원은 주민총회가 없는 경우 선거로 뽑지만, 주민총회를 운영하는 코뮌에서는 주민총회에서 선출한다. 코뮌의 수장은 '동료 중의 수석'으로서 행정위원회 회의를 주재하고 코뮌 정부를 대표한다. 작은 코뮌의 경우 주민총회 의장을 맡기도 하지만 다른 행정위원과 동등한 지위에서 권한을 행사한다. 코뮌 수장은 행정위원이 1년씩 윤번제로 맡는다. 임기는 2년 또는 4년이며 연임은 불가하다.

마을공화국, 미국의 타운미팅town meeting

미국의 타운미팅은 17세기 초 영국에서 이주한 청교도들이 본국과 유사한 교구parish 형태를 새로 정착한 뉴잉글랜드 지방에 도입한 것이 유래가 되었다. 북동부 지역인 매사추세츠, 로드아일랜드, 뉴햄프셔, 버몬트, 코네티컷, 메인 등에 널리 보급되었다.

타운미팅은 매년 1회 이상 개최되며 선거권을 보유한 모든 주민의 직접 참여해 예산안을 확정하고, 조례 제정 등 중요 정책에 관한 토론과 표결이 이루어지는 마을의 최고 의결기관이다. 타운미팅은 의결기관인 주민총회와 3~9명의 선출직으로 구성된 집행위원회로 구성된다.

타운미팅은 인구 규모에 따라 개방형 타운미팅(OTM)과 대표형 타운미팅(RTM)으로 구분되는데 인구 5만 명 미만인 지역에서는 개방형 타운미팅을 채택하고, 인구 5만 명 이상인 지역에서는 대표형 타운미팅을 채택하는 경향이 있다.[568] 대표형 타운미팅은 주민총회에서 선거를 통해 50~400명의 대표를 선출한다. 대표의 숫자는 지역의 특성에 따라 상이하며 이들이 타운의 주요 현안에 관한 정책을 결정한다.

행정부서는 집행위원회가 임명한 타운 매니저와 공직자들로 운영된다. 타운미팅의 기본적인 기능은 주민발안과 주민투표를 통해 예산을 확정하는 일이다. 주요 사무로는 고속도로 건설과 보수, 상수도 관리, 공원 및 여가시설 개발을 추진한다. 주민들은 연례 주민총회에서 회계감사 보고, 공직자 보고, 각종 위원회의 보고를 받는다. 타운은 식민지 시절부터 본국(영국)의 법률에 배치되지 않는 한 독립된 공화국의 시민으로서 자치권을 행사해왔다. 주민들은 공직자를 선출하고 공적인 일을 스스로 결정하고 세금도 자체적으로 결정했다.

1831년 미국을 방문해 뉴잉글랜드의 타운미팅을 관찰한 토크빌Tocqueville은 "자유로운 나라의 강함은 타운십에 있다. 타운 제도는 자유를 인민people의 손이 닿는 곳으로 가져와 평화적인 목적으로 자유를 활용하는 즐거움과 습관을 선사한다"고 서술했다.[569] 토크빌에게 미국의 타운은 하나의 독립국가(마을공화국)처럼 보였던 것이다.

타운미팅 참석율은 높아야 20% 정도였고 인구가 많을수록 참석률은 더 낮아 5% 이하로 떨어지기도 한다.[570] 타운미팅에서 다루는 의제가 중요하면 참석률도 높아진다. 참석률이 저조해 결정의 정당성이 떨어진다고 판단되면 화상회의나 전자투표 등을 활용하기도 한다. 타운미팅의 본질적 가치는 주민에게 언제라도 지방정부에게 질문하고 이의를 제기할 수 있는 공간을 제공하는 데 있기 때문에 참석률 저조로 타운미팅의 가치가 훼손되지 않는다고 보고 있다.[571]

뉴잉글랜드 지역의 타운미팅에서 유래된 것이 오늘날의 타운홀미팅 town hall meeting이다. 다만, 타운미팅은 주민 전체가 모여 예산 승인, 조례 제정, 공무원 선출 등 마을 정부의 최고 의결기구였지만, 현대의 타운홀미팅은 주민 의견수렴을 위한 비공식적 토론회에 불과하다는 차이가 있다.

550 Held(2006), p. 35.

551 Arendt(1958), p. 198.

552 아리스토텔레스는 마케도니아 지역 스타게이라Stagira 출신으로 평생 아테네에서 활동했지만, 시민권을 얻지 못한 외지 철학자였다.

553 플라톤이 제시한 5,040명은 단순한 인구 추정치가 아니라 이상적인 폴리스의 수학적 조화harmonia를 상징하는 완전수를 의미했다.

554 아렌트Arendt의 공적 공간public realm, 바버Barber의 강한 민주주의strong democracy, 피시킨Fishkin의 숙의형 미니 공중mini-publics도 작은 공동체를 전제로 하고 있다.

555 서울특별시 금천구, 광주광역시 북구, 경기도 안산시 등 일부 지역에서는 선도적인 주민자치회를 운영하는 곳도 있다. 추첨방식도 제주특별자치도에서 2017년부터 먼저 도입했다.

556 주민자치회의 위원 선발 과정은 추첨과 위촉 혼합 형태, 전원 추첨 선발, 전원 위촉 등 다양한 방식으로 이뤄지고 있다. 혼합 방식은 신청자를 대상으로 공개 추첨을 통해 60% 정도를 선발하고 나머지는 직능대표를 위촉하는 방식이다. 이에 비해 주민자치위원회는 읍면동장이 위원 전원을 위촉하고 있다.

557 신용인(2023), pp. 108-110.

558 안성호(2021) 참조.

559 푸코M. Foucault의 통치성governmentality 관점에서 주민자치회를 재구성해 통리반 단위의 마을자치회를 구성하자는 주장에 대해서는 김태영(2022) 참조.

560 신용인(2023) 참조.

561 21대 국회에서 김영배 · 이명수 · 김두관 의원 등이 주민자치회 관련 법안을 발의했으나 통과되지 못했다.

562 준자치단체에 대해서는 정정화(2020) 참조.

563 도시 지역은 주민자치회를 실질적인 주민대표기구로 격상시키고, 농촌 지역 읍면에 대해서는 자치단치로 전환하는 방안이다. 이 경우 도농통합으로 도시 지역에 설치된 읍면은 모두 동洞으로 일원화한다.

564 헌법개정 예시로는 ○○○조 ①"지방자치단체에 의회 또는 주민총회를 둔다." ②"… 단, 읍면 의회는 선거 또는 추첨으로 구성한다"는 조항을 신설해야 한다.

565 농촌 지역 읍면 자치의 행정체계에 대해서는 정정화(2020) 참조.

566 입후보 조건은 해당 패리시parish에 1년 이상 거주하거나 사업장 또는 토지 소유자여야 한다.

567 스위스의 주민총회에 대해서는 안성호(2021) 참조.

568 우리나라 읍의 평균 인구는 3만 9,000여 명이고, 면의 인구는 7,800여 명이라는 점을 감안하면 대

부분의 읍면에는 주민총회의 설치 · 운영이 가능하다. 이에 대해서는 조성호 · 문영훈(2022) 참조.

569 Tocqueville(1835) 참조.

570 Bryan(2004), pp. 107-136.

571 안성호(2021) 참조.

넘어야 할 산

'집필할 결심'

필자가 시민의회에 본격적인 학문적 관심을 갖게 된 동기는 2020년 6월 '사용후핵연료 관리정책 재검토위원회' 위원장직을 중도 사퇴하면서부터였다. 박근혜 정부의 공론화위원회에 이어 2019년 발족된 문재인 정부의 재검토위원회는 일반 시민과 지역 주민의 의견을 수렴해 민주적 해법을 모색하려 했으나, 실상은 이미 결정된 방향으로 논의가 편향되어 있었다. 특히 경주 월성원전의 임시저장시설(맥스터) 확충은 선택의 여지가 없는 기정사실처럼 간주되었다. 탈핵 단체들의 강력한 반대와 위원들 간의 극심한 의견 대립 속에서 파행이 거듭되었고, 이는 공론화 과정의 근본적인 한계를 드러냈다.

신고리 5·6호기 이후의 공론조사들은 국민 의견수렴이나 사회적 갈등 해소보다는 정부정책의 정당성 확보나 책임회피를 위한 도구로 전락했다는 비판을 면하기 어려웠다. 이른바 '공론화의 함정'에서 벗어날 새로운 민주적 돌파구 모색이 시급했다. 2023년과 2024년에 각각 소집된 국회 주도의 선거제도 및 연금개혁을 위한 '500인 회의' 역시 종전의 한계를 극복하지 못한 상황에서, 대의민주주의의 위기를 타개할 대안으로 시민의회 제도화 움직임이 본격화되었다. 필자도 이러한 흐름에 동참해 2024년 3월에 출범한 '시민의회입법추진 100인 위원회'를 거쳐 2025년 '시민의회 전국포럼' 발족에 이르기까지 그 설계 과정에 초기부터 적극적으로 참여해 왔다.

하지만 우리 사회에 시민의회를 안착시키기 위해서는 상당한 수준의 제도적·사회적 장벽을 극복하는 것이 급선무였다. 무엇보다 시민의회에 대한 막연한 오해와 정치권의 거부감을 해소하는 것이 우선적 과제였다. "기존 의회와 시민의회의 관계 설정은 어떠해야 하는가?", "대의제 개선만으로 충분하지 않은가?"와 같은 부드러운 질문은 물론, "선거가 아닌 추첨을 통한 주권 행사가 현실적으로 가능한가?"라는 강한 의구심에 대해 학술적이고 실증적인 답을 제시하고자 노력했다.

지난 수년간 시민의회 특강과 공부 모임을 주관하면서, 시민의회를 쉽게 설명할 수 있는 종합적인 개론서의 필요성도 절감했다. 외국 서적을 번역한 전문서는 일반 독자들에게는 좀 어려워 보였고, 국내 단행본은 다소 오래된 저서여서 최근의 해외 시민의회 동향과 다양한 운영방식을 반영한 실무 지침서도 필요해 '집필할 결심'을 하게 되었다.

제도화를 위한 과제와 제언

필자는 이 책을 통해 다음의 세 가지 숙제를 독자들과 공유하고자 한다. 첫째, 대의제와 시민의회의 유기적 결합 방안을 강구해야 한다. 시민의회가 기존 정치 시스템의 혼란을 야기하는 것이 아니라, 대의제의 결함을 보완하는 상호보완적 기제로 작동할 수 있도록 설계되어야 한다. 시민의회가 모든 정치사회적 난제를 해결할 수 있는 만병통치약이 아니기 때문이다.

둘째, 사회적 공론公論의 확산이 병행되어야 한다. 시민의원으로 선발되지 않은 대다수 국민이 숙의 결과를 수용할 수 있도록 광범위한 공감대 형성이 필수적이다. 해외 사례에서 보듯이 시민의회의 권고안이 국민투표에서 부결되거나, 정치권이 거부한 것은 가중다수결이나 기득권의 문제를 넘어 국민적 공감대가 부족했기 때문이었다. 이를 위해 크라우드소싱crowd-sourcing이나 시민사회와의 연대 등 상향식bottom-up 의제선정 방식을 도입해 주권자의 참여를 극대화해야 한다.

셋째, 민주적 정당성을 확보하기 위한 법제화가 이루어져야 한다. 국회에서 논의 중인 「시민의회법안」과 2025년 12월 말 발의된 「시민참여기본법안」은 국회와 행정부가 투 트랙으로 국민참여와 공론화를 제도화하려는 고무적인 시도로 평가된다. 그러나 이 과정에서 기구의 독립성과 중립성, 운영과정의 투명성과 책임성이 담보되어야만 사회적 신뢰를 확보할 수 있다. 아울러 국민주권 시대에 걸맞은 수준의 제도화를 위한 고민이 담겨져야 할 것이다.

감사의 글

본서의 출간은 시민의회 전국포럼 동료들의 격려 덕분에 가능했다. 각자의 영역에서 한국형 시민의회 모델 정립을 위해 헌신한 모든 분께 경의를 표한다. 특히 『시민의회로 가는 길』(2025)을 통해 이론적 토대를 제공하고, 필자에게 생생한 현장 사례 중심의 서술을 조언해 준 경희대 김상준 교수님께 깊이 감사드린다. 또한 관악기후시민의회를 조직해 운영하면서 시민정치와 지역 시민의회의 중요성을 일깨워 준 서울대 김의영 교수님, 그리고 탁월한 연구 업적으로 학술적 영감을 더해 준 한국교원대 서현수 교수님과 서울대 김주형 교수님께도 감사를 전한다.

국내 시민의회 연구의 선구자인 이지문 한국청렴운동본부 이사장님과 시민의회 구성과 운영에 다양한 접근방법과 아이디어를 제시해준 성균관대 윤왕희 박사님, 그리고 전국포럼을 잘 이끌어준 임지연 상임대표님과 윤호창 사무처장님께도 고마움을 전한다. 아울러 시민의회 도입에 각별한 관심과 성원을 보내 주신 이래경 다른백년 명예이사장님과 곽노현 전 서울시교육감님, 그리고 뜻을 함께해 주신 200여 분의 포럼 회원 여러들께도 진심 어린 감사의 마음을 전한다. 이 책의 초기 구상에서부터 제목 선정까지 지속적인 관심과 아이디어를 보태준 한국외국어대 전학선 부총장님과 국민대 최진식 교수님께도 감사드린다. 마지막으로 열악한 출판 환경에서도 지원을 아끼지 않은 파람북 정해종 대표님과 학자의 길을 묵묵히 응원해 준 사랑하는 가족에게 이 책을 바친다.

참고문헌

국내 문헌 단행본/보고서

김상준(2025), 『시민의회로 가는 길』. 경희대학교 출판문화원.

김인걸(2017), 『조선후기 공론정치의 새로운 전개: 18·19세기 향회, 민회를 중심으로』. 서울대학교출판문화원.

김의영 외(2015), 『동네 안의 시민정치』. 서울: 푸른길.

대화문화아카데미 편(2025), 『2025 새헌법안』. 대화출판사.

박상훈(2023), 『혐오하는 민주주의』. 후마니타스.

서병훈 외(2011), 『왜 대의민주주의인가』. 이학사.

서현수(2019), 『핀란드의 의회, 시민, 민주주의』. 빈빈책방.

안성호(2025), 『국가는 어떻게 번영하는가』. 박영사.

_____(2018), 『왜 분권국가인가』. 박영사.

오현철(2018), 『토의민주주의』. 전북대학교 출판문화원.

윤수찬·최진식·조은영(2024), 『경기도의회 내 시민의회 도입방안 연구』. 경기도의회.

이지문(2012), 『추첨민주주의의 이론과 실제』. 한국학술정보(주).

이지문·박현지(2017), 『추첨시민의회』. 삶창.

이진순 외(2016), 『듣도 보도 못한 정치』. 문학동네.

지수걸(2024). 『1894년 남북접 동학군의 공주검거 투쟁』. 역사비평사.
정정화(2021) 『사용후핵연료 갈등: 불편한 진실과 해법』. 파람북.
조대엽 외(2022). 『한국 민주주의의 새 길』. 정책기획위원회.
조성호 외(2021). 『경기도형 주민총회의 도입방안 연구』. 경기연구원.
최용훈(2022) 『스위스 직접민주주의의 이해』. 한국학술정보.

국내 문헌: 논문/발표자료

강명원(2022). 기후위기 대응을 위한 시민의 직접참여권: 프랑스의 기후시민의회(CCC)를 중심으로. 『유럽헌법연구』. 40: 315-340.
곽노현(2024). 지금 왜 시민의회인가? 시민의회입법추진 100인위원회 국제심포지엄 자료집.
곽현근(2020). 자치분권 원리로서 '주민주권'의 이론적 토대 정립을 위한 시론(試論). 『한국행정연구』. 29(2): 31-60.
_____(2015). 주민자치 개념화를 통한 모형 설계와 제도화 방향. 『한국행정학보』. 49(3): 279-302.
김상준(2024). 시민의회, 세계와 한국의 흐름. 시민의회입법추진 100인위원회 국제심포지엄 자료집.
_____(2017). '시민정치 헌법화'의 경로와 방법: '시민의회'를 중심으로. 『법과 사회』. 54: 1-33.
김석태 · 이시철(2022). '미니-퍼블릭' 실험 제안: 지방의회 선거제와 추첨제 논쟁을 바탕으로. 『한국지방자치학회보』. 34(3): 143-166.
김선화(2020). 헌법개정 국민발안제 도입의 쟁점. 국회입법조사처 『이슈와 논점』. 1676호.
_____(2014). 헌법개정절차의 쟁점과 개선과제. 국회입법조사처 『현안보고서』. 238호.
김선화 · 오창룡(2023). 시민참여 공론화 해외 사례와 시사점. 『NARS 현안분석』. 293호.
김윤상(2012). 지방의회 의원을 무작위 추첨으로 뽑는다면. 『한국지방자치학회보』. 24(2): 205-207.
김원동(2022). 제임스 피시킨의 숙의민주주의 이론: 주요 논지와 한계 및 향후 과제를 중심으로. 『한국사회학』. 56(4): 1-49.
김의영(2025). 시민정치 시대의 지역 시민의회 제도화 방안. 시민의회 전국포럼 정책토론회 자료집.
김정희(2024). 유럽의 새로운 숙의형 시민참여모델이 주는 함의: 벨기에와 프랑스의 영구 시민의회를 중심으로. 『동서연구』. 36(4): 113-140.
김종우(2021). 한국의 포괄적 차별금지법을 둘러싼 담론 지형과 이중화된 인권: 포괄적 차별금지법 입법 과정을 중심으로. 『경제와 사회』. 129: 84-117.
김종우 · 서현수(2022). 차별금지/평등법 제정의 정치과정: 제도, 행위자, 담론을 중심으로. 『인권연구』. 5(1): 87-131.

김주성(2008). 심의민주주의인가, 참여민주주의인가? 『한국정치학회보』, 42(4): 1-21.

김주형(2018). 숙의와 민주주의: 토의민주주의의 관점에서 본 공론화위원회. 『현대정치연구』, 11(3): 69-104.

김주형·서현수(2024). 한국에서 시민의회 제도화를 위한 고려사항: 역동적 민주주의를 위한 방향과 과제. 시민의회입법추진 100인위원회 국제심포지엄 자료집.

______(2023). 민주적 혁신의 정치이론: 역동적 민주주의를 향하여. 『한국정치학회보』, 57(1): 7-32.

______(2021). 민주적 혁신의 개념과 유형: 민주주의의 회복과 재발명 사이에서. 『현대정치연구』, 14(3): 53-95.

김주형·이시형(2023). 한국의 공론화 사례 분석과 개선 방향. 『현대정치연구』, 16(3): 5-45.

김태영(2022). 주민자치에 대한 이해와 오해: 푸코의 통치성 개념을 통한 주민자치의 본질에 대한 시론적 논의. 『한국지방행정학보』, 19(3): 153-173.

김태일(2024). 연금개혁 공론화 과정 평가와 향후 국민연금 개혁 방향. 『연금연구』, 14(1): 1-28.

남찬섭(2025). 연금개혁 공론화의 과정 및 결과에 대한 평가와 그 함의. 『한국사회정책』, 32(1): 37-81.

문은영(2023). 시민의회를 통한 선거제도 개혁 사례연구: 캐나다 브리티시 컬럼비아주, 온타리오주, 네덜란드 사례를 중심으로. 『입법과 정책』, 15(2): 5-33.

박경미(2021). 디지털 정당의 유형과 특성: 플랫폼 정당과 네트워크 정당. 『분쟁해결연구』, 19(2): 97-122.

박성철(2020). 한국교회 내 기독교 파시즘에 대한 비판적 연구. 『한국기독교신학논총』, 116: 303-326

서경석(2024). 추첨형 의회(시민의회)의 민주주의적 잠재력. 『법학연구』, 27(3): 311-340.

______(2020). 추첨의회의 제도화 시론. 『법학연구』, 23(2): 161-191.

______(2018). 선거형 대의제의 대안으로서 추첨형 대의제. 『민주법학』, 66: 11-108.

서현수(2024). 핀란드의 극우 포퓰리즘 정당에 관한 연구: 핀란드인당Finns Party를 중심으로. 『유럽연구』, 42(2): 111-138.

서현수·김주형(2025a). 아일랜드 시민의회Irish Citizens' Assembly에 관한 연구: 민주적 혁신, 숙의민주주의 4.0, 그리고 시민의회. 『한국정치연구』, 34(1): 99-138.

______(2025b). 왜 시민의회인가? 민주적 혁신, 숙의 민주주의 4.0 그리고 시민의회의 제도화. 2025년 한국정치학회 춘계학술회의 자료집.

______(2025c). 한국 민주주의의 혁신과 시민의회 제도화를 위한 전략과 과제. 시민의회 전국포럼 정책토론회 자료집.

신용인(2024). 다층적 시민의회 제안. 『법학논총』, 37(1): 10-50.

______(2023). 아테네 폴리스와 주민자치. 『원광법학』, 39(1): 87-112.

_____(2017). 제주특별자치도 행정체제 개편과 고도의 자치권 실현 방안. 『법과 사회』, 55: 123-148.

안성호(2021). 풀뿌리민주주의의 원리와 실천: 제주 읍·면·동 주민자치제도 구상. 한국지방자치학회 추계학술대회 발표논문집.

염정민(2005). 풀뿌리 민주주의의 조건과 가능성. 『시민사회와 NGO』, 3(2): 37-67.

오현철(2015). 민주주의를 위한 법원개혁과 시민참여. 『시민사회와 NGO』, 13(2): 41 -82.

_____(2010). 토의민주주의와 시민의회: 브리티시 컬럼비아 사례를 중심으로. 『시민사회와 NGO』, 8(2): 41-70.

_____(2009). 민주주의의 새로운 주체: 작은 공중(mini-publics)을 중심으로. 『시민사회와 NGO』, 7(2): 117-146.

오현철·강대현(2013). 교육정책 결정에 적합한 의사결정 모형 탐색: 정부 주도 및 이익집단 경쟁에서 시민의회 모형으로. 『시민교육연구』, 45(4): 139-166.

유재원(2018). 한국사회에서 지방분권의 이해와 분권전략의 탐색. 『한국행정학보』, 52(3): 3-28.

윤성민(2025). 한국의 극우 기독교 세력에 관한 고찰. 『신학과 실천』, 93: 1019-1043.

윤성현(2023). 숙의민주주의와 헌정개혁: 브루스 애커만과 제임스 피쉬킨 이론의 우리 헌정에의 시사. 『법조』, 72(3): 7-52.

윤영근(2022). 공적(公的) 공간으로서의 주민자치에 대한 소고. 『한국사회와 행정연구』, 33(2): 23 ~43

윤왕희(2025). 시민의회 논의의 실행력 확보 방안. 2025년 한국정치학회 춘계학술회의 자료집.

윤정인(2017). 크라우드소싱(crowdsourcing)에 의한 헌법개정: 아이슬란드의 헌법적 실험을 중심으로. 『세계헌법연구』, 23(1): 1-24.

이계일(2013). 주권론의 위협상황과 국민주권론의 재구성 가능성에 대한 고찰: 이 시대 주권론은 가능한가? 가능하다면 어떠한 조건하에서? 『법철학연구』, 16(1): 233-290.

이관후(2018a). Deliberative Democracy의 한국적 수용과 시민의회: 숙의, 심의, 토의라는 번역을 중심으로. 『현대정치연구』, 11(1): 189-219

_____(2018b). 시민의회의 대표성: 유권자 개념의 변화와 유사성 문제를 중심으로. 『한국정치학회보』, 52(2): 31-51.

이동수(2005). 대의제 민주주의의 위기: 마넹의 논의를 중심으로. 『시민사회와 NGO』, 3(1): 5-28.

이상환(2022). 자유민주주의의 위기와 민주주의의 두 가지 대안: 숙의민주주의와 급진민주주의 연구. 『대동철학』, 101: 205-231.

이석민(2020). 디지털 민주주의 플랫폼의 민주주의: 디지털 정당 사례를 중심으로. 『비교민주주의연구』, 16(2): 35-55.

이영재(2010). 토의민주주의의 민주적 정당성에 관한 연구: 동일성의 원리를 중심으로. 『시민사회와

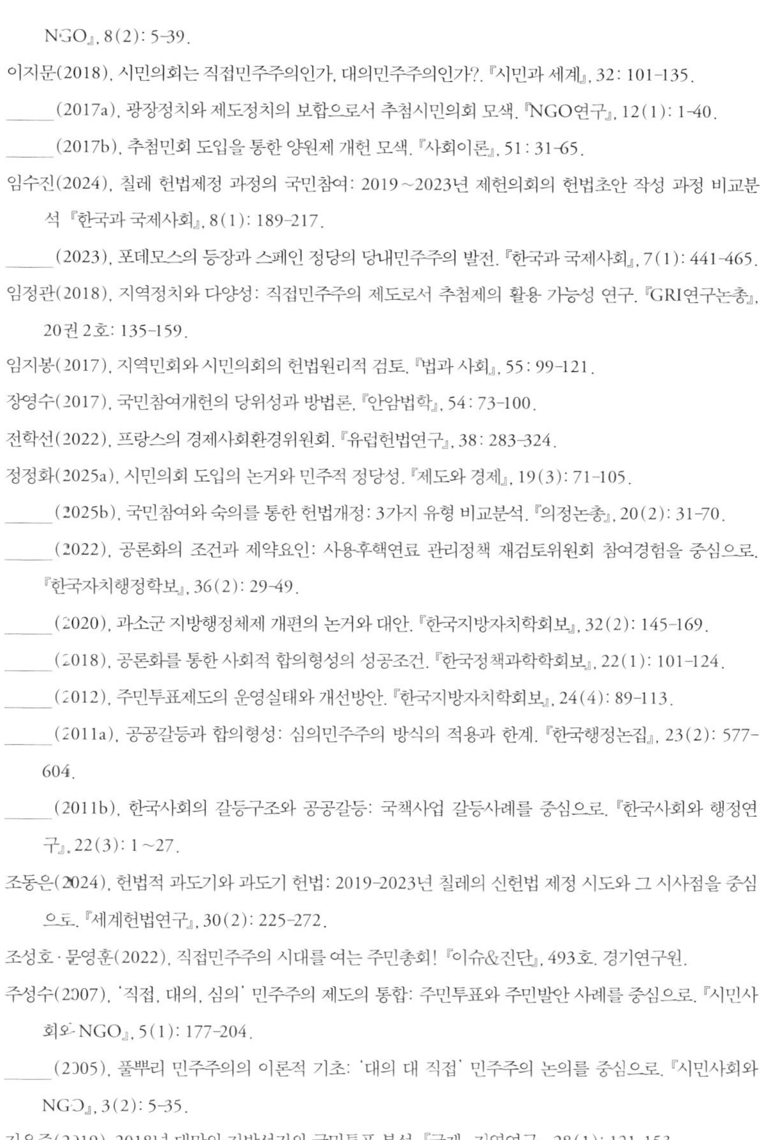

NGO』, 8(2): 5-39.

이지문(2018). 시민의회는 직접민주주의인가, 대의민주주의인가?. 『시민과 세계』, 32: 101-135.

_____(2017a). 광장정치와 제도정치의 보합으로서 추첨시민의회 모색. 『NGO연구』, 12(1): 1-40.

_____(2017b). 추첨민회 도입을 통한 양원제 개헌 모색. 『사회이론』, 51: 31-65.

임수진(2024). 칠레 헌법제정 과정의 국민참여: 2019~2023년 제헌의회의 헌법초안 작성 과정 비교분석 『한국과 국제사회』, 8(1): 189-217.

_____(2023). 포데모스의 등장과 스페인 정당의 당내민주주의 발전. 『한국과 국제사회』, 7(1): 441-465.

임정관(2018). 지역정치와 다양성: 직접민주주의 제도로서 추첨제의 활용 가능성 연구. 『GRI연구논총』, 20권 2호: 135-159.

임지봉(2017). 지역민회와 시민의회의 헌법원리적 검토. 『법과 사회』, 55: 99-121.

장영수(2017). 국민참여개헌의 당위성과 방법론. 『안암법학』, 54: 73-100.

전학선(2022). 프랑스의 경제사회환경위원회. 『유럽헌법연구』, 38: 283-324.

정정화(2025a). 시민의회 도입의 논거와 민주적 정당성. 『제도와 경제』, 19(3): 71-105.

_____(2025b). 국민참여와 숙의를 통한 헌법개정: 3가지 유형 비교분석. 『의정논총』, 20(2): 31-70.

_____(2022). 공론화의 조건과 제약요인: 사용후핵연료 관리정책 재검토위원회 참여경험을 중심으로. 『한국자치행정학보』, 36(2): 29-49.

_____(2020). 과소군 지방행정체제 개편의 논거와 대안. 『한국지방자치학회보』, 32(2): 145-169.

_____(2018). 공론화를 통한 사회적 합의형성의 성공조건. 『한국정책과학학회보』, 22(1): 101-124.

_____(2012). 주민투표제도의 운영실태와 개선방안. 『한국지방자치학회보』, 24(4): 89-113.

_____(2011a). 공공갈등과 합의형성: 심의민주주의 방식의 적용과 한계. 『한국행정논집』, 23(2): 577-604.

_____(2011b). 한국사회의 갈등구조와 공공갈등: 국책사업 갈등사례를 중심으로. 『한국사회와 행정연구』, 22(3): 1~27.

조동은(2024). 헌법적 과도기와 과도기 헌법: 2019-2023년 칠레의 신헌법 제정 시도와 그 시사점을 중심으로. 『세계헌법연구』, 30(2): 225-272.

조성호 · 문영훈(2022). 직접민주주의 시대를 여는 주민총회! 『이슈&진단』, 493호. 경기연구원.

주성수(2007). '직접, 대의, 심의' 민주주의 제도의 통합: 주민투표와 주민발안 사례를 중심으로. 『시민사회와 NGO』, 5(1): 177-204.

_____(2005). 풀뿌리 민주주의의 이론적 기초: '대의 대 직접' 민주주의 논의를 중심으로. 『시민사회와 NGO』, 3(2): 5-35.

지은주(2019). 2018년 대만의 지방선거와 국민투표 분석. 『국제 · 지역연구』, 28(1): 121-153.

진태원(2013). 프퓰리즘, 민주주의, 민중. 『역사비평』. 105: 182 – 217.

한상원(2022). 포퓰리즘의 이중성과 민주주의의 민주화. 『시대와 철학』. 33(1): 175 – 207.

한상희(2022). 시민주도형 헌법개정 절차: 헌법개정 절차의 민주적 구성을 위한 사례분석. 『입법학연구』. 19(1): 53–94.

한은수 · 장 훈(2023). 플랫폼 정당의 현황과 플랫폼 정당의 한계: 스페인 포데모스와 이탈리아의 오성운동 사례를 중심으로. 『미래정치연구』. 13(1): 121–147.

함재학(2016). 국민주권과 정치신학: 헌법이론의 탈주술화는 요원한가? 『법철학연구』. 19(2): 177–206.

홍석한(2024). 헌법개정 절차의 역사적 변화와 개선 방안에 대한 고찰. 『미국헌법연구』. 35(2): 98–138.

황인정(2024). 누가 한국의 극우인가? 한국 극우의 특징과 정치적 함의. 『정치 · 정보연구』. 27(2): 127 – 162.

외국 문헌: 단행본

Ackerman, Bruce and Fishkin, James (2004). *Deliberation Day*. New Haven: Yale University Press.

Arendt, Hannah (1958). *The Human Condition*. 이진우 · 태정호 역(1996). 『인간의 조건』. 서울: 한길사.

_____(1963). *On Revolution*. 홍원표 역(2004). 『혁명론』. 서울: 한길사.

Aristotelis. *Politika*. 천병희 역(2009). 『정치학』. 도서출판 숲.

Barber, B. (1984). *Strong Democracy: Participatory Politics for a New Age*. 박재주 역(1992). 『강한 민주주의』. 서울: 인간세상.

Benhabib, S. (1996). *Democracy and Difference: Contesting the Boundaries of the Political*. Princeton University Press.

Bessette, J. (1980). *Deliberative Democracy: The Majority Principle in Republican Government*. Washington, D.C.: AEI Press.

Brennan, Jason (2016). *Against Democracy*. 홍권희 역(2023). 『민주주의에 반대한다』. 아라크네.

Bryan, F. M. (2004). *Real Democracy: The New England Town Meeting and How It Works*. Chicago: The University of Chicago Press.

Bryce, J. (1888). *The American Commonwealth*. Ithaca. New York: Cornell University Library.

Callenbach, E. & Phillips, M. (1985). *A Citizen Legislature*. 손우정 · 이지문 역(2011). 『추첨민주주의』. 서울: 이대진.

Caluwaerts, D. & Reuchamps, M. (2018). *The Legitimacy of Citizen-led Deliberative Democracy: The G1000 in Belgium*. Routledge.

Chua, Amy (2018), *Political Tribes: Group Instinct and the Fate of Nations*. 김승진 역(2020), 『정치적 부족주의』. 부·키.

Collins, Harry M. & Evans, Robert (2007), *Rethinking Expertise*. Chicago & London: The University of Chicago Press.

Crouch, Colin (2004), *Post-Democracy*. Cambridge: Polity Press.

Dahl, Robert A. (2002), *How Democratic is the American Constitution?*. 박상훈·박수형 역(2016), 『미국 헌법과 민주주의』. 서울: 후마니타스.

_____(1989), *Democracy and Its Critics*. 조기제 역(2006), 『민주주의와 그 비판자들』. 서울: 문학과 지성사.

_____(1971), *Polyarchy: Participation and Opposition*. New Haven: Yale University Press.

_____(1970), *After the Revolution?: Authority in a Good Society*. New Haven: Yale University Press.

Dienel, Peter C. (1978), *Die Planungszelle: Der Bürger als Chance*. Opladen: Westdeutscher Verlag.

Dowlen, O. (2008a), *The Political Potential of Sortition*. 이지문 역(2022), 『선거인가 추첨인가?: 추첨의 역사』. 북코리아.

_____(2008b), *Sorted: Civic Lotteries and the Future of Public Participation*. Toronto: MASS LBP.

Dryzek, John (2010), *Foundations and Frontiers of Deliberative Governance*. Oxford: Oxford University Press.

_____(2000), *Deliberative Democracy and Beyond: Liberals, Critics, Contestations*. Oxford: Oxford University Press.

Easton, David (1953), *The Political System: An Inquiry into the State of Political Science*. New York: Knopf.

Elstub, S (2014), *Mini-publics: Issues and cases*. Edinburgh: Edinburgh University Press.

Fell, Dafydd J. (2018), *Government and Politics in Taiwan*(2nd ed.). London: Routledge.

Fishkin, James S. (2018), *Democracy When the People Are Thinking*. England: Oxford University Press.

_____(2009), *When the People Speak: Deliberative Democracy and Public Consultation*. 박정원 역(2020), 『숙의민주주의』. 한국문화사.

_____(1991), *Democracy and Deliberation: New Directions for Democratic Reform*. 김원용 역(2003), 『민주주의와 공론조사』. 이화여대 출판부.

Fournier, P., Van der Kolk, H., Carty, R. K., Blais, A. and Rose, J. (2011), *When Citizens Decide: Lessons from Citizen Assemblies on Electoral Reform*. Oxford University Press.

Fung, Archon and Wright, E. et al, *Deepening Democracy*. New York: Verso.

Gastil, John and Wright, Erik Olin (2019), *Legislature by Lot: Transformative Designs for Deliberative*

Governance. London · New York : Verso.

Gerbaudo, P. (2021). *The Great Recoil: Politics after Populism and Pandemic*. 남상백 역(2022). 『거대한 반격: 포퓰리즘과 팬데믹 이후의 정치』. 다른백년.

_____ (2019). *The Digital Party: Political Organization and Online Democracy*. London : Pluto Press.

Habermas, Jurgen (1996). *Between Facts and Norms: Contributions to a Discourse Theory of Law and Democracy*. 최종철 역(2003). 『사실과 타당성: 법과 민주적 법치국가의 담론이론에 관한 연구』. 나남출판.

_____ (1981). *The Theory of Communicative Action*. 최용철 역(1987/1988). 『의사소통 행위이론 I·II』. 나남출판.

Hamilton, A., Madison, J., and Jay, J. (1788). *The Federalist Papers*. 김동영 역(2013). 『페더랄리스트 페이퍼』. 파주: 한울아카데미.

Hansen, M. H. (1991). *The Athenian Democracy in the Age of Demosthens*. Oxford : Basil Blackwell.

Held, David (2006). *Models of Democracy*. 박찬표 역(2010). 『민주주의의 모델들』. 서울: 후마니타스.

Kaufmann, B., Büchi, R., & Braun, N. (2007). *Guidebook to Direct Democracy: in Switzerland and Beyond*. 이정옥 역(2008). 『직접민주주의로의 초대』. 서울: 리북.

Keane, John (2009). *The Life and Death of Democracy*. 양현수 역(2017). 『민주주의의 삶과 죽음』. 서울: 교양인.

Kriesi, Hanspeter (2005). *Direct Democratic Choice: The Swiss Experience*. Lexington Books.

Kymlicka, Will (2002). *Contemporary Political Philosophy: An Introduction*(2nd ed.). Oxford : Oxford University Press.

Lafont, Cristina (2020). *Democracy without Shortcuts: A Participatory Conception of Deliberative Democracy*. Oxford University Press.

Landemore, Hélène (2020). *Open Democracy: Reinventing Popular Rule for the Twenty-First Century*. 남상백 역(2024). 『열린 민주주의: 21세기 민주주의의 재발명』. 다른백년.

Leib, E. J.(2004). *Deliberative Democracy in America: A Proposal for a Popular Branch of Government*. Penn State University Press.

Levitsky, S. and Ziblatt, D. (2018). *How Democracies Die*. 박세연 역(2018). 『어떻게 민주주의는 무너지는가』. 어크로스.

_____ (2023). *Tyranny of the Minority*. 박세연 역(2024). 『어떻게 극단적 소수가 다수를 지배하는가』. 어크로스.

Lijphart, Arend (2012). *Patterns of Democracy* (2nd ed.). Yale University Press.

Linder, Wolf & Müller, Sean (2021), *Swiss Democracy: Possible Solutions to Conflict in Multicultural Societies*(4th ed.). Palgrave Macmillan.

Locke, John (1690), *Of Civil Government*. 마도경 역 (2009), 『시민정부론』. 다락원.

Kallenbach, E. C. & Phillips, M. (1985), *A Citizen Legislature*. Berkeley, CA: Banyan Tree Books.

Koch Adrienne. ed. (1987), *Notes of Debates in the Federal Convention of 1787 reported by James Madison*. New York: W.W. Norton & Co.

Manin, B. (1997), *The Principles of Representative Government*. 곽준혁 역(2004), 『선거는 민주적인가』. 서울: 후마니타스.

McIntyre Lee (2021), *How to Talk to a Science Denier: Conversations with Flat Earthers, Climate Deniers, and Others Who Defy Reason*. 노윤기 역(2022), 『지구가 평평하다고 믿는 사람과 즐겁고 생산적인 대화를 나누는 법』. 위즈덤하우스.

Michels, Robert (1915), *Political Parties: A Sociological Study of the Oligarchical Tendencies of Modern Democracy*. 김학이 역(2003), 『정당사회학: 근대 민주주의의 과두적 경향에 관한 연구』. 한길사.

Mill, John S. (1861), *Considerations on Representative Government*. 서병훈 역(2012), 『대의정부론』. 아카넷.

Montesquieu, Charles Louis de Secondat (1748), *De l'esprit des lois*. 하재홍 역(2007). 『법의 정신』. 동서문화사.

Mouffe, Chantal (1993), *The Return of the Political*. 이보경 역(2007), 『정치적인 것의 귀환』. 후마니타스.

______(2013), *Agonistics: Thinking the World Politically*. 서정연 역(2020), 『경합들: 갈등과 적대의 세계를 정치적으로 사유하기』. 난장.

Mounk, Yascha (2018), *The People vs. Democracy: Why Our Freedom Is in Danger and How to Save It*. 함규진 역(2018), 『위험한 민주주의: 새로운 위기, 무엇이 민주주의를 파괴하는가』. 서울: 미래엔.

Mudde, Cas & Kaltwasser, C. R. (2017), *Populism: A Very Short Introduction*. 이재만 역(2019), 『포퓰리즘』. 서울: 교유서가.

Norberg-Hodge, H. (1992), *Ancient Futures: Learning from Ladakh*. 양희승 역(2007), 『오래된 미래: 라다크로부터 배우다』. 중앙books.

Norris, Pippa (2002), *Democratic Phoenix: Reinventing Political Activism*. Cambridge: Cambridge University Press.

Ober, Josiah (2008), *Democracy and Knowledge: Innovation and Learning in Classical Athens*. Princeton University Press.

O'Leary, K. (2006), *Saving Democracy: A Plan for Real Representation in America*. 이지문 역(2014), 『민

주주의 구하기: 미국에서 날아온 하나의 혁신적 개혁모델』. 파주: 글항아리.

Parkinson, John and Jane Mansbridge. eds. (2012), *Deliberative Systems: Deliberative Democracy at the Large Scale*. Cambridge: Cambridge University Press.

Pitkin, Hanna (1967), *The Concept of Representation*. Berkeley: University of California Press.

Platon, *Politeia*. 박종현 역(1995), 『국가(The Republic)』. 서광사.

Poulantzas, Nicos (2019), *Fascism and Dictatorship: The Third International and the Problem of Fascism*. London/New York: Verso.

Putnam. Robert D. (2000), *Bowling Alone: the Collapse and Revival of American Community*. 정승현 역(2009), 『나홀로 볼링』. 페이퍼로드.

Reybrouck, David Van (2013), *Tegen verkiezingen*. 양영란 역(2016), 『국민을 위한 선거는 없다』. 서울: 갈라파고스.

Rosanvallon, Pierre (2011), *Democratic Legitimacy; Impartiality, Reflexivity, Proximity*. translated by Arthur Goldhammer. Stanford: Stanford University Press.

Rousseau, Jean-Jacques (1762), *Du Contrat Social. Ou Principes Du Droit Politique*. 김영욱 역(2022), 『사회계약론』. 서울: 후마니타스.

Rawls, John (1971), *A Theory of Justice*. Cambridge: Harvard University Press.

Reuchamps, Min. et al. eds. (2023), *De Gruyter Handbook of Citizens' Assemblies*. Berlin: De Gruyter.

Reuchamps, M., & Suiter, J. (eds.) (2016), *Political deliberation in the G1000: An Experiment in Democracy*. Brussels: P.I.E. Peter Lang.

Saward, Michael (2010), *The Representative Claim*. Oxford University Press.

Schattschneider, E. E. (1975), *The Semi-Sovereign People: A Realist's View of Democracy in America*. 현재호·박수형 역(2008), 『절반의 인민주권』. 후마니타스.

Sieyès (1789), *What is the Third Estate?*. 박홍규 역(2008), 『제3신분이란 무엇인가』. 길.

Sunstein, C. R. (2009), *Going to Extremes: How Like Minds Unite and Divide*. Oxford University Press.

Tocqueville, Alexis. (1835), *Democracy in America*. 임효선·박지동 역(2002). 『미국의 민주주의 I』. 한길사.

Trechsel, A. H. (ed.) (2002), *Direct Democracy in Europe: Developments and Prospects*. Routledge.

Urbinati, N., and Warren, M. E. (2002), *Mill on Democracy: From the Athenian Polis to Representative Government*. Chicago: University of Chicago Press.

Wallace, Campbell (2020), *Down with Elections!: A Plan for Democracy without Elections*. Kindle edition.

Warren, Mark E. and Pearse, Hilary (eds.) (2008), *Designing Deliberative Democracy: The British*

Columbia Citizens' Assembly. Cambridge University Press.

Wright, Erik Olin (2010), *Envisioning Real Utopias*. London: Verso.

외국 문헌: 논문

Arato, Andrew (2012), "Convention, Constituent Assemblies, and Round Tables: Models, Priciples and Elements of Democratic Constitution-Making". *Global Constitutionalism*, 1(1): 173-200.

Arnstein, S. R. (1969), "A Ladder of Citizen Participation." *Journal of the American Institute of Planners*, 35(4): 216-224.

Bohman, James (2012), "Representation in the Deliberative System." in *Deliberative Systems: Deliberative Democracy at the Large Scale*, edited by John Parkinson and Jane Mansbridge, United Kingdom: Cambridge University Press.

Bouricius, T. (2019). "Why Hybrid Bicameralism Is Not Right for Sortition." in Gastil, John and Wright, Erik Olin, *Legislature by Lot: TransformativeDesigns for Deliberative Governance*. London · New York: Verso.

Caluwaerts, D. & Reuchamps, M. (2016), Generating Democratic Legitimacy through Deliberative Innovations: The role of embeddedness and Disruptiveness. *Representation*, 52(1): 13-27.

Carty, R. Kenneth (2005), "Turning voters into Citizens: The Citizens' Assembly and Reforming Democratic Politics." *Democracy and Federalism Series*. 2005(3): 1-11.

Castiglioni, Rossana (2019), "El ocaso del 《modelo chileno》?". *Nueva Sociedad*, 284: 4-14.

Cohen, J. (1997), "Deliberation and Democratic Legitimacy." in J. Bohman & W. Rehg (eds.), *Deliberative Democracy: Essays on Reason and Politics*. Cambridge, MA: MIT Press.

Courant, Dimitri (2019), "Sortition and Democratic Principles: A Comparative Analysis", in John Gastil and Erik Olin Wright (ed.), *Legislature by Lot : Transformative Designs for Deliberative Governance*. Verso.

Cutler, F. Johnston, R., Carty, R. K., Blais, A. & Fournier, P. (2008), Deliberation, Information, and Trust: The British Columbia Citizens' Assembly as Agenda Setter. *Designing Deliberative Democracy: The British Columbia Citizens' Assembly*. Cambridge University Press.

Curato, N. & Böker, M. (2016), Linking Mini-Publics to the Deliberative system: A research agenda. *Policy Sciences*, 49(2): 173-190.

Elster, J. (1998), "Emotions and Economic Theory." *Journal of Economic Literature*, 36(1): 47-74.

Elstub, S., Ercan, S., & Mendonça, R. (2016). "Editorial Introduction: The Fourth Generation of Deliberative Democracy." *Critical Policy Studies*, 10(2), 139-151.

Farrell, David (2024), "The Irish Model of Citizens' Assembly: Achievements and Lessons." 시민의회 국제심포지움 자료집. 서울: 시민의회입법추진 100인위원회.

Farrell, D., Suiter, J., Harris, C. & Cunningham, K. (2020), "The Effects of Mixed Membership in a Deliberative Forum: The Irish Constitutional Convention of 2012 – 2014." *Political Studies*, 68(1): 54-73.

Farrell, D. M., Suiter, J., & Harris, C. (2019). "Systematizing Citizen Deliberation: Lessons from the Irish Experience." *Representation*, 55(3): 285 – 302.

______(2018a), "Bringing People into the Heart of Constitutional Design: the Irish Constitutional Convention of 2012-14." in *Comparative Constitutional Change Book Series*. Routledge.

______(2018b), "'Systematizing' Constitutional Deliberation: The 2016 – 18 Citizens' Assembly in Ireland." *Irish Politica Studies*, 34(1): 113-123.

Fishburn, P. C. (1976), "Acceptable Social Choice Lotteries", in *Decision Theory and Social Ethics: Issues in Social Choice*, Hans, W. G. & Werner, L. (eds.). The Netherlands: D. Reidel Publishing Company.

Fishkin, J. (2018), "Random Assemblies for Lawmaking? Prospects and Limits." *Politics & Society*, 46(3): 359-379.

Frey, B. S. & Stutzer, M. (2000). "Happiness, Economy and Institutions." *Economic Journal*, 110: 918-938.

Fung, A. (2003), "Recipes for Public Spheres: Eight Institutional Design Choices and Their Consequences." *Journal of Political Philosophy*, 11(3): 338-367.

Garrett, Elizabeth (2005), "Hybrid Democracy." *George Washington Law Review*, 73(4): 1096 – 1152.

Gastil, J. & Wright, E. O. (2018). "Legislature by lot: Envisioning sortition within a Bicameral System." *Political Studies*, 66(3): 639 – 655.

Gerbaudo, Paolo (2021), "Are Digital Parties More Democratic than Traditional Parties? Evaluating Podemos and Movimento 5 Stelle's online Decision-making Platforms." *Party Politics*, 27(4): 730-742.

Gilens, M. & Page, B. I. (2014). "Testing Theories of American Politics: Elites, Interest Groups, and Average Citizens." *Perspectives on Politics*, 12(3): 564-581.

Grönlund, K., Herne, K., Jäske, M., & Värttö, M. (2022), "Can Politicians and Citizens Deliberate together? Evidence from a Local Deliberative Mini-Public." *Scandinavian Political Studies*, 45(4): 410-432.

Hudson, Alexander (2018). "When Does Public Participation Make a Difference? Evidence From Iceland's Crowd-sourced Constitution." *Policy and Internet*, 10(2): 185-217.

Kathlene, Lyn, & Martin, John (1991). "Enhancing Citizen Participation: Panel Designs, Perspectives, and Policy Formation." *Journal of Policy Analysis and Management*, 10(1): 46-63.

Lafont, Cristina (2015). "Deliberation, Participation, and Democratic Legitimacy: Should Deliberative Mini-Publics Shape Public Policy?" *The Journal of Political Philosophy*, 23(1): 40-63.

Landemore, Hélène (2024). "Open Democracy & French Citizens' Assembly on Climate Change." 시민의회 국제심포지움 자료집. 서울: 시민의회입법추진 100인위원회.

______(2015). "Inclusive Constitution-Making: The Icelandic Experiment." *Journalof Political Philosophy*, 23(2): 166-191.

______(2012). "Why the Many Are Smarter than the Few and Why It Matters." *Journal of Public Deliberation*, 8(1).

Lang, Amy (2007). "But Is It for Real? The British Columbia's Citizens' Assembly as a Model of State-Sponsored Citizen Empowerment." *Politics & Society*, 35(1): 35-70.

Mackenzie, M. and MacLeod, P. (2008). "Introduction." in Dowlen, O. (2008b). *Sorted: Civic Lotteries and the Future of Public Participation*. Toronto: MASS LBP.

Macq, Hadrien & Vincen Jacquet (2023). "Institutionalising participatory and deliberative procedures: The origins of the first permanent citizens' assembly." *European Journal of Political Research*, 62(1): 156-173.

Madison, James (1787). "The Federalist No. 10." in *The Federalist Papers*, by Alexander Hamilton, James Madison, and John Jay. Edited by Clinton Rossiter (1961). New York: Penguin Classics.

Mansbridge, J. (2019). "Deliberative Polling Comes of Age." *The Good Society*, 27(1-2): 118-129.

______(2010). "Deliberative Polling as the Gold Standard." *The Good Society*, 19(1): 55-62.

______(2003). "Rethinking Representation." *The American Political Science Review*, 97(4): 515-528.

Mansbridge, J. et al. (2012). "A Systemic Approach to Deliberative Democracy." *Political Studies*, 60(1): 1-28.

Morris, C. W. (2000). "The Very Idea of Popular Sovereignty: 'We the People' Reconsidered." *Social Philosophy and Policy*, 17(1): 1-26.

Niessen, Christoph (2021). "Federalization in the Slipstream: How the German-speaking Community of Belgium Became One of the Smallest Federal Entities in the World." *Nations and Nationalism*, 27(4): 1026-1046.

_____ & Reuchamps, M. (2019). "Designing a Permanent Deliberative Citizens Assembly: The Osbelgien Modell in Belgium." *Working Paper Series of the Centre for Deliberative Democracy & Global Governance*, 6: 1-19.

_____ & Reuchamps, M. (2022). "Institutionalising Citizen Deliberation in Parliament: The Permanent Citizens' Dialogue in the German-speaking Community of Belgium." *Parliamentary Affairs*, 75(1): 135-153.

OECD (2025). "Government at a Glance 2025". Paris: OECD Publishing.

_____ (2020). "Innovative Citizen Participation and New Democratic Institutions: Catching the Deliberative Wave." Paris: OECD Publishing.

Olsen, E. & Trenz. Hans-Jörg (2014). "From Citizens' Deliberation to Popular Will Formation? Generating Democratic Legitimacy in Transnational Deliberative Polling." *Political Studies*, 62(1): 117-133.

Parkinson, John (2012). "Democratizing Deliberative Systems." in *Deliberative Systems: Deliberative Democracy at the Large Scale*, edited by John Parkinson and Jane Mansbridge. Cambridge: Cambridge University Press.

Pateman, Carole (2012). "Participatory Democracy Revisited." *Perspectives on Politics*, 10(1): 7-19.

Pogrebinschi, Thamy (2013). "The Squared Circle of Participatory Democracy: Scaling Up Deliberation to the National Level." *Critical Policy Studies*, 7(3): 219-241.

Ratner, R. S. (2005). "The BC Citizens' Assembly: The Public Hearings and Deliberations Stage." *Canadian Parliamentary Review*. Spring.

Remmer, Karen L. (2008). "The Politics of Institutional Change: Electoral Reform in Latin America, 1978-2002." *Party Politics*, 14(1): 5-30.

Reuchamps, Min. (2024). The Institutionalization of Permanent Citizens' Assembly in Belgium. 시민의회 국제심포지움 자료집. 서울: 시민의회입법추진 100인위원회.

Saward, M. (2006). "The Representative Claim." *Contemporary Political Theory*, 5(3): 297 - 318.

Schmitter, P. C. (1974). "Still the Century of Corporatism?" *The Review of Politics*, 36(1): 85 - 131.

Simon, Threlkeld (1998). "A Blueprint for Democratic Law-Making: Give Citizen Juries the Final Say." *Social Policy*, Summer.

Sintomer, Yves (2019). "From Deliberative to Radical Democracy: Sortition and Politics in the Twenty-

First Century." in John Gastil and Erik Olin Wright (ed.), *Legislature by Lot: Transformative Designs for Deliberative Governance*. Verso.

Suiter, Jane & Farrell, David M. (2019). "The Irish Constitutional Convention: A Case of High Legitimacy." *Irish Political Studies*, 34(2): 113-136.

Sunstein, C. R. (2002). "The Law of Group Polarization." *Journal of Political Philosophy*, 10(2): 175-195.

Sutherland, K. (2005). "Sortition as a Replacement for Election." *Political Studies Review*, 3(3): 294-300.

Titelman, Noam & Leighton, Tomás (2022) "¿Por qué ganó el rechazo a la nueva Constitución chilena?" *Nueva Sociedad*, 301: 4-14.

Urbinati, N., and Warren, M. E. (2008). "The Concept of Representation in Contemporary Democratic Theory." *American Review of Political Science*, 11: 387-412.

Ward, Ian. (2008). "An Experiment in Political Communication: The British Columbia Citizens' Assembly on Electoral Reform." *Australian Journal of Political Science*, 43(2): 301-315.

Wright, Erik Olin (2019). "Postscript: The Anticapitalist Argument for Sortition." in John Gastil and Erik Olin Wright (ed.), *Legislature by Lot: Transformative Designs for Deliberative Governance*. Verso.

국민이 주인이라는 착각

무너지는 민주주의, 그리고 시민의회

초판 1쇄 인쇄 2026년 2월 4일
초판 1쇄 발행 2026년 2월 19일

지은이 정정화
펴낸이 정해종

펴낸곳 (주)파람북
출판등록 2018년 4월 30일 제2018-000126호
주소 경기도 회동길 480 아트팩토리엔제이에프 B동 222호
전자우편 info@parambook.co.kr
인스타그램 @param.book
페이스북 www.facebook.com/parambook/
대표전화 031-935-4049

편집 현종희
디자인 이승욱

ISBN 979-11-7274-078-8 93340

• 책값은 뒤표지에 있습니다.